论语悟行

陈启德◎著

中国文史出版社

图书在版编目（CIP）数据

《论语》悟行 / 陈启德著 . — 北京：中国文史出版社，2023.10
ISBN 978-7-5205-4364-4

Ⅰ . ① 论… Ⅱ . ① 陈… Ⅲ . ①《论语》—研究 Ⅳ . ① B222.25

中国国家版本馆 CIP 数据核字（2023）第 190368 号

责任编辑：徐玉霞

出版发行：**中国文史出版社**

社　　址：北京市海淀区西八里庄路 69 号院　　邮编：100142
电　　话：010-81136606　81136602　81136603（发行部）
传　　真：010-81136655
印　　装：北京温林源印刷有限公司
经　　销：全国新华书店
开　　本：16 开
印　　张：23.5　字数：400 千字
版　　次：2025 年 1 月第 1 版
印　　次：2025 年 1 月第 1 次印刷
定　　价：69.00 元

序 一

非常喜欢《〈论语〉悟行》这个书名，这至少有两个原因：一是 2020 年 7 月，我于齐鲁书社出版了一本《陶继新〈论语〉心悟》。之所以用"心悟"二字，是因为从《论语》问世迄今两千多年间，已有两千多本关于《论语》译注类的图书，试图在译注上有所突破，难乎其难。而从感悟入手，则会有一定的新意。二是近几年来，我在很多地方讲课，尤其是在讲《读书与教师生命成长》的时候，其中一个重要章节的内容便是"读而有悟，悟而有行"。熟读《论语》甚至将其背诵下来，如果没有悟与行，就少了很多意义。孔子说："诵《诗》三百，授之以政，不达；使于四方，不能专对；虽多，亦奚以为？"他还说："君子欲讷于言而敏于行。"是啊！君不见，有的人读了很多书，甚至还把《论语》倒背如流，也有的人对《论语》之妙侃侃而谈，可其行却与孔子之言背道而驰，让人不可思议之时，又诟病其言行不一之害。王阳明说得好："知者行之始，行者知之成。"没有行之学之诵，尤其是言行不一者，是绝对不足取的。

《〈论语〉悟行》有其书之名，更有内容之实，它当是目前众多出版的关于《论语》类图书中不可多得的一本好书。

强调有悟有行，并非要淡化对《论语》的认真研读，相反，要极其认真深入地研读。陈启德在这方面所下功夫之大，让人感叹不已，又心怀敬意。

无论多忙多累，他都没有中止研读《论语》的进程，因为这已经成了他生命存在和发展的必需。而每读一遍，都会有一种全新的感觉，有时候，还会突然有感悟应运而生，是灵感，也是其深入研读的一种自然外化。

同时，陈启德对于《论语》中某些章节的内涵能得其要义，为此，就要大量阅读名家大师们关于《论语》的译注与解说。他读杨伯峻的《论语译注》、钱穆的《论语新解》、李泽厚的《论语今读》、爱新觉罗·毓鋆的《毓老师说论语》等，有的还要读几遍甚至十多遍。同时，他还对照其解读的异同，得出属于自己而又合乎真实生活的见解。

不仅如此，陈启德还阅读《诗经》《尚书》《易经》《春秋》《左传》《孔子家语》《史记》《汉书》《说苑》《管子》《道德经》《庄子》《荀子》《淮南子》《增广贤文》《韩诗外传》《孝经》《弟子规》等。正是因为他既博览群书又深入研究，才让这本书在有了一定深度与新意的同时，还有了广度与宽度。所以，他对于《论语》每一章的解读，都有其内在的依据，而由此生成的悟与行，也便有了巨大的生命张力。

《论语》第一篇第一章中的"学而时习之"一句，很多关于《论语》的译注都不太让人满意，甚至收入语文教材中的解读也有问题。可陈启德在综合各家之说，又经过自己的深入思考之后，对其有了一个让人信服的满意回答。

《论语》中有些内容在各家译注者之书中各不相同，比如"贤贤易色"，就有不少误讹。陈启德认为它是"针对夫妇之伦而言的"，并且有大家之说的依据，又有自己合乎情理的分析，让人读来深信不疑。

对于孔子所说的"攻乎异端，斯害也已"，名家大师之说也是"各执一词"，所以陈启德说"各有不同解说"。为此，他翻阅了大量资料，又通过自己的分析思考，得出了"要沿袭'中庸'之道"，"做任何事情，不要偏执一端"的结论。

我非常赞同陈启德之说。当时孔子说这一句话的时候并没有文字记录，待其逝世后，弟子回忆当时老师所说之话，将"一端"听作了"异端"，抑或后世再行整理《论语》时，认为孔子是正统道学，应当攻击异端邪说。所以，好多关于《论语》译注的版本，便将其解说成了异端邪说。比如，朱熹如是说："异端，非圣人之道，而别为一端，如杨墨是也。"（《论语集注》）可是，那个时候还没有杨墨这个人；有的说法更加离谱，把佛教也加了进来，称之为异端邪说，其实，佛教传入中国更晚。程树德在《论语集释》中说得好："孔子之时，不但未有佛学，并杨墨之说亦未产生。"孔子时代，真正能称得上"家"者只有老子，而孔子非但不会攻击他，反而对他格外尊敬，甚至求教于他。《史记·孔子世家》就有孔子"适周问礼，盖见老子云"的记载，临别时，老子还送了孔子一段极有哲理的话。所以，孔子不可能将老子之说称为异端邪说。李炳南在《论语讲要》中说："圣人讲中道，如《中庸》记载，舜执其两端，用其中于民。孔子亦是讲中道。攻乎异端即是偏执一端，或不能执两用中，则皆有害。"对于李炳南此说，我非常认可，即"异端"者，"一端"也。

孔子研究问题，并非执于"一端"，而是执其"两端"的，其在《论语·子罕第九》中说："子曰：'吾有知乎哉？无知也。有鄙夫问于我，空空如也。我叩其两端而竭焉。'"

看来，研究某个问题，尤其是比较重要的问题，不能只致力于研究某一个方面，而应当从正反、前后等"两端"辩证全面地进行探索，方能认清问题的本质。所以，"攻乎""一端"，确实是有害的。

诸如此类的问题，在《〈论语〉悟行》中还有很多，可要想解决这些问题，无疑是一个浩大的工程，它需要的不只是研究意识和学术水平，还需要驶进孔子所说的"知之者不如好之者，好之者不如乐之者"的境界，方能有如此"发愤忘食，乐以忘忧"的学习与研究之妙。

以上所谈，不只谈到了陈启德对《论语》的深入研究以及其乐感文化精神，其中也有他的不少感悟。这本书的一个突出特点，就是读、研、悟是彼此联系的。

比如说，他说《论语》一个重要的特点就是一种生活智慧，是一种实践论和方法论。孔子所讲的每一句话，都有其相应的生活背景，所以，不仅大德大才之人可以学有所得，一般百姓学习之后也能受益匪浅。而不像目前有的所谓专家空谈理论，而且还未必是正确的理论。所以，孔子是大教育家、思想家，也是实践哲学家。这与他一直行走在教育实践这片大地上有着密不可分的关系，所以，他编纂《诗》《书》《礼》《易》《乐》《春秋》等经典的时候，因有了实践的支撑，就有了非凡的生命气象。正因如此，数千年之后，其思想仍然在中国乃至世界上辉光不减。

陈启德认为，中庸之道既是一种哲学，也是一种生活智慧。它并非不深入研究《中庸》而又只是想当然地认为是做老好人和稀泥。相反，正如孔子所说的"中庸其至矣乎！"只是非常遗憾"民鲜能久矣"。

比如《中庸》上所说的"喜怒哀乐之未发，谓之中；发而皆中节，谓之和"，意思是说，喜怒哀乐不应该发的时候不发，就是中；应该发的时候发就是和。

诚如是，则可以抵达"致中和，天地位焉，万物育焉"的境界。

陈启德认为，现在流行的很多教育理论，其实正是《论语》《学记》等经典中"其言也，约而达，微而臧"的形象化浓缩，如在当今教育领域大行其道的"多元智能"理论，比之孔子"因材施教"之说更缺人文意蕴；建构主义理论也早已蕴含在"学而时习之""学而不思则罔""思而不学则殆""讷于言而敏于行"等理念之中。因此，陈启德认为，如果大家好好研究一下《论语》《学记》等，就会发现，当下很多所谓的创意观点，只不过是对孔子等中国古代教育家早已形成观点的一种挪用而已。

行文至此，也许诸君会问，以上只是谈了读、研、悟，为什么没有提及行呢？

其实，以上所谈的所有内容，都有行的"身影"，只不过更多时候，是以隐性的样式呈现出来而已。正是因为在深入诵读与研究中，才有了属于陈启德的感悟，即认为《论语》是其生命成长之本，也是中国人的发展之道。为此，就要持续不断地诵读与研究，这不是行吗？他有了感悟之后，不是停留在道的层面，还有了持之以恒的行，比如，对《论语》中一些众说纷纭、莫衷一是的解说，进行鞭辟入里的研究并得出合理的答案，不也是一种行吗？

如果以上是隐性之行的话，那么，显性之行也并不少。

陈启德从《论语》的研读与学习中大有收获之后，就有了"己欲立而立人，己欲达而达人"之行，他希望更多的人，也像他一样，走进《论语》的世界里，学习孔子的哲学思想和教育思想，让自己的生命驶向一个更高的境界。一方面，他将自己所学所思所感，为老师们开设讲座，让他们在探索孔子精神世界的时候，也有了更高的精神追求，并通过自身价值的实现，让生命焕发出璀璨的光芒。

同时，他还在学校里开设了《论语》社团课，每周两节，为小学生开讲。也许有人会说，他们能学懂吗？其实，记忆有一个规则，年龄越小，记得越快，忘得越慢；年龄越大，记得越慢，忘得越快。小学生阅读乃至背诵《论语》，有一种天然的优势，他们不用大人那么多的时间，却可以背诵很多内容，而且很少忘却。中国古代的大师，几乎都有小时候背诵经典的童子功。小时候为他们储存下《论语》的精神资本，随着年龄的增长与知识的丰富，就会生成巨大的生命能量，以至让其终身受益。另外，也不能小瞧孩子的解读能力，他们从童年的世界解读《论语》的时候，不但有其独特的视角，而且有些还与其本义有相近之处。这让陈启德大为惊讶之时又兴奋不已。所以，他在让这些小学生解其之义，正确者鼓励之，欠缺者补充之，错误者纠正之。于是，孩子们学习《论语》不仅有了很高的学习效率，也产生了意想不到的高效益。

陈启德不但在学校社团课上免费为学生上《论语》课，后来又迁移到了社会上，每周日晚上为小孩子及其家长、社会上部分喜爱传统文化的人讲读《论语》。可喜的是，他们既喜欢上了义务开讲的陈启德，也爱上了千古不朽的《论语》。

如此显性之行，让陈启德之学之悟之行有了用武之地，也让更多的人在"学而时习之"中，升华了精神境界。

《〈论语〉悟行》的出版，则会让他的研究成果与悟行之道一起走进更多的教师、学生、家长及其他人的心里。由此观之，陈启德可谓做了一件功莫大焉之事。

陶继新

2023 年 10 月 16 日于济南

陶继新，山东教育社编审、原总编辑，《中国教育报》山东记者站原副站长。教育部"国培计划"中小学名校长领航工程——齐鲁师范学院基地导师。《中国教育报》2005 年度推动读书十大人物；2018 年获第四届中华优秀传统文化教育年度人物卓越贡献人物奖；2023 年入选"第九届当当影响力作家"。《学校品牌管理》《新教师》《教育名家》杂志封面人物。

序 二

　　《〈论语〉悟行》是陈启德校长工余每日一则的力作。这本书的重点，不在对《论语》字句辞章的考证训诂，而重在真诚体悟修身做人治世之道，结合当代生活情境例证，使《论语》成为当今之世依然闪烁光辉的实用之书。陈校长强调身体力行、知行合一是儒家学问的精神所在。儒家学问非用以取功名，亦不用于做学术，它是修身齐家治国平天下之大道，实践出来，便成堂堂正正中国人。推而广之，即化育万物，成就全民族全人类之幸福。

　　陈校长是一个内外如一的儒者。他刚毅木讷，发愤忘食，虚怀若谷。每得一善即谨记于心，必定坐言起行。认识陈校长是在2016—2017年，到内地为校长园长做国学教育师资培训的时候。那时许多一线老师已经深感文化自信的重要性，也为孩子们人生迷惘而忧心，他们深信优秀的中华传统文化是救心救世之道，孜孜渴求。陈校长是学校领导，却以学员的身份专心聆听。在礼乐文明课后，陈校长立即制作一张家庭亲戚称谓关系图张贴在校园里，并且语重心长地说："中国是礼仪之邦。礼乐文明要从幼年做起，要从明尊卑、辨亲疏做起。"由此可见，陈校长领悟力之深刻，行动力之强大。《〈论语〉悟行》书名，实乃陈校长的自我写照。

　　陈校长不仅是孩子们的老师，也是一位教育家。教育家受《论语》熏陶，施之于教化，最重大的意义是向教育理想回归。教育理想应以仁德为先，并以淑世为目的，此中外皆然。钱穆先生曾经痛心教育现象："只有居民教育，而无国民教育。只有职业教育，而无人才教育。只有语言教育，而无文化教育。"一个教育家，无论他是哪一方面的专家，教育的对象都是人。建立教育的理想，抓住教育的重心，分清主次，最为必要。教育家读《论语》的第二个重要的意义是，向本国文化回归。严复先生曾经说："夫读经固非为人之事，其于孔子，更加无损，乃因吾人教育国民不如是，将无人格，转而他求，则亡国性。

无人格谓之非人，无国性谓之非中国人。"当今教育界功利气息浓厚，对教育意义的认识混乱，此所以年轻人志不立，道不行，颓废失教，或成为精致利己主义者的原因。陈校长掌舵小学，处于儿童人格养成枢纽。昌乐特师附小有此一笃行孔孟之道的校长，学之幸矣。而国家有此一位以圣贤气象为引导之校长，国之光也。

我热切期待陈启德校长的《〈论语〉悟行》能够发扬光大，造福乡梓，造福教育，造福国家！

凌友诗

2023 年 12 月 1 日记于香港

凌友诗，出生于中国台湾。香港大学政治哲学博士。第十三届全国政协委员。现任第十四届港区全国人大代表，中国和平统一促进会常务理事，全国妇联执行委员会委员，香港特区政府教育统筹委员会委员；教育部课程教材研究所中华传统文化项目顾问；香港中文大学当代中国文化研究中心荣誉研究员。关心教育和青少年成长，积极肩负起发扬中华传统文化使命，以振兴中华民族、促进国家统一为职志。

序 三

夫儒门师道之精义，显彰于孙卿子重言："学恶乎始？恶乎终？曰：其数则始乎诵经，终乎读《礼》；其义则始乎为士，终乎为圣人，真积力久则入，学至乎没而后止也。故学数有终，若其义则不可须臾舍也。为之，人也；舍之，禽兽也。"盖非所谓好为人师以自表，故其言学也，教人所以成人也，一以贯之而已，故曰："君子之学也，入乎耳，箸乎心，布乎四体，形乎动静。端而言，蠕而动，一可以为法则。小人之学也，入乎耳，出乎口。口耳之间则四寸耳，曷足以美七尺之躯哉？古之学者为己，今之学者为人，君子之学也，以美其身；小人之学也，以为禽犊。"上达自强不已而深造得宜者，既善且美，以故孟子深切言之曰："君子深造之以道，欲其自得之也。自得之，则居之安；居之安，则资之深；资之深，则取之左右逢其原。"如此大义，启德先生乃足当之。先生既为教育界领袖，业务极度繁重，然不曾稍减其牖民觉世之苦心，身以行道，发为文章，皆本君子之德风动四方，其言如布帛菽粟，无事虚张，更非之下乘调人，是以寒必以为衣，饥必以为食，苟非深造之以道，左右逢其源者，岂能开示后学若是其深切而著明耶？孔子不得中行之士而思狂狷，孟子言："豪杰之士，虽无文王犹兴。"然先生居邹鲁，世染儒风，复以力学不倦，自强不息，观其所言，议论纯正；察其为人，中行之士也。孔子明训："食无求饱，居无求安。"又曰："士志于道，而耻恶衣恶食者，未足与议。"呕呕求道，本末自知。知其人然后读其书者，始为知方也。若夫入孝出弟，穷理尽性，德行文学并兼，学道以自爱其身，出处进退之际，取法于斯，儒之行愈隆，世运升降斯可期，文化自信因之以固，文化复兴从之以成，此先生之所以通悟而觉世者也。

邹国光 敬序

2023 年 11 月 30 日

邓国光，1955 年生于香港，祖籍广东三水。香港大学中文系哲学博士，先后任新亚文商书院文史系兼任讲师、树仁学院中文系兼任讲师、珠海书院文史系及文史研究所副教授、浸会学院中文系讲师；澳门大学教育学院副院长、中文学院院长，现任澳门大学中文系中国文学教授。著有《经学义理》、《圣王之道：先秦诸子的经世智慧》、《唐代文学研究论著集成》（2 卷）、《唐文治文集》（6 册）、《韩愈文统探微》等。

自　序

德国哲学家雅斯·贝尔斯提出了一个有关人类文化发展的命题称"轴心时代"。他指出，从公元前 800 年，特别是公元前 600 年到公元前 300 年，是人类文化思想的大爆发期，世界不同文明都在这个时期涌现出了一大批哲学家、思想家，如古希腊有苏格拉底、柏拉图，印度有释迦牟尼，中国有孔子、老子等诸子百家。直到今天，人们在思想、哲学领域的变革和创新发展，仍然没有突破那个时代所建立的体系。

孔子应该是那个"轴心时代"璀璨星空中最亮眼的一颗。因为其后 2500 多年，世界诸文明唯有中华文明依然焕发着亮丽的风采，让这一片古老的土地生机勃发。孔子及其儒家精神思想和道德价值已经融入炎黄子孙的日常生活与血液、基因之中，就像小时候父母经常唠叨我们要好好做人一样，代代相传，永不止息。

孔子弟子所辑以孔子思想为核心所成的《论语》，是中华传统文化重要经典之一，与《大学》《中庸》《孟子》并称四书。如果说《大学》讲的是理论，《中庸》讲的是方法，而《论语》则讲的是生活实践，其境界之高在"道"。

《〈论语〉悟行》，试图回到春秋时期的社会历史现实中还原孔子当时的生活场景，并立足中华传统美德、社会主义核心价值观，与今天的现实生活相对接，体会《论语》的真谛，理解和感悟《论语》的精神价值。本书不对单个字词进行解释，试图从整体上来解读其意，尽可能与历史事件、人物、古今社会生活相结合，力求让现代中国人与《论语》亲近、对接，为中华优秀传统文化的传承贡献绵薄之力。本书在形式上按照《论语》原有的结构逐句进行解读，对于重复的语句则保留原文，不重复解读。

读《论语》，可以帮助我们开悟生活之道，感知生活之美，体味生活之乐。拜读《论语》500 余句，总体感觉就是一位长者与其弟子对当时生活中的一些问题进行讨论，而且是谈笑风生，生活气息极其浓厚。如子路、曾皙、冉有、公西华侍坐，夫子听学生们各自言说其志向，而且特别同意曾点的"浴乎沂，风乎舞雩，咏而归"的惬意与快乐，多么具有生活气息！夫子与学生们一起去看望武城宰子游，跟子游开玩笑说"割鸡焉用牛刀"，知道言语失当后又主动自嘲："偃之言是也，前言戏之耳"，又是多么可爱又可敬的老夫子。

时光跨越，流水悠悠，逝者如斯！但《论语》中蕴含的思想依然有其先进性，绝非守旧。一如"学而时习之，不亦说乎？"只有进入"学习—实践—成功—快乐"的良性循环中，才会使你的学习能够持续进行下去，才会出现"活到老学到老"的情状，用今天的话说就是"终身学习"。今天"学习型社会的构建"，必须要有这样一个基本认知。"礼之用，和为贵。"崇尚和合的文化理念，仍然是当今世界多极化合作发展思路的根基和源流。"子不语：怪、力、乱、神。"整个《论语》读下来，清澈明净，充满正能量，不含一点儿杂质。

《论语》的学习需要持之以恒。从我自身的学习历程来看，我最初的计划是自己给自己定任务，每天学习体悟一句，并每天在微信朋友圈发布打卡，力争用一年多的时间完成。说实话，第一个 50 天是依靠公开打卡的自我约束机制完成学习任务，有点儿应付公事之嫌，"差强人意"。坚持就是胜利，第二个 50 天，逐渐有了学习《论语》是跟圣人对话的感觉，主动性强了，因为"受益"了，而且"匪浅"。到 100 天以后，每天醒来的第一件事就是读悟《论语》，如果遇上大脑清醒、思路活跃的状态，还能一次学习 3 至 5 句，但还是给自己定下一个规矩，不能一次性学太多，因为学多了就会有囫囵吞枣之嫌，做不到精细地读和灵活地思考、体悟。到 200 天之后，与孔老夫子已然成为朋友，朋友之间的对话是轻松的、快乐的、文思泉涌的，对夫子的话更加容易理解，更加容易找到感觉，那种感觉简直就是如饮甘醴、美不胜收。这也应了夫子的一句话："知之者不如好之者，好之者不如乐之者。"

写此自序的时候，正在昆明滇池之畔参加一个关于古琴教育的学术交流活动，我应邀做了一个《孔子与乐教》的分享，夫子喜爱音乐至极以至于"三月不知肉味"，他更是把音乐的化人作用提升到了一个至高的境界，他说"兴于诗，立于礼，成于乐"，达到"乐"的境界则一切事成，方能谓功德圆满。

　　此时，站在昆明西山，一望初冬的滇池，水碧绿，天湛蓝，白云朵朵，鸥鸟翔集，一派人间和美景象。回眸书案，《〈论语〉悟行》初稿静静舒展，跨越千年的交互，内心宁静而愉悦……

2023 年 11 月 11 日于滇池西岸红联村

目 录
CONTENTS

学而篇第一

1.1 子曰："学而时习之，不亦说乎？有朋自远方来，不亦乐乎？人不知而不愠，不亦君子乎？"

在中国的传统文化价值观中，做君子是全民共识。那么，什么样的人才算是君子？

整个《论语》中的第一句话，就基本上阐述了"君子"的内涵。

第一，君子需要学习，而且要"学而时习之"，即不断学习，不断实践，再学习，再实践，还要"不亦说乎"，要学到内心愉悦，进而做到"活到老，学到老"，即今天我们所讲的"终身学习"。如何做到学习而又愉悦呢？夫子讲得也非常清楚，就是学有所用，学有所践，在实践应用中获得成功的体验。如此看来，学而时习之，想不愉悦都不可能。

第二，君子要有乐友情怀。人活于世，需要友情，需要交往更多的朋友。那么怎么才能交到更多的朋友？首先需要热情，这是朋友见面的第一表现，是基本态度，其背后体现的可能更多的是接纳、认同、兴奋，朋友来了，感情才有了抒发的可能。中国人自古将交朋友看作是人生大事，朋友来了有好酒，不然怎么会有李白的"桃花潭水深千尺，不及汪伦送我情"？怎么会有王维的"劝君更尽一杯酒，西出阳关无故人"？怎么会有王勃的"海内存知己，天涯若比邻"？特别是对于多年不见的远方朋友的突然到访，更是喜出望外，这里面充盈的，绝不是利益的勾连，纯粹是对人生际遇的真挚感怀。

第三，君子还要有一个宽广的胸怀，要学会包容。别人对你的了解有限，因为不了解你或者冒犯了你就不高兴，就怒发冲冠，正确的做法是原谅，相信当人家了解你后一定不会冒犯你，一定会对你有正确的认识和态度。

不仅仅是最后一句讲君子，实际上，我们再从头读一读这句话，前面两句，一句"学而时习"讲努力学习不懈怠，一句讲"有朋自远方来"的兴奋之状，都是一个具有君子人格的人应有的态度和行为。这句话整体讲的，都是君子应有的行为和处事、处世态度。努力学习壮大自己，热情接待远方来客，人家因不了解而有所冒犯而不恼怒，真是君子应有之修养。

1.2 有子曰:"其为人也孝弟,而好犯上者,鲜矣;不好犯上,而好作乱者,未之有也。君子务本,本立而道生。孝弟也者,其为仁之本与!"

君子的第一要务是什么?或者说要成为君子,最根本的要求是什么?或者说必须要坚持的原则是什么?这句话已经讲得再清楚不过了。

君子必须要务本,要致力于守好根本。只有这个"根本"立起来了,你的所作所为、所说所思才能符合"道",符合做人做事的准则。那么,这个"根本"是什么呢?夫子的学生有子就明确告诉我们:"孝弟也者,其为仁之本与!"简言之,就是"孝弟"二字:孝顺父母,尊重长辈长兄!一个能够遵循"孝弟"原则的人,是很少有犯上行为的,不犯上的人自古至今是没有作乱国家、祸害百姓的。《孝经》开宗明义:"身体发肤,受之父母,不敢毁伤,孝之始也。"父母是给了我们生命的人,无论我们一生命运如何,生养之恩,永远无法同等回报,所以必须以"孝"感恩父母,方可心安。弟,悌也,其他长辈以及兄长姐姐,先我来世,必须尊重他们,尊重他们就是尊重先来后到的秩序和规则。在一个家庭中,兄长姐姐平时对我们爱护有加,单说亲情就该尊重;子曰"三人行,必有我师焉",除了父母,从兄长姐姐的榜样示范和对我们的引领来看,其实也算得上是我们的老师,即使我们后来的发展超越了他们,那我们也是站在他们的肩上、他们的经验和教训的基础上的,更无不尊之理!

做好"孝弟"之事,当为君子之第一要务,是成就仁道之本,也是做人之本!在"孝弟"问题上,必须老老实实,最忌"巧言令色",因为"巧言令色,鲜矣仁"。

1.3 子曰:"巧言令色,鲜矣仁!"

正因为世间有各色人等,才让这个世界丰富多彩。人等各色,那就需要我们学会识人察人。

耿直之人,说话不绕圈子,心里想什么就说什么,这样的人可能有时令我们很不舒服,但其言亦真,只要你有容人之雅量,就能天下太平。

能说会道之人,会察言观色,专拣你心里想听的话说,让你觉得舒服,这种人也不太可怕，只要你头脑清醒，表面上你接受一下奉承也未尝不可。

就怕有一种人，专门把黑的说成白的，把白的说成黑的，甚至东家长西家短，专门颠倒是非，如果你没有洞察的能力，非常大的概率是你会被带到沟里去，甚至滑到沟里去就上不来了——这就非常危险了。夫子早就告诫我们说：花言巧语，善于伪装的人，很少是有仁德的人。

碰上能说会道、搬弄是非的，首先就是先来一个不信其言，不管你表面上如何应答，内心里这个"不信其言"的弦儿，是万万不可放松的。夫子教给我们的是一个识人的方法，我们更得努力学习，扩大视野，洞明学问，自然也就不容易被人忽悠了，辨别是非的能力自然也会不断提升。

1.4 曾子曰："吾日三省吾身：为人谋而不忠乎？与朋友交而不信乎？传不习乎？"

人需要成长，成长的过程应该是艰难而曲折的，谁也不要奢望永远一帆风顺，那只不过是一个理想罢了。实际上，一个人如果太顺利，不经历磨难，是走不远的，甚至在某个时间节点上一旦跌倒就再也爬不起来。

年轻的时候，多跌几个跟头，不是失败，而是增加阅历和经验，因为只有跌了跟头，你才能学会反思问题，反思了你才会有进步，你才会去想今后如何避免，才会让后面的事情变得顺利。在我们传统的观念里，有一种说法叫"富不过三代"，可能的原因就是富一代、富二代的事业做得顺风顺水，到了第三代不注意反思总结，没有很好地关注到时代和世事的变化，导致失败。也就是说，如果一个人总是顺风顺水，你就会觉得理所当然，就会缺乏历练，缺少教训，结果到了没有经历奋斗历程的儿女接手事业时，即使是富甲一方，也有可能出现遇到问题而束手无策的尴尬，那么最后的结局就是财富一空，流落街头。

先师弟子曾子，学习最为扎实，奉行先生学说也是最认真的一个，被称为"宗圣"。他与人交流时说，自己每天都要反省自己，特别是要思考几个方面的问题：替别人做事是不是忠心耿耿，是不是掺杂了私心杂念？与朋友一起交往，共同做事，是不是讲诚信了？是不是以诚待人？今天学到的知识或者技艺，是不是去实践验证了？一个人不必一天二十四小时心心念念地去反思，没有时间，也做不到，如果能像曾子说的那样，每天，甚至每周，我们能拿出专门的时间来反思一下，归纳总结一下过往，有没有做得不恰当的地方，如何去弥补过失，也不失为君子之风，也一定会有更多的收获和进步。

1.5 子曰："道千乘之国，敬事而信，节用而爱人，使民以时。"

《大学》提出了一个人修身立业的基本路径：格物致知，诚意正心，修身齐家，治国平天下。治国平天下，自然也就成了古代仁人志士的毕生追求，更应成为当今中华儿女的报国、爱国志向。

志向好立，如何行动呢？先师孔子和他的弟子讨论如何治理国家。他曾说过，如果去治理一个有一千辆兵车的国家（不算是一个小国了），就需要夙夜奉公，对所做的事情要心存敬畏，郑重以待；还要时刻讲诚信，绝对不能有半点马虎和随意；更要注意节约开支，善待各级官吏，让他们感受到国家对他们的关怀；在役使百姓的问题上，也要注意农时，不要在百姓农忙的时候打扰他们，让他们安心搞好农业生产。

这句话里包含三个重要信息：一是从思想上、态度上解决问题，要敬业、诚信、友善，做好自己；二是要注意审时度势，在顶层设计上要基于国家实力，考虑到各个层面、各个地域可能存在的问题并想办法帮助其化解；三是要从行动上关注基层实际，既要体谅基层难处，又要让基层放手去干事，不影响基层的主责主业。后世孟子秉承此思想，明确倡导推行"仁政"，严防"苛政"伤民。敬而信，节而爱，使民时，其反映的是做出任何的决策，必须多方思考其可行性，多方权衡利弊，确保得民心顺民意，从而达到最佳的施政效果。从文化意蕴上讲，无论在什么位置，无论是谁要做什么事，还是要修己以敬而达人达事，成万事的出发点仍然是"修己"。修己，必定会考虑"达人""达事"，若不"达人"、不"达事"，则所修非修，误入歧途。

1.6 子曰："弟子，入则孝，出则悌，谨而信，泛爱众，而亲仁。行有余力，则以学文。"

《大学》所讲"古之欲明明德于天下者，先治其国；欲治其国者，先齐其家；欲齐其家者，先修其身；欲修其身者，先正其心；欲正其心者，先诚其意；

欲诚其意者，先致其知，致知在格物。"格物，即研究分析世间万事万物生长运行的规律，然后总结出我们对世界的认知。格物致知，不仅是指学习知识，更重要的是要通透万物相生相长背后的大道。有了对这个"大道"的认识，才能真正明白为什么要"诚其意""正其心"，才能真正达到"明明德于天下"。通晓了这个"大道"之后，一个人从小如何一步步成长，到什么时候干什么事，就有了一个较为明确的步骤。

先师孔子在人的教育发展上有自己的见解，而且也被后世广泛遵循采用。这就是他所讲的："少年学习要从日常行为做起，即在家孝顺父母，出门能分出长幼，言行谨慎且要讲诚信，对芸芸众生要心生怜悯、心存温情，亲近有仁德的人，这样就接近'仁道'了。这一切躬行实践做好了，还有余力的话，就好好再去学习文献，去读书。"看来，有些"大道"只有在生活中才会体悟明白，而且只有体悟明白了，再去读书、研究学问才能真正明白为什么读书，为什么研究学问，不至于盲目读书、盲目跟风。"十年树木，百年树人"，立德第一，方能树人。

1.7 子夏曰："贤贤易色；事父母，能竭其力；事君，能致其身；与朋友交，言而有信。虽曰未学，吾必谓之学矣。"

人生在世，需要成家立业，需要与不同的人交往，怎么做呢？有没有一个原则？

子夏所言，即是指面对不同层面人际关系的处理之道。

"贤贤易色"，未明确指出与谁交往。据钱穆、杨伯峻先生的翻译，均指向夫妇之伦，毓鋆先生更是借用《诗经·关雎》里的诗句"窈窕淑女，君子好逑"，来进一步验证"贤贤易色"便是针对夫妇之伦而言。

子夏所言大意在于：夫妻之间，相互崇尚的应该是贤德之美而不是容貌之美，这样夫妻之间就不会因年老色衰而心生讨厌了；侍奉父母，关键是看能不能尽上自己的力量，而不是攀比给了父母多少好吃的、好用的，只要尽其力就可以，这就解决了以贫富来定道德高低的不公平的问题，其标准就是"竭其力"；对待国君，或者用今天的话说爱国报国，能全身心投入，在国家需要的时候能牺牲个人的利益甚至生命，就是大义，暂且不说那久远的古代，仅近百年来中华民族为抵御外侮而奋斗甚至献身的仁人志士就是明证；与朋友交往，怎么说的就怎么做，讲诚信，履约做事不打折扣。如果做到以上四点，这个人即使没有学习经书，或者考试分数不在前列，即使有的人说他没有好好学习，我也认为他学得非常扎实，学得非常好！

这就促使我们去思考一个问题：什么是学习？倒背如流诵经书是学习吗？不是的，学得好不好，关键是看做得好不好，正是"知行合一"，若非如此，即使考得一百分，实践中不见所学也等于零啊。

1.8 子曰："君子不重，则不威；学则不固。主忠信，无友不如己者。过则勿惮改。"

君子是要脸面的人，是需要得到尊重的人。一个人如何获得尊严？如何得到别人的尊重？

孔子告诉我们：君子首先要自重，要像曾子说的那样"吾日三省吾身"，要做到无论有人无人情境下都要严格要求自己，即儒家所讲的"慎独"。唯有如此，才能真正做到自重，才能树立自己的威信，得到众人的尊重。唯有如此，你所学的知识和本领才能真正帮助你保持这份尊严。君子要坚持信仰，并做到忠义、诚信，谦虚待人而又从不觉得自己高高在上，从不认为朋友都不如自己，你才会真正拥有朋友，才能拥有更多的朋友，并得到众人的认可和尊重。

这就要求我们必须经常反思："为人谋而不忠乎？与朋友交而不信乎？传不习乎？"善于反思了，就没有什么过错不能改正，就没有什么过错让我们害怕去改正。生活当中，你是不是经常有些错误自己认识到了，又不愿意公开改正呢？按照"君子"的境界追求，"过则勿惮改！"改进，改进，再改进，方能日臻完善！

1.9 曾子曰："慎终，追远，民德归厚矣。"

在过去，中国人是非常重视丧礼的，其重视程度远远超过婚礼。

《孟子·离娄下》："养生者不足以当大事，惟送死可以当大事。"这就表明,过去往往把人在丧礼上的表现作为考察一个人能否担当大任的重要依据。《礼记》亦云:"丧礼,忠之至也。"古代对逝者的丧礼从入殓、入棺到入土是有一个极其严格的流程和时间段的要求,每一个细节都不能马虎,可见"侍终"是重于"侍生"的。丧礼完毕后,还有守墓、祭祀之礼。子曰:"夫三年之丧,天下之通丧也。"(见17.21)在封建时代,朝廷给予官员的奔丧守丧假期可长达三年,这在礼制上也是有规定的。在对待丧事上,人们是那么隆重和谨慎,需要一丝不苟,此谓"慎终"。祭祀,则属追远。为何要追远?"孝弟也者,其为仁之本与?"父母亡故之后孝何在?祭祀就是行追远之事,追思父母之恩,追思先祖源头,饮水思源。"身体发肤,受之父母",此生养之恩就须永生感怀,更何况父母养育成人之恩了。

曾子谈慎终追远,意在告诫身在高位之人,或那些处在统治地位的人,只要能够从自身做好"慎终追远"这件事,就足以引领天下黎民百姓的好德之心、孝悌之意。如果做到了,那一方天地的民风一定是非常淳朴敦厚的。曾子的话,从另一个角度再次说明教育的本来含义是"修己以达人",是引领不是强制,引领则顺,强制则逆。

1.10 子禽问于子贡曰:"夫子至于是邦也,必闻其政,求之与?抑与之与?"子贡曰:"夫子温、良、恭、俭、让以得之。夫子之求之也,其诸异乎人之求之与?"

一个人如何扩大自己的影响力?

可能的途径,一是靠能言善辩,把即将要做的说成已做,把做的小事说成是大事,把成效不大的说得成效非常大,如合纵连横之苏秦就靠一张嘴走遍天下;二是靠踏实肯干,夜以继日勤干苦干,干出业绩,让天下人服,如大禹治水三过其家门而不入;三是靠投机取巧,谄上欺下,瞒天过海,甘做鸡鸣狗盗之徒,如商纣身边之费仲、尤浑……世间之影响大者皆有其能。

纵观夫子一生坎坷,周游列国"累累如丧家之犬",却被万世景仰,成为至圣先师,他靠的是什么?他年少而学,践行于礼而被别人嗤之以迂腐却始终不改,在陈国绝粮之时依然稳如磐石不动歪心邪念……夫子一生所求,无非是温、良、恭、俭、让之优秀的品质和修养。

有一天，陈子禽遇见子贡，问他："夫子每到一处，一定会知道这个地方的政事如何，是他主动求别人问来的，还是人家主动告诉他的？"言外之意，夫子不在其位，是不是在多管闲事？颇有讥讽意味。子贡反问陈子禽："跟我们的老师打交道，靠近了你会感受到他平易近人的温暖与和善。对待别人和事情都是恭恭敬敬、客客气气的，面对美食奉行节俭不浪费，面对诱惑知道抵制，面对各色人等都能做到谦逊礼让。你说，人家有什么事情是不是都愿意跟我们的老师请教，是不是都愿意跟我们的老师诉说？如此，还有我们的老师所不知道的事吗？我们老师要想知道一个地方的政事，还需要去求问吗？我们老师即使有需要求教的事情，也跟一般人的求教方式不一样吧？！"

好你个陈子禽，敢质疑我们老师，敢质疑夫子人品，我子贡不答应，此后万世学人皆不答应！！

1.11 子曰："父在，观其志；父没，观其行；三年无改于父之道，可谓孝矣。"

学习过唯物辩证法的人都知道，任何事物都有好的一面，也有不足的一面。对于旧事物、旧知识等应该持有什么样的态度？辩证法同样告诉了我们一个继承与革新的方法，就是要把好的、有价值的东西继承下来，把不好的、糟粕的东西进行改造革新。

上下五千年的中华传统文化经久不衰，足以证明其价值历久弥新，在今天仍然具有积极的现实意义。但总是有人拿其中一点点糟粕说事，甚至拿"女人裹小脚"来否定传统文化，过矣！

夫子所言"父在，观其志"，观的是"志"，要考察的是孩子有没有可能子承父业，开拓出一片新天地，志向是考察的核心内容，也是标准和依据。父子，单从基因上看，也是有些许甚至很大不同的，也毕竟是两个不同的生命个体，行为上没有改变是不可能的。几千年的历史也满满记载了时代的变化，传统经典《易经》的核心思想就是"变"嘛。"父没，观其行"，也并非要去瞅继承者的脚后跟儿，非得找出其行为与父辈的不同而去批评、批判，"观其行"就是要通过观察他的行为来看他有没有改变从父辈那里传承下来的志向，如果他是为了继承父志，把父业做得更好更大，其行之变，情理之中啊。其行变，不必大惊小怪，其行变的目的是更好地达成志向和目标。只有如此认识夫子的话，才不会去指责后世行为的出格。

夫子所担忧的不是后世之"行"改了，而是担忧改了父之"道"。为什么又强调"三年无改于父之道"？经历多年的历练，践行"父之道"的继承者已经深谙事情的前因后果、来龙去脉，已经成熟了，他无论如何改其"行"，恐怕其"道"难改，如果在"道"上改了，也一定是找到了更好的"道"。这样，"道"就真的被继承、被不断改进，并且日臻完善了。

1.12 有子曰："礼之用，和为贵。先王之道，斯为美；小大由之。有所不行，知和而和，不以礼节之，亦不可行也。"

中庸之道最难把握。为何？因为不执着于两个极端即为"中"，但把握在什么程度上为最好，也没有一概而言的规律，必须及时准确地与事情的发展和具体的实际相一致，同频共振，所以极难把握。

夫子的学生有子提出，若是这个"度"难以把握的话，用"礼"来衡量和节制一下，可以帮助人们去把握这个中庸的度。这里要重点关注两点：一是一个显性的标准就是"和为贵"，他强调礼制运用在事情的处理上，其重点是要把握处理得是不是恰当，是不是为大多数人所接受，有没有达到最大可能的和谐。古代圣明的君王之所以做得好，被认可，就是抓住了这个要点，而且无论大事、小事，都坚持了这样的原则。二是要特别注意，如果实在行不通的话，很难统一大家的意见，就必须以"礼"来节制人和事，如果单纯地为求和谐而求和谐，也是不行的，那是违反原则和规矩的。

实际上，这句话告诉我们在处理人际关系和具体的问题时，如果不违反根本性的原则，就可以融通一下，尽可能地照顾到所有人的感受，让大家都觉得可行，这是最好的。但这也绝非是让我们违背原则去盲目地做和事佬，不做和事佬的理由和依据就是法制、法规或者道德要求，若有重大的违背，明显不合法、不合理、不合德，那就不是求和，而是为非作歹了。

1.13 有子曰："信近于义，言可复也。恭近于礼，远耻辱也。因不失其亲，亦可宗也。"

曾子"三省吾身"告诉我们"与朋友交而不信乎"，但在现实生活中，我们也常常遇到不讲诚信之人，特别是中国人常说的一句"请你吃饭啊"，除非同时告诉你什么时间在哪里吃，不然基本上属于客套话，成了没话找话的一句，大多数人也随之回一句"千万别客气"搪塞过去，然后就没有然后了。事实上，很多事情如此，说者随说，听者随听，不必当真，这也是正常语境下的自然表达，大家也都习以为常了。

与朋友交往言而有信，也是中华传统美德，必须践行。这是不是自相矛盾呢？怎么判断哪些是客气不必当真，哪些是必须当真且在行动中坚守呢？夫子的学生有子说，接近"义"的信，是必须要践行的。接着这个话茬儿，有子还对"恭"做了分析，说接近于"礼"的"恭"，特别是自我"恭敬"，才会远离耻辱。对人有恭敬之心，一般不会招致非议，但如果不是发自内心的、怀有功利的恭敬，则可能会被指责为别有用心或者谄媚，也不合"礼"；人要自重，自我要求庄重、持重，但也有一种人是自己要求别人对己恭敬，如果是自己确实做得好，还用要求吗？如果做得好而有人也未达到自己所要求的"恭"，"人不知而不愠，不亦君子乎？"如果做得一般或者不好，还要别人必须"恭"，则可谓自取其辱了。

后面一句"因不失其亲，亦可宗也"，争议颇多。钱穆先生、杨伯峻先生等认为"亲"为"可亲"之意，则意为在遇到必须有所依靠的困难时，首先想到可亲的人，这也符合古谚"上阵父子兵"的说法。毓鋆老师认为"亲"为"新"之解，引《大学》"苟日新，日日新，又日新"之意，解释为既能因循继承传统优势又能与时俱进的人和事，也是值得学习的。毓鋆老师之解也有其道理。

1.14 子曰："君子食无求饱，居无求安，敏于事而慎于言，就有道而正焉，可谓好学也已。"

君子，多么高大上的一个追求啊，要想成为一个响当当的君子，很难！

做君子，真的很难吗？夫子告诉我们，做君子只要从点滴做起，就并不难，关键是你做不做，能不能坚持下来。他说，君子对于吃饭之事，不求饱餐，居住不求安逸，做起事来敏捷善思又不随便乱说，谨慎应对，就一定能够获得规律的认知、科学的实践方法而且充满正义感、正能量。这实际上说的就是喜欢学习、善于思考。特别是在当今社会，很多人追求物质生活而不加节制，物欲横流，在利益面前失去理智，那将与君子的修为之道格格不入，相去万里！能够在喧哗的世间寻得一片宁静，多问耕耘，少问收获，在专注做事上多费心思，就会早日获得成功。这，岂不是一种更高层次的人生境界？相比锦衣玉食而无所事事，人生岂不是更有趣味和价值！

1.15 子贡曰：“贫而无谄，富而无骄，何如？”子曰：“可也。未若贫而乐，富而好礼者也。”子贡曰：“《诗》云：‘如切如磋，如琢如磨’，其斯之谓与？”子曰：“赐也，始可与言《诗》已矣，告诸往而知来者。”

做什么样的人？是夫子教育之道之首要大事，即“入则孝，出则悌，谨而信，泛爱众，而亲仁。行有余力，则以学文”之言。这话不仅是对儿童说的，对成年人也一样。但仍有人会有疑问，这些我都做到了啊，也学了文，再怎么做呢？这需要每个人根据自己的生活阅历再具体去思考。

这不，夫子的学生子贡有一天就此问题请教了老师：“如果一个人做到贫穷的时候不去谄媚别人，富贵了也能保持平常心不骄横狂妄，可以吗？”夫子心里比较高兴：“不错啊。如果再进一步的话会更好，那就是贫穷的时候也要保持快乐，叫安贫乐道；富贵的时候，不仅是不骄横狂妄，还要学习礼仪，懂得遵规守纪。”子贡一听，心里想确实是啊，《诗经》里的句子立即就从口里蹦出来：“《诗经》上说‘如切如磋，如琢如磨’就是这个意思吧？”《大学》云：“如切如磋者，道学也；如琢如磨者，自修也。”子贡的悟性不算最高，也算是出类拔萃了，夫子非常高兴：“赐啊，现在可以和你讨论《诗经》的学问了，你也领悟了《诗经》的奥秘了，告诉你现在的道理，你就可以知道将来怎么做了啊。”

夫子看到学生的进步，内心的喜悦溢于言表，或许这就是教育者的小幸福。我们再回过头来想一想，现实中能不能做到贫而乐道或富而不骄呢？实际上这完全是一种自我修养，自然是看个人有没有毅力，有没有超越自我的志向。夫子曾称赞过他的学生颜回，说："一箪食，一瓢饮，在陋巷，人不堪其忧，回也不改其乐。贤哉，回也！"（见6.11）陶渊明退隐后也有"不为五斗米折腰"的记载；李白怀才不遇之时却仍然高昂头颅，"安能摧眉折腰事权贵"，虽有些沉不住气，但也算是贫而无谄了。至于"富而不骄"，也为后世孟子所推崇，"富贵不能淫"即是此一类也。如果我们通读二十四史，此类人物一定不少。就是这些具备高洁人格的人在历史上层出不穷，激励着一代又一代炎黄子孙奋勇向前，才使中华得以屹立。

1.16 子曰："不患人之不己知，患不知人也。"

《论语》开篇"人不知而不愠，不亦君子乎"，是说别人不知我，我该如何待人的问题。我们原谅人不知我，是我们的胸怀，但我们还要学会知人。

如何知人？子曰："今吾于人也，听其言而观其行。"（见5.10）一是要听其言，子曰："不知言，无以知人也。"（见20.3）二是要观其行，看他在具体问题上是什么样的态度，会怎么办。这两点是识人知人的很重要的两点。识人知人非常重要，遇上良人，事业、人生锦上添花，甚至是雪中送炭；遇上歹人，不但事业受损，人生遭遇坎坷，甚至会出现难以预料的后果。别人不了解我们，我们可以给予最大的谅解和包容；如果我们不了解别人，可能就会有无穷后患。夫子的忠告可谓诚矣！人不知我，可矣；我不知人，险矣！

为政篇第二

2.1 子曰："为政以德，譬如北辰，居其所而众星共之。"

我们倡导修身齐家，治国平天下，天下兴亡，匹夫有责，人生的终极目标不仅是个人幸福，更要关心天下苍生。

因此，"学而优则仕"，从政为民报国成为一个人的人生价值。余秋雨先生有一篇文章《十万进士》，说的就是自隋朝实施科举制度以来，考出了十万余名进士，并且成为一千余年中国社会的主要治理者。如何从政？子曰："尊五美，屏四恶，斯可以从政矣。"（见20.2）这可以说是相对具体的态度和方法，但从政最根本的原则又是什么？夫子做过鲁国的司寇，也目睹了鲁国大夫的种种嚣张，更是看见了各诸侯国君争强好胜置周天子政令于不顾的"礼崩乐坏"的现实，他思虑再三，认为最根本的还是人心，还是人的自我修养和道行存在问题。从整体上治理，夫子有些无从下手，但从个人修养的角度呼吁一下，还是有可能的，毕竟有那么多弟子在追随着他。于是他语出铿锵有力："为政以德，就好像北极星一样，它在那里稳坐，而其他千千万万的星星就都围绕着它。"政，可仁、可义、可礼、可智、可法、可兵……但，唯有以德为根本原则，则仁、义、礼、智、法、兵方能落地成为现实。

2.2 子曰："《诗》三百，一言以蔽之，曰：'思无邪。'"

《诗经》的名字对于大多数国人来说并不陌生，只要是完成九年义务教育的人都知道，《诗经》的选辑者就是先师孔子。夫子选辑《诗经》就大有学问了，他不会随便选，他一定是要选那些能够弘扬德行、仁道、君子之风的诗歌，或者选那些民风淳朴、充满正能量的诗歌，反之，那些格调不高、低级趣味的肯定不会入得夫子之法眼。夫子从当时社会流传的3000余首诗歌中，选择了305篇，也是其中精益求精之作，且合乎弘扬核心文化价值，成为《诗》《书》《礼》《易》《乐》《春秋》六经之首，因此其学术造诣之高，无须多言。夫子自己曾评价过《诗经》，用一句话来说，就是"思无邪"。何谓思无邪？按毓鋆老师解释，就是所选之诗皆发乎真性情、显乎真善美。

2.3 子曰："道之以政，齐之以刑，民免而无耻；道之以德，齐之以礼，有耻且格。"

春秋战国之时，诸侯争霸，社会动乱，思想文化领域也是百家争鸣、各显神通。儒、道、墨、法等诸家各有其社会治理策略，并在各诸侯国进行推广、实践。道家看透逐利而争的事实，虽知根在人心，但调治人心比调治社会更难，所以干脆交付自然，主张"无为"而治，看似无奈，实则蕴藏哲理，但对于当世之人难以立见治理成果，常被嗤之以鼻。墨家主张"兼爱"，心怀天下苍生却又局于一隅，主张"非攻"却对异己过于冷血无情欲除之而后快，颇有江湖大侠敢爱敢恨之风，却难入平民百姓之家。法家主张以刑罚处置所有违背政令、法规的人，甚至推行严法酷刑，使人人恐惧于被惩而遵规，非心服口服，虽有立竿见影之效却难以长久，最典型的案例就是商鞅以刑法治秦，效果良好，影响深远，却壮志未酬身先死，秦国虽也迅速强大，于后世统一六合，却仅历十五载而亡。

儒家痛心"礼崩乐坏"，心急如焚，追求治本，施行仁政，"士不可以不弘毅，任重而道远"（曾子语），治本在人心，虽难却不失其志，但各诸侯急功近利等不及儒家的慢功。儒家的风格就是积极入世，却又讲究仁和，不急躁冒进，知人禀性更改之难但不言放弃，试图通过正己以化众生，相比道家主张"有为"，相比法家又不主张"急为"，相比墨家又主张"广为"，让每一个人参与到正己的行列中来，人人能正己，孰将不正？儒家中庸，有教无类，广纳天下，在那个纷争的时代以其"从容"立世，虽未大胜但其思想价值融入众生，到汉代儒学后生董仲舒，精准把握时代脉搏，幸遇汉武大帝，一举使儒家横空出世。

夫子此言，可谓精辟地点出了儒家治世的核心：单纯以过于强大的行政命令来治理引导民众，以严厉的刑罚来规范社会秩序，百姓就会想方设法在行动上避免被处理、处罚，而不去想如何从内心去做好自己，这无疑是在治标，所逐为末；如果以仁德之道来引领民众，以礼制来规范人们的行为，百姓就会知道自己如何做才是对的，从内心认同那些正确的行为方式、方法，他们就会明白什么是廉耻，什么是对错，做事有格有度，从而心服口服，自觉按规范行事，同时还会知道哪里做得不够，自觉去改进。

2.4 子曰："吾十有五而志于学，三十而立，四十而不惑，五十而知天命，六十而耳顺，七十而从心所欲，不逾矩。"

我们经常要求年轻人做人生规划，趁年轻立志向，并勤奋努力向着目标前进。这本没有错，但有些理想化。有很多人的实际情况是年轻时不知道自己究竟要干什么？即使立下了譬如当科学家、文学家的志向，但过一段时间就会发现这些路不好走，就又在盘算着改志向。对此，我们又常批评他们常立志却不能立长志。其实，这有些苛刻，谁能从小就能立志而一生又能与所立之志完全一致呢？我们在思考，是不是我们的要求不正确呢？还是我们对所说的立志理解得过于具体，人生的方向岂能与那么具体的事情完全一致呢？时代在前进，社会在发展，科技更是日新月异，几十年前所立之志又怎能想到几十年后的变化呢？这就需要我们再次思考，立长志，什么样的"志"能够长久呢？

回到《大学》所讲："格物致知，诚意正心，修身齐家，治国平天下。"我们可不可以认为，这就是对人最基本的要求，也可以理解为这就是一个人的"人生规划"。人的一生都要奔着学习去，所谓"活到老，学到老"，终身学习。此"学"可不是单纯地学习书本知识，而是广泛的学习和实践，做一个"学人"；人的一生要奔着修心、修身去，让自己成为"好人"，成为品德高洁的君子；人的一生还要奔着维护家庭生活、家族壮大的事去，做社会的"能人"；人的一生还要奔着治国平天下去，做国家和民族的栋梁和英雄。——如果一生都这样坚持，这算不算是一种志向？我想，这样的志向，无论在什么时代，无论社会怎么发展，无论科技怎么先进，都不过时，这都是做人的基本和根本，这都需要一生努力且坚持不懈。只有学习、修养身心、积德行善、济世报国才是永远不变的，谁能坚持下来，就可以说他的人生规划得一定不会错，他的事业发展得一定不会差，他的品德修养得一定会万分好。这种人即使遇到种种如意或不如意，也会淡然、泰然处之。

夫子一生学习不辍，人生坎坷曲折，甚至如《史记》所述"累累如丧家之犬"，他也会"君子固穷"坚守仁道，他的一生宣扬"克己复礼"，恢复秩序，建设大同社会，但春秋纷争鲜有诸侯相信他的那一套，郁郁不得志，但还在坚守，即使这种坚守显得有些"不合时宜"，但坚守就是坚守，坚守的是"道"和"本"。我想，夫子之所以成为"圣人"，或许与他的"不合时宜"的"坚守"是大有关系的。夫子在生命之曲的尾声，在人生大戏即将落幕的时刻，总结了他的一生：年十五志于学习悟道，到三十岁时弄清楚人如何立于社会（怎么才能让自己立起来），到四十岁时所有的坎坷、所有的不理解、所有的困惑也通透了，知道怎么包容不如意，知道怎么去进取成功，那么到了五十岁时，就真正明白了自己这一生究竟要为自己和社会做些什么，明白了天生我为何材，我生所做无怨无悔，也正因如此，到了六十岁时，人家说什么好听的、不好听的，也都像风吹过耳际，无关自己的欢喜和悲忧了，这样到了七十岁时，皆因自己修养而做什么事，即使完全随自己的心意而行，也不会有什么违背常理和规矩的事了。

反观夫子的总结，我们再次反省立志，最根本的还是要立下修心修身之志，立下终身学习之志啊。

2.5 孟懿子问孝。子曰："无违。"樊迟御，子告之曰："孟孙问孝于我，我对曰'无违'。"樊迟曰："何谓也？"子曰："生，事之以礼；死，葬之以礼，祭之以礼。"

夫子说话，最是看人下菜碟，而且比较准确。用正统的语言来说，就是"因材施教"，对不同的人，指出其不同的缺点，帮助学生精准改进。

孟懿子是夫子的学生，但有些不肖。一是不像他的父亲孟僖子那样知书达理，有些玩世不恭；二是自私自利之心很重，夫子做鲁国司寇，想削弱鲁国三家大夫的封地，他是第一个跳出来反对的，让老师心生寒意，也为世人所不齿。在这种情况下，孟懿子来向夫子请教什么是孝，夫子自然也就没有耐心，只答"无违"二字来敷衍他，不过也说到了点子上。具体说不要违背什么呢？夫子不愿多说，任凭他自己去思考吧！夫子心里的不爽，不是雷霆风暴般地输出，而是藏在心里，时不时拿出来当教育的素材和案例。

一天，樊迟给他驾车出行，夫子便对樊迟说："孟孙来问孝，我回答他'无违'！"什么意思？樊迟一头雾水，很不解，夫子告诉他："父母活着的时候，要按照礼节来侍奉父母；去世后，要按照葬礼的要求来埋葬，按照祭礼的要求来祭祀。"

至于"无违"，孟懿子究竟违背了什么？孟懿子不传承其父之正道，不顾念国家之安危，不顾念师生之情谊。夫子所言之"无违"又指什么？自然也是"无改于父之道"、无忤逆于国家政令、无悖于师道尊严。当然，夫子微言大义，不详细说明，其实是让他要时时处处对号入座，给他更广的思考，希望他能在方方面面都要有改观。由此可见，孝不仅仅是事关父母，传承孝道，更是事关社会秩序、家国兴衰的大事。

2.6 孟武伯问孝。子曰："父母唯其疾之忧。"

究竟什么是孝？

《孝经》开宗明义："身体发肤，受之父母，不敢毁伤，孝之始也；立身行道，扬名于后世，以显父母，孝之终也。"

从孝之始看，保护自己不受伤、不生病，身体没有危险。这应该是父母对子女最担心的事，反过来，子女如果把这些父母最担心的事做好了，也就算是最好的尽孝了。孟武伯是鲁国大夫孟懿子的儿子，夫子还是语重心长地说："把所有的事情都做好，让父母担心的就只有你身体是不是生病这件事，就是孝。"是啊，其父孟懿子不肖，不顾念国家大局，不入夫子法眼，不受夫子待见，而孟武伯问孝，他是不指望其父孟懿子能对其有什么更好的引领，只有靠其自己努力奋斗。武伯只在身体健康安全方面能令其父不用担心就够了。别的，其父孟懿子也帮不上他。

夫子对孟武伯说的这话很简单，但做起来其实不容易。也就是说，除了身体的疾病，你其他方面都得做好啊，立志于学，要诚意正心，要修身齐家，要治国平天下，与"孝之终"息息相关，一丝一毫不得懈怠。夫子的说辞是从"孝之始"出发，但真实内涵却是"孝之终"，夫子教育人，从简单的事说起，指向的却是终极目标，这就是"由浅入深、深入浅出"啊。

2.7 子游问孝。子曰："今之孝者，是谓能养。至于犬马，皆能有养。不敬，何以别乎？"

孝，是有层次的。有浅层次的、有深层次的，都是有必要的。

从个人的方面讲，孝是有层次的，保护好自己的安全不让父母担忧，是孝之始也；做好自己的事，修好自己的德行，能在社会上立身，不让父母挂念，甚至以己之德、以己之行来显扬父母，则是终极大孝。

从侍奉父母的角度来讲，也是有层次的。父母年龄渐高，仅仅给父母吃的，可以吗？再给穿的可以吗？这就是孝吗？仅仅这样做就够了吗？当然不够！因为你家里养的鸡狗鹅鸭是不是也要每天喂养？所以仅供吃穿能算是孝吗？自然不是！那么，孝除了供父母吃穿，还有什么？那就是内心对父母的崇敬，唯有"敬心"是区别于"犬马皆能有养"的孝啊。这种"敬"应是发乎其本性、发乎其内心，绝不是表面装出来的。血缘关系是真实的存在，不因谁的意志而转移，正是因为这种关系，父母对你的爱才是无所保留、无可替代的，而轮到你尽孝的时候，如果没有这种天然的、天生的"敬"，可以说你再供什么好吃好喝的那也很难达到"孝"。床前尽孝，必须躬行，如果你花钱雇人尽孝，你是钱到了，物到了，而你的人、你的心却未全到。因为，父母那时希望见到的是你的人，而不是钱，也不是物。

由此观之，孝不仅在能养，而且必须有"敬"，有敬，自然就是躬行。

2.8 子夏问孝。子曰："色难。有事，弟子服其劳；有酒食，先生馔，曾是以为孝乎？"

子游问孝，夫子要求有"敬"，而子夏问孝，觉得父母有事时能够及时来到身边或者找人帮忙为父母做事，有好吃的先让父母吃喝，比起对待一般的犬马好出几倍，可以吗？夫子摇摇头，反问道："难道这就是孝吗？远远不够啊。"夫子接着"敬"继续说，尊敬父母，在父母面前表现得唯唯诺诺，还是不够的，还要"和颜悦色"，特别是父母对你表达不满和批评的时候，还能做到"和颜悦色"真诚接纳，其实是对父母之"敬"情感的自然流露。常言道："久病床前无孝子"，就是说一个人一天两天心甘情愿尽孝没有问题，就怕父母天长日久卧床不起，能不能持之以恒地示敬且和颜悦色，才能显示出你是不是真的在尽"孝"。切记，时时刻刻"和颜悦色"以待父母，要知道，生身之恩，今生无以同等回报！

以上连续四人问孝，夫子所言各个不同，皆是针对每个人的实际情况而作出了不同的应答。对于孟懿子的不肖，能"无违"就不错了；对子游、子夏等这些有出息的学生的要求自然就高了，而且讲出了"孝"的本质是让父母能见其人，感其行，悦其心。

2.9 子曰："吾与回言，终日不违，如愚。退而省其私，亦足以发。回也不愚！"

察其言，观其行，是考察一个人的重要方法。

但是，你看到的、听到的，不一定就是事实和真相，需要透过现象分析本质，才能正确察人用人。有成语曰"大智若愚"，有的人表现出来的是木讷（讷于言），行也"不敏"，但人家自己做事情的时候是会动脑子的，是有策略和方法的，事做得漂亮，做人也很到位，这样的人一定是高人。

夫子就曾发过感慨，他和颜回一整天在谈论，而颜回呢表现得相当听话，没有任何不同的意见，好像是一个很愚笨的人，但是他回去做事呢，却能很好地实践他所学到的东西，真正是"知行合一"，更难能可贵的是，他懂得中庸之道，根据实际情况调整自己做事的策略，不求最好，但求更好。

颜回这个人是笨吗，是愚蠢吗？不是，而是聪明到极点，稳重到极点了啊！最关键的是颜回"其心三月不违仁"（《论语·雍也》），道德品质又极棒，可谓一个极其优秀、不可多得的人才啊！谁不喜欢？！

2.10 子曰："视其所以，观其所由，察其所安，人焉廋哉？人焉廋哉？"

在我们的传统认知里面，特别重视人的修身问题，《大学》中甚至讲"壹是皆以修身为本"，即道德品质第一，别的都在其次。

那么一个人究竟修得如何？怎么去察看呢？这自然也就成了一个重要的课题，自古以来就有很多人在研究。《史记·魏世家》记载李克观人法："居视其所亲，富视其所与，达视其所举，穷视其所不为，贫视其所不取。"在家里看他跟谁最亲近就知道他是什么样的人，对富人来说，要看他把财物用来帮助什么人干什么事，对显贵的人来说要看他推荐哪些人，对身处逆境的人来说要看他有哪些事是不去做的（"君子固穷"），对于贫困的人来说要看哪些东西是不要的，虽予不取。君子爱财，取之有道，不吃嗟来之食。

夫子弟子三千，他要因材施教，首先是要察看学生是什么样的人，有什么优缺点，然后有针对性地施予不同的教育，所以他对于识人察人也是特别看重的，他也给出了识人察人的方法和途径，他说，要看他做了什么，怎么做的，为什么要这样做，从细微之处考量琢磨他的内心是怎么想的，你说这样他还能有什么可以隐藏起来的？没有什么能够隐藏的。

2.11 子曰："温故而知新，可以为师矣。"

凡是上过学堂的人，对这句话可谓再熟悉不过了，初中语文教材上就有，大家背诵得也不错，而且老师还一个字一个字地分析过。

但是，在学界仍有不同的理解，关键是所"温"之"故"指的是什么。是知识吗？不断地温习旧知识，能够产生新体会、新发现甚至是新知识吗？有点儿困难，特别是那些不喜欢思考只会死记硬背的人，产生新知的可能性并不大。李泽厚先生和毓鋆老师的注解均有把"故"统指为过往，过往的经历、思考，现在重新再去回顾、反思，真的可以产生新认识、新体会、新感悟，温习过去，以知道未来，这就有价值了！若果真如此，其见识、才学确实会有大幅度的提升，确实可以做老师了，不会辜负"教师"这个神圣的称呼了。

中国有句名言"经师易得，人师难求"，仅仅会传授知识的老师可能会有很多，但真正能在你人生的道路上教你真知灼见、教你做人道理、教你谋事策略和做事方法的人，实在是凤毛麟角。回顾我们的求学生涯，经历了各种类型的老师，但真正让我们觉得亲近、想念特别喜欢的老师并不在多数，甚至就是那种"可遇不可求"的状态，每个学段能遇到一两个就已经不错了，甚至于一生难遇。

遇到好老师的人，一定要珍惜，一定要认真聆听老师的教诲，认真践行老师讲的道理，错过，一生不一定会再遇到。

2.12 子曰："君子不器。"

君子不应该像一件器具。

是啊，"君子"应该是一个有着很高的境界和追求的人，怎么能是一件器具呢。

夫子的话简洁不啰唆，没有说明缘由，就这么冷不丁地、前不着村后不着店地说出来了，让人一头雾水。钱穆先生释之："器，各适其用而不能相通……不器非谓无用，乃谓不专限于一材一艺之长，犹今之谓通才。"我们常说，三百六十行，行行出状元，一般能有一技之长，能自食其力，则善莫大焉。但夫子对君子的要求很高，不仅要学习相关知识和技能，更重要的是学识要融会贯通，思想要通达透彻，方能站得高看得远。钱穆先生还形象地说："一切智识与学问之背后，必须有一如人类生命的存在。否则智识仅如登记上账簿，学问只求训练成机械，毁人以为学，则人道梏而世道之忧无穷矣。"

君子不仅要学识渊博，更要立大德成大人。

2.13 子贡问君子。子曰："先行，其言而后从之。"

子贡向孔子请教怎样才算是君子？夫子不愧为至圣先师，说得不穿靴不戴帽，直抒胸臆。

读到这句话，我首先想到了在清华大学大礼堂广场南侧日晷石碑上刻着的"行胜于言"四个字。二十年前，我第一次到清华大学游历，就深深地感受到这四个字的分量，并一直占据着我的内心，指导着我的行动。在日常生活中，我们经常见到几类人：一类是事还没干，先已宣传得世人皆知，最后不了了之；一类是说得天花乱坠，干得一塌糊涂；一类是先做再说，做得怎样，就说得怎样，不夸大其词，实事求是；还有一类是做了也不说，只做不说。其实，能做到第三类，在夫子的认识中就已经达到君子的要求了。

中国还有一句谚语："只问耕耘，莫问收获"，大概与此句有异曲同工之妙。所谓言多必失，所以境界更高的人在"其言而后从之"时也是能少说不多说。有很多事，只要真正用心去做了，无须多言，相信世人一定都能看得见，理得清。

2.14 子曰："君子周而不比，小人比而不周。"

夫子此言，关键是怎么理解"周"与"比"二字。

有的学者认为"周"为忠信，"比"为阿党；有的则认为是"周全"与"偏私"之意；还有的认为是"团结"与"勾结"之分。《经义述闻》云："以义合者，周也；以利合者，比也。"综合之，以义为重，团结集聚一起谋事，谋天下之公，充满正能量，即是君子之团队；那些因私利一致而团结集聚在一起，密谋的一定是如何营私利，或更甚者会损公肥私，则为小人之团队。

毓鋆老师说："君子与小人之分，周比之别，全在公私、义利之间。"

2.15 子曰："学而不思则罔，思而不学则殆。"

"学"与"思"的问题，是人们在学习中普遍存在的困惑。

此句的意思并不难理解。

满足于学而不思考，就会陷入迷惘，就像士兵陷入迷魂阵一样，不知道东西南北，变成了无头苍蝇，没有方向，没有目标，不知自己从哪里来又要到哪里去，学而无趣，学而无益；思而不学，不知勤奋，不动手，不实践，把思考变成臆想，你的大脑就会疲惫，更有甚者会钻牛角尖，路子越走越窄，顾虑重重，丧失信心，同样找不到出路，陷入困顿。

真正理解此句的内涵也不容易。

我们往往把"学"简单理解为"学习"，甚至理解为"学习书本"。《中庸》强调"博学之，审问之，慎思之，明辨之，笃行之"，程子则认为以上五个方面"废其一，非学也"。由此，先把"学"弄明白搞清楚，这个"学"不只是学习书本知识，而是具有更深刻而宽泛的理解，防止把"学"的意思窄化为学习、学知识，而是要把"学什么、怎么学"和"思考什么、怎么思考、如何践行"想透彻，这涵盖方方面面并不断学习实践。《孟子·尽心下》云："尽信书，不如无书"，说的就是如果将学习进一步窄化为学习课本教材，那就大错特错了，更重要的是，要从问题实际出发，从学习、实践、反思、改进等各方面去思考相应的对策。

曾子说过"吾日三省吾身",说出了反思的重要性。没有反思,就找不到解决问题的突破口,这个反思既是提高个人修养的一种理论性的指导与汇总,更是提升学习实践成效的重要工程。学习让我们达到"知其然",思考让我们接近更为重要的"知其所以然"。

2.16 子曰:"攻乎异端,斯害也已。"

对此句,各有不同解释。

杨伯峻解为:"批判那些不正确的议论,祸害就可以削减了。"李泽厚解为:"攻击不同于你的异端邪说,那反而是有害的了。"钱穆之解:一是可释为如果术业专攻一端就会有害了,二是可释为攻伐,如杨、李二人所云。毓鋆老师看到各种各样的解释,认为注解只能作参考,不仔细研究随便解释是骗人的把戏。马一浮认为,盖"端"必有两,若攻其异之一端,则有害,还需求其同之一端,则诸子百家,皆有同之一端,即《易》所谓"天下同归而殊途,一致而百虑",诸子之道虽不同,而其旨则一。

攻击,无论是语言、思想、学术、军事等何种,均有暴力倾向,应该是危险的事情,不能轻易动攻击的念头和行动。如果按照"中庸"的思想,要存异求同,找到"同之一端",相互交流、借鉴,不断完善自己,对那些不同的看法可以相互碰撞、融合,逐渐走向同一,达到和谐,则化其害于无形。君子"人不知而不愠",君子以其胸怀天下,能容天下万类,《中庸》所言"万物并育而不相害,道并行而不相悖,小德川流,大德敦化,此天地之所以为大也"。

综合各家之说,沿袭儒家"中庸"之道,夫子此说更似乎是在告诫我们,做任何事情,不要偏执一端,顽固不化,而是要审时度势,顾全大局,听取多方意见,综合权衡与把握,方能趋利避害,成就事业。孔子曰:"侍于君子有三愆:言未及之而言,谓之躁;言及之而不言,谓之隐;未见颜色而言,谓之瞽。"(见16.6)说话这件事,什么时间说,该怎么说,是大有学问的啊,不仅关乎个人修养,更关乎事业成败,甚至关乎社会兴衰。

2.17 子曰："由，诲女知之乎！知之为知之，不知为不知，是知也。"

人人都想做一个有智慧的人。

什么是智慧？是不是把知道的事主动地说出来就能证明？答案肯定不是。

有时候，你知道的并不一定是正确的，所以知道了就说出来，一是可能会犯错得罪人；二是会以讹传讹传播谬误；三是言多必失可能会招致非议。子路是夫子所喜欢的性格耿直的一个弟子，夫子很关心他、倚仗他，但又因其言谈鲁莽而很少给他好脸色看。

有一天，我们很难考证子路又说了什么不该说的话，夫子把他叫过来："子路啊，我告诉你什么是聪明和智慧吧！知道的你就知道了，不知道的就是不知道，这才是智慧啊。"估计子路听了还是一头雾水，觉得先生说了等于没说，知道的当然知道，不知道的当然不知道，还用先生啰唆吗？我们再仔细读一读夫子这句话，其只讲知与不知，从未讲说与不说，大胆猜测一下应该是嫌子路说了不该说的，甚至是说了不正确的还自以为正确的话，夫子才教训他。活到老，学到老，学习求知是永远正确的，但学到了，知道了，不分场合乱说则是极不被提倡的。有些事，知道的自己知道就算了，没有宣传的责任和义务；不知道的就不知道，需要去深入研究搞清楚。

千万不能以不知为知，以不懂装懂。有时候，"知道得越多麻烦会越多"，不该知道的，也不要主动去打探，知而不言是一种美德，不该知而不知也是一种修行，何况随便乱说乎！

2.18 子张学干禄。子曰："多闻阙疑，慎言其余，则寡尤；多见阙殆，慎行其余，则寡悔。言寡尤，行寡悔，禄在其中矣！"

总觉得自己怀才不遇怎么办？

在生活中，有的人有才学，却经常感觉自己怀才不遇，不知伯乐何在，总不见被提拔，郁郁不得志。怎么样才能如愿得以重用呢？这真是一门学问。

实际上，每一位领导都爱才，喜欢有才的人，但不等于无条件喜欢，你身上可能存在的酸臭气甚至一些自己都不在意的毛病，总让人喜欢不起来，就耽误了你的前程。说到底，耽误自己的不是别人而是自己。往往有才的人很容易犯类似的毛病，因为有才的人往往比无才的人更容易恃才傲物，不受待见，然后就空有其才了。

夫子的学生子张向先生请教如何才能入仕做官，夫子没有明确告诉他答案，却说了一堆大实话，值得人人思考借鉴。夫子告诉子张，入仕做官没有什么简便方法，更没有灵丹妙药，但是特别需要谨言慎行，具体是这么说的："多听别人说，自己觉得别人说得不对的就保留，即使那些对的也要谨慎地去附和，就会少犯错误；多看别人做事，觉得别人做得并不恰当，那是自己一定不要去做的，即使那些觉得恰当的也要谨慎，三思而后行，就会少做后悔的事。少说话少犯错，少做后悔事，那么升官可能就离你很近了，更高的俸禄就来了。"

夫子之言何其实在，可惜没有多少人认真读《论语》学得夫子真经。即使学了，学得不深不透，运用不能自如，也不行啊！

2.19 哀公问曰："何为则民服？"孔子对曰："举直错诸枉，则民服；举枉错诸直，则民不服。"

作为执政者，最重要的是让老百姓服气。怎么做呢？

鲁哀公替我们向夫子作了请教。他问夫子："怎么做才让老百姓服气呢？"鲁哀公为什么突然要问这个问题，当时的背景是什么，我们不太清楚。但当时鲁国三家大夫时有违逆不尊或争权夺利的事情发生，夫子在此主要讲的是用什么人，不用什么人，怎么用人，疑与鲁国三桓擅权有关。夫子说："抬举任用那些正直贤良的人，让那些邪曲之人靠边站，他们就会让百姓安居乐业，百姓就服气；反过来，让邪曲之人居于高位而让那些正直贤良的人没有位置，他们就会鱼肉百姓，就会造成恶劣影响。"

夫子之言甚是，但也有些理想化。现实中有时候又很难将人直接分成这样两类，操作起来有难度。还有所谓"智者千虑，必有一失""白璧微瑕"之说，人哪有不犯错误的？一个人做了千件好事，有可能有一件事处理不当、不公正，我们是不是还可以给他改正错误的机会？"举其直错其枉"，是否可以呢？贤，往往是在行动中表现出来，处在起点上的人怎么去考察他的表现呢？亲者有其贤，用还是不用？道理很清楚，操作起来现实的情况确又是复杂万分。

无论如何艰难，夫子还是给了我们一个原则：举直错诸枉。

2.20 季康子问："使民敬、忠以劝，如之何？"子曰："临之以庄，则敬；孝慈，则忠；举善而教不能，则劝。"

居于上位的管理者，诸如历史上的王侯将相，他们都在寻找简单而有效的管理办法，引导百姓敬重官员、对国家忠诚，劝勉他们努力敬业，勤于农桑。对此，不同的时代，不同的人，有不同的措施办法，而且鲜有十全十美、传之万世的良方，也就是说那些都是术的层面。

最根本的是什么呢？当鲁国卿大夫季康子请教夫子这个问题时，夫子讲的就是道，而且很接地气。他说，面对百姓，不管你是王侯将相还是基层管理人员，首先要自己庄重不轻浮，公正公平处事，给百姓做好示范，百姓就一定会对你有敬重之心；在个人修养上，一定要带头尽孝，对人慈爱有加，百姓就一定会对国家忠诚；推举提拔善良的人，教育那些没有能力的人自食其力，老百姓就愿意勤奋持家，积极参加生产劳动，为经济社会发展贡献力量。在儒家思想里，法治不是最好的治理办法，最根本的在于人心，收拾好人心，才是天下大治的根本。

如何收拾好"人心"呢？儒家及其传统文化的价值内核一再提示人们就是要从自己出发，以自己的修养带动他人修养，这个带动最好的起点就是"孝"，具有大众化的现实可操作的特点，"孝弟也者，其为仁之本与？"除了带好头进行示范，还有重要的一点，就是要行动起来，弘扬好的典型，重用好的典型，不抛弃、不放弃那些弱势群体而且要去热情帮助他们，百姓还有什么不认可的呢？！

2.21 或谓孔子曰："子奚不为政？"子曰："《书》云：'孝乎惟孝，友于兄弟，施于有政。'是亦为政，奚其为为政？"

世间不乏喜欢挑刺儿、较劲儿的人，喜欢诘问别人的人。夫子就遇到了一个。夫子的学问关乎为学、为政以至日常生活的方方面面。前来请教他的，有诸侯、卿大夫等，夫子也经常与学生探讨为政之道。这就给人造成了一个印象：夫子是无所不能，特别是在为政方面具有才华。于是，有好事者问夫子："你为何不去从政？"

这话是出于真心相问还是别有用心的讥讽不得而知，但夫子的回答非常认真："《书》经云：'孝是天大的事啊！只要按照孝去做，你就会对兄弟友爱，这就自然影响到从政之人的政德了。'你说，这不是从政吗？难道只有当官才是从政吗？"夫子并非没有从政，而且做到了鲁国的大司寇且摄行相事。夫子在齐鲁交锋的现场，厉言声讨齐君，为鲁国利益而奋不顾身，说明他不仅有文人之才，还有武将之勇！而在鲁国政坛上，夫子与季孙氏等卿大夫斗智斗勇却败了阵，辞去官职，周游列国，功败垂成，专司教学，寄希望于后生，成为后世历朝历代君主及文人所尊崇的大家，实是成了政治明星、教育明星。说他未从政，夫子本人不承认，后世汉武、唐宗、宋祖，甚至清朝之康熙、雍正、乾隆等也不同意啊！

《大学》所讲治国平天下，很多人觉得自己没有机会去做，其实，按照夫子所言，我们在自己所处的岗位上尽心竭力做好工作、传递正能量，又怎么不是在"治国平天下"呢？无论岗位平凡与否！

2.22 子曰："人而无信，不知其可也。大车无輗，小车无軏，其何以行之哉？"

诚信对于一个人究竟有多重要？

夫子极其重视"诚信"，他对无信之人所持的态度是，如果不讲信用，不诚信待人处事，不知其可也，不知道他还能干什么？还怎么能立足于社会？还怎么能在世间生活？夫子打了个比方说这个"信"的重要性，就相当于大车、小车前端上的横木，没有它，车便不能驾，不能驾用之车，等于废车。

儒家将仁、义、礼、智、信作为人的五种基本道德修养，称之为"五常"。"信"是很重要的，而且在日常生活中很容易被检验出来。曾子曰："吾日三省吾身：为人谋而不忠乎？与朋友交而不信乎？传不习乎？"此处"忠"是以下对上的一种"信"，"习"是个人自觉之践行，是对个人来说能不能始终如一、内心与行动统一，应也属"信"的范畴，与儒家所言"慎独"之说有异曲同工之妙。讲诚信，自古以来就是中华传统美德，当今更是社会主义核心价值观的重要内涵之一。

人若无信，则不能为人，更不能立行于世。在农业经济时代，人们扶犁而耕，饲蚕而织，有力气能勤奋则可；在工业经济时代，能够有知识和技能，就可成生产线上不可或缺之一环，即可生活无虞；在知识经济时代，能够有思想、有独特思维，就可成某一领域专家或学者；在信息技术时代，销售方式的转变，能够支撑电商的除了网络技术，更重要的是一种信任机制的建立。今后，随着经济社会的发展，一个人能够走多远，事业能够做多大，不仅要靠知识技能、思想思维，更要靠诚信、道德来构建新的发展模式，方可成就大事。

诚信是一种品德，也是一种力量，更是一个品牌，非诚信，无以致远。

2.23 子张问："十世可知也？"子曰："殷因于夏礼，所损益，可知也；周因于殷礼，所损益，可知也。其或继周者，虽百世，可知也。"

近代以来，很多人批判中华文化因守旧而致落后。果真如此吗？

《易》乃六经之一，专述变化之道。春秋时期，百家争鸣，时势日新月异，各执己见，不断碰撞融合，实非守旧之端。公元前后，佛教传入中国，中华文化求同存异，欣然包而融之，共生共存，何言守旧？"有朋自远方来，不亦乐乎？"敞开胸怀，接纳远方来客，才是中华文化的本质。变的是时势、是人事、是具体的，不变的是大道、是精神、是价值。对于变的，我们有掌握变化之道的"易"，可预测或预判，既为预，则可有差池，因为其变永远不会停止；对于不变的道，我们要坚守，就如我们的传统文化、中华文明，历经上下五千年而其精神价值永存，即使时势变幻莫测，即使我们没有系统学习，文化价值已如基因汨汨流淌在一代又一代炎黄子孙的血脉之中。

子张请教夫子："今后几百年的礼制会如何，我们现在能预知吗？"夫子回应的是："殷承袭于夏的礼制，它所增加和删减的，是可以知道的；周承袭于殷的礼制，其所增加或删减的，也是可以知道的；那么以后继承周礼的人，虽然经过几百年、上千年，也是可以知道的啊。"距离夫子此言，至今已有二千五百余年，社会制度、社会面貌、科技发展、人的行为方式已是天翻地覆的差别，但其中最本质的东西，就是"道"。这个"道"，一以贯之，显化为中华文化的核心价值和中华传统美德，成为让我们屹立于世界民族之林不可或缺的行为准则而始终坚持，更在几千年里成为支撑我们走向世界和未来的精神支柱。

夫子终究是圣人，是名实相符的。

2.24 子曰："非其鬼而祭之，谄也。见义不为，无勇也。"

在中国的历史长河中，善于奉承、谄媚的人不在少数，甚至有的达到了登峰造极的地步，令人叹为观止。可是，世上是否更有甚者？我们难以想象。

但夫子告诉我们，有更甚者，不但阿谀其人，更拜其鬼！他说："非其鬼而祭之，谄也。"不是自家的先祖，却去拜祭，是最过分的谄媚了。如果说一般情况下人家对自己有恩，知恩图报，在适当的情况下说几句适度的好话，自是情有可原，也在情理之中。但谄媚到去祭祀人家的先祖，确实令人无语。

人，生命来自先祖，祭祖是后人对先人的报本、报恩，若无生命本源关系，则不在祭的范畴，如果去祭祀又不过继或入赘，就是纯粹的谄媚。《礼记·曲礼》："非其所祭而祭之，名曰淫祀，淫祀无福。"既然如此，若谄者当谄，但无必要"非其鬼而祭之"。当然，在国家大义面前，面对为国为民族大义而牺牲者，名为烈士，其行其功泽于后世未分亲疏，后世为表崇敬，亲临祭奠，乃大义也，非谄。

如果说"非其鬼而祭之"是一种超乎想象的谄媚，能如此而行的人应是具有某种不一般的"勇气"，是一种"不要脸"的勇气。最不可理喻的是，这种人往往在真正的"义"面前又表现出"退缩"，则是一种真正的"无勇"。"见义不为，无勇也"与"非其鬼而祭之"放在一起说，有一种特别的鲜明对照效果，一种应不勇之"勇"与应勇之"无勇"的鲜明对比，一种打破"底线"的"耻勇"与固守"底线"的"荣勇"之对比。

八佾篇第三

3.1 孔子谓季氏："八佾舞于庭，是可忍也，孰不可忍也？"

谁愿意去批评别人？就是家里的儿女，你批评一下都有可能闹翻。

更有谁敢批评权贵？抑或是忠告都慎之又慎。

夫子之所以成为圣人，他总是与众不同，有时敢做众人不敢做之事。昔齐鲁会于夹谷，夫子时为司寇相随，识破齐之欲挟持鲁君的阴谋，危急时刻挺身而出，逼迫齐景公放弃了计划并答应归还先前占去的属于鲁国的土地。这也算是文人干了件武事儿，尽显夫子之勇。随后，夫子对外强硬，对内也大行整饬。其时鲁国内部主要是季孙氏、孟孙氏、叔孙氏"三桓擅权"架空鲁君，其中季氏尤甚，公然违背礼制，把只有周天子才能观赏的"八佾舞"搬到自己家里，自享天子之乐。这可是"大不敬、失大礼"的事，乱君臣之伦。但季氏富可敌国，权倾朝野，谁敢说半个"不"字，就连鲁君都不敢大喘气儿，睁一只眼闭一只眼，生怕惹毛了季氏反而使自己日子不好过。

季氏嚣张跋扈，公然挑战天下秩序和礼制，这与造反何异！夫子则是一生追求"克己复礼"，愤怒至极，当面指责季氏："八佾舞于庭，是可忍也，孰不可忍也？"如果这件事都可以忍了的话，还有什么不可以忍的？这是对季氏最严厉的声讨和警告，勿谓言之不预也！

3.2 三家者以《雍》彻。子曰："'相维辟公，天子穆穆。'奚取于三家之堂？"

我们常用"礼崩乐坏"来形容春秋战国时期的社会现实。我们不妨探究一下这件事情的源头。

西周末期，周幽王昏聩乱政，著名的"烽火戏诸侯"闹剧让天下诸侯离心离德，自此开始恃强凌弱，不服从周天子号令。至周平王王室内乱，只得将都城从镐京迁至洛邑，东周开始。迁都可让王室暂时平静，但王权衰落之势已难以阻挡，诸侯争霸之野心已如脱缰之野马。鲁国原本为周公旦的封地，周公德美，鲁为周之嫡系部队，理应尊王攘夷，坚定维护周之礼制纲常稳定，但值此两周交替之乱世，鲁国虽没有争强好胜谋夺霸权的能力，没有齐桓公叱咤风云的大动静，却在家里搞些自高自大僭越周礼的活动，也为"礼崩乐坏"的时代做了些"贡献",做了些添柴加火的事儿。特别是鲁国大夫孟孙氏、叔孙氏、季孙氏三家,在鲁国公然挑战国君,有的在家里演绎、观赏"八佾舞",僭越天子。更有甚者,他们三家在完成祭礼的时候,也学用周天子所唱的《雍》诗来撤祭品,胆大妄为!

夫子就曾尖锐地指出:"《雍》里面所唱的'四方诸侯,皆来助祭,天子仪容静穆,和美万分',这些又与三家的庙堂祭祀有什么关系呢?"岂止是没有关系,按照周礼,简直就是犯上作乱!实为"礼崩乐坏"的典型案例。

3.3 子曰:"人而不仁,如礼何?人而不仁,如乐何?"

做事做人关键是要抓住根本,德立方能人树,德为根本。学知识,可帮助立德,但若把学知识作为根本,则不见德。

"物有本末,事有终始。知所先后,则近道矣。"这是《大学》中所讲的一个道理。儒家把学礼、学乐作为教育的重要途径和方法,不是目的,教育的目的是要做仁人志士。反过来思考,如果一个人,内心里根本没有悲悯之心,没有关爱之心,没有包容之心,没有"仁",学礼再多,乐技再高,又有什么用呢。夫子经常告诉弟子学礼、学乐的重要性,但在本末问题上,夫子也是非常清楚的。学"礼"的关键是去按礼的要求做,学"乐"的关键是要陶冶情操,化人以乐,"言而履之,礼也;行而乐之,乐也"(《礼记·仲尼燕居》)。

仁者爱人,人如果没有爱人之"仁",礼乐的根本精神就没有了,学礼学乐行礼行乐又有什么用呢?历史上学礼学乐之人弑君弑父的不是一个两个,他们虽学礼学乐,但行无礼无乐之事,却还要用礼乐包装之,实乃舍本逐末之悲也!

3.4 林放问礼之本。子曰:"大哉问!礼,与其奢也,宁俭;丧,与其易也,宁戚。"

现在,我们开展一项大型活动,必有一场盛大的典礼。用"礼"的根本是什么?

如奥运会的开幕式等，怎么办才合适呢？办到什么程度好？掌握一个什么原则？我想，如此世界级的大型运动会开幕式，怎么也得配得上时代，配得上国情、国力、国威，配得上科技发展吧。但是，如果是一般的事情，如一个家庭的红白公事，又该怎么用礼？特别是夫子还强调"事死如事生"的丧礼，是不是也应该搞一搞大排场，以显示子女之孝呢？夫子的弟子林放有一次向夫子请教"礼"的根本是什么？夫子说："你问的这是一个大问题啊！对一般的事情来说，与其搞得奢华多彩，铺张浪费，宁愿办得简朴实际一些；丧礼，与其仪式周到，环节繁杂，都没有把力用到真正的点上，宁愿简约一些，真正体现出悲痛的气氛，拿出真正的悲痛情感来。"

礼的根本在于抓住所要办理的事情的内核实质，而不是外在的形式，如果喜事办得不喜，丧事办得不悲，则失"礼"之用的初衷。

3.5 子曰："夷狄之有君，不如诸夏之亡也。"

我们常说，地球离了谁都照常转。对芸芸众生来讲，没有对地球转动产生影响的能力，当然是无所谓的。

但对孔子来说，就不一样了。《朱子语类》云："天不生仲尼，万古如长夜。"德国近代哲学家卡尔·雅斯贝尔斯认为，从公元前800年开始，到公元前300年，是人类文明的"轴心时代"，古希腊、西亚、古印度、中国等地同时产生了一批开创性的伟大思想家，实现了精神上的重大突破。孔子就是一个生于中国的不可或缺、不可多得的人才，朱熹对孔子的评价虽没有从全世界、全人类的角度来看，但他所言至少比欧洲的观点提前了700年！

即使到了21世纪20年代的今天，中国传统文化及儒家思想被全世界重新重视，被现代中国人重新认识、肯定并应用，确实是幸运的。实际上，孔子本人对文化思想的重视也是镶嵌在骨子里的，他自己就曾说过："夷狄之有君，不如诸夏之亡也。"意为没有思想、没有文化的野蛮民族，即使有君主统领，也不如我们有思想、有文化的华夏大地没有君主或者君主力量薄弱的情况。有思想、有文化、有礼乐、有诗有史，即使无君主，这文化、思想、礼乐、诗史就是统领人们的巨大力量啊。

天不生仲尼，万古如长夜！此言不虚。

3.6 季氏旅于泰山。子谓冉有曰："女弗能救与？"对曰："不能。"子曰："呜呼！曾谓泰山不如林放乎？"

做什么事情，必须有规矩，但在现实生活中，却偏偏有人不按规矩办事。譬如鲁国的季氏。

按照古礼，天子祭天，诸侯祭土，山川不全在封国之内的不能祭。泰山位于齐鲁之间，不全在鲁也不全在齐，鲁是没有资格祭泰山的，鲁国的大夫就更没有资格祭泰山。如果强行祭山，则属违礼，对天子大不敬，要判僭窃之罪。但鲁国的季氏飞扬跋扈到什么程度了呢？季氏要去祭泰山！简直就是无法无天——"礼崩乐坏"的又一有力例证。终生以"克己复礼"为目标的夫子自然是看不惯的，若是当面见着季氏肯定也是"是可忍，孰不可忍"地呵斥，但见不上，气出不来，于是把跟随季氏做事的弟子冉有找来："你能不能劝阻季氏去祭泰山？"冉有回答说："没有办法啊。"夫子为弟子不能完成应尽的责任而失望，也为季氏僭越礼制而发怒："哎！泰山之神啊，弟子林放还知道来问问礼的根本，我想你应该是懂礼的，也是智慧之神，你一定比林放更清楚应该怎么做吧？！"夫子愤怒至极，失望无语，只能寄希望于泰山之神，不接受季氏的祭礼，达到让季氏白忙活的目的。

夫子的正直与可爱，再次自然流露。

3.7 子曰："君子无所争，必也射乎！揖让而升，下而饮。其争也君子。"

在现实生活中，人们为了一件事或一个观点而争得面红耳赤，是常见的事。

那么我们所说的君子是不是也争呢？夫子告诉我们，君子一般宽容大度，一般是不轻易与人争执的，特别是在大庭广众之下，那绝对是有失君子风度的事。难道连射箭比赛的事，在奥林匹克运动场上也不争吗？这也不符合事实，君子也要争，但君子之争与市井常见的争执是不同的。

譬如古人比射箭，是讲射箭礼仪的：一定要在射箭之前与对手相互作揖行礼，尊重对方，然后按照《礼记》关于"射义"的要求去操作："射者，进退周还必中礼，内志正，外体直，然后持弓矢审固；持弓矢审固，然后可以言中，此可以观德行矣。"射礼、射义之规矩还是相当严格的，与其说比的是射箭，倒不如说比的是德行修养。过程如此，不管谁胜，退下后还是要相互作揖谦虚礼让，甚至一起喝酒，祝贺胜者，鼓励败者，使胜者败者均视此所比所争为"兵家常事"，此乃君子之争，其争而合乎礼节，其争而认同胜败所归，决不去因羡慕嫉妒恨再生出更多令人不齿的事端来。

"友谊第一，比赛第二"的说法，是不是来源于此？愿天下所有争斗，皆为君子之争，光明正大，胜者不过分昭彰，居胜位而常思己之不足；败者不失其从容大度，居败位而常思人之所长。

3.8 子夏问曰："'巧笑倩兮，美目盼兮，素以为绚兮。'何谓也？"子曰："绘事后素。"曰："礼后乎？"子曰："起予者商也！始可与言《诗》已矣。"

怎么样才算是聪明、智慧？能有由表及里、由此及彼的思维，便是其中一种。

如子贡，他能由"贫而无谄，富而无骄"想到《诗经》之"如切如磋，如琢如磨"，夫子称赞其"始可与言《诗》"，理由是可以"告诸往而知来者"（1.15）。

子夏来请教《诗》之"巧笑倩兮，美目盼兮，素以为绚兮"（酒窝浅浅眉毛弯弯笑得美啊，明眸善睐婉转妩媚啊，就像洁白的底子上画着花卉啊）之意。夫子告诉他四个字"绘事后素"。什么意思呢？简言之，就是先有洁白的底子，然后才在上面画花。夫子微言大义，用词吝啬，说得云里雾里的，但子夏很聪明，就回应说："就像'礼乐'产生在'仁义'之后吧？"夫子大喜，说："懂我的人，商（子夏）啊！我可以跟你一起讨论《诗经》了啊。"

绘画，白纸为衬，不可污染，方能挥洒出好的作品。做人，只有以仁义为本，打好底色，方能学文学武、习礼习乐。这里表面上讲的是学《诗》，实质上讲的是做人的根本。夫子说得含蓄，子夏理得明白，师徒二人真是心有灵犀，受教受教。

3.9 子曰："夏礼，吾能言之，杞不足征也；殷礼，吾能言之，宋不足征也。文献不足故也。足，则吾能征之矣。"

基因可以遗传，也可以来证明你是不是夏、商的后裔，但你即使是正宗的后裔，年代久远，若没有保留完整的档案资料的话，也不见得就对几百、上千年的家族历史和文化传承有更多的发言权。对于历史，不是以生物基因论英雄，而是以史料、史实来求证。

《史记·陈杞世家》："杞东楼公者，夏后禹之后苗裔也。殷时或封或绝。周武王克殷纣，求禹之后，得东楼公，封之于杞，以奉夏后氏祀。"可见，所谓的杞人，距夏所亡时间久远，所寻封之人是否是夏之正后尚不得知，而且久居乡野，久为庶民，对于夏之礼制估计所知甚少。《史记·周本纪》记载：管、蔡作乱后，"周公奉成王命，伐诛武庚、管叔，流放蔡叔，以微子开启作为殷商之正宗后裔，封国于宋。"宋之所谓殷之遗民，已是武王逝后至成王时候的事了，距离商纣之亡的年代虽算不上久远，但其对殷商之礼也仅凭记忆，未必准确。而再后至孔子生世时，一个西周已然过去，且东周也已存续220余年。所以，以夏后千年、殷后五百年后的子孙之邦的现实去作为夏礼、殷礼的见证，自然是不准确甚至是大相径庭的，绝对不足为证。因此，夫子能够从周之图书档案馆找寻夏、商之礼是比较靠谱的，以杞、宋现实为证，没有多少真实的东西可以采用，夫子的说法是符合实际的。他说："夏礼，我是了解的，杞国的情况不足为证；殷商之礼，我也是了解的，宋国的现实情况不足为据。之所以不采纳他们的情况，就是因为他们并没有多少文献，更不可以用来证明。如果文献足的话，文献可信的话，我就拿来作为其礼的证据了。"

夫子所言不虚，很实在。

3.10 子曰："禘自既灌而往者，吾不欲观之矣。"

夫子是一个性情中人，又是一个固执己见的人，不过他所坚持的是不可逾越的原则。看不惯的事，不合"礼"的事，他看都不想看，"非礼勿视"。

禘礼，是周朝天子行五年一大祭的祭礼，其程序是先开门迎神，再开始往酒器里面灌酒，然后祭拜。夫子能够参加的肯定是鲁国国君家的"禘祭之礼"，自然见多识广。按照规制，鲁国国君是没有资格行"禘祭之礼"的。但这里有一个渊源，就是鲁国是周武王分封周公旦的，因周公需要留在镐京辅佐武王，因此只好由周公旦的儿子伯禽前往封地持国。到武王儿子周成王即位时，周公仍然是重要辅臣，而且在扶成王上位及帮其治国理政上也是忠心耿耿，不遗余力，成王特别允许周公旦家可以行"禘祭之礼"。但五百年后的鲁国周公后人一直延续，夫子觉得不可以了，德不配位，德不配礼。

作为鲁国的官员，夫子没有办法不参加，也没有办法阻止，但参加时不忍心、不想观看总是可以的吧。加上夫子是性情中人，对此颇有微词，传到鲁君耳中，自然令其不悦。这不，夫子还是对人说出了心里话："禘自既灌而往者，吾不欲观之矣。"鲁国的"禘祭之礼"，从开始灌酒这一步，夫子就不愿意看了，表达了对违背礼制的周公后人的厌恶。我们可以猜测，在夫子的心目中，即使其远祖因功而获允"禘祭之礼"，其后世也应该主动辞去此等礼遇，回归正常的诸侯之应有的祭礼才算是遵规守道、谦逊谨慎，合乎君臣之伦。说到底，辞功回归，是一种对自己正常位置的认识和把握，也是个人德行修养最基本的表现。

3.11 或问禘之说。子曰："不知也。知其说者之于天下也，其如示诸斯乎！"指其掌。

知道而不说出来，说出来不但没有意思，而且还可能造成不好的影响或危害。这是一个人对于事物进行全面思考的结果，也是"三思而后行"的实践，自然是成熟的、稳妥的，符合中庸之道的。

"禘祭之礼"是天子专用，但有非天子而用者，怎么办？夫子既清楚鲁君用"禘祭之礼"不合乎身份，也清楚"禘祭之礼"的流程和仪式，但他不能说出来。说出来的后果是什么？一陷鲁君于不义之地；二将其仪式流程说出来了，会有更多的人去效仿，结果将更不堪设想。因此，当有人问"禘祭之礼"是怎么一回事儿的时候，夫子说："我不知道啊，知道的人对于治理天下，就像把东西摆在手掌上是一样的啊！"说话的时候，夫子指着自己的手掌。夫子的意思是，我们没有在天子的位置上，正是因为我们不清楚、不知道；如果知道了，让我们治理天下不就更简单了吗？其意思是因为不知道，就没有能力去模仿，因为没有能力，根源在于不知道、不清楚。在这里，不知道是对的，知道了就犯大错了。夫子的第二层意思就是，不该咱们知道的，就应该不知道，不要去问，所谓"知道得越多就越危险"的道理也许就在于此吧。该学的好好学，不该知道的事要坚决不问，坚决不知道；如果不小心知道了，也坚决不说不外传。这一点，真的不是常人所能做到的。

"守口如瓶"的成语好写，做到其实很难。做到了，修养也就到了。

3.12 祭如在，祭神如神在。子曰："吾不与祭，如不祭。"

中华传统文化特别强调"知行合一"。这虽然是后世王阳明哲学的核心，但早在春秋时期，夫子也强调过，只不过没有如此明确地说出来而已。

只有身体力行、事必躬亲，才能真正把所学的知识或道理内化为智慧。只知道理而不行动和实践，往往会使自己言行不一，表里不一，难以服众。不躬行，永远不知其中的道理和奥秘，如在祭祀这件事上，不亲自参加一次、主持一次，就很难体会到祭祀的要义。夫子参加祭祀，深切体会到其不在形式而在于内心要真诚，而真诚的表现是在祭祀祖先时要觉得先祖就在前面或旁边，祭神时要觉得神仙就在眼前，或许你看不见，听不着，但内心笃定先祖或神仙就在跟前，你就一定会产生敬畏，有了真诚和敬畏，也就真正把祭祀这件事做好了。夫子就是这样一个人，凡事一万分认真，他说："我要是祭祀就亲自去，让别人替代或捎带，那还不如不祭，祭了也等于没祭。"这一思想认识的真诚度是很高的，是符合"慎独"的境界要求的。这正如林放问孝之本时，夫子所说的："丧，与其易也，宁戚。"丧礼的根本在于悲伤的内心，而不在于形式的繁杂和隆重与否。

祭与丧，其要义如出一辙也。

3.13 王孙贾问曰："'与其媚于奥，宁媚于灶'，何谓也？"子曰："不然，获罪于天，无所祷也。"

社会上有俗谚"县官不如现管"，在现实中有一定的道理，但县官就是县官，现管就是现管。

现管之所以能牛气，是在县官不知道的情况下可以牛气一时，一旦让上面知道，就牛不起来了。从行政伦理上来看，这是站不住脚的，是有些短视的，特别是一些重大原则问题，需要看齐的排头是永远在最上面的。中国有上下五千年文明，这个道理早就存在。

有个叫王孙贾的曾经向夫子请教这个问题，他说："与其向天王献媚，不如讨好于灶王，是什么意思呢？"夫子说："不对啊。如果你得罪了天王的话，你向灶王祈祷又有什么用呢？他也帮不了你。"在道家神仙体系里，灶王掌管着一家的吉凶祸福，是可以上通天王言好事，下保一家之平安幸福。因此，一般人家都认为把灶王伺候好就可以了。一般情况下，这是可以的，是在你做到了不冒犯天条的情况下。

如果抛开神佛迷信的因素，细细思量，在现实生活中也是充满哲学思维和智慧的。人们往往为了更好的生活，也可能会在做到基本规定的同时，不吝向各方示好，求得一个更广阔、更深层次的和谐。在很多时候，你做得好不好，由你自己去申请表扬，估计会把好事儿办坏了，只有基层的领导向上汇报你的功绩，才更容易得到上司的认可，从而得到大家的认可。当然，这里提醒我们的是，基础性的工作是必须要做好的，没有基础，难成大厦。

"奥"是至高无上的尊者，"灶"是你的"现管"。各有各的重要，需要有不同的交流、交往方式和方法。

3.14 子曰："周监于二代，郁郁乎文哉！吾从周。"

夫子讲孝，说："三年无改于父之道，可谓孝矣！"难道子承父业，不允许有半点儿不一致？难道不允许有创新？

我想，能成为汉武之后专享独尊的至圣先师，他讲原则讲的是大道原则，固执己见不肯做半点妥协的也是大道原则，看不惯的也是世人对大道原则的背叛。在具体行动上，夫子是没有如此固执的，他所讲的"无改"是指"父之道"，而不是"父之行"，父辈留下来的能够兴盛基业的"道"是必须坚守的，而行动与实践的方法当然是可以随着时空变换、时势发展而变化的啊。然而，有很多浅陋者往往反对任何的改变并妄加指责，他们可能看到的是行动上的"变"而没有觉察到时代的"变"，看到的是具体做法上的不同而没有觉察到其中的

"道"并未改变。

夫子是编过《易经》的，他岂能不懂"变化之道"？！夫子曾说过："周朝的礼仪和制度是充分吸取了夏、商的精华，并在原有的基础上增加了符合现实的、时代的新内容，丰富多彩而且更加完善，我认为周朝的更好！"夫子从来都是主张传承、发展与创新的，而且从这个发展的脉络来看，他也是能够看到百世之后的发展前景的，他曾说过："其或继周者，虽百世，可知也。"（2.23）

由此可知，不是因为不变而可知，而是可以预知那些可能大变还有不变的未来的。

3.15 子入太庙，每事问。或曰："孰谓鄹人之子知礼乎？入太庙，每事问。"子闻之，曰："是礼也。"

喜欢打听事，而且还打听得非常详细，有时候很惹人烦。"事不关己，高高挂起"一度成为众人的处世哲学。

夫子是主张"敏而好学，不耻下问"的，遇到不明白、不清楚的事，甘当小学生，敢于请教，而且要问得清清楚楚。这是不是很惹人烦？夫子就是夫子，他这样说，就这样做。据其弟子记载，夫子到了太庙，观看祭祀之礼，每每遇到不明白的都要请教别人，有人或许觉得在严肃场所，什么都打听，很不礼貌且很烦人，有人就说闲话："谁说叔梁纥这个儿子懂礼？他到了太庙，什么都问，合适吗？懂礼吗？"夫子听说这件事后的回答是："是懂礼的表现啊。"是啊，如果到了一个场合，什么也不懂，又不去请教，其直接后果估计就是因不懂而使每一个行为都不符合要求，那才叫尴尬，才叫不懂礼啊。这，不仅不是耻辱，而是一种谦虚好学的品质，比起不懂装懂闹笑话要强得多。

当然这种请教不是一种无所顾忌地乱问，一定是悄悄地向懂礼的先生请教，弄明白后按照一定的规则、规矩去行事，那就一定行为适当，就不会闹笑话。

3.16 子曰："射不主皮，为力不同科，古之道也。"

在古代，射箭不仅是一种武事，也是一种文事，是礼仪家庭中很重要的一个分支——射礼。

　　射礼非常讲究比赛双方之间的礼仪，夫子曾有君子之射的说法："君子无所争，必也射乎！揖让而升，下而饮。其争也君子。"（3.7）揖让有礼，文质彬彬上台，比赛完事，下台来相互敬酒，一派其乐融融的样子。武射，用在战场上，以其勇猛威风敢于一箭毙敌，一战而胜；文射，则相反，重射礼，不主张用力过猛，是用来展演一种勇敢的风尚。夫子也告诉弟子："文射要力量适中，射中靶心而不致穿透靶子，不同的人有不同的力量，以射中为标准，不在于比力量强弱，这是自古以来的射箭之道。"

　　我们不得不佩服，我们的老祖宗是何等的聪明！我们的传统文化是何等的精细！凡事都有分寸和规则，凡事都有思考和定夺。这种思考的力量，这种处事的定力，已经成为21世纪的中华儿女、炎黄子孙的一种优秀品质，在云谲波诡的国际社会中能够泰然处之，如鱼得水。祖先的智慧，文化的厚重，在各个领域都给了我们无穷的力量和高明的招数。

3.17 子贡欲去告朔之饩羊。子曰："赐也！尔爱其羊，我爱其礼。"

　　物与礼，哪个重要？物，为人之用；礼，为人之修。人而在世，修养更为重要。

　　物尽其用，物为人用。人食五谷，人食肉糜，世间庄稼、六畜之生，为人之用。这是自然规律，用今天的话说是一种食物链条，不存在什么可与不可，甚至是道德层面的谴责，只要不是暴殄天物，无端浪费，均在正常范围之内。

　　夫子的学生子贡很聪明，善于经商，在账目方面算得清楚，觉得有些事情如果从务实的角度去看，可能没有多大必要。有一天，子贡去跟老师孔子说，他想在鲁国每月初一告祭祖庙的仪式上把要用的那只活羊取消了，觉得那纯粹是形式，没有实际用途而且浪费。夫子显然对子贡的想法持否定态度："端木赐啊，你这就见利忘义了啊，你爱惜的是一只羊，我爱惜的是礼仪所表达的到位不到位。"

　　是啊，对于一只羊来说，人饲养之不外乎为人所用，用在祭礼上，用来表达后人对先祖的尊敬和诚心，也算是物尽其用吧。但从人品、人格的角度和仁义之道来讲，礼所表达的层次真的是比人对一只羊的感受来得更高。

3.18 子曰："事君尽礼，人以为谄也。"

在正常的年代，在有正常秩序的国家，每个人都按照规定规则办事，自然也是正常的。但当"礼崩乐坏"之时，谁按"礼"行事，则变得不正常，一切秩序颠倒了，正常的也就变得不正常了。按礼行事的人反而会被诬蔑、嘲笑。

春秋战国时期，诸侯争霸，无视周王室权威，而且常以欺负周王室为能事，那么谁按"礼"事君，人们都会讥笑他是在谄媚，是在通过谄媚获取利益。是啊，在那个秣马厉兵、群雄并起的年代，只有通过武力夺得的利益被认为是理所应当，依规依矩被视为无能和谄媚，是没有本事的表现。因此，夫子不得不慨然长叹："事君尽礼，人们都认为是在谄媚啊。"

一种无奈的惆怅、一种屈从世俗的不甘心、一种试图挽救混乱秩序的梦想，相互杂糅，"别有一番滋味在心头"，令今天的我们想到此情此景，还为夫子扼腕，感慨系之。

3.19 定公问："君使臣，臣事君，如之何？"孔子对曰："君使臣以礼，臣事君以忠。"

君臣关系是一种什么样的关系？君在上，臣在下，"君要臣死，臣不得不死"，正常吗？

过去我们常常批判这种严格的君臣关系，批判君主的这种无上的权威。中国历史特别是在漫长的封建社会中，是有很多"君要臣死，臣不得不死"的案例，譬如岳飞，其"八千里路云和月""壮志饥餐胡虏肉"，为国征战，但还是免不了"莫须有"的罪名受死。莫须有，何罪？就是不需要有罪，就是要你死。当然，也有不少忠臣铮铮铁骨，即使死也一心一意为国家兴亡尽职尽责的佳话，譬如魏徵，冒死直谏唐太宗，好在唐太宗还算圣明，以其为鉴，终传得君臣佳话。

两千五百多年前的鲁国，当时还算奴隶社会，鲁定公面对卿大夫擅权，无奈向夫子请教君臣如何相处："国君指使臣下，臣下为国君做事，应该遵循一个什么原则？"夫子深谙礼制之重要，深知此事需要君臣共同努力，而绝不是单方面的事，要想巴掌拍得响，必须君臣两个巴掌配合好。他告诉鲁定公："国君在任用臣下时要以礼相待，不要轻易耍权威，以权压下，只有这样，臣下才能在为国为君做事时竭尽己能，忠于职责，而不至于偷奸耍滑，一副唯唯诺诺、察言观色的奸人模样。"

夫子言外之意，君臣之间，或者上下级之间，是一个双向的良性互动，上位者不以权威压人而是以礼待之，下位者不以左顾右盼极尽谄媚而忠于职责务实肯干，而且从某种程度上来说，上位者先于礼，以得下位者之忠诚，才是更加合乎逻辑的一种业态。

3.20 子曰："《关雎》，乐而不淫，哀而不伤。"

我们不妨先读一下《关雎》一诗："关关雎鸠，在河之洲。窈窕淑女，君子好逑。参差荇菜，左右流之。窈窕淑女，寤寐求之。求之不得，寤寐思服。悠哉悠哉，辗转反侧。参差荇菜，左右采之。窈窕淑女，琴瑟友之。参差荇菜，左右芼之。窈窕淑女，钟鼓乐之。"美啊！

子曰："《诗》三百，一言以蔽之，曰：'思无邪。'"（见2.2）夫子亲自编选《诗经》，所选之诗皆以"思无邪"为标准。思无邪，诗亦无邪；思若有邪，诗虽无邪亦有邪。《关雎》一诗所讲男女恋爱，男子追求窈窕淑女，展示了男子远观、近看，求之不得之时的彻夜难眠，想尽一切办法来取悦她的心情和行为，是一幅美好的恋爱画卷，在这里没有胡思乱想，只有为情难眠，没有因追求不得的忧伤，只有想方设法取悦的积极心态，没有伤感，整体上是一种恋爱之初的快乐。因此，夫子说"乐而不淫，哀而不伤"是准确而到位的，有恋爱中的快乐但不过分，有追求不得的哀愁，但不是忧伤、伤感，更没有寻死觅活的场景。

除了美还是美，除了激动还是激动。

3.21 哀公问社于宰我。宰我对曰："夏后氏以松，殷人以柏，周人以栗，曰：使民战栗。"子闻之，曰："成事不说，遂事不谏，既往不咎。"

社，为土神之所，一说哀公之所问为用什么木料为封神做牌位（杨伯峻），一说是问在土神之所栽什么树（毓鬵），究竟是何意，现已难考，不为重点。

夫子的弟子宰我对此的回答是："夏的后人用松树，殷商的后人用柏树，周人用的是栗树，其用意是让老百姓敬畏、战栗。"夫子听说宰我这一番话后，非常不高兴，认为宰我胡乱评论，不合礼，更不合仁义之道，愤愤地说："那些已经做了的事，已经既成事实的事，你批评它们还有什么用？！过去的事就不要再去追究对错了吧。"知识多，不是坏事，如果凭借知识的丰富，信口开河，随便乱说，甚至是评点一番，不知不觉中可能会得罪人，会坏大事。宰我很聪明，上课时喜欢睡觉、打盹，但又能够学会，还比一般的学生懂得多，知识面广，让人感觉到喜欢显摆自己的学问，而且还经常追着别人的问题或小辫子不放，穷追猛打，放荡不羁。

夫子对这个学生不待见，经常批评他。对宰我同学来说，应认真思考一下"君子敏于行而讷于言"的深刻内涵。

3.22 子曰："管仲之器小哉！"或曰："管仲俭乎？"曰："管氏有三归，官事不摄，焉得俭？""然则管仲知礼乎？"曰："邦君树塞门，管氏亦树塞门。邦君为两君之好，有反坫，管氏亦有反坫。管氏而知礼，孰不知礼？"

首先说说管仲其人。

管仲何人也？管仲辅佐齐桓公，使其成为春秋五霸之首，功劳至伟。管仲生活的时代应早于孔子百余年，也是当时响当当的人物。

他本是齐桓公的敌人，还差点儿一箭射死齐桓公。但经好友鲍叔牙推荐，齐桓公不计前嫌重用管仲，管仲也不负齐桓公所望，竭尽全力辅佐，给齐桓公出了很多好主意，以"尊王攘夷"之大格局、以大义为重化解了齐桓公很多失误，使齐桓公在诸侯中的威信扶摇直上。如齐桓公在齐鲁会谈时占上风，欲强占鲁国的土地，还是靠管仲及时制止，以让利而获义；再如齐桓公帮燕国攻打山戎，燕王感激涕零，礼送齐桓公越过了边境，按照当时的礼制，诸侯相送是不能越境的，于是管仲示意齐桓公越礼了，于是齐桓公就在燕王脚前画了一条线，把本属齐国的土地送给了燕国，以使自己不僭越礼制之规定。齐虽失小利，但由此得到各诸侯的广泛认可。管仲在齐国推行士农工商分区居住，大力发展工商业，因地制宜大兴渔盐之利，使齐国的国力迅速强大，威望迅速上升。

夫子又是如何看待和评价管仲这个人的？

在夫子眼里，管仲是贤人、能人，但对其品质颇有微词。有一天，他就大发感慨，说："管仲是个小器啊！"君子不器，夫子直言管仲小器，可见夫子对其成见不浅。有人问："管仲这个人节俭吗？"夫子说："管氏以权收取的市租不上交国家，他手下的人一个人就干一件事，从不多干，奢侈浪费很大，怎么能说他节俭呢？"管仲此权此利，虽属齐桓公赐予，但夫子也觉得他不应该接受，所以对其不认可。又有人问管仲懂不懂礼，夫子也对其意见很大，说："国君宫殿门前设置照壁，他家也设置；国君接待外宾的设备设施，管仲家里也有同样的。说管氏懂得礼的话，天下还有谁不知礼呢？"

在夫子心目中，君就是君，臣就是臣，即使赐予，不合礼、越礼的话，也不应接受。管仲之能，天下皆服；而管仲之以功享非礼之待遇，夫子诟之。

3.23 子语鲁大师乐，曰："乐其可知也：始作，翕如也；从之，纯如也，皦如也，绎如也，以成。"

夫子绝不是我们想象中那种守旧、迂腐的书生，他是性情中人，喜怒哀乐发乎真性情，编纂六艺，多才多能，他在乐言乐，但由乐及其他，探讨研究的是做事的流程和方法，是品德的修养与定力。

夫子与鲁国的音乐大师（乐官）讨论音乐的事，说："音乐是可以了解和欣赏的啊：一开始，各种乐器和乐手要先和弦，把演奏的步骤弄清楚，然后逐步展开音乐的各个环节，声音纯正统一，和而不杂，宫、商、角、徵、羽等各种不同音阶、音色依次跟进，节奏分明，连绵不断，一气呵成，余音绕梁，意犹未尽，一支美妙的曲子就这样完成了。"《礼记·乐记》："声音之道，与政通矣"，夫子每到一处能闻其声，知其政，观其乐演，知其事作。当年夫子曾到武城看到子游大兴乐事，就知道子游这个武城宰干得不错，对他大加赞赏。

夫子看到鲁国的音乐演奏并发出此等感叹，就深深感到这个乐队如此完美，如此恰到好处，不仅是技术好，更是合作得好，这种合作是一种素养，是一种品行，是成功的基石。大哉，至圣先师，名副其实。

3.24 仪封人请见，曰："君子之至于斯也，吾未尝不得见也。"从者见之。出曰："二三子何患于丧乎？天下之无道也久矣，天将以夫子为木铎。"

夫子作为"至圣先师"讲了那么多关于"君子"的话，那么他是"君子"吗？仪地的人就称他为"君子"。

夫子到了仪这个地方，这个地方的长官听说之后就去拜访，让夫子的徒弟挡住了。他告诉夫子的弟子："所有到过这里的'君子'，我都会去拜望并且都得到了接见，你们的老师孔子也是响当当的君子，不会不让我见吧。"弟子听了只好带其去见夫子。他们在室内谈了什么不得而知，但这个地方的长官出来后告诉众人说："你们不用担心失去什么了，天下好长时间以来都不尊王攘夷，乱了规矩，但是，现在不用担心了，夫子是上天专门请来做这个传道和正道的人！"

夫子是"至圣"，议论先师是不是"君子"，已经昭彰了我们内心尚存的不规矩和大逆不道了。夫子之所以历经两千五百余年仍为人传颂，其不仅是"君子"，而是在君子之上更高的层次，实是"君子"之师"圣人"也！

3.25 子谓《韶》："尽美矣，又尽善也。"谓《武》："尽美矣，未尽善也。"

音乐，娱人又育人。自古以来，人们非常重视音乐，特别是在搞大型庆典时，是万万离不开音乐的。夫子对音乐，也有自己的评判。

古有《韶》乐，成于舜时，歌颂尧之丰功伟业，舜以德彰于天下，为尧所赏识，传天下之位于舜，乐美，事善，自然得到夫子的高度赞赏，尽美又尽善，堪称完美。《武》乐成于文王之时，以乐而兴其征伐，有杀伐之音，且武王以伐纣而得天下。《武》乐虽壮美，但以杀伐得天下，即使是正义之伐，德行上也略逊一筹，因此夫子评价是"尽美矣，未尽善也"。有缺憾，不是眼见、耳听到的缺憾，而是隐藏在事件深处的道德层面的缺憾。

今天，教育讲立德树人，德立而人树，可谓回归教育本位、价值本位；一个人的学识水平再高，能力再大，如果德行修养不够，即使取得一定的成绩也不会长久。《周易·系辞下》："德薄而位尊，知小而谋大，力小而任重，鲜不及矣。""德不配位，必有灾殃"的老话并非空穴来风，是有厚重的历史积淀的。

3.26 子曰："居上不宽，为礼不敬，临丧不哀，吾何以观之哉？"

一个人生活在世上，一定会遇到形形色色的人。怎么观察一个人的品行呢？

品行端正的人我们只觉得这个人不错，或许再说不出其他的优点，但有缺点的人往往各具特点，如性格乖张古怪、飞扬跋扈、目中无人、喜怒无常、仗势欺人，等等，不一而足。所以，人有百好，不抵一过，一过之错，可毁一切。

夫子也说了几种情况，虽然不是原则上的错误，属人性范畴，但又为道德所不齿。夫子说："位高权重者如果胸怀不够宽广，不能做到宽以待人，参加礼仪活动时内心没有敬畏，行为随意不庄重，参加丧礼内心没有悲哀，表现不够真实，像这样的情况，我还考察他什么呢？"

夫子所言这些人之过错，如若不知改正，往往会让这些人终生吃亏却不知病根在哪里。夫子之意，对待这样的人，到此为止了。作为长官，没法继续用这些人了；作为朋友，没法再与这些人深交下去了。古代察人、用人，以德为本，以能为辅，德才兼备最佳，退而求其次的话，先德不先才。窥一斑而知全豹，一件小事可知一人，细思小事不小，往往小中方能见大，把小事做好，修养小节，方成大人。

里仁篇第四

4.1 子曰："里仁为美。择不处仁，焉得知？"

选择在什么样的地方居住，是一个很重要的问题，也是中国人很重视的问题。

古有"孟母三迁"的故事，讲的是孟母选择居处的标准是利于孩子学习和品德的养成，为了让孩子有更好的充满正能量的生活环境而不断选择。孟母可谓高明矣！现在也有很多人讲究风水、研究风水，喜欢住上风上水的地方；也有很多人会看重物业的服务水平，喜欢高档小区……不一而足，实比孟母之选择相去甚远。

夫子对于居住地的选择也曾发过高论："选择一个可以居住的地方，重要的是这个地方的邻里百姓是不是讲仁义，大家都讲仁义，就是最美好的居住地了。如果你选不讲仁义的地方去居住，怎么能说你聪明智慧呢？"我倒觉得夫子的居住选择理论更胜一筹。所谓"近朱者赤，近墨者黑"的俗谚，也进一步说明了居住的环境对人是有显著影响的，因此，选择什么样的地方居住，是大有学问的。

毓鋆老师对于"择不处仁"有不同的解释，他认为前句讲的是"选择居住"，后面这句再讲似有重复之嫌，他认为夫子讲话"微言大义"，如此反复讲，貌似不是先师风格，所以他认为后面讲的是关于"选择职业"的事，如按其解，夫子在这里表达的意思是选择住的地方要以邻里讲仁义为最佳，选择职业也要以能够弘扬仁德的职业为佳，绝不能去选那些违背仁德的职业。这也是真正的智慧。毓鋆老师之说也非常有道理，拓展了我们的理解范畴。

仁者见仁，智者见智。大师之见，虽有不同，但也是和而不同。这告诉我们无论居住还是从业，甚至一切社会活动，都要坚持仁义之道，修养仁德之心。

4.2 子曰："不仁者不可以久处约，不可以长处乐。仁者安仁，知者利仁。"

讲仁义，也是国人的共识。如何讲仁义？如何看待不讲仁义的人？这是一门学问。

子曰："君子固穷，小人穷斯滥矣。"（见 15.2）这是夫子周游列国在陈绝粮的困境中面对子路的急躁而说的一句话。面对困境，君子是可以安于现状而去思考的，小人则可能会为利所诱惑而陷于能抢即抢、能偷即偷的不仁境地。君子与小人的差距，就是心中有无"仁"。仁即"爱人"，上天有好生之德，有让生命焕发成长的"德"，就是"仁"，就是一种对生命的敬畏和热爱。

有仁德的人，内心就会坚定，就会按照法律规则和道德约束去做事，不做伤天害理害仁的事。有仁爱之心的人有两个特点，一是安于仁，二是乐于受"仁德"的约束；而相反，没有仁德的人就不会受约束，就会突破道德底线，突破道德底线的人有时会得一时之暴利，但不会长久。夫子所言"不仁者不可以久处约，不可以长处乐"就说得再明白不过了，没有仁爱之心就不会长久地接受道德约束，就极有可能做坏事，就会"小人穷斯滥矣"；同时，没有仁爱之心的人即使遇到什么好事，因其不仁，德不配位，好事不能长久，好事变坏事，好事带来的愉悦也会随之消失。

"仁"，就像定海神针，时刻依仁而行，则万事安定长久。因此，富有仁爱之心的人一定会去行"仁"事并安于"仁"所带来的一切好或坏，有智慧的人也会去做有利于弘扬"仁"的事，从而也得"仁"之利，赢得心安、愉悦。

4.3 子曰："唯仁者能好人，能恶人。"

"仁"德，是一个人生命的基础色调，只有以"仁"为本，行事才有分寸，方知对错。知其对错，方知人品之好坏。

子夏问《诗》，夫子言之"绘事后素"，子夏悟为"礼后乎？"夫子非常高兴，知道子夏明白了学礼学乐以"仁义"为底色，方能绘就人生美好画卷。因此，那些能够判断人之好恶的人一定是内心有"仁"，夫子"唯仁者能好人，能恶人"的字面意思不难理解，其背后蕴含的道理值得所有意欲"仁者"之人细思、深思。"能好人，能恶人"，并非要你时时刻刻去评价别人，而是一种识人察人之道，应在需要你批评的时候，值得你去评点的时候准确无误地指出来，而不是盲目地、非必要的时候乱说，说多了无益，关键时候该说不说也无益。子曰："知者不惑，仁者不忧，勇者不惧。"（见9.29）仁者无忧是因为什么都看明白了，能知道何时为关键，何时把握事情的进展能够如鱼得水，所以不忧，不随便评点。

4.4 子曰："苟志于仁矣，无恶也。"

我们现在讲"不忘初心"，就是说当初我们所立下的志向不要忘了，志向不忘，灯塔永在，方向不失。

人生一世，草木一秋。不是说人生没有价值，而是说人生的价值就像草木一样完成生命的历程之时，一定要留下生命的果实和种子，春华秋实，就是生命的初始价值和意义。然而，人与物又绝不相同。人构成了社会，就有了社会责任；形成了文化，就有了文化传承的责任。做人要想有最终的收获，或者给后世留下遗产，最重要的不是物质财富而是精神文化和正确的、积极的价值观。

夫子作为教师，育人亦有其要，他说："一个人如果立志于修养仁德，行仁德之事，收仁德之果，那么他一定不会去做坏事。"夫子深知人性向利，人性时有反复，因此他讲要想坚持仁德之道，必须上升到志向的境界和层次才能有利于坚守。一个人做了一千件好事，但一件坏事就可毁一世清名。古往今来，能做到一件坏事也不做的，从来不犯错误的，多乎哉？不多也！夫子之所以为圣人，就在于一生守其志向。为大司寇时是其相对发达之时，他为国尽义；辞官周游，在陈绝粮处于逆境之时也是"君子固穷"，不失君子之风。夫子周游列国"累累如丧家之犬"，虽吃尽苦头，但心中那团理想之火从来没有熄灭，即使不合时宜，亦百折不挠坚守初心。

此其为夫子终为圣人乎！

4.5 子曰："富与贵，是人之所欲也，不以其道得之，不处也。贫与贱，是人之所恶也，不以其道得之，不去也。君子去仁，恶乎成名？君子无终食之间违仁，造次必于是，颠沛必于是。"

常言道：富在深山有远亲。人生在世，谁不希望自己生活富裕、社会地位高贵呢？

当然，出生在商贾之家锦衣玉食，或出生在官宦之家呼风唤雨，是先天赋予的机会。但作为平常人，达到富与贵，也是人生追求。作为"君子"，对此是什么态度呢？《增广贤文》："君子爱财，取之有道。"君子要达富与贵，须合乎道，来路要正当正义，来路不正或采取不正当的手段获得是一件极为不光彩的事情。君子虽也喜欢财富，但不义之财，虽予不取。子曰："不义而富且贵，于我如浮云。"（见7.16）面对财富，这就是君子品格！

一个本来就处于贫贱状态的人，如何成就"君子"风范呢？还是以"道"决定取舍，合乎道义的贫贱是可以接受的；如果不合乎道义，是不可接受的。由此看来，在"君子"的内心之中，这个"道"是应该时时处处都在，不可违背。《礼记·中庸》："道也者，不可须臾离也，可离非道也。"圣人在此也说了，君子哪怕是一顿饭的工夫也不会去违背仁道，即使仓促之时或颠沛流离之时都是如此，须臾不离道。由此亦可见，道对于君子修养的重要性，持道、守道、正道，君子固守之。《周易》："天行健，君子以自强不息。"此是君子去贫去贱的不二法门（毓鋆语）。同理，身处富贵之位的君子之行也应是"地势坤，君子以厚德载物"。

不厚德，虽拥万物，未必持久矣！

4.6 子曰："我未见好仁者，恶不仁者。好仁者，无以尚之；恶不仁者，其为仁矣，不使不仁者加乎其身。有能一日用其力于仁矣乎？我未见力不足者。盖有之矣，我未之见也。"

仁者无敌。从仁者身上，可能会看见很多值得我们学习的品行，但我们会经常忽视什么呢？夫子在这个问题上说得不少，但不好理解。反复读了钱穆、杨伯峻等几位大家的解读，似乎也说得不够清晰，还有所疑惑。

唯独毓鋆老师将其划分为三个"未见"，比较有层次感。根据其划分，夫子第一层次的"未见"，是没有看到特别喜欢仁的、主动厌恶不仁的人。难道世上没有真正的"仁者"？夫子继续说喜欢仁的自然是非常高尚、无可挑剔；那些厌恶不仁的，他之所以去行仁，只不过是为了让那些不仁的人离自己不要太近，并没有真正去讨伐、批判不仁的人。第二层次的"未见"，是没有看到真正拿出一天工夫来竭尽所能去践行"仁"而导致气力不足的。第三层次的"未见"，就是假设世间有真正的仁者，他也是没有看到的。

仁者安仁，知者利仁。达"仁"之路，更重要的是一个过程，是一个不断完善"仁"的过程，生命不息，追求不止。如果把"仁"的要求过于理想化，也可能会打击人行"仁"的积极性。但夫子要求高是正确的，标准必须高，炎黄子孙应当自强，理应以更高的标准来要求自己，不可懈怠。

4.7 子曰："人之过也，各于其党。观过，斯知仁矣。"

物以类聚，人以群分，当我们不知其人品质时，可以看他与什么人交朋友，还可以看他犯什么错，怎么改的。

这个世界之所以丰富多彩，就是因为有无数的物种存在；人类社会之所以纷繁复杂，就是因为千人千面，各不相同，肤色、性格、族类相去甚远，所以复杂，所以需要沟通，需要各自修身养性，需要共同的道德约束。《孔子家语·六本》："不知其子，视其父；不知其人，视其友；不知其君，视其所使；不知其地，视其草木。故曰：与善人居。如入芝兰之室，久而不闻其香，即与之化矣；与不善人居，如入鲍鱼之肆，久而不闻其臭，亦与之化矣。"夫子就曾说过："人所犯的过错，各有各的不同，和他在一起的人往往也会犯同样的错误。细细观察他所犯的错误，就知道这个人是什么样的人了，是否心存仁道也是可以知道的。"

人非圣贤，孰能无过？"过则勿惮改"，也算是君子。

4.8 子曰："朝闻道，夕死可矣。"

什么是道？道为什么重要？

《道德经》："道可道，非常道。"道很难用语言来准确表达，否则就不会在学道、悟道的路上让很多人穷其一生而不得。就像中庸之道，一件事处理到一个什么度、一个什么比例就是最合适的？没有标准，只能看是什么事，还要看发生的背景，涉及的人甚至其修为程度，很难说清楚。那么是不是陷于不可知论的泥潭？当然也不会，一个注重加强自我修养的人，达到一定程度，世事洞明，往往就会把事情做得或者处理得恰如其分。这个把握，有赖于个人的知识层次、品德修养和对人性的准确把握，给人的感觉就是"只可意会，不可言传"，一旦说出来，就又觉得并非那么回事儿。

"闻"道难，难于上青天！因此，夫子喟叹："早晨理清楚了道，到晚上死去都心甘情愿！"道，如此难闻，怎么办？要学习，要顺应天地运行、事物发展的规律行事，从小事做起，逐步把握规律，这个"道"可能就慢慢根植于你的内心，让你自觉不自觉地就按"道"行事了。《中庸》："率性之谓道。"说得更是玄乎，你只要率性而行就是了？自然不是，率性，要尽己之性、尽人之性、尽物之性，要把握全局，把握万事万物的运行规律，方方面面才能考虑清楚周到，最后方可"与天地参矣"。因此，率性即可闻道明道，万事游刃有余。

4.9 子曰："士志于道，而耻恶衣恶食者，未足与议也！"

道，万事万物运行之本。有学识的人，是立志要把握这个"道"的。

孟子曾说过："富贵不能淫，贫贱不能移，威武不能屈。"作为一个君子，无论贫穷与富贵，无论武力强大与否，都要遵守规矩，不能为非作歹，因为有道义在，"道义"是容不得僭越的。颜回是夫子内心喜欢的学生，从不计较吃穿，夫子曾赞扬他："贤哉，回也！一箪食，一瓢饮，在陋巷，人不堪其忧，回也不改其乐。贤哉，回也！"是啊，颜回在生活上不计较，可以吃得粗糙些，喝一瓢凉水凑合一下，居住也不求奢华，但他在学习的事情上，在遵从教化上却总是小心谨慎，深得夫子喜欢。

作为一名有知识、有学问的读书人，更是要严格要求自己。夫子说："你要读书为士，你要修身齐家治国平天下，应立志在道义上要求自己，不要在生活上过分讲究。那些对自己没有好吃好穿的感到羞耻的读书人，实在是不可救药，也无法跟他们讨论什么是'道'了。"计较生活水平的高下，往往就会消灭道义，因为这一点就让一个人有可能因为贫穷而不择手段，变成无道小人，"小人穷斯滥矣"。那些身处富贵之位的读书人，如果因为追求富贵而为富不仁的话，他读书还有什么用？还学什么道义？因为他们早已把自己放逐到"道义"之外的地方了。

一旦成为"士"，"志于道"就是毕生的追求和事业，否则就不是"士"，就没有资格谈论道义的问题了。

4.10 子曰："君子之于天下也，无适也，无莫也，义之与比。"

"义薄云天""义无反顾"，就是讲了"义"的重要和高大。为什么？

《孟子·梁惠王上》记载：孟子去见梁惠王，梁惠王却非常傲慢无礼："你这老头不远千里而来，亦将有以利吾国乎？"孟子回答说："大王您何必说有利无利的话呢？只要你问是否讲仁讲义就可以了啊。"义，在传统文化中是一个重要的理念，也是一个重要的行为准则。一个君子，对于天下的人或者事，可以没有自己明确的主观见解，也没有绝对的认可或者不认可，至于自己怎么去做，唯一的就是看自己做的事是否符合"义"的标准和要求。

孟子在其文章中也告诉我们，当面临生与死的抉择时，如果符合"义"则宁死勿生，"生，亦我所欲也；义，亦我所欲也。二者不可得兼，舍生而取义者也。"我们或许经常拿这些东西来教育别人，但在中国传统文化中讲"义"，更多的、更重要的是以"义"来严格要求自己而非要求别人。《春秋繁露》："仁之法在爱人，不在爱我；义之法在正我，不在正人。我不自正，虽能正人，弗与为义；人不被其爱，虽厚自爱，不予为仁。"如此一说，则很好理解"人不为己，天诛地灭"之义，绝不是人要不顾一切，不择手段达成自己的目标，而是说，人要很好地修为自己，正己以达人，如果仅要求别人而不自正，则真的是天诛地灭了啊。

夫子说："君子对于天下的事情，没有必须怎么样干，也没有规定不要怎么做，怎么合理、恰当、科学，就怎么做。"（杨伯峻）

4.11 子曰："君子怀德，小人怀土；君子怀刑，小人怀惠。"

"君子"和"小人"并非一对冤家，只是其所处的背景和位置不同，所思考的问题、所关心的事项不一样罢了。

夫子有时候喜欢拿二者来比较，只是跟大家讲清楚二者在境界、人格上的不同，思考问题的不同。处于高位的人关心国家和社会的发展，就自然更多地关心社会公德和人的行为规范，而小人物身处乡野，自然更关心农耕收成，关心获得多少利益。宋代范仲淹在名篇《岳阳楼记》中所说"居庙堂之高则忧其民，处江湖之远则忧其君"，也表明身处不同的位置思考的问题也不完全一样。但是，作为君子一定是胸怀天下，关心民生，无时无刻不在思考国家和社会的发展。

4.12 子曰："放于利而行，多怨。"

自古有云，可以共苦，不可以同甘。

刘邦定天下，狡兔死，走狗烹，发出"非刘氏而王者，天下共击之"的呼喊，韩信等一干功臣随即灰飞烟灭；宋太祖取天下，杯酒释兵权，给予厚禄颐养天年，做得算是有仁有义的；明初火烧庆功楼的故事也是家喻户晓，幸亏伯温先生眼明心亮成功躲过一劫……类似的故事还有很多，为何如此？皆在权与利上有争也。

王侯将相如此，平民百姓无权但也为利而搞不和、不欢而散者，自古也不在少数。孟子对梁惠王"上下交征利，而国危矣"的劝告言犹在耳，但总是有人为利而不顾一切，所谓"人为财死，鸟为食亡"说的就是此等状况。不用说太多高尚的话，试看芸芸众生，不为利者有几何？能够做到表面大度，暂时不抱怨的就算是心胸宽广、修养较好的人了。真正理解"舍"与"得"二字之间的辩证关系的，实在是凤毛麟角！而且更有甚者，企图天下之利尽皆独归其所有，其贪婪之心无以复加。其实，人生百年，有些东西特别是财与利，生不带来、死不带去，不妨看淡些，再看淡些……看淡是"舍"，懂得了"舍"，但"利"却有时不请自来！

大江东去，浪淘尽，千古风流人物……把一个人放在历史深处来看，或者说以历史的眼光来看今天，阳光灿烂无风无雨，便是快乐、幸福。

4.13 子曰："能以礼让为国乎？何有？不能以礼让为国，如礼何？"

上梁正，则下梁不歪。靠下梁以正上梁，或者只许州官放火，不许百姓点灯式的要求，早已被几千年的历史证明是走不通的。

中国历史上最有名的"礼让"故事莫过于尧、舜创立"禅让"制度，尧发现舜之德才将天下之位让于舜，舜以大禹治水之功德将天下之位让于大禹，一直被传为美谈，甚至变成了一种理想社会治理更替的和谐模式。"礼让"，如果说"礼"是一种形式，那么"让"就是礼的内容，能把天下让出去，是一种什么程度的真诚和信任？！礼让是一种态度，是一种修养，更是一种责任。

夫子看到诸侯相争的现实，心中非常郁闷和不解，一件特别简单的事情为什么就不能做呢？有那么难吗？可是现实就是那样，尧舜之美德不存，相互争强好胜，说好的素养哪里去了？他不理解："用礼让治国，何难之有？不以礼让治国，那么我们又为什么要制定礼制呢？制定了又有什么用呢？"夫子看到的问题都是根本性的，但人性往往严以律人、宽以待己，特别是上位的更要克服人性弱点，努力践行礼让和礼制，才能以上示下，上下和谐，"世之治也，君子尚能而让其下，小人农力以事其上，是以上下有礼，而谗慝黜远，由不争也"。（见《左传·襄公十三年》）

4.14 子曰："不患无位，患所以立；不患莫己知，求为可知也。"

在中华优秀传统文化价值体系中，最根本的是"克己"，即克制自己的欲望。"不想当将军的士兵不是好士兵"，这不是中国人的话，中国人讲究的不是想而是做，做得好，一定会有用，即通常所讲"是金子总会发光的"，问题的根本不是发光与否，关键在于你是不是金子。只要你是金子，不要为发光的问题犯急躁，那是早晚的事。

在现实社会中，不管自己是不是金子，却总想着发金子的光。于是就有了弄虚作假，就有了人为操弄，就有了浪得虚位之说。的确，有的人成功了，有的人费了半天劲儿也没成功。成功的人不必高兴，接下来犯愁的应是如何履职尽责；那些没成功的人也无所谓，"努力"了，就不后悔。其实，这种"努力"不是真实的，是在歪门邪道上操弄，因此不成功也在情理之中。

夫子说："一个真正有才能有仁德的人，不会为了自己有没有位置而患得患失，而是担忧自己有没有真本事去担当大任。""机会是给有准备的人准备的"，当你有了真才实学，一定不用担忧，肯定是"天生我材必有用"！可能你也会觉得，自己有了真才实学，没有伯乐来发现怎么办？夫子还说了："不要担忧别人不了解自己，你只管去追求，只管去思考自己如何努力做到就是了。"多问耕耘即可，收获就是自然而然的。学到此句，记得二十年前，因工作安排，曾经有一段时间处于相对清闲的状态，但我们没有沉沦，而是集体读书、学习，一年内写了十数篇文章发表，后来一盘点，还真是十数年来都没有过的收获。这当然也成了自己一生当中很重要的收获。

后来，与京城的朋友聊起此事，总结出一个结论：当你是不可或缺的重要人物时，是一种境界，努力做好工作是重要的、得体的；当你变得可有可无相对清闲时，也是一种境界，努力学习充电完善自我，更是重要的、得体的。诚然！

4.15 子曰："参乎！吾道一以贯之。"曾子曰："唯。"子出，门人问曰："何谓也？"曾子曰："夫子之道，忠恕而已矣。"

道生一，道是源头，亘古不变。那些经常变的，肯定不是道。

孔子曾经到洛阳拜会道家始祖老子，向他问道，舌头和牙齿哪个厉害，夫子愕然不知所措，老子说牙齿掉了，舌头还在。孔子遂懂"以柔克刚"的道理。儒家讲究"壹是皆以修身为本"，其实修身养性看起来温温柔柔的，其实修炼的是刚强的内心，内心之坚韧才是真正的刚强。

道家讲"道生一，一生二，二生三，三生万物"，其实儒家虽然不明确这样讲，但其所坚持的"壹是皆以修身为本"是不是"一"呢？是不是万事万物的本源呢？夫子也深深同意万事万物皆有本源的"一"，他对曾参说："我坚持的仁道是一以贯之的，不会轻易更改。"曾参回答："是。"夫子走后，曾参的门人问："夫子讲的是什么意思？"曾参说："夫子说的一以贯之的道，说到底就是'忠''恕'两个字。"这是曾参的参悟。

难道就是这么简单吗？是的，也不是。道很简单，做起来会很难，譬如说，一个人得罪了你，而且还让你非常的不爽，你能马上原谅他吗？是的，是马上，不是说等过一段时间你再原谅他。一般人很难做到，但懂得了"恕"的真正内涵，达到了"恕"道的境界，你就会很容易做到，但通往"恕道"的路，很大一部分人是穷尽一生也未走通。

夫子之"道"一，曾子化一为二，指导的却是我们在现实生活中处理多种问题的基本理念和方法。

4.16 子曰："君子喻于义，小人喻于利。"

义与利如何取舍？孟子曾告诉过梁惠王说，大王何必言利，言义而已矣！

夫子也说过："君子之于天下也，无适也，无莫也，义之与比。"（见4.10）在前面读到这句话时，已经感受到"义"对于君子的重要性。这里夫子再次非常明确地指出"君子"与"小人"之别其实就在"义"或"利"的原则取向。按孟子的论断，就是凡事以义为原则取向，有"义"利自来，无"义"利求而不得；而梁惠王就显得不够君子气或根本就不是君子，因为他开口就问利在何处，自然是"利"字当头，顿显小气，格调太低。

在现实生活中，经商之人常说"在商言商"，其实真正的大商人在商不一定言商，多言"义"而利自来。特别是在信息技术高度发达的今天，无义之商很快就会暴晒在光天化日之下，哪有机会在商言商？！聪明商人一定是践行社会公德的模范，然后闷声发大财，鲜有不成功者。这就叫"有心栽花花不发，无心插柳柳成荫"。

古语云："多行不义必自毙"，君子讲义，鲜有自毙者。而世上的暴发户、自身修养严重不足的，长久地看，是会有灾殃的。

4.17 子曰："见贤思齐焉，见不贤而内自省也。"

在很多情况下，我们可能更多地去苛求别人，喜欢看别人的缺点，甚至去讥笑、攻评。相反，看到别人的优点，往往又不觉得自己不如人，而是心生妒忌，表现出一副嗤之以鼻酸溜溜的样子。这些都是人性的弱点，也是人性的常态，所以，传统文化一直强调修身养性，并将其作为人一生的根本——壹是皆以修身为本。

夫子深谙此种人性，但他不是尖锐地批评和教育，而是晓之以理，给出正确的建议："见到比自己优秀的人，要积极主动地向他学习，向他看齐；见到那些做了坏事错事的人，你不是去批评、纠正（因为你不是救世主），而是去反思自己是否也会犯如此的错误？自己是否也动过犯错的念头？若有，赶紧想办法熄灭这些不良的思想火花，让自己始终站在修身的正途上。"所谓近朱者赤，近墨者黑。夫子此话也告诉我们要多与善人交往，要远离伪君子、坏人，这样才会提升进德的速度和效率，少犯一些无谓的错误。见到坏人远离，可能我们更容易做到，而见到优秀的人而主动去学习反而有时会比较困难，需要克服嫉妒之心，要学会乐见别人的优点。

其实，难与不难亦是一念之差，若把向优秀之人学习看作是对自己有好处，何难之有？！如果把优秀的人与自己比较，让自己越来越没有信心，那么你就很难接纳优秀的人，甚至产生一些非常龌龊的歪心思去打压优秀的人。可见，做好"见贤思齐"之事，心态非常重要。

4.18 子曰："事父母几谏，见志不从，又敬不违，劳而不怨。"

我们讲修身养性，或许不同的人讲了不同的方法，如习练书法、绘画会让人的心沉静下来是一种方法，有的人练武术修武德强身健体而不以武凌弱……面对社会不同禀性的人你是否有耐心能永远保持"人不知而不愠"的境界？

如果是单纯回答问题，可能大家都会说能做到。但在现实生活中，做不到或者做得不够好的案例不胜枚举。譬如说面对自己的父母时能不能有耐心？可能一次、两次都没有问题，次数多了也难免会有不耐烦，而且有很多实例来佐证。俗话说"久病床前无孝子"，从另一个角度说明，在父母面前做到有耐心也确实很不容易！对此，不同的人肯定有不同的表现和体会，他人不得而知。夫子扎根生活现实，对于子女与父母之间的问题看到和听到的应该不少。还有一种情况，如果父母自身所做的有不合适的地方，子女怎么办才最能显示子女的修养？他说："父母有做得不合适的或者不听子女劝说怎么办呢？要慢慢来，选择合适的机会委婉地耐心劝解，既要体现出真诚尊敬不违逆父母，又要做到即使付出辛劳也不胡乱埋怨。"夫子说得很简单，也确实在理，但有多少子女做起来能够耐心至此？！夫子讲了人的修养，也是一种孝的方式，也是对待父母之过的一种正确的态度。父母生身之恩，小时报答是保护好自己不敢毁伤发肤，谓孝之始也；长大成人要建功立业以显父母，谓孝之终也。

在对待父母特别是父母本身有不足的时候，能不能做到耐心规劝并静待改变，是彰显一个人修养的重要标志。

4.19 子曰："父母在，不远游，游必有方。"

作为父母，担心的是孩子，孩子小时担心安全，孩子长大担心其能不能成人成才，能不能过好生活。作为孩子呢？要做的就是让父母放心、安心。

本人小的时候生活在农村，村里同龄的伙伴有很多，经常在一起疯玩儿，连吃饭的时间概念也没有，那时候通信技术没有现在发达，就经常看到或听到父母们站在大门口呼喊自己孩子的名字。好在村子不大，大街上一喊，只要玩得不入迷或者有不入迷的伙伴，你就能知道该回家了。现在居住在城市里，身在学校工作经常会发生小孩子回到小区后不跟父母打招呼就随便到同学家去了，把父母急得找学校、找派出所、看监控，折腾大半天才找到孩子，孩子还觉得大人们多此一举。

看来，当前对小孩子进行传统文化教育还是少了，《弟子规》中讲"出必告，反必面"，要求得多么具体和明确，背诵加上践行，时间久了，低级的错误就不会犯，而且养成了好习惯，长大了也会有事跟父母商量，告知父母自己在忙什么，取得了什么成就，通过交流让父母放心，让父母为自己的成就骄傲。就是这么简单的事情和浅显的道理，在现实生活中却经常被忽视，被作为一项重大的教育改进来推进，但收效却甚微。为什么呢？把最根本的养成教育当成了儿戏和小事，也就在情理之中了。

夫子在两千五百多年前就告诫天下的孩子："父母在，不要随便出去，出去就要把去的地方、去做什么告诉父母，让父母放心。"我们不要把夫子的话解读得太过深奥，符合实际生活即好。现代社会通信技术发达了，交通条件好了，远游也变得更加快捷，但父母对子女的担心，却千百年来未有丝毫更改，即使你在外地做了市长、省长、部长，父母也是担心着，希望你能经常打个电话报告一下情况，当然回家一趟更好！

4.20 子曰："三年无改于父之道，可谓孝矣。"（见 1.11）

4.21 子曰："父母之年，不可不知也：一则以喜，一则以惧。"

父母对于"我"，恩德至高无上，在古代，服从父母是天经地义，无任何道理可讲，子女须晨昏定省，不可须臾大意。

《诗经·小雅·蓼莪》："父兮生我，母兮鞠我。拊我畜我，长我育我。顾我复我。出入腹我。欲报之德，昊天罔极。"父母之于子女，倾尽心血，极尽关爱。那子女对父母呢？特别是当父母年龄大了，应该怎么做？那就要时刻关注父母的生活起居和身体健康。为什么呢？

夫子说："父母的年龄问题是不能不去了解和知晓的，要知道什么呢？一是知道父母年龄大了，是高寿，要高兴；二是知道父母年事已高，要恐惧，距离他们离世之日越来越近。"这时候，需要特别关注父母的身体变化，该查体查体，该进补进补，让父母延年，让自己尽孝。当今社会，随着百姓富裕程度的提高，对于父母的孝顺状况总体上也是越来越好，不过也总有一些在"孝"的问题上不尽如人意的事情爆发出来，令人唏嘘不已。表面看，可能是经济问题，本质上还是价值观念问题，还是对父母之恩的认识不到位、不深刻，有些子女对尽孝以各种理由敷衍塞责，推三阻四。

对于这些问题，还是要从小加强中华优秀传统文化教育，需要全社会共同营造良好的舆论氛围。

4.22 子曰："古者言之不出，耻躬之不逮也。"

关于言与行的问题，《论语》讲了很多，如"君子欲讷于言而敏于行"，如"先行其言而后从之"，说了做不到是最尴尬的，君子以此为耻辱。

《论语》中所告诫的往往就是不要说大话，说到就要做到，做不到的话就是说了空话，就会贻笑大方。夫子再次指出："过去的人说话小心谨慎，不敢说大话空话，是怕自己说了又做不到或做不好，会被人耻笑，让自己蒙羞。"能有夫子如此的羞耻心，自然就能够严格要求自己，默默地去做事，恭敬地请教别人（不耻下问），"学而时习之"，最终做到成功。成功了，再说也不迟啊。

在任何事情上，事先做些规划都是可以的，规划是用来研究路径与方法的，是要经过实践的检验才能知道合适与否。规划就是规划，在实践过程中可遇河架桥，遇山劈路，做到最终我们才发现过程中的不断修正已经让原来的规划与现实大相径庭了。因此，规划是用来参照实践的，不是用来宣传的，的确没有事前多言的必要。事后多说或许也无益，而是应该去思考过程中发生了哪些变化，为什么会发生这样的变化，或许会对我们今后每一项规划的制定提供更多成熟的东西。

4.23 子曰："以约失之者，鲜矣。"

2000 年聆听北京师范大学林崇德教授的一场教育讲座，他说："教师才华的顶点在于自我监控力。"这个"自我监控"与曾子"吾日三省吾身"之言异曲同工。

自我监控，就是自我反思、自我改进，就是一种推陈出新。这种能力的强弱高低，直接影响着一个人的进步与成功。一个人如果善于反思和改进，善于节制和约束自己的行为，确保行走在正确的道路上，那他基本上就不会犯错误。夫子所言"以约失之者，鲜矣"之意，大概就是如此。

严以律己，宽以待人。我们要学会从严要求自己，学会节制和约束自己。夫子之言，醍醐灌顶，开悟。

4.24 子曰："君子欲讷于言而敏于行。"

人立于世，最忌讳说大话，吹牛皮。因为，言多必失，又在行动上有差池的话，很容易将自己陷于尴尬境地。

子贡曾向夫子请教做君子的问题，夫子说："先行其言，而后从之。"（见2.13）

这里，圣人又说："君子欲讷于言而敏于行"，是"行胜于言"的再次发声。但这时所说与之前相比，又有新的解释，更加具象化，更贴近实际操作。对于

"讷"，钱穆先生、李泽厚先生、杨伯峻先生等大家均无异议，而对于"敏"字，前三位皆意为"敏捷""勤劳"之意，独毓鋆先生解释"敏"意为"审慎"。于是，对此句之理解就各有千秋了。

按毓鋆先生"审慎"解，则意为君子要在说话上表现得迟钝而不激进，在行动上则要表现得更加勤奋，同时也要保持一定程度的审慎，所谓三思而后行也。由此，笔者更倾向于毓鋆先生的"审慎"之说，不仅言语上要谨慎，行动上也要深入思考其可行性，方得立于不败之地。

在现实生活中，有很多教训也告诉我们，如果一件事你没有经过调查研究或深思熟虑，绝对是不能轻易决策的，在行动上则更要审慎，更要进行细致的思考和周密的规划，才能使我们所说的每一句话都符合实际，才能使我们的行动目标更加精准和明确。

4.25 子曰："德不孤，必有邻。"

谁不想人缘好能广交天下朋友？如何做到呢？是不是每天都去交际，甚至喝得烂醉如泥？肯定不是。

夫子说："一个人道德修养好了就一定不会孤独，一定会有邻里主动接近你。"甚至是"有朋自远方来"，慕你"德"名而来。但这是一个慢功夫，急不得，修身养性需要一个过程，心急吃不了热豆腐，更不会长久。只有德行好、人品好，才能使与人为善成为习惯，久而久之别人才能感受到你的善意，愿意与你往来，有事愿意与你商量。这种信任感不是一时一刻就能建立的，必须有个较长的过程。所以只有养德，端正品性，内心安静不躁，由此而所结交的友谊才会长久。《易经》中"方以类聚，物以群分""同声相应，同气相求"，在更大程度上讲的是德行的相同，是价值观的相同，只为了一时利益而结成的小圈子，终将不会长久，难经风雨且会随时土崩瓦解。

"壹是皆以修身为本"，"格物致知，诚意正心，修身齐家，治国平天下"，坚持正确的修身之道，一定是天下人皆兄弟姐妹，朋友遍天下。

4.26 子游曰："事君数，斯辱矣；朋友数，斯疏矣。"

做什么事，都要讲究个度。若不讲究，必为其害。

先说一个"伴君如伴虎"的事例。汉高祖刘邦能识人用人，曾自豪地说："夫运筹帷幄之中，决胜于千里之外，吾不如子房；镇国家，抚百姓，给馈饷，不绝粮道，吾不如萧何；连百万之军，战必胜，攻必取，吾不如韩信。此三者，皆人杰也，吾能用之，此吾所以取天下也。"但这位皇帝有时候也很任性，特别是对儒生的啰唆很不耐烦。《史记·郦生陆贾列传》："沛公不好儒，诸客冠儒冠来者，沛公辄解其冠，溲溺其中。与人言，常大骂。"往儒生的帽子里尿尿，是有些恶作剧了，但骂儒生确实有之，特别是陆贾经常与刘邦讨论天下事，经常冒出《诗》《书》中的句子而令其不爽，其骂骂咧咧地说，我的天下是马上得来的，不是《诗》《书》得来的，天天胡叨叨什么！可陆贾也不是吃素的，回怼他说，你可以马上得天下，也可以马上治天下吗？并用了大量史实佐证，终让刘邦认错还将其《新语》十二篇奉为真言。

子游所言："天天跟君主在一起并不断劝谏的话，弄不好会被其侮辱；跟朋友天天黏在一起，一句话说不好，也可能就疏远了。"陆贾是幸运的，虽然被刘邦侮辱，但结局是良好的。但纵观数千年历史，因言获罪遭贬谪的人绝不在少数。被刘邦奉为人杰的韩信，最后也是落得个兔死狗烹的悲惨下场。

无论与谁交往，拿捏好分寸，是一件绝对值得注意的事情，且不可小视。

公冶长篇第五

5.1 子谓公冶长："可妻也，虽在缧绁之中，非其罪也。"以其子妻之。

春秋时期孔子的弟子公冶长，遇到了一件冤案。

公冶长因为懂鸟语，知道了一个老婆婆的儿子的去向，帮助老婆婆找到了儿子的尸体，从而被官府认为是他杀的人，被抓进了监狱。好在他又通过鸟语验证了他确实有懂鸟语的本事，才洗白了冤屈，但在狱中也待了一段时间。

夫子跟人谈论公冶长入狱的事，当时就说，公冶长这个人虽然被关在监狱中，但事肯定不是他干的，言外之意就是他可能只是一个替罪羊或者其中有误会。夫子笃实地认定公冶长在品德方面并没有什么不妥，更是一个可以托付大事的人。这是老夫子的观点和说法，但老夫子又确实把女儿嫁给了他，做到了言行一致。事实也证明了夫子识人是准确的。

当然，不是说随便拿一个铁证如山的罪犯，我们都可以允许大家质疑法律的权威，之所以有不同的看法，一定是基于证据并不充分且对一个人基本道德品行有着准确把握的情况下的判断，只是限于自己的判断，指导自己的行动而已，绝不能将这个判断强加于人。夫子对公冶长的判断是基于公冶长的基本品行而言的，一个潜心治学屡辞鲁国仕禄邀请的人，是不会去杀人越货的。杀人越货是为了生活，而公冶长若是为了生活的话，完全可以出仕为官，获得更好的生活待遇和社会地位，没有任何必要做此事。

5.2 子谓南容："邦有道，不废；邦无道，免于刑戮。"以其兄之子妻之。

我们经常反对"变色龙"式的人物，夫子也很看不惯，但他的做法有时也令人疑惑。

孔子谈到弟子南容这个人，说："国家政治清明的时候，他能够积极入仕为官，兢兢业业；国家混乱的时候，他也能够清楚时世使自己免于刑戮。"可见，南容同学是一个非常聪明灵活的人，老夫子愿意把自己哥哥的女儿嫁给他。

如此说来，我们怎么总觉得南容是一个明哲保身、世故圆滑的人，似乎与老夫子所坚持弘扬的仁德之道、与孟子所尊崇的舍生取义有点儿距离。毓鋆老师对此也表示了质疑，他说夫子很少谈及家世，却在此先后谈了女婿公冶长、侄女婿南容，并说出了选择他们为婿的理由，说明其别有用意。夫子用意究竟为何，却不得而知。他识人用人有独到的方法，但这两个人的缺点明显而且事实证明以后都没有很好的发展，是不是说这两个人的特点就是适合做夫婿，而且是其孔家的夫婿？

不知，不妄言。

5.3 子谓子贱："君子哉若人！鲁无君子者，斯焉取斯？"

成为"君子"对一个人来说是巨大的成功，但是不是"君子"要自己说自己是，一是不服众，二是有自吹自擂之嫌。

子贱是夫子的学生，曾做单父这个地方的长官，将此地治理得不错，老百姓都认可他。但子贱也不敢说自己是君子。有一天他来请教老师怎么样才能成为君子，老师指着他说："我面前这个人就是君子啊。如果说鲁国没有君子，那么你能够见贤思齐，为众人做出表率，你不是君子谁能是君子？"君子养成不易，需要的是坚持和毅力，但你做到了，其实就是君子。说难，很难；真的按照君子的行为准则坚持下来，就能修成君子之正果，想想其实也不难，关键就是想不想，做不做，一念之间，差之毫厘，谬以千里。"君子"之成就，真的不是高大上的事，而是认真对待的态度和真诚地实践。

5.4 子贡问曰："赐也何如？"子曰："女，器也。"曰："何器也？"曰："瑚琏也。"

子曰："君子不器。"夫子对君子的要求是符合"仁德之道"，成为社会的引领者。

夫子曾公开表扬子贱就是君子。子贡也想知道自己在夫子心目中的位置怎么样，便问夫子："我这个人怎么样？"夫子说："你啊，还没有达到君子的境界，还在'器'的层面。"子贡又问："那是什么器呢？"夫子说："是宗庙里供奉粮食的瑚琏。"

瑚琏作为"器"的一种，是一种相对名贵的器。在夫子心目中，子贡虽然没有达到君子境界，但在"器"的层面上也算很高了，再上升一下，就达到"道"

的境界从而进入君子层面。夫子跟子贡说这话，说明对子贡是了解和器重的，关系甚是亲密，也清楚地知道子贡不会因此伤心而心生怨恨，带有半真半假开玩笑的意思，但主旨还是非常明确，说是器就是器，就还不是君子，君子是不能做一种器具的，说明子贡仍需努力。

这对子贡来说，是鞭策，更是鼓励。子贡头脑精明，善于算计，有经商之才，其能力虽然不低，但在夫子心目中其道德引领还是明显不足，在具体的事情上能够做得很好，但往往在价值观层面还上升不到应有的高度。

实际上，在孔子去世后，他的许多弟子都为他守孝三年而去，唯独子贡不忍离去，再守孝三年。从子贡的这个表现上，无论是其外在行为表现，还是内心的平和笃定、仁义诚信，足以证明子贡就是一个响当当的君子。

5.5 或曰："雍也仁而不佞。"子曰："焉用佞？御人以口给，屡憎于人。不知其仁，焉用佞？"

夫子曾说："巧言令色，鲜矣仁！"夫子没有一棍子打死那些能说会道的，但对谎话连篇（佞）的人是不是仁者，用了一个字"鲜"，就是很少很少的意思，等于"几乎没有"。

夫子对于耍嘴皮子的人看不惯，"恶利口之覆邦家者"（见 17.18），"恶夫佞者"（见 11.25），都是夫子一贯的观点。冉雍（仲弓）是夫子学生中德行方面最优秀的四个弟子之一，曾表示"雍也可使南面"，即可以做官堪当大任。但夫子教育学生的艺术风格是不以明言表扬或批评，不会轻易下定论，譬如批评以勇敢著称的、自己又非常心仪的学生子路时，也只是说"君子固穷，小人穷斯滥矣"，（见 15.2）不说子路是小人，而是以小人之心态影射子路，让子路知错而改。

当有人当面告诉夫子，说冉仲弓这个人有仁德，但不会说话，口才很差。夫子反驳说："为什么一定要有好口才呢？在别人面前耍嘴皮子，往往让人讨厌和憎恶。先不说冉仲弓是不是有仁德，只说有没有口才就没有必要。"现在，我们教育领域的根本任务是"立德树人"，定位准确。

德不立，何以成人？不成人，何以立业？不立业，何以报国？德为先，为基。

5.6 子使漆雕开仕。对曰："吾斯之未能信。"子说。

修身是我们传统文化的内在要求，也是做人的基本功课。修身是一个宏大的概念，包含的领域很多，但具体来说，究竟修什么，一下子又很难穷尽。《弟子规》算不算是具体的修为内容？我想应该算。《朱子家训》是不是朱氏家族修身的具体要求？我想也是。所有的中华传统美德算不算具体要求？我想也算。

古语云："人贵有自知之明。"人能够清楚自己处在一个什么样的状态和水平，清楚自己的能力究竟有多大，也应是其中一种比较高层次的修为了。夫子想让学生漆雕开去做官，为百姓谋福利，但漆雕开回应说："我现在觉得自己还没有做官推行政务的能力。"夫子心里非常高兴。夫子高兴的是漆雕开有自知之明，非常谦虚，难能可贵。夫子让其从仕，说明在夫子心目中，他是可以的，即使不那么全面，先做个小官也是能胜任的，但漆雕开的自知与谦虚，让夫子更觉得这种育人的效果是自己最想看到的，比起那些不知天高地厚、整天想入非非的人强多了。

据资料记载，漆雕开这个人品行优良，刚正不阿，不愿为官，乐于治学，创立了漆雕氏儒学派。史书记载，孔子一行周游列国，遇雨不能前行，住进了他家，很快吃光了粮食，他为了不让老师挨饿，到湖中去采藕，结果溺水而亡。后因子路在卫国上书，漆雕开得以追封。后世对漆雕开追封也不少，唐开元二十七年（739）追封其为"滕伯"，宋大中祥符二年（1009）加封"平舆侯"，明嘉靖九年（1530），封其为"先贤漆雕子"。

5.7 子曰："道不行，乘桴浮于海。从我者，其由与？"子路闻之喜。子曰："由也好勇过我，无所取材。"

孔子是世界公认的圣人。可是在孔子生活的时代，又有哪个有权有势的君主承认他是圣人？

在鲁国，他看不惯三桓擅权，被排挤；周游列国，其主张也多不被接受，鲜有待见他的。但夫子不改其志，于各诸侯国之间颠沛流离，也时常希望被人赏识、重用，认同其主张并建构理想的大同社会。可是，现实没有给他实现理想的机会，而是让他"累累如丧家之犬"一般，还屡遇匪人，生活困顿异常。

有一天，夫子实在是累了，疲倦了，一丝失意的念头飘过脑际："我的主张是行不通了，没有人理会我，我干脆做个小木排出海漂流，到哪儿算哪儿吧。大概能跟着我的，只有子路了吧。"子路虽然鲁莽、勇敢，但是对老师的虔诚、认可和追随是无人能比的。子路听说老师赞扬他，他非常高兴，觉得老师总算是认可自己还是有些优点的。夫子知道子路内心的喜悦，但是子路却又不是一个善于钻研学问的人，当个保镖没问题，志同道合研究问题就不行了。因此，子路由衷地希望跟随夫子，但却不是夫子心目中最理想的人选，他说："子路太过勇敢剽悍，比我更胜一筹，不是我所需要的啊。"夫子虽然很喜欢子路的勇敢，还时常为子路的莽勇多操一份心，因此，子路并不是夫子所需要的一同研究大道的理想人选。

当然，在夫子的心中，颜回应是最合适的人选，但颜回英年早逝，已令夫子捶胸顿足好生悲痛，再无合适之人。夫子之悲情与绝望，在于找个合适的志同道合的一起隐居的人都找不到了啊。当然，这只是夫子一念之间的心灰意冷时的情绪。

历万难而不折，是夫子坚韧强大的内心。他怎么能弃天下、社会于不顾呢？如果放弃，他就不是他，而是骑着青牛追赶老子西去了。

5.8 孟武伯问："子路仁乎？"子曰："不知也。"又问。子曰："由也，千乘之国，可使治其赋也，不知其仁也。""求也何如？"子曰："求也，千室之邑，百乘之家，可使为之宰也，不知其仁也。""赤也何如？"子曰："赤也，束带立于朝，可使与宾客言也，不知其仁也。"

以其言识人，以其行察人，是夫子坚持的识人用人理念。在其教育学生的过程中，也是引导别人照此去自主判断，而不是将答案和自己的定论原封不动地交给别人。

一天，孟武伯问子路算不算是个仁人，夫子说："不知道啊。"孟武伯不罢休，继续问，夫子才不情愿地说："子路，一个有着千辆马车的国家，可以让他来负责兵役和军事管理方面的工作，没有问题。不过你问的是不是仁人，我就不知道啦。"夫子非不知道也，而是引导你自己去观察其言行再下结论吧。孟武伯不识夫子用意，又问冉求如何。夫子还是说："冉求这个人呢，有千户人家的地方，或者有百辆兵车的大夫封地，可以让他来做长官。至于是不是有仁德，我就不知道了。"孟武伯又问公西华如何，夫子说："赤这个人，可以让他峨冠博带立于朝堂之上，接待外宾并与之交流谈判，是没有问题的。至于仁德，我也不清楚。"

一个人的能力如何，可以干什么，可以肯定地说出来；一个人的仁德如何，不到盖棺之时，难下结论，变数太大。正因为如此，才强调"壹是皆以修身为本"，自始至终，不可懈怠。

5.9 子谓子贡曰："女与回也孰愈？"对曰："赐也何敢望回？回也闻一以知十，赐也闻一以知二。"子曰："弗如也，吾与女弗如也。"

随着学习《论语》时间的不断加长，夫子弟子们的形象、禀性也逐渐丰富、生动起来，这些散落的语句、片段也就形成了相互关联、相对完整的生活画面。

子贡是聪明的，曾与夫子交流读《诗》的感受，他告诉老师，他能由此联想到彼，知道过去的事就可以联想到未来。对此，夫子也特别表扬了子贡："赐也，始可与言《诗》已矣，告诸往而知来者。"（见1.15）这是一种很高的评价。颜回是勤奋的，"以能问于不能，以多问于寡"，（见8.5）不耻下问，知识渊博，是夫子出类拔萃的一个学生。

一天，夫子问子贡："你和颜回谁更聪明更厉害啊？"子贡回答说："颜回能够听说一件事而能触类旁通十件事，我也就闻一知二罢了。"夫子非常高兴："是啊，赶不上颜回啊，我和你都赶不上他啊。"夫子既赞许子贡的谦虚，也赞许颜回的勤奋，甚至觉得自己也"弗如也"。

杨伯峻等大家均认为夫子同意子贡的观点，不认为夫子在这里是自谦。但李泽厚先生、钱穆先生均认为此语中夫子确实是自谦的。细细想来，夫子有"三人行，必有我师"的论断，加之他对颜回的高度认可，自谦也是情理之中的事情。

后世韩愈有论"师不必贤于弟子"，对此应该也是深有同感的。

5.10 宰予昼寝。子曰："朽木不可雕也，粪土之墙不可杇也。于予与何诛？"子曰："始吾于人也，听其言而信其行；今吾于人也，听其言而观其行。于予与改是。"

相信一个人不是凭空的，是要有根据的。不光要听其言，还要观察他是怎么做的。

孔子的学生中有一个"熊孩子"，叫宰予。他慵懒、调皮，喜欢诘问老师，以让老师下不来台为能事。有一天，他问夫子："三年之丧，期已久矣。君子三年不为礼，礼必坏；三年不为乐，乐必崩。旧谷既没，新谷既升，钻燧改火，期可已矣。"（见 17.21）拿老师所讲的道理来诘问老师，以子之矛，攻子之盾，是比较阴险狡诈的一种表现，令夫子很生气。

宰予同学，伶牙俐齿，头脑聪明，善于辩驳，是个人才，但上课却又不太听话，大白天睡懒觉，一副满不在乎的样子。夫子对他意见很大，说他就是一根朽木，不可雕也；又像一堵污泥做成的墙，实在没有粉刷的必要。对这样一个人，又有什么必要批评他呢？夫子之气愤状跃然纸上，甚至改变了夫子的观点："本来我对人是听其言信其行，宰予的行为让我改变了原来的看法，对一个人是要听其言，然后观察他是否言行一致。这是被宰予这个同学逼迫的啊。"

因此言，毓鋆先生直说夫子在此是有些毁损"至圣"之誉的。用今天的话来说，是有些"师德"问题的。实际上，夫子也属性情中人，虽然很生气，但对宰予的聪明还是认可的，在夫子周游列国的时候，他受派遣出使齐、楚等国，在外交领域的政绩还是有目共睹的。

但以今天的眼光看，宰予同学敢于质疑的学习精神也是值得肯定的，他后来在齐国做了临淄大夫，终于成为孔门"十哲"之一。

5.11 子曰："吾未见刚者。"或对曰："申枨。"子曰："枨也欲，焉得刚？"

中国有一句俗谚"无欲则刚"，一个没有想法和欲望的人，你用什么去诱惑他也没用，因为他不需要，所以不用看谁的脸色，他就可以根据自己的意志行事。中国还有一个成语"刚正不阿"，这个"刚"要"正"，不是乱来的，不是违背底线的"刚"。

孔子有个弟子叫申枨，根据日本下村湖人的记述，申枨同学有一股锐气，常对夫子的老弟子的做派有疑义，经常跟他们辩论，而且很有自己的主见，一些年轻的同学都觉得他有魄力，属于"刚强"一类的人。夫子也发现了一个现象，就是平时他认为一些好的学生，如跟着季氏干的冉有同学对季氏的独断擅权也不敢出一声大气，令夫子非常失望。所以，夫子经常在学生面前抱怨："我怎么看不到刚正不阿的人啊。"有人回应说："申枨这个人不就是一个刚强的人吗？"夫子说："申枨这个同学也是有很多欲望的，从哪里说他是刚正的？"

夫子言外之意，申枨是以此"刚"来博眼球的，他不是真正的刚，是有想法和意图的，不是我们所讲的刚正不阿的"刚"啊。

5.12 子贡曰："我不欲人之加诸我也，吾亦欲无加诸人。"子曰："赐也，非尔所及也。"

传统文化有一种精神内核：修己利他，严己恕人。

从自我的角度来看，"壹是皆以修身为本"，人不为己（人若不修为自己），天诛地灭，修身之重要可以说胜过吃饭穿衣。重视修己，并不代表要求别人也必须修为，对待他人之不修，我们如何以待？恕！"人不知而不愠，不亦君子乎？"这就是"恕"的一种表现。

子贡善商，社会实际需要，但传统文化并不倡导谋利行为，自给自足的自然经济被认为天经地义，勤劳付出，天道酬勤。在夫子的眼里，子贡同学比之颜回"一箪食，一瓢饮，在陋巷"而不改其乐的勤俭、刻苦是有较大差距的。因此，当子贡向老师汇报思想："我不希望别人强加于我的事情，我也不会去强加给别人。"子贡的这个感悟所表达出来的境界，是非常高的，与夫子所言"己所不欲，勿施于人"相通。

夫子对有重利倾向的他能如此说，既不信其言，又不信其行，还出口伤人："子贡啊，这不是你所能做到的。"哎，夫子也是一个直肠子的人，当面打人脸，不符合修身之道啊。"朽木不可雕也"的宰予同学被当面打脸都没如此严重，夫子有点不公啊。

或许夫子对子贡爱之深，责之切，有意为之，好在子贡同学善利而不忘义，夫子逝后能守孝六年。于此，夫子何感？或为其教育成效至好而慰，抑或反思自己的教育言辞太过犀利？

5.13 子贡曰："夫子之文章，可得而闻也；夫子之言性与天道，不可得而闻也。"

我们每个人可能都有这样一种体验：有很多道理是很难说清楚的，具体到一件事，可以评判是非曲直，但要说出蕴藏其中的基本规律，试图一劳永逸，放之四海而皆准，却是难上加难，难于上青天。

中国人是聪明的，总结出"只可意会，不可言传"，一旦用语言表达出来就永远不会完美，意会在心中，可以具体而微，可以天马行空，可以悄悄尝试，可以及时修正，总之比讲出来要准确且游刃有余。正如《道德经》所言："道可道，非常道。"

据传，夫子以诗、书、礼、乐教化弟子，自己编纂《易》与《春秋》，微言大义，却很少跟弟子们研讨其中微妙。毓鋆老师解读此句言诗书礼乐为文章，《易》与《春秋》乃人性与天道，夫子可解诗书，却少言人性与天道。弟子子贡也看出些端倪，跟同学议论："夫子对于这些浅显的文章，是天天讲给我们听；然而那些深奥的关于人性与天道的事情，却弄得神神秘秘，我们是听不到啊。"

脱离生活实际单纯讲道理，容易把人绕进去，钻牛角尖，反而坏事。多与生活密切结合，举一反三，加之以个人之聪慧去感悟，然后其所得可能更加实际些，也让人更容易把握其中奥妙。

5.14 子路有闻，未之能行，唯恐有闻。

《论语》倡导"讷于言而敏于行"，《大学》所讲"格物致知，诚意正心，修身齐家，治国平天下"，其核心关键是去"做"，去"实践"。王阳明心学提倡"知行合一"，知道了便去行动。

夫子的学生中，最有实践力的就是子路，最听老师话的，也是子路。在陈国遇匪绝粮时，子路其实就等老师发一句话，去要饭，甚至是去抢、偷，子路也是毫不含糊的，但是被老师责骂内心的不端之后，子路也是宁愿跟老师、同学一起挨饿，也还是做到了"君子固穷"。子路就是这样一个率真的性格，但内心的确又是唯夫子所言是从，他不需判断老师讲得对错与否，极度信任老师。子路做事又认真，不会敷衍塞责，当听说一件事又没有去实践的话，他会担心再听到一件必须要做的事。

子路不是嫌弃事多，而是生怕自己做不好。当今，有如子路者乎？

5.15 子贡问曰："孔文子何以谓之'文'也？"子曰："敏而好学，不耻下问，是以谓之'文'也。"

孔圉是卫灵公时卫国的重臣，很有才能，人称孔文子。

宋国公子朝是出了名的美男子，深得卫灵公赏识。但其与卫灵公夫人南子不清不白，深得诟病。子朝不得已出逃到宋国。

卫国的太叔疾娶了子朝的女儿，也逃到了宋国。

这么复杂的人际关系本与孔圉没有多大关系，一不小心，孔圉还是陷入了这旋涡。

对于卫太叔疾，估计与孔圉的关系还好。据《左传》记载，对于太叔疾的出逃之困，孔圉还是看在眼里却于心不忍，便给他出了个断绝与子朝的关系的计谋，就是解除与子朝女儿的婚姻，并把自己的女儿嫁给太叔疾。不料太叔疾暗渡陈仓，为前小姨子在异地修了个宫殿养着，俨然成为第二房夫人。这回轮到孔圉这个本为事外之人烦恼上火了，欲派兵攻打宋国，攻打太叔疾。在孔子的劝说下方才罢休，强行要回了自己的女儿，后又改嫁给了太叔疾的弟弟太叔遗。

一代名臣孔圉本来可以置身事外专心卫国政事，出于好心帮助太叔疾，万万没想到会遇此荒唐之事，真是应了那一句"不怕神一样的对手，就怕猪一样的队友"，令自己和女儿都陷入了这个不光彩的旋涡中，对于自己的名声也是莫大的损害。好在孔圉死后，还是得到了"文"的封号，封为"孔文子"。

这又让子贡产生了疑问："孔文子如此不堪，怎么还得到了'文'的封号呢？"夫子与孔圉的关系也不错，而且还是同族，内心里还是向着他："看待一个人，不要光盯着那些缺点，人无完人嘛。要看全面更要看根本，他还算治国有方，而且总体上看其修养还是不错，为人谦虚，好学上进，对于那些地位、学问不如自己的人，也是经常问一些自己不专业而人家专业的问题，而且不以为耻，这是一种什么样的谦虚态度？这是一种什么样的境界？一般人做不到，所以说，给他一个'文'的封号不为过，而且正合适呢。"

看人要看全面，更要看根本，求全责备则更不可取。

5.16 子谓子产："有君子之道四焉：其行己也恭，其事上也敬，其养民也惠，其使民也义。"

君子，并非有明确的标准和要求，没有一个统一的定义，很难说尽君子应该具备的品质。夫子评价君子的时候，每次也都不一样。

说到子产这个人时，夫子就认为他是君子，主要是在四个方面做得比较到位：一是对自己和自己所做的事、承担的责任恭恭敬敬，绝不懈怠；二是对上面所安排的工作和任务也是恭敬真诚地对待，认真地去完成；三是如果在管理岗位上，对待下属和百姓也是以让他们得到实惠为基本原则，让广大的民众都能体会到生活的快乐幸福；四是作为长官需要役使百姓出工出力，也必须是做到合适、适宜，绝不可竭尽民力，要把握好一个度，让百姓既心甘情愿，又感到所付出的努力有价值。

这就要求身居高位的官员，在安排工作任务和让百姓奉献时，一定要适度、适切、适宜，不可过度役使民力，把握一个合适的度，方得中庸之道，方得万全之策。

5.17 子曰："晏平仲善与人交，久而敬之。"

修身养性，贵在持之以恒。一个人做好事，做一件好事很简单，可以真心去做，也可以装一下样子。难的是坚持做好事，即使你装样子，能装一生也就不是装了。持之以恒是最难的，传统文化讲修身立德也是讲究持之以恒，"壹是皆以修身为本"，不难理解啊。

朋友之交也是如此，两个好朋友好一时没问题，能不能永久地好下去，却是个大问题。朋友反目的事，我们也常听说。无论两个人好到什么程度，不一定哪件小事儿、小障碍、小不同，就会让友谊的小船说翻就翻。这个不用举例，相信史书有记载，生活有实例，大家也感同身受。如果能够做到持之以恒，就一定是不简单，就一定可以与圣人比肩。

晏子使楚的故事应该是广为人所熟知，其智慧、勇敢和气度都让人佩服。其实这只是晏子日常生活之一例，其持久一致的修养，一心为国的行动，让他可以在齐国相三君而不倒，让全民敬仰。夫子很少从政绩而论表扬一个人，多是从品性修为上给予肯定，他说："晏子很善于跟人交往，朋友很多，但其善与人交的秘诀是什么？他能持之以恒地尊重朋友。"

持久地谦虚以待，朋友自然就多。

5.18 子曰："臧文仲居蔡，山节藻棁，何如其知也？"

夫子一生追求修身立德，以仁道治国，克制欲望，恢复周礼。但社会现实非他所想，甚至大相径庭，让他怅然若失，四顾迷茫。

夫子成为圣人是后世所封。实际上，夫子即使非常重视修身养性，而面对现实的种种不如意，也会让他产生一股火气，在体内窜来窜去，时间久了也会逼迫他摘下面具，骂人。他的学生子路因鲁莽或小人心思，被骂过"小人穷思滥矣"；他的学生宰予因慵懒且喜欢诘问找碴儿，被骂过"予之不仁也"；季氏等权贵之僭礼越规，被骂"是可忍也，孰不可忍也"！

从资料记载上看，臧文仲历仕鲁国庄、闵、僖、文四君，入仕之初，正值齐桓公称霸，鲁国明显弱于齐国，可以说他是受命于危乱之际，负斡旋之重任，但其不负使命，显示出其军事及外交方面的才能，对内采取废除关卡的举措，以利经商，是个尽职尽责的好官。但有人传他曾经养了个神龟，还仿照王侯的宫殿专门为龟建了一处居所，有搞迷信、巫术的嫌疑。就这个事，夫子也是骂了他一顿，说他养龟，装神弄鬼，还浪费钱财建造龟舍，谁说他有智慧啊？他的智慧在哪儿呢！

夫子也是揪住这一件不光彩的事儿，恨不能一棍子打醒他。其实夫子肯定知道臧文仲的贤德，因此才更不允许其犯错，功不可没，不代表可以犯小错。

5.19 子张问曰："令尹子文三仕为令尹,无喜色;三已之,无愠色。旧令尹之政,必以告新令尹。何如?"子曰："忠矣。"曰："仁矣乎?"曰:"未知,焉得仁?""崔子弑齐君,陈文子有马十乘,弃而违之。至于他邦,则曰:'犹吾大夫崔子也。'违之。之一邦,则又曰:'犹吾大夫崔子也。'违之。何如?"子曰:"清矣。"曰:"仁矣乎?"曰:"未知,焉得仁?"

怎么做才能称得上"仁"?

楚国的一个叫子文的人先后三次被任命为令尹,他没有表现出高兴的样子;三次被罢免,他也没有说出任何怨言。而且每次交接时都把自己做了什么、还有什么没做完,认真地告诉继任者。子文作为一名官员,历经多次沉浮而心静如水,难能可贵。更可贵的是还把政事交代清楚,是一种很负责任的表现,既对国家负责,又对继任者负责。特别是这种交接是在被罢免的情况下进行,尤其可贵。很多人在这种情况下或许会感叹一声,象征性地交接一下,继任者怎么办是他的事儿,与己无关了。而且这样做,或许更能让继任者感到轻松高兴,有一种不被前任牵着鼻子走,可以放开手脚收拾旧山河的豪迈之感。但子文不这样,继任者怎么干是一回事,他已经管不了了,但过去怎么干的,我要说明白,给继任者一个参考,这是子文之德。子文的认真劲儿,很得子张欣赏,于是向夫子请教:"他这样做可以吗?"夫子回答:"是忠诚的表现。"子张期待的是夫子的充分肯定,夫子却只言"忠",子张心有不甘,问:"难道不是一种'仁'的表现吗?"夫子说:"我不知道啊。这怎么能算是'仁'呢?"

齐国的大夫崔杼大逆不道杀了齐庄公。陈文子是一位拥有十乘车马的官员,但官位低没有办法阻止这件事,又不愿与崔杼为伍,然后就离开齐国。到了一个国家,他看到的情况是大夫们专横擅权之情况与崔杼也一样啊,然后就又离开到了另一个国家。与他看到的情况也没什么两样,顿觉天下乌鸦一般黑啊,就再行离开了。子张同学觉得陈文子不愿与歹人为伍,品德高洁,也很佩服。于是,他又请教夫子:"您说陈文子这个人怎么样啊?"夫子只是淡淡一笑说:"够清白的啊。"子张显然也是失望的:"难道他也算不上是'仁'吗?"夫子还是那副令人无语的模样和语气:"不知道啊。这怎么能算是'仁'呢?"

"仁"，究竟怎么才能算得上是"仁"？夫子没有给子张一个明确的答案，也没有给大家说清楚。中华源远流长的文明史，那么多的仁人志士，怎么才能总结归纳出这个"仁"的内核？道可道，非常道。

5.20 季文子三思而后行。子闻之，曰："再，斯可矣。"

儒家修身强调"讷于言而敏于行"；强调说话要注意次序、场合以及别人的感受；强调"三思而后行"。

对任何事物的理解，都应存辩证思维。对于一些简而又简、已经非常明确的事情，何须多思？"思而不学则殆"，应该立即行动；对于一些较为复杂的事情或者新情况，我们是应该"三思而后行"，"三思"的目的是考虑周全细致，为了办起事情来更顺利、更成功，而不是为了不做。

很多事，考虑多了，反而影响了事情的进展。季文子深受夫子影响，做事考虑得太多，反而造成了不敢做、不敢尝试的坏毛病。夫子听说后，跟他说："你何必那么较真儿，不用思考那么多，考虑两遍就可以了。"遇事多思考是一种优良品质，但思虑过重则不可取，凡事不可过分。中庸之道所讲，凡事要把握一个分寸，恰到好处才好，不然不仅不利于事业的发展，还容易伤身伤心伤情，不利于健康。三思而行，更要积累实战经验，逐步做到见事知其要，能够在"三思"之后"杀伐决断"，以防贻误战机。

此事虽难，做则不难。裹足不前，虽简而难。

5.21 子曰："宁武子，邦有道则知，邦无道则愚。其知可及也，其愚不可及也。"

明哲保身，虽然经常被批判是一种不敢作为、不敢担当的表现，但世上总有人将此作为座右铭，最终也博得一个美满的结局。

如电视剧《乾隆王朝》中有一位六王爷，当皇帝做出的决定非常英明之时，他就高喊"皇上圣明"；当皇帝所定之事不怎么靠谱时，他就装睡没听见还辅以呼噜以证明自己确实没听见。如此，乾隆也知道自己的主张不被认可，但也拿他没办法。在朝做太平官，六王爷的招数确实高明，明哲保身，该赞扬时不缺位，该批评时装聋作哑。六王爷的官场处事之道可谓狡猾，是老油条，不给别人留下小辫子。但也乏善可陈，不是夫子所倡导和认可的。夫子曾拿一个叫宁武子的人说事，他说："宁武子这个人，当国家政治清明时，就显得什么也懂，积极参政；当国家政治不清明时，他就装得很愚笨，好像什么事情也弄不明白。他这种积极的状态很多人能够做到，但他装傻这件事就有很多人做不到了。"

夫子更多地表扬那种"知其不可而为之"的勇气和敢于牺牲的精神，鼓励大家要有"勇"，但夫子更强调"智慧"的参与，不要做无谓的牺牲。

5.22 子在陈，曰："归与！归与！吾党之小子狂简，斐然成章，不知所以裁之！"

罗贯中《三国演义》中开篇即云："话说天下大势，分久必合，合久必分。"这是历史循环论，也是历史发展的颇具规律性的现象。夫子周游列国日久，也有了回归鲁国的想法。

夫子当初决定辞官带领弟子们踏上西行周游列国之路，是目睹鲁国三桓飞扬跋扈和鲁国国君终未抵挡住齐国美女的诱惑，让夫子难以在鲁国推行治国治世之理想，因此非常失望。他去卫国，试图在他国建立试验田，可辗转卫、宋、陈等地十余年，非但没有成功，还在辗转流徙中几度陷于危难境地，被恶匪追杀、绝粮，还被人嘲笑、讥讽，对于夫子自己来说也就罢了，但对于那些追随他的弟子来说，虽是情愿，但迟迟得不到安定的生活和应有的事业，夫子也觉得于心不忍。

有一天，夫子及其弟子在陈国遇险绝粮，万般无奈之际，夫子回顾既往，终于觉得天年将尽，弟子们也老大不小，这时恰巧又接到新任鲁君邀其回国的消息，便对弟子们慨然叹息："回去吧！回去吧！你们这帮年轻人志向远大，学识高深，出口成章，跟着我，我也不知道怎么再去栽培你们了。"回到鲁国去，让弟子们各尽其才，各有所用，也算是一个交代。夫子回到鲁国，结束漂泊，也算叶落归根。

以夫子一贯的心气，是不服输的，是要一直坚持下去的。但作为一个人，人生总是有限的，日日增长的岁月，虽然对人的改变是缓慢的，但日积月累就促成了新的质的变化。说其周游列国，是好听的，或许是为圣人"避讳"。实际上就是在鲁国不得志，被迫离家出走。夫子何时不想回到故土？特别是在外碰壁之时，混不下去自己回来了，又情何以堪！在陈遇险，加之鲁君邀请，正是一个回归的好机会。

夫子绝不是机会主义者，但他也有利用机会实现理想的小想法，但几乎没有成功。这次，是该回去了，回去好好总结，毕竟他已经用了几乎一生来追求他所追求的了，已经没有什么可后悔的了。

5.23 子曰："伯夷、叔齐不念旧恶，怨是用希。"

放下，是一种境界。特别是能够放下怨恨，更是一种修为。

伯夷、叔齐是商朝末年孤竹国国君的公子，其父遗嘱立叔齐为国君，有违"嫡长子"继承的传统，叔齐坚辞不就位而让于大哥伯夷，伯夷遵父遗命，也坚辞不就出走他乡，逼叔齐就位。叔齐也出走以表不继位的决心。后来二人在他乡相遇，听说西岐周文王治国有方，百姓幸福和乐，二人欲前往。行至半道（孟津）遇武王伐纣，遂劝阻而不得。后武王统一天下，找寻二人，二人逃往北海之滨首阳山，拒不接受周朝俸禄，不食周粮。在首阳山采食野菜，最终饿死。伯夷、叔齐相互让位，其谦让之胸襟、遵礼之严谨，世所罕见，令人感佩；二人骨气之硬，禀性之坚，宁不食周粟饿死而不为乱，以显其志，堪为后世而立精神丰碑。

对周之所为不满而不怨，对周之敬不受而不为乱，彼此放下，不让怨恨萦绕心头，自然也就各得其安，各得其所。夫子一般不称赞人，但对伯夷、叔齐兄弟还是赞赏有加的。

5.24 子曰："孰谓微生高直？或乞醯焉，乞诸其邻而与之。"

在生活中，你有没有做过这样的事或者遇到类似的事：有人向你借钱，你没有或者不想借，却不直说，而是去向朋友借来，再借给来人。做过没做过、遇到没遇到，其实并不重要，关键是怎么看待这种行为，是美德，还是非美德。

这事儿，涉及夫子心目中一种称作"直"的价值和内涵。

夫子有个学生叫微生高，以直率、诚信著称，其最有名的一个案例就是他与一女子约会于桥下，等待时下起了大雨，为了不失信，微生高就抱着桥柱子坚守等待，河里的水越来越大，直到他淹死了——这是一个以生命书写的履约故事，可谓守信的最高境界了。很多人也赞扬他"直"，夫子却颇有微词："谁说他直爽诚信呢？有人向他借一碗醋，他却向邻居去讨来给人家。"

夫子说这话，没有说清楚微生高是因为家里没有醋，却又不想让别人失望才去向邻居讨醋呢？还是自己家里有醋不舍得给人家，而是去向邻居讨要来既省了自家的醋又表达了对人的热情相助呢？后世各家大师各有不同解读，酸甜苦咸，各色味等皆有。从微生高为守信抱柱而溺的行为看，前者那种自己没有却打肿脸充胖子的事更像他的行为。当自己实力不足的时候，为什么不能直说，白白给人落一种"作秀"的嫌疑。其实夫子更希望这个微生高自己诚实坦白，然后带人上别家去借，既让他获得助人的赞誉，又让借出醋的人获得乐于施舍的美名。这样，各得其所，两全其美。

回到春秋时代微生高身边，可能夫子觉得他只是热情过分而已，也非什么德行不端，只是就"直"论"直"，有一说一，实话实说，无须过分修饰。这不，修饰稍多，自古以来就颇有微词了。当然，也有人以微生高之案例影射当今那些故弄玄虚装模作样之人，窃以为有冤枉他的成分。

5.25 子曰："巧言、令色、足恭，左丘明耻之，丘亦耻之。匿怨而友其人，左丘明耻之，丘亦耻之。"

夫子编纂《春秋》，左丘明解析《春秋》而成《左传》，与夫子同好恶，是夫子心目中的君子，是贤德之人。

夫子不直接表达自己的见解，有时借助左丘明的话来说，是他的一种策略，以展示自己"德不孤"。夫子说过"巧言令色，鲜矣仁"，给夸夸其谈、善于察言观色钻营的人戴上"不仁"的大帽子，但夫子还是拉左丘明一起来说明："花言巧语、投机取巧、卑躬屈膝，左丘明认为可耻，我也认为可耻；内心里藏着怨恨，表面上却和他交好做朋友，左丘明认为可耻，我也认为可耻。"

夫子对于那些"直"言或"妄"言，也是有看法的，甚至公然要求要学会一点察言观色："言未及之而言，谓之躁；言及之而不言，谓之隐；未见颜色而言，谓之瞽。"（见16.6）直斥批评那些不会察言观色的人愚蠢，信口雌黄。

我们对比、体悟一下，其实讲的还是一个度的问题，还是"文质"如何相得益彰而"彬彬"，文胜质不行，质胜文也不可，不偏不倚，把握分寸，恰到好处。世上最难把握的事情就是这个"度"和"分寸"。

5.26 颜渊、季路侍。子曰："盍各言尔志？"子路曰："愿车马、衣轻裘，与朋友共，敝之而无憾。"颜渊曰："愿无伐善，无施劳。"子路曰："愿闻子之志。"子曰："老者安之，朋友信之，少者怀之。"

孔子杏坛教学之时，并无科举之功利，其讲诗、讲书、讲礼，习射、习武、习御，根本目的在于修学仁、义、礼、智、信，学习做人、做事，学习处世、处事，讲治国平天下的道理，引领众弟子的志向。

夫子在课堂上经常问起学生的志向，引领弟子树立正确的价值观念和人生志趣。子路、曾皙、冉有、公西华侍坐（见11.26），夫子问的是志向。这一天，只有颜回、子路陪同在夫子身边，三人聊得很愉快，气氛融洽。夫子一时兴起，想听听子路和颜回有什么新的志向，说："咱们闲聊也是聊，倒不如你俩各自说说志向吧。"子路快人快语："我的车马、衣服甚至是裘皮大衣，愿意和同伴们一起分享、使用，即使用坏了、穿破了，只要大家高兴，对大家好，我也没有遗憾。"颜回则说："我的愿望是人人都能够安静读书、安心做事，做成功了，人人都不争功，不夸耀。"

子路此人向来豪爽，不吝钱财，随性而不计较，喜欢交朋友，颇有大同思想，但在夫子心目中是好勇之人，有为朋友两肋插刀的义气，缺少的是一点点智谋。夫子让他俩一起言志，本意就是要子路跟颜回学学，比较一下差距，可每次都是子路踊跃发言，有人就批评子路不知道谦让，好在夫子也未明确谁先谁后，积极性可嘉，性格使然。若是让颜回先说，境界过高了，反而让子路无所适从。

颜回发完言，子路不知道比较一下，找一下差距，反思一下，而是直接问夫子："想听听老师您的志向是什么？"夫子是有情怀的人，喜欢师生平等地围坐一起谈论志向，各抒己见。他说："我的理想是，老人能够生活安心快乐，朋友之间相互信任没有嫌隙，年少的孩童有人关怀教育，将来能够成就事业。"

夫子一生追求理想的大同社会，其境界非常高，可惜子路只是听听而已，他难静下心来思考，颜回追求学问，有谦谦君子之风，却在魄力上尚存不足，且英年早逝，壮志未酬，令人慨叹、惋惜。

5.27 子曰："已矣乎！吾未见能见其过而内自讼者也。"

诉讼，打官司，是通过法律、法院等公权部门来判别是非、对错的一条途径。但有没有与自己过不去，在内心里与自己打官司的人？

一般情况下，跟外人争论情理，不依不饶，甚至还会无理争三分，胡搅蛮缠。但如果是自己犯了错呢？是到法院去告自己的状让法院判罪？不可能，估计自古至今以至未来都不会有此类情况发生，人能自省者尚凤毛麟角，而能自讼者几未有也。夫子大约还曾经心存侥幸，想过引导人自讼，但在生活中几乎没有遇到，让他非常失望："哎，罢了罢了，我从来没有看见有人能够正确认识自己的过错，并在内心里跟自己过不去开展自我斗争。"如曾子所言"吾日三省吾身"，见"过则勿惮改"的已经不错了，你还想让他在内心跟自己过不去就不现实了。虽然我们倡导"严于律己，宽以待人"，但从人性的角度来看，人原谅自己的功能还是过于强大，自讼的功能又过于弱小，让人去进行深刻的思想斗争的特殊力量是不是存在，令人怀疑。

汉武帝《轮台罪己诏》反思自己的决策失误，为历代皇帝做出了表率。这是其内心真正的自讼斗争，还是做了一篇表面文章？有考证的价值。据统计，古代正式或非正式发过罪己诏的帝王居然有八九十位，但其罪己的事实和内容，有的还算诚实，有的连装样子都不认真装。

夫子所叹，实乃人心人性所难逮之事啊。

5.28 子曰："十室之邑，必有忠信如丘者焉，不如丘之好学也！"

夫子曾跟弟子们说："有十来户人家居住的地方，一定会有像我一样能做到忠诚和讲信用的，只不过他们可能没有像我一样喜欢学习和研究。"

"人之初，性本善。"虽然人性很难一概而论，天生邪恶的人也不是没有，但从一般意义上来说，如果父母不有意引导向恶的话，人向善的比例应该是大大超过向恶的。曾子说："为人谋而不忠乎？与朋友交而不信乎？"忠诚、诚信作为人们社会交往和生存的基本准则，是向善的重要标志，应该说也是大概率存在的。从人的本质上讲，忠者、信者天生自有并不在少数，但如果不学习、不修为，就做不到持之以恒，就很容易被利诱、被蒙蔽以至走偏。

夫子在这里所强调的是要坚持学习，学到知识和智慧，学会弘毅、持久以至长远，在生活中实践良好的品行和德行。这样，人才能够真正立起来，成就一番事业，即使不能轰轰烈烈，也能退而求其次，成就美好而幸福的生活，像夫子所说的那样："莫春者，春服既成，冠者五六人，童子六七人，浴乎沂，风乎舞雩，咏而归。"美哉！

雍也篇第六

6.1 子曰："雍也可使南面。"

6.2 仲弓问子桑伯子，子曰："可也，简。"仲弓曰："居敬而行简，以临其民，不亦可乎？居简而行简，无乃大简乎？"子曰："雍之言然。"

实际上，这两句话前后是连续的，是一个场景。

夫子的学生冉雍（冉仲弓）出身宗周世系，祖上属名门，到父辈时家境没落到一般百姓。有人说冉雍这个人"仁而不佞"（见5.5），夫子虽然反驳说"不知其仁，焉用佞"，但内心是承认冉雍的德行的。从后世来看，冉雍确实是夫子弟子中处于德行彪炳一列的，夫子说："根据冉雍在德行方面的表现，是可以为官的。"古代的帝王将相一般的办公座位是面南背北，各级衙门的朝向也是如此，因此就以"南面"表示做官的意思。

冉雍得到了夫子的认可，心里却还是惴惴不安，还想对比求证一下，于是问夫子："桑伯子可以为官吗？"夫子说："可以啊。他是一个简洁不啰嗦的人。"冉雍表示怀疑："内心如果严肃认真，敬事而信，然后做事简明扼要地去治理一方百姓，自然是没有问题的。但是内心简单浮躁，做事也是简洁简单，岂不是简单到极点，不利政事不利治理啊。"夫子说："你这么想这么说，就说明你能够做到敬事而信，你是能够做官的人。"

夫子与冉雍的这番对话很幸运地被记录下来，岂不是在说给今天的很多人听的？在现实中，我们又有多少人不是在这样做？有很多人把简单的事弄复杂了，把能办的事弄得办不了了，其一也；还有很多人做事简单，不思考不琢磨，不调查不研究，拍脑袋瞎指挥，自己是简单了，把别人弄糊涂了。不一而足。

6.3 哀公问："弟子孰为好学？"孔子对曰："有颜回者好学，不迁怒，不贰过。不幸短命死矣！今也则亡，未闻好学者也。"

《论语》首句便是"学而时习之"，特别强调"学习"。"学"即"格物致知""诚意正心"；"习"即躬行实践，学而践用，学践相长；学而习之，最终达到"知行合一"，完成修身齐家或更远大的"治国平天下"之人生目标。

夫子最喜欢的是既"好学"又"乐行"的学生，颜回就是其中之一。颜回同学话不多，学习刻苦，家境虽然一般，但他"一箪食，一瓢饮，在陋巷，人不堪其忧，回也不改其乐"，堪为典范，属于有其一无其二的那种。所以，当鲁哀公问夫子："你众多弟子中最好学的是谁啊？"虽然颜回已经不在人世，夫子还是别无人选："有个学生颜回是最喜欢学习的，他认真刻苦，家境一般，却从不把怒气和怨气撒到别人的身上，对于自己犯的过错一定是认真反思悔改，从不再犯第二次。不幸的是已经短命早逝，现在来看好像没有了，我没有听说还有谁如此好学。"

夫子唯真，但天真的一面又表现出来了，鲁哀公问好学者是想让夫子推荐人才，得到的回答是有好学者但不在人世了，岂不是令人失望？众多弟子中难道没有人才了吗？世上哪有跟颜回一样无丝毫偏差的人呢？夫子之圣，或许就在唯真不流俗，不装好人，不违心荐人。

夫子之德行，虽越几千年，又有几人同？曲高和寡，方显曲之独特。

6.4 子华使于齐，冉子为其母请粟。子曰："与之釜。"请益。曰："与之庾。"冉子与之粟五秉。子曰："赤之适齐也，乘肥马，衣轻裘。吾闻之也，君子周急不继富。"

冉有应该是孔子的学生中比较谦虚的一个人，是一个君子。为什么这么说呢？有一个故事可以证明。一天，子路问夫子，该不该不请教就直接去做事，夫子告诉他有父兄在，就应该在做事前先请教一下他们。而冉有请教同样的问题时，夫子却鼓励他大胆去做。夫子的理由是："求也退，故进之；由也兼人，故退之。"意思是说冉有谦虚谨慎应该大胆鼓励。在夫子的眼中，冉有也算是君子一个。

但就是这个谦虚谨慎的冉有也非常大胆地违背过老师的意愿，自作主张了一次，被夫子批评不符合君子之道。

原来，冉有和公西华是经常一起跟老师学习的同学，交情很好。有一次，公西华被派去出使齐国，冉有就负责照顾公西华的母亲，他去向老师要粮食，老师答应给他六斗，冉有一反谨慎的常态觉得少了，与老师讨价还价，还想多要点儿。老师也觉得他这份责任心来之不易，就又答应再多给十斗。按理说可以了，面子有了，实惠也有了，但事情偏偏就出在冉有掌管着粮食分配这个权力，在请求之后竟自作主张地给了八十斛，超出了太多。一贯做事谨慎的冉有为何如此大胆？夫子心里自然不高兴，但考虑来考虑去觉得冉有也是一份孝心和责任心使然，就没有发火，但这种做法的错误是不能原谅的！夫子便把他找来，说："我听说公西华在齐国，骑着高头大马，穿着华丽的衣裳，其实他的家里并非贫穷，你完全没有必要给他那么多。在这件事上，君子之人应该把握的'度'是救急，而不是为富人无妄地提升富裕。"

在现实生活中，有那么多的穷人需要救济，却鲜有出手援助的，相反对于富人却有很多人在围着转，并且乐于出手相助，提供更多的便利。所谓雪中送炭，君子应急人之所急，多点儿少点儿很少有人说闲话；但不是急人之所急，而是替别人锦上添花，就不是君子必须要做的事情了。

6.5 原思为之宰，与之粟九百，辞。子曰："毋！以与尔邻里乡党乎！"

夫子的弟子各有其独特禀性，但在其个人修为上都衍继夫子衣钵，或勇、或正、或刚、或安，其执着令人惊叹唏嘘。

原宪，字子思，出身贫寒，居于陋室，是孔门七十二贤之一。在夫子做鲁国司寇比较风光的时候，他做了夫子的家宰。原宪认真工作，夫子赏其粟米九百，肯定是高过应得的报酬不少，可是原宪耿直，坚辞不受，觉得不该得。夫子欣赏其直，夫子有心的奖赏对原宪来说应属取之有道之财物，不取有其道，取亦有其道。夫子懂原宪的意思，原宪未必懂夫子的意思。夫子对原宪说："不要推辞！你自己用不了，多出来的可以赠予贫困的邻里，也是一件很好的事情啊。"毓鋆老师评价原宪之讲原则大公无私，属"食古不化""呆头呆脑"，自己应得之财物，不害于仁，应不推辞；同时，对夫子了解学生之清楚、教诲之精准非常认可，提出对经义的学习必须有自己的心得，须用心去思考每句话的深意。《史记》记载：夫子去世后，原宪就到草泽中去隐居，不再出世，也算是斯人已逝再无知音的一种哀伤与失落。

原宪，人情之厚，原则之坚，令人喟然。

6.6 子谓仲弓，曰："犁牛之子骍且角，虽欲勿用，山川其舍诸？"

近代以来，外族入侵，山河破碎，有许多批判传统文化守旧的声音。中国近代以来的屈辱史，其原因真的在于传统文化的守旧吗？

夫子生在春秋争霸之时，社会动荡，百家争鸣，各执己见，本是一个思想大活跃的时代，何来守旧之说法？谁不是在那个大变革的时代争取立于思想的顶端？谁守旧，难道不是自裁三军敢于失败吗？

当我们拿起《论语》逐句读来，我们会发现夫子在这样的社会中有所坚持，有所变通，甚至在那个凡事问家世和出身的时代能够不拘一格，主张"有教无类"，主张重用贤德之人，应该不是我们惯常所说的泥古守旧。冉雍出身寒微，夫子却推荐"可使南面"做官，可能是遭到一些贵族的反对，他有些愤愤然，对冉雍说："虽然你出身并不高贵，但是长着杂色毛的耕牛却生出了长着红色毛和整齐的角的高贵的牛，我不想推荐你，但天地山川也不答应啊，不舍得你这个人才啊。"

夫子内心，唯才是举，遑论出身，代表了一股推动社会前进的清流，着实让人敬佩。是的，我们说夫子主张"克己复礼"，如何才能做好？靠那些白吃闲饭的硕鼠吗？靠那些峨冠博带、不思进取的既得利益者吗？显然，夫子更看重那些有德行、有才能的一代新人，何必问出身？！直到夫子身后千年，科举取士，才从制度上圆了夫子的人才理想，让十年寒窗的有识之士能够理所当然地走进社会上层，从而实现"治国平天下"的理想抱负。

何其幸哉！

6.7 子曰："回也，其心三月不违仁，其余则日月至焉而已矣。"

夫子弟子三千，有七十二贤人，有孔门十哲。要说夫子最喜爱的是谁，非颜回莫属。

颜回最有夫子之风，如果不是他英年早逝，继承夫子兴学的估计就是颜回了。因为在众弟子中，颜回是在学问、仁德等各方面均出类拔萃的一个，其他弟子亦各有优点，但在治学方面却是一般。如子路好勇，可作为大将军领兵作战去，事实上也是死于乱军之中；如子贡精商，拿到今天可能就是一个世界五百强的董事长了；如朽木不可雕之宰予善辩，擅长外交可为使节……不一而足。

夫子对颜回的评价是："只有颜回，从其内心而言是能够坚持长期不违背仁德的，外表更是如此，其他的人就只是某一天甚至某个月能在内心遵守或认同仁德罢了。"夫子的话对颜回是极度褒扬，但对其他人来讲，则有一网打着满河鱼的意味，得罪人不少。好在夫子的弟子也知道老师的禀性，为了突出一个人，从不吝啬批评更多的人来作铺垫。大家也不多想，更不矫情责怪，只要能够把颜回凸显出来就可以了。再说颜回早逝，大家都感到惋惜，夫子再多美言，大家也不计较。况且夫子也有拿颜回敲打众弟子的教育意蕴。

夫子希望人人都能成为圣贤，成为如颜回一样的好学之人，可谓用心良苦。

6.8 季康子问："仲由可使从政也与？"子曰："由也果，于从政乎何有？"曰："赐也可使从政也与？"曰："赐也达，于从政乎何有？"曰："求也可使从政也与？"曰："求也艺，于从政乎何有？"

什么样的人可以从政？夫子曾说过："为政以德，譬如北辰，居其所而众星共之。"（见 2.1）"政者，正也"，（见 12.17）德行自然是第一位的。仁德好，自然做事就公正公平，把国家社稷放在心上，把黎民百姓的生活和幸福放在心上。

夫子虽然在学问上最为推崇颜回，甚至说颜回之外再无他人，但他是从为自己找接班人的角度来考虑的。然而在能否从政这方面，夫子对自己弟子的德行还是颇有信心的，即使他们每个人都有各不相同的禀性，各有其行事的风格，对于从政一事还是能够胜任的。他们各有所长，只要学会了扬长避短，从政还是没有什么大问题的。

有一天，季康子问："子路可以从政吗？"夫子说："子路做事果敢，从政就需要魄力，对他来说又有什么困难呢？"对于端木赐，夫子说："子贡精明通达，对他来说又有什么难处呢？"冉求（冉有）呢？夫子说："冉求礼、乐、射、御、书、数六艺全能，他从政更没有困难了！"夫子私下批评他们这些学生时，要求甚严，甚至骂他们，不留情面。但在推荐自己的弟子时，毫不谦虚，尽最大地可能把弟子的长处说清楚，说得振振有词、理直气壮。大不了，上任前再私下里叫到身边嘱咐嘱咐。师爱其徒，师信其徒，既是信人也是信己，对于自己所教育的人和自己的教育理念、方式、方法、效果都是有自信的。

一个人若对自己所做有信心，也足以说明做事前有谋划，对其周密性有自信；对路径方法的设计与采用有自信，对道路的正确性有自信；过程设计、实施、监控好了，效果自然不会差了。

6.9 季氏使闵子骞为费宰。闵子骞曰："善为我辞焉！如有复我者，则吾必在汶上矣。"

世上有没有不愿做官的读书人？有！

《庄子·秋水》记述了这样一个故事：楚国使者请庄子去楚国高就，庄子问使者："你们看，水中这个乌龟是愿意拖着尾巴在水里自由自在，还是愿意死了让楚王供奉起来？"使者自言："自然是活着。"庄子："那好吧，你们回去吧。我就愿意像这乌龟一样自由自在，才不去楚国当什么大官。"庄子生性飘逸自由，不愿寄人篱下看人脸色，但也世事洞明，其不愿为官，是为"自由"故。

夫子的弟子闵子骞出身贫微，但为人厚道耿直，尤其是孝亲的典范。鲁国季氏擅权跋扈，闵子骞也是极度反感的。季氏听说闵子骞的德行，派人请他去做季氏采邑费地的长官，闵子骞自然是极不情愿，他本可以迂回委婉地谢绝，但闵子骞直来直去："你回去好好地为我辞掉吧！我是不会去做这个官的。如果你们再请我，那我就一定不在这儿，而是到汶河北岸的齐国去了。"不当就不当吧，还以逃离国家作为要挟，闵子骞的回答没有庄子的哲理和圆滑，直接回怼，毫不客气。

庄子坚辞为己之自由，性情使然；子骞坚辞为行之端正，德行使然。二者皆见风骨与智慧，于仁义而言有异也？！

6.10 伯牛有疾，子问之，自牖执其手，曰："亡之，命矣夫！斯人也而有斯疾也！斯人也而有斯疾也！"

夫子是圣人。夫子却不是那种板着面孔的人，在治学上一板一眼，在治理政务上执着坚韧，在生活中他就是一个凡人。

冉伯牛，他的得意弟子，德行优秀。夫子做鲁国司寇时，冉伯牛做中都宰，能力很强，得夫子赏识。好人也有走麦城的时候，冉伯牛不幸染上恶疾，命在旦夕，却无药施救。夫子常去看他，在生命的最后时刻，夫子隔窗把着冉伯牛的手，泪在眼眶内打转，说："唉，天命如此，有什么办法呢！真是没想到，你这样的好人也会染上这样的病！你这样的好人也会染上这样的病！"此时，夫子像老师，更像父亲或兄弟，情意满满，惋惜连连，但又无可奈何。此情此景，令人心生悲怆，是藕断之时的丝连，令人怆然而泪下。

人生无常，颜回、冉伯牛的英年早逝，几乎让夫子的精神支柱崩塌，唯有心中那一片大同社会的理想之火还没有熄灭，夫子还得为理想去奋斗……

6.11 子曰："贤哉，回也！一箪食，一瓢饮，在陋巷。人不堪其忧，回也不改其乐。贤哉，回也！"

颜回，是夫子弟子中最好学的一个，夫子称其唯一无其二也。

颜回所受夫子之赏识，不仅仅在于其好学，其实更在其品行不错。颜回，家境不富裕，生活简单，居所简陋，就一般人而言，面对此情此景，生活压力自然是第一，为生活而忧愁应为自然而然。然而，颜回的伟大之处就在于与一般人不同，他不但能忍受生活之清苦，而且天天快乐外溢。

这，多少就令人有些费解了。从人性而言，能安贫者不多，若不能安贫又无正业者，很有可能就会生出盗、抢、杀、伐等邪行，甚至走向万劫不复，则属无德无道。颜回正业在学，智商高于其他却能安于清贫，是其不同于一般人之德行也。从其情志看，颜回不但不忧，还"不改其乐"，其"乐"在何处？在学也！学之乐趣无穷，书中自有其思、其趣、其理想与精神之寄托。读一页书，胜过吃一块肉糜；学一段文，胜过住高楼广厦；悟一道理，胜过得黄金万两。颜回之情志，世间有几人能及？！所以夫子连连感叹"贤哉，回也！"也是夫子洞察颜回内心的肺腑之言。

此时，不得不让人忆起刘禹锡的《陋室铭》，颜回所居，何陋之有！颜回所食，何简之有！

6.12 冉求曰："非不说子之道，力不足也。"子曰："力不足者，中道而废。今女画。"

中国古语用"画地为牢""故步自封""作茧自缚"等来形容自己怀疑自己的力量，畏首畏尾，不敢前进。说其"自谦"是碍于情面，说其"无勇"是不顾情面，因此发明畏手畏脚这些词语来形容相对中庸一些，是中华文化独有的智慧。

夫子曾经评价过冉求："求也退，故进之。"夫子作为教育家，其高明之处就是能够把握住每个学生的特点而因材施教，该鼓励的鼓励，该批评的批评，批评有道而致中庸，达到事半功倍的教育效果。冉求面对夫子的大道理，自我检讨："老师啊，不是我不喜欢您的思想学说，是我的能力达不到啊。"夫子说："能力要是达不到的话，早就半途而废了。你现在还在跟着我学习，说明不是能力的问题，而是你总认为自己不行，自己给自己画了个不能突破的圈儿而已。"

超越别人容易，超越自我却很难。冉求的问题是卡在"超越自我"这个相对较难过的坎上了。

6.13 子谓子夏曰："女为君子儒，无为小人儒。"

"君子喻于义，小人喻于利。""君子坦荡荡，小人长戚戚。""君子周而不比，小人比而不周。"《论语》中有很多关于"君子""小人"对比的句子。

夫子的学生，是否都是君子呢？在夫子看来也不尽然。子夏是他的学生中不够大气的一个，而且其观点也经常与夫子所倡有些出入，无异于小人的做派，还津津乐道地教育别人。夫子非常生气，语重心长地训斥他："你要传道就传君子之正道！不要去传播那些小人之道！"夫子的批评其实是非常严厉的，语气近乎命令。

在今天看来，"君子儒"与"小人儒"的差距真的不是君子与小人在某一问题上的"左右之分"，而是在价值观上的天壤之别。这就难怪有谦谦君子之风的夫子也不由得发起火来。

实际上，子夏同学是一个很了不起的人物，有自己的思想观点，倡导"博学而笃志，切问而近思，仁在其中矣"（见19.6），得到夫子的认同。可以说子夏是一个务实的"学霸"。

6.14 子游为武城宰。子曰："女得人焉尔乎？"曰："有澹台灭明者，行不由径。非公事，未尝至于偃之室也。"

纵观中华上下五千年历史，延续、创造文化精神和价值的总是人。二十四史所记载的历史人物，星光灿烂，面容鲜活，至今闪耀在历史的天空。中华优秀文化总是重视人的价值，以人为本；中国历代的统治者，多是求贤若渴，得良才而用之；历代仁人志士，呕心沥血，奋发图强，挺起了中华民族的脊梁。

尧舜禹的禅让不仅仅是礼让，更是发现人才后的谦让，是对天下社稷的重托；九品中正制、科举制度，不管有多少问题和不足，都属求贤之路上的探索。夫子的教育理想中，对人才的培养就非常重视，并且有一套识人、察人的方法，如"视其所以，观其所由，察其所安"（见2.10）等对人的考察言论甚多。夫子还重视让弟子们去发现人才，有一天，夫子到子游任长官的武城去，第一句话就问："最近发现了自己心仪的人才没有？"子游说："有个叫澹台灭明的人，行事光明正大，从不走小道，办事不走后门，若不是因为公务，从来不曾到过我的办公室。"《史记·仲尼弟子列传》记载，澹台灭明这个人长相不美还有点凶恶，想跟随夫子做事，夫子认为他浅薄无才。但人家游历南方时，却有跟从的弟子三百余人。

夫子听说后，非常后悔，承认了自己"以貌取人，失之子羽（澹台灭明）"之失，同时对被自己定性为"朽木不可雕"的宰予承认是犯了"以言取人"的错误。这个自悔，也算是为宰予平反了吧。

听其言观其行，不以言取人；观其行察其仁，不以貌取人。善哉！

6.15 子曰："孟之反不伐，奔而殿，将入门，策其马，曰：'非敢后也，马不进也。'"

行军作战，冲锋在前是一种勇敢。打了败仗，敢于殿后，掩护别人，也是一种勇敢。做了勇敢的事，做了让人敬佩的事，却谦虚不夸耀，又是一种美德。这些都做到了的人，该是一个多么伟大的人啊！

鲁国大夫孟之反（侧）就是这样一个人。公元前484年，齐国进犯鲁国，鲁国的右军被打败，孟之反负责殿后，回到鲁国，大家都在表扬他的勇敢，他却说："不是我敢于殿后，而是我的马走得慢啊。"即使不是出于真心殿后，在这样一个别人求之不得的结果面前，大多数人是依事实而隐去内心的不情愿，成就美名。而孟之反却如此说，不但不夸耀，还找理由来掩饰，应该说几乎达致圣人的境界了。《春秋》有记载，夫子再次通过言语相传，以此作为案例教化弟子，使之家喻户晓。谦虚的话是孟之反说的，夫子重复之，而其事迹又通过夫子的口述来进一步强化，实际上讲的重点不在于其是否主动殿后，而在于评其精神与品行："孟之反是一个不夸耀自己的人啊，他在作战溃败时敢于殿后，入城的时候却鞭打着马说：'非敢后也，马不进也。'"

有多少人面对眼看到手的荣誉，却编一个理由来作践自己，不予接受？唯孟之反也。

6.16 子曰："不有祝鮀之佞，而有宋朝之美，难乎免于今之世矣！"

祝鮀，卫国大夫，善于言辞，口才极好，作为使者出使，常常不辱使命。宋朝，卫国大夫，长得极其漂亮，深得卫灵公夫人南子喜欢，被疑有私情。

卫灵公纵容宋朝，但被卫公子识破，导致宋朝出逃，祸患卫国。夫子周游列国到卫，深知祝鮀之言辞厉害，也知宋朝因其美而给卫国带来的祸患，所以他说："没有祝鮀的好口才，如果仅有宋公子朝的美，在今天的社会上恐怕是难免祸患了啊！"凡事达至极端，则失中庸之道。宋朝因其美而发达，又因其美而流亡异乡，真可谓双刃剑也！所谓"成也萧何，败也萧何"。

有其长，用之其长于正，其长为有用之长，若祝鮀之佞；有其长，用之其长于邪，则其长为邪恶之长，可取其前途与性命，如宋朝之美。

6.17 子曰："谁能出不由户？何莫由斯道也？"

一座房子，进进出出哪能不走门口呢？一个院子，出出进进，有不走大门而靠天天翻墙的吗？这个常理，有谁不会懂呢？可是，这个问题却能令两千六百多年前的孔子慨叹："谁能出屋不从门口走呢？为什么却有那么多人不懂这个道理呢？"

夫子说这样一句话，当然不仅仅是进出屋子、院子这么简单的事，而以此喻指更深刻的道理。中华文化倡导"格物致知，诚意正心，修身齐家，治国平天下"，强调"壹是皆以修身为本"，这才是一个人一生的正道和完美人生的法门。可是，不遵守此"大道"和"法门"的人实在不在少数，且有时比严格遵守者更显盛气凌人。如夫子，一生坚持大道而行，却一生坎坷，颠沛流离于列国而不得志。甚至更有坚守者，虽位极人臣，难免被诬陷，夫子前有殷商之比干，后有赵宋之岳鹏举。

但纵观二十四史，真正留名青史者，无不由斯道也。

6.18 子曰："质胜文则野，文胜质则史。文质彬彬，然后君子。"

无论从历史上看，还是从现实中看，一个人要走向两个极端很容易，处在中间晃荡也很容易，但最难把握的是一个准确的"度"。

一个人无论在什么时候，如果都准确地把握好这个"度"，即把握一个合适的"分寸"，一定在任何事情的处理上都会如鱼得水，博得圆满。那么，如何成长为一个真正的君子，把握好一个君子应有的"分寸"呢？夫子对此有一个合乎中庸之道的解释。

他说，如果一个人说话太过直白不加修饰，行事太过粗鲁不加节制，就不是实在、诚实的表现，就是野蛮人了；如果一个人说话、做事一味地去修饰、包装，过分关注别人的感受，甚至为了让人有好感而去说假话、做表面文章也不行，那样就太虚伪了。那么怎样做才合适呢？首先人要诚实、实在，不说假话，不做表面文章，同时也要考虑别人的感受，适当做些修饰，这就叫"文质彬彬"。做到"文质彬彬"，那么，你就达到了君子说话做事的标准和要求了。

6.19 子曰："人之生也直，罔之生也幸而免。"

《中庸》："诚者，天之道也；诚之者，人之道也。"天地存诚，该怎么着就怎么着，不伪饰，就像大自然运转的规律一样，不会轻易改变。做人存诚，诚己意，正己心，按照人与人的相处之正道以待人，可谓直，也即真。

夫子说："人之所以立于天地间，修身齐家，成就一番事业，靠的就是这个'直'和'真'，当然也有些人不正不直不真，歪门邪道有之，也好像还活得不错，只是暂时幸免于灾祸而已。"从历史到现实，确实存在不少非走正道而获益之人，甚至于还搞得风生水起，如大奸臣秦桧，生之时呼风唤雨，但千百年长跪于天地间被人唾骂自是应得。也有人因"直"而获贬谪，如苏轼，虽遭多轮陷害，颠沛流离于被贬谪之途，但也见其既有"大江东去，浪淘尽，千古风流人物"的豪迈，也有"转朱阁，低绮户，照无眠"的缱绻，更有"日啖荔枝三百颗，不辞长作岭南人"的洒脱。

正心而直者，即使遭遇坎坷，其内心也是安定的，只是暂时没有办法，尚可等待黎明到来，曙光四射之盛状可期。不走正道，自欺欺人，诽谤他人者，即使没有灾难，头顶也算悬着一把利剑，如果不小心算计，利剑随时可以落下，内心是彷徨不安的，即使表面一片繁盛，大厦也有可能随时而倾。

相信好人一生平安，相信好人终将有好报。

6.20 子曰："知之者不如好之者，好之者不如乐之者。"

做事，或者研究学问，可有三种境界：知之、好之、乐之。

知之者，去做一般性的了解，知道如何入手去做，知道如何计算完成任务。这样看，完成任务是目标，知道就可以了，只是对于可能的外力的一种应付式对待，是否真的理解都不一定。

好之者，对于所做或者是所研究的事情有兴趣、喜欢，这种喜欢可能是一种暂时的新鲜感。因为喜欢，至少会去深入地了解一下，尽量把事情做得完善些，做出些与众不同的事来，但能不能持久、能不能作为毕生的事业去追求尚存在疑问。

乐之者，对于所做的研究乐此不疲，沉浸其中，精益求精，然后自得其乐，方可谓真正喜好，方能持久致远，最终做到"衣带渐宽终不悔"。

三种境界高低，当下立断。

6.21 子曰："中人以上，可以语上也；中人以下，不可以语上也。"

现代社会，强调人人平等。然而，从天赋智力、德行及世事感悟能力方面来讲，人确实有着很大的不同。教育的目的，不是将这些人的智力削峰填谷，培养成同一能力和水平的人，而应因材施教，让每个人各得其所，各受其益，事半功倍。若反其道而行，极有可能事倍功半，对智高者来说，削其智以适平，自然是残酷的、不人道的；对智低者来说，提其智是目标和追求，但拔苗助长的教训也是深刻的。让每个人发挥其长处，让每个人扮演与其相适应的社会角色，让每个人游刃有余地生活，应该是和谐社会的重要标志之一。

因材施教，是夫子的著名教育理念，也是其教育的基本方法，他说："对于中等智力、水平、境界以上的人，可以跟他讲高深一点儿的道理，以教化提升他；对于此等之下的人，就不能跟他讲那些高深的道理了。"为什么？就像古语所说"秀才遇到兵，有理讲不清"，你跟那些"中人以下"者讲道理，不但起不到教育的效果，反而是无效教育、无效劳动，而是找到适合的、他们能听得懂的方式去交流引导，方可显教化之功。

6.22 樊迟问知。子曰："务民之义，敬鬼神而远之，可谓知矣。"问仁。曰："仁者先难而后获，可谓仁矣。"

怎么才算是有智慧？有的人把事看得很清楚，却非得弄个非黑即白，来个现世报，一言不合大打出手，这就是有智无慧；有的人虽然事情分析得不透彻，但处理起来让每个人都比较舒服，情商大于智商，慧足而智稍缺。

清代郑板桥有四个字"难得糊涂"，糊涂不是真糊涂而是洞明世事基础上的难得糊涂，真正弄懂了，却又装出糊涂，不容易，是大智慧。樊迟向夫子求问什么是智慧，夫子告诉他："治理地方和安抚百姓的要义在于'义'，让百姓懂义，对待鬼神要尊敬，但不一定非要走得很近，远一点没有坏处，就可以说是智慧了。"不仅是鬼神，就是人际关系，走得过近也不是好事。过近了就容易出现纠纷，当然过远了就容易生疏，还是要把握好一个合适的度。

樊迟问什么是仁？夫子说："仁者总是先做困难的事，然后才去收获，这样的话，就算是仁了。"夫子不从理论概念上解释，是他的教学艺术。有古语"莫问收获，但问耕耘"，应比夫子所言似乎更极端了些，直接要求只问怎么干，不去想能有什么收获。然而细细思量，并非不让人问收获，而是只要你努力了，就一定会有收获，只是早晚的事儿。中国人的思想深处总是有一种矫枉必须过正的意识，只有这样，才能把事情做彻底。

无论是智慧，还是仁，都不必斤斤计较，都不是斤斤计较能体悟和获得的，只有放下执着，摆平心态，做好应做的，回报自然不菲。

6.23 子曰："知者乐水，仁者乐山。知者动，仁者静。知者乐，仁者寿。"

子曰："不仁者不可以久处约，不可以长处乐。仁者安仁，知者利仁。"（见4.2）

智慧，一般指人的大脑发达，思维敏捷，世事洞明，如果用一种事物来形容智慧的话，我想用水来形容，是指大脑的思维活动如流水一样永不停息，才能确保智慧不断推陈出新，源远流长，不致枯竭。

仁呢？是一个人智慧的一种外在体现，对别人或外在世界的一种态度、策略、方法、行动。这个"仁"需要的是持久，少变化，不折腾。如果用一种事物来比喻的话，以山为喻是合适的，沉稳、安静，给人一种安定感和安全感。

夫子说"知者乐水，知者动，知者乐"，不能仅仅理解为智者喜欢水，而是有智慧的人是习惯于动，乐于像流水一样不停地思考，思维不停地运转，智慧有了，自然内心是快乐的。同样，夫子说"仁者乐山，仁者静，仁者寿"，我们也不能简单理解为仁者天生喜欢山，喜欢安静，而是仁者在获得智慧后，会使自己的内心更加坚定，更加清楚如何对待人生和世人，要像山一样沉稳，内心安静，沉稳、安静了，就不会因喜怒哀乐而一日三变，就不会变着法折腾人、折腾事。如此，"知者"自智，仁者自仁。内心既快乐又沉稳安静，如果不长寿才是令人不可思议。

6.24 子曰："齐一变，至于鲁；鲁一变，至于道。"

周武王分封诸侯，除叔伯、兄弟外，特别分封了文、武二王的国师姜子牙于营丘，国号齐，镇守东方，驱除莱夷，并赋予了"五侯九伯，实得征之"的权力。齐太公姜子牙到齐国后"因其俗，简其礼，通商工之业，便渔盐之利"（《史记》），齐民归心，国力大长，成为大国。但由于姜子牙非王室一脉，虽被授予特权，但在正统体系中仍属外支。鲁国所封为周武王弟弟周公旦一支，周公辅政，不能就国，由儿子伯禽代为就国，鲁国的地位很高，鲁国的教化、礼乐水平均在齐之上，甚至也在其他所封族属如吴、燕之上。但经过太公简政兴业与桓公之霸，齐国的影响力上升很快，甚至在军事上还经常野蛮地欺负鲁国。夫子对齐经常欺负鲁国颇为愤恨，更加重了齐之文明居于鲁之下的认识。夫子说："齐国稍微改变一下，就可以达到鲁国的文明境界了。"

夫子对齐的评价还是很高的，一变就能达到鲁国的水平，在夫子眼中，齐是仅次于鲁国的诸侯国了。

鲁国是什么情况呢？鲁国三个卿大夫孟孙、叔孙、季孙三氏弄权，时常对鲁君不礼，为夫子所不齿。因此，鲁国的情况也不是夫子心中理想的情况，但还是把鲁国看得很高，说："鲁国稍微改变一下三桓擅权的情况，就可以达到理想的境界了。"夫子对于鲁国，爱之深，"改"之切，实是溢于言表啊。齐国称过霸，军事、经济实力均强于鲁国，但在以"复礼"为己任的夫子心中，那只不过是莽夫的蛮横而已，于社会发展进步无益，于人类文明无益，虽然鲁国有卿大夫擅权之嫌，仍然比之以武欺人者高大上是也！

6.25 子曰："觚不觚，觚哉！觚哉！"

夫子说："酒杯不像酒杯，这是酒杯吗！这是酒杯吗！"

想象夫子说这话的样子应该是很气愤。夫子所气愤的，看似可能是做酒杯的人不守规矩，不按要求去做，没有做好产品。其实，酒杯是用来喝酒的，杯子像不像也不影响美酒的味道，对于杯子不至于有这么大的火气，那么火气一定是冲着人去的。冲着谁呢？做杯子的人？他们又不在身边，那就一定是冲着相关的人的行为去的。做杯子的人不在身边，发再大的火气也烧不着做杯子的人。夫子一定是有深意的，一定是在指桑骂槐。

鲁国的三桓擅权、弟子中如宰我的不肖、子路的莽撞，哪个不该骂呢？！那些背仁违礼的事情，那些为君不君、为臣不臣的不守制规矩的人，难道不该骂吗？！

6.26 宰我问曰："仁者，虽告之曰：'井有仁焉。'其从之也？"子曰："何为其然也？君子可逝也，不可陷也；可欺也，不可罔也。"

夫子的学生也是各有特点，宰我就是其中一个，他有点喜欢恶作剧，经常问些刁钻古怪的问题为难老师。

有一天，他就问："一个讲仁德的人，是不是我们告诉他'井里有仁'，他就会跳下去呢？"老师心里不高兴，但却极守师道，正色告诉宰我："为什么要这样做呢？对一个君子，你可以请他过去看看，绝对不可以误导伤害他。君子，你可以明里欺负他，但是绝不能愚弄他。"这是对一个正直守信的君子应有的态度！不管你是仁者，还是小人，甚至是恶魔，只要还有点儿人性，这就是应该守住的底线。

当然，恶魔之所以为恶魔，失去人性，无节制地陷害人也可能是存在的，所以所谓"害人之心不可有，防人之心不可无"，就成了人们约定俗成的一条法则了。

6.27 子曰："君子博学于文，约之以礼，亦可以弗畔矣夫！"

《弟子规》中开篇即言："弟子规，圣人训。首孝悌，次谨信。泛爱众，而亲仁。有余力，则学文。"似乎给我们传递了一个信号，就是夫子不太主张学习文化知识，把学文看作是有余力才去做的事，是诸类事情中最次之的一件事，其实不是的。

《论语》开篇即言"学而时习之"，还讲"诲人不倦""有教无类"，更讲"学而不思则罔，思而不学则殆"，讲"学而不厌"，仁、义、礼、智、信均是儒家所主张和看重的。夫子是主张大家学习的，只不过在他的心目中，"德"

比"识"和"能"更重要，有"识"有"能"不是目的，更重要的是有智慧。他担心的是如果知识和能力不用在正事上，可能会更糟糕，所以更加强调"诚意正心修身"。对于他担心的事情，也提出了君子应持有的正确态度和行为，要求君子博览群书、增长知识和能力，有了更高的智慧，必须要尊重道理、伦理和礼法来约束君子的行为，他就不会背叛，就不会去做坏事了。

能力强是好事，要守道德底线，守法纪红线。

6.28 子见南子，子路不说。夫子矢之曰："予所否者，天厌之！天厌之！"

所谓"病急乱投医"，人在走投无路的时候，往往是会犯天真的错误的。夫子推行仁德之道步履维艰，曾幻想通过一个叫南子的女人去说动卫灵公。

南子，卫灵公的夫人。从相关记载来看，南子非常活跃，而且与美男子宋朝还有些不清不楚的瓜葛，名声不算好。据《史记》载，夫子去见南子是应南子之邀才去的，不好推辞，当然也有人猜测夫子在卫灵公面前推行仁政有困难，也曾动过小心思，试图通过夫人南子去做做工作。直性子的子路直接批评夫子不能这么做，有辱斯文，有伤风化。

夫子政改心切，是有些小心思，有些心急气躁了。但其初心是要在卫国推行仁政，绝不是为了去见貌美的卫国夫人。因此，在子路批评他时，夫子也忙不迭地对天发誓："你所不认同的事我是不会做的，如果我做了，就天打雷劈，让老天讨厌我，让老天抛弃我吧。"

千古圣人，在学生面前发毒誓，可见其之迫不得已之窘状：不见，人家邀请了，失礼；见，不合礼俗，不规。圣人亦有难乎？！有之，有之。有难克难而不改本色，方为圣人矣！

6.29 子曰："中庸之为德也，其至矣乎！民鲜久矣。"

不知从什么时候起，中庸之道在一般人的思想意识里被解读为"和稀泥""不讲原则""不思进取"等贬义词，令人唯恐避之不及。

《中庸》："喜怒哀乐之未发，谓之中；发而皆中节，谓之和。中也者，天下之大本也；和也者，天下之达道也。致中和，天地位焉，万物育焉。"这应该是帮助我们理解"中庸"的最好的一段话。当一切情绪还没发泄出来的时候，一切如初，谓之"中"。如果各种情绪爆发出来，天下会变成什么样子不敢想象，如果是破坏性太强，彻底打碎原有的世界，恐怕会得不偿失，就应该控制住使之不爆发。但是，如果爆发出来之后，都能恰到好处地改变那些理应改变的东西，而原有的好的东西又不致受到伤害，世界变得更好了，谓之"和"。那这种爆发就是合适的、适宜的，是让天下万物更好地各归其位，重塑和谐秩序，那就是应该尽快促成的，是最高境界的一种道德。可是，谁又有如此的本事呢？智者千虑，必有一失，人无完人，是人都有可能会犯错误，这种高境界的德行可能不会完全达到，但必须作为一种追求，尽可能地在实践中减少失误和损失，就可被视为"中庸"之德。自古以来，即使尧、舜也有其达不到的，何况一般人！夫子所讲"民鲜久矣"就表明这个"中庸"之德对一般人来说是很少能把握好的。

追求美好的愿望和行动，是必不可少的，只要付出了努力，就一定会有成效，可以先不管是否达到最理想的结果，相对理想的结果也是"中庸"之德的追求。

6.30 子贡曰："如有博施于民而能济众，何如？可谓仁乎？"子曰："何事于仁，必也圣乎？尧舜其犹病诸！夫仁者，己欲立而立人，己欲达而达人。能近取譬，可谓仁之方也已。"

有不怕财富多的人吗？有。

夫子的弟子原思就是这样一个人。夫子批评他不懂与众人分享财富。原思为宰，辞粟九百，夫子就批评过："毋！以与尔邻里乡党乎！"（见6.5）你的应得财物，用不了，分发救济邻里不好吗？

子贡善经商，积累财富不少。有一天，他问夫子："如果有人能够拿出大量的财物去救济民众，可以吗？这样做，可以称得上'仁'吗？"夫子一听善利的子贡如此不爱财，有散财济众的想法，异常兴奋："怎么仅仅是'仁'呢！那一定是达到圣人的境界了！尧、舜想这么做，也还没有能力达到呢！子贡啊，什么是'仁'呢？就是你想顶天立地做一个好人，那你也想办法让别人能顶天立地去做一个好人；你想实现一个什么样的高远的人生理想，也要去帮助别人实现这样的理想。怎么做呢？就从生活中就近可以做的事情做起来，可以说是施行仁德的最便捷的方法。"施人以米粟，可以救人一命；施人以仁，可以引众以贤。

　　"己欲立而立人，己欲达而达人"，一种多么光明磊落、功德无量的品行！

述而篇第七

7.1 子曰："述而不作，信而好古，窃比于我老彭。"

从字面上看，这句话的意思不难理解。夫子说："我阐述经典不发挥不创作，我以完全相信的态度去学习和爱好古代文化。对于这一点，我完全可以跟老彭相比。"

老彭是谁，很多专家也没有考证出是谁，可以理解为是一个"信而好古"特别有名声的人。学习经典，或者学习新知识，我们都需要一个正确的态度，那就是首先不怀疑、先认可，才能把别人的东西学到家。学到家了，你就可以在实践应用的时候如鱼得水，即使根据实际情况做出调整改变，也是适宜的、科学的。

学习经典是不是就一点儿也不能有自己的思考、感悟、创新呢？我想，也不是。夫子就曾说过："学而不思则罔，思而不学则殆。"是强调思考的，没有思考的死学是没有出路的。思考的目的是真正弄懂弄通，在需要变通的时候会变通，这个道理无须多言，夫子也不会反对，因为夫子编修《诗》《书》《礼》《易》，特别是《易》之"变化"之理，难道夫子会不明白吗？学而思、学而习（实践）是为学之必需的路径。经典就是经典，几千年一脉相承流传下来，而且其旺盛的生命力也充分说明其道之正确，不是轻易就能否定、质疑的。

经典之学、经典之用，需要与时代结合，需要与实践结合，其中要变的不是其理，而是践行的具体方式方法可能会随时代的发展而有所变化，如过去没有电脑，可能要用纸笔学写，而现代可能会更加多样化。这与经典的精神价值并不相违。

7.2 子曰："默而识之，学而不厌，诲人不倦，何有于我哉？"

态度是一种能量。正确的态度会产生正能量，错误的态度会产生负能量。

夫子一生矢志于学，默默地把所见所闻记在心里，潜心编修《诗》《书》《礼》《易》《乐》《春秋》，述而不作，整理经典，所接触的知识自然是丰富的，但他乐在其中，从不厌倦。夫子不但自己要学，还将所学用于实践，带领一帮弟子，因材施教，教其做人、教其知识、教其治国理政，引导其志向，甚至周游列国，试图说服各诸侯国君都实施仁政，虽尝尽艰辛和失败之苦，但其矢志不渝的精神，令后世感佩而为圣人。即使做了这么多，这么执着，但夫子还是谦谦君子之风："何有于我哉？"我还可以做些什么呢？我还有哪些地方做得不够好呢？

7.3 子曰："德之不修，学之不讲，闻义不能徙，不善不能改，是吾忧也。"

人生不满百，常怀千岁忧。人是有脑子讲智慧的，是讲理性、讲责任的。这种智慧和责任是一种情怀，这种情怀不仅惠己，更泽延后世乃至久远。

中华优秀传统文化经历代仁人志士躬身践行，不断发扬光大，已渗透到炎黄子孙的血液中，成为基本的文化遗传基因。这与两千五百多年前至圣先师孔子是密不可分的。夫子一方面编修了文化典籍，躬身践行引领弟子三千，成为中华文明在春秋时期动荡岁月中的燎原星火；另一方面还常常忧思文化和仁德怎么能够千年传承永不停息，并为之努力。

夫子说："道德修为能不能长久、学习知识能不能传讲给更多的人，听闻道义而能不能前去实践，能不能举一反三而变成自觉行动，有问题和错误能不能及时改正或想不想改正，这些都是我所忧虑的啊。"

夫子为何喟叹如此？一定是他看到了德之不修、学之不讲、闻义不徙、错未能改的现象，或者是在指责弟子，或者是在指责社会现象。总而言之，夫子作为弟子之师、作为国家社会的知识分子，他是肩负着责任的。夫子做过鲁国的司寇，是行政官员；他周游过列国，是社会公知；他聚三千弟子，是教师。在中华历史上，正是因为有许许多多像夫子一样的人，在传承、在担忧，才使文化精神一如人间烟火弥漫，历经上下五千年风霜雨雪而从未消散。

范仲淹《岳阳楼记》："先天下之忧而忧，后天下之乐而乐"，《诗经·王风·黍离》："知我者，谓我心忧；不知我者，谓我何求？悠悠苍天，此何人哉！"

忧者，此何人哉！此何人哉！

7.4 子之燕居，申申如也，夭夭如也。

在生活中，我们会发现，有的人家里，总是保持整洁，而有的人家里则什么时候都是乱糟糟的。这是一种生活态度，也是一种生活舒适度的体现。

夫子在我们的印象中是一板一眼的，但在家里闲居的时候，也喜欢把家里收拾得整整齐齐的。即使在内室（燕居）生活，也要保持整洁，但不会板着脸，让自己尽量放松保持从容愉悦。夫子内外还是分得开的，不把在外的不愉快带到家里，自然也能做到不把家里的事情带到工作中去。这给我们以启示：工作时勤勤恳恳、兢兢业业，为国家民族谋利，朝惕夕厉，但回到家里也要回归生活、回归自然，休养身心。此乃一张一弛文武之道。

会工作，会生活，有才能，有情趣，才是真正的人生、有意义的人生。

7.5 子曰："甚矣，吾衰也！久矣，吾不复梦见周公。"

曹操感叹："老骥伏枥，志在千里；烈士暮年，壮心不已。"一代枭雄，纵横天下，总有终老的一天。曾子说："人之将死，其言也善。"一生辗转奋斗，垂暮之年回顾一生，感慨一定万千。夫子一生"栖栖遑遑"（毓鋆语），为实现理想周游列国，推行仁政而不得，其心疲梦碎，片刻懈怠之心，要说没有过，不客观，但他总能在众弟子面前、在世人面前坚挺着，把理想的大旗摇得呼呼作响。

有一天，夫子确实累了，回顾在各国的唇舌之战，其仁德主张总被诸侯国君们以各种或冠冕堂皇的理由或顾左右而言他地搪塞过去，夫子也顾不上众弟子拱卫在边上，长叹一声："哎——，我老啦！我的'道'难道也衰老了吗！很久很久，我没有梦见圣人周公啦，难道周公之政也衰微了吗！"

夫子长叹，是内心不服输！他虽说好久没梦见，其实是指对现实的失望，但其内心里是多么想梦见，哪怕有生之年梦见一次也好！这个梦见，如果在现实中能够昙花一现也足以安慰他内心的悲凄。只不过，无可奈何花落去，历史的车轮转到东周之春秋时期，时势异也，人心异也，再难见周公吐哺之情状……夫子之所以伟大，之所以在后世被尊称为"至圣先师"，就是因为他在最为艰难的时候，即使喟然长叹，也不忘自己的理想追求；即使明知不可，也不言放弃。

两千五百余年后，仍有众多炎黄子孙秉其思想在鼓与呼。可见，这一声叹息就是穿越了几千个春秋而仍未止息……

7.6 子曰："志于道，据于德，依于仁，游于艺。"

从诸多历史或文学作品中，我们发现有些武术大师在招收徒弟后并不急于教授武功，而是先让弟子打水扫地，而且一干就是三年。当时可能觉得师父有些刁钻古怪，后来才知这是一种"考验"，考验其品行是否端正，唯品德端正者方可教授其武功，于是又对师父肃然起敬。

是啊，如果随意将武功教授于人，极有可能授予坏人，不仅会羞辱师门，若危害社会，更将不可收拾。习武之人必须要讲武德，各行各业均有其恪守的职业道德。夫子作为教育者、作为施政者、作为仁政的推广者，极其重视人的行为要合道、有依有据，否则就是妄为。夫子说："人要有志向而且要符合道义，行为要符合道德要求，所有行为的结果都要符合仁义。这样，就可以广泛地去学习礼、乐、射、御、书、数。"

道、德、仁是所有行为的底线，有了这个底线，一个人无论有多么高的才能，无论有多么大的本领，都不会逾越道德与法治，就一定会充满正能量，就一定会对社会发展和文化进步产生良性影响。

7.7 子曰："自行束脩以上，吾未尝无诲焉。"

有人说，教师是太阳底下最光辉的职业。一旦与金钱联系起来，好像就显得不那么高尚了。教师首先是人，是一个要吃饭穿衣的人，那就必须先满足作为一般人的生活需要，才能再去讨论如何做好教育工作，如何去做社会仁德的典范。

不是吗？两千五百年前的孔子，设杏坛讲学，收众多弟子，那不是义务教育，也是要取酬劳的。这个不是我杜撰的，而是夫子自己说的："自觉带来十条肉脯的，我绝不会不去教诲他们的。"也有专家如李泽厚先生解"束脩"为束发，指达到一定年龄的学生，夫子都会教。夫子想这么做，也想这么高尚，但没有经济来源，维持不了最起码的生活，想法只是想法，还得服从现实需要。夫子辞官后开始兴办私学，应无国家俸禄供养，通过收学费办学（交不起学费的交点实物也可）应在情理之中。

钱穆、杨伯峻先生均认为是十条肉脯即可充作学费请夫子授徒。有人批判夫子收学费是图财，但我想夫子真要是为了赚钱的话，大可不必辞官，仅仅靠依附于任何一个鲁国大夫，估计年薪也居鲁国中上游。他办私学，是为其社会追求和广施仁政的理想而办，如果为赚钱，他也大可不必周游（说难听点就是"流浪"）列国，以至于"累累如丧家之犬"（《史记·孔子世家》）。

夫子办私学，不是为了收费赚钱，而是为了构建一个"大同"社会的梦想。

7.8 子曰："不愤不启，不悱不发；举一隅不以三隅反，则不复也。"

我们多次谈到聪明的人是世事洞明的人，是能够恰当地处理好现实问题的人。但作为教育者，怎么才能引领别人达到"聪明"？学习者怎么才能做到"聪明"呢？夫子说："一个学生不到求知若渴、百思不解的时候，老师先不要去引导他；不到非常想说出来而又说不出来的时候，不要去启发他。那些学了其一，不懂得思考其二、其三的学生，没法再去教他。"

教育不是说教，是有方法的，是需要把握好时机的。什么样的时机是最好的？是学生真正想学习、想解决问题的时候，你去引导和启发，正是他需要的时候。如果不是这样的时刻，可能你告诉他再多的方法技巧，他也认识不到，他也不会领悟，此时的教育无疑是对牛弹琴，事倍功半。对学习者来说，他不但不会领悟其道，甚至还会觉得先生太过啰唆。因此，教师最需要的不是去讲多么深刻的道理，也不是需要有多大耐心去等待，而是要善于观察学生的学习和行为，以合适的方式引领学生进入学习状态和境界，激发其求知欲。常言道："师傅领进门，巧妙在个人。"如果师傅领上了门，学生却实现不了"巧妙"，怎么办？教育者还要注意评估学生的学习能力，就是常说的"知识迁移"，能不能由此及彼是学生聪明不聪明的标志之一。

对学生来说，学习也是有智慧的，不是"死学"就可以的。"学而不思则罔，思而不学则殆"，（见2.15）说的就是学习时要思考，要由此及彼，由表及里，举一反三，推陈出新。"学而时习之"（见 1.1），说的不是死学，不是一遍又一遍地重复，而是学了就要实践，在实践中要认证、反思、改进，让自己在学习中越来越有体验感，越来越有独立的认知感悟，是为"格物致知（智）"。学而思、学而践，思而进、践而悟，知识和智力在此历程中不断累积而达到"慧"的境界，智慧成也。

7.9 子食于有丧者之侧，未尝饱也。

与朋友交往要讲诚信，而且在达到某种密切程度之后，往往以"你的事就是我的事""你的父母就是我的父母"来表达友情之深厚。还有一种情况，当朋友遇到困难和不幸时，就像自己遇到了困难和不幸一样，对朋友表示深深的关切和慰问。这样，既能让朋友在低谷的时候感受到友情的温暖，更能加深日后的友情。更有一种情况，即使是不熟悉的朋友甚至是陌生人，如果知道他有不幸的遭遇，虽然做不到极尽安慰，也会表以同情，绝不能在人家面前表现出与其境遇无关甚至相悖的行为，这叫"恻隐"。

恻隐之心比之爱心更深一层，更显人之仁义，夫子到有丧事的人家里吃饭，从未吃饱过。夫子以其自身经历把做人的原则做了生动的说明。为什么呢？人家家里有丧事儿，你若旁若无人地大吃大喝，甚至谈笑风生，不是引人反感吗？这又从另一个角度说明，中华优秀传统文化一个最大的特点就是做事要多为他人着想，多想一下别人的感受，就会收敛自己的行为。

如此，天下能有不太平乎？！

7.10 子于是日哭，则不歌。

一个人究竟要怎样严格要求自己，才算是执着于修行？

夫子是这样做的：如果夫子在这一天哭过，就一定不去唱歌娱乐。如此简单，又有几人理解，几人能够做到？当然，这里没有说清楚夫子为什么哭？大概率是遇到了不好的、悲伤的事情，喜极而泣的情形不在此列。哭了，一定是悲痛到了极点，是真的悲痛，绝不是装模作样的虚情假意。这属于"自律"，是没有人监督的，是传统文化所讲的"慎独"，不是一般人能够做到的，做到了，即是达到了"慎独"。

这是对自我的一种认同，也是超越自我的一种标志。

7.11 子谓颜渊曰："用之则行，舍之则藏，惟我与尔有是夫！"子路曰："子行三军，则谁与？"子曰："暴虎冯河，死而无悔者，吾不与也。必也临事而惧，好谋而成者也。"

人要知进退，而且进退还要有据、有格。进，修身齐家，治国平天下；退，不怨天尤人，默默而乐道不疲。

在这一点上，夫子与颜回做得不错，夫子曾对颜回说："人家重用咱们，咱们就大行仁道，天下为公；不用我们，我们就藏道于民间，让更多的人受益。能够这样做的，只有咱们俩了。"夫子最坚忍不拔的表现就是不怨天尤人，虽然其施政理念在鲁、在卫、在宋，皆不受欢迎，但他终生不改其志，是为圣人。

夫子是有智慧的，特别是在跟什么人合作方面，具有独特的判断。其中之一就是不与简单鲁莽的人合作，有例为证。有一天，子路问夫子："老师您如果要带领三军作战，您会跟什么样的人一起？"夫子说："那些仅靠徒手打虎、双脚过河，不考虑策略却又说死而无憾这样鲁莽的话之人，我是不跟他们合作的。我跟什么样的人合作呢？一定是那些面临大事有所恐惧、有所担忧，然后周密谋划，最后能够成功的人。"夫子对弟子说话，从来是看人下菜碟的。夫子喜欢勇敢的人，子路好勇斗狠，却非夫子所喜好，夫子说这一段话给子路，颇有告诫子路之意，让他做事要好好思考一番，不要鲁莽行事。

夫子对于子路的偏爱，还有一例：子路问："闻斯行诸？"子曰："有父兄在，如之何其闻斯行之"？子路问夫子："听说一件事正确，就去做吗？"夫子嗔怪："你有父亲、兄长在，应该听听他们的意见。"同样的问题，对冉有的回答却是"闻斯行之"。夫子对此解释："求也退，故进之；由也兼人，故退之。（见11.22）"冉有生性谦让，所以鼓励他；子路生性刚猛，所以让他多听听别人的建议。一生有夫子为师，仲尼弟子何其幸乎！

7.12 子曰："富而可求也，虽执鞭之士，吾亦为之。如不可求，从吾所好。"

君子爱财，取之有道。取财之道千千万，切莫挑挑拣拣。

夫子一生追求理想，但也不反对求富，恰证明其乃常人，非不食人间烟火。在此，不能不提夫子与一干弟子在陈国遭遇匪患而绝粮的时刻，是多么想能够获得财富，甚至是想直接获得粮食啊！可是，他要的是谋取的"道"，还不是粮食。此为其最难能可贵的地方。只要是"道"正，如果有财不取也是愚蠢的，他曾批评过给他做家臣的原思，曾奖励他粟九百石，原思在推辞的时候，子曰："毋！以与尔邻里乡党乎！"（见6.5）夫子嫌弃原思愚蠢，不知道取有道之财，不知道送给邻里乡党，连送人情都不会。可见，夫子是支持取有道之财的，不取即是不懂世事，不知变通。

他说："如果财富可以求得的话，就是让我去做一个看门的人，我也是愿意去的。如果不能求得，那我也不强求，还是干我所喜欢的事吧！"夫子心气高，不代表他脱离实际，在财富这件事情上，只要有正当的来源，还是不能放弃任何机会，要紧紧抓住，不要计较赚钱的工种好坏。

这，或许就是民间所传的"三百六十行，行行出状元"，只要你不挑三拣四，不挑肥拣瘦，总有你的生存之道。

7.13 子之所慎：齐，战，疾。

在任何一个时代，总有一些事情会让人们特别关注和重视。在夫子所生活的春秋时期，社会动荡，思想派系繁多，夫子所认为的需要慎重的事有三：齐、战、疾。

齐者，斋祭也。吃斋、祭祀是那个时代特别慎重的事。一方面，祭祀是体现礼制的重要活动，除了要以一本正经、严肃的态度表达对逝者的尊重，也是体现参与活动的人品行的重要现场，一句话不合适、一个行为不检点，就可能毁坏一个人的名声和地位，绝对不可以不慎重；另一方面，祭祀现场也是体现每个参与者的政治身份、社会地位的重要的公共场所，在这个场所的不良表现就等同于在日常社会体制中的不良表现，可能会因此激怒众人，从而给整个大局带来混乱。这些不良行为所挑战的不仅是祭祀活动，很有可能被提升到社会政治的高度来认定和处置，给国家、社会和个人均带来不可估量的损失，绝对不可以不慎重。古代不仅要祭祀祖先，也要祭祀天、地、日、月、社稷，而且不能有半点瑕疵。现在北京仍保存有天坛、地坛、日坛、月坛等，即为明证。

战争，就是真刀真枪地干了，是要死人的，甚至是大批量地死人，绝对是从统治者到百姓个人都应慎重的大事。一场战争，不是过家家，而是关乎一个国家的兴衰，打赢了，可能奠定一个盛世；打败了，可能毁掉一个民族、一个国家。中国古有《孙子兵法》专门研究战争，但还是讲"上兵伐谋"，能不打就不要打，能通过谋略与谈判解决问题，就不要通过战争解决问题。但历朝历代的战争所带来的生灵涂炭、民不聊生以及导致社会发展停滞的例子，不胜枚举，给人类带来了深重灾难。这，值得每一个人深入思考，理解夫子所慎之"战"。

疾病，特别是能够互相传染的瘟疫，是全人类所面临的共同大敌。瘟疫，比起国与国之间的冷兵器或近代热兵器战争的危害甚至会更大。20世纪灭绝的"天花"，危害之大、影响、之广，令人扼腕。21世纪初的"非典"虽然昙花一现，也着实令人惊惧。2020年暴发的新冠肺炎疫情，蔓延全球，给全世界的经济、社会发展甚至政治领域都带来了不可估量的影响和损失。这是属于全人类的灾难。

夫子所慎"齐、战、疾"，至两千五百多年之后的今天，甚至再瞻望未来一千年，都不过时，其眼光不可谓不长远，其警醒，不可谓不振聋发聩！

7.14 子在齐闻《韶》，三月不知肉味，曰："不图为乐之至于斯也。"

一支优美的乐曲，可以愉悦身心，可以抒发情感，可以强化交流与沟通。音乐可以记录生活、记录时代，成为历史的载体。一首歌，一支曲，可以让我们记起一个时代。

在上古帝舜时代，有一支曲子叫《韶》，反映的是帝舜时代的丰功伟绩和社会繁荣，集诗、乐、舞于一体，由韶韵、祭祀和狩猎、有凤来仪、南风歌、关雎、湘夫人、云水、缶韵、卿之歌等九曲构成，有乐器共鸣的宏大场面、有为生活而奋斗的热烈、有壮美的河山描绘、有美丽的爱情故事、有甜美的盛世生活、有对美好未来的向往，是催人奋进、积极向上而又充满生活美感的音乐，其美无与伦比，其盛无法言说。《韶》乐在民间广泛流传，在夫子到齐国访问时，齐国还在传唱《韶》乐。夫子听闻《韶》乐，余音绕梁，久久不去，内心被其深深震撼，其情激荡，据说他沉浸其中，很长一段时间都闻不到肉味，吃不出肉香。夫子由衷地赞美《韶》乐："真的没有想到，还有音乐所表达的境界高明到如此地步！"

音乐好，还需要懂音乐的人懂其好，则人乐合一，乐以育人。夫子品性高洁，追求"大同"的仁德治世，与《韶》乐所表现的盛世、所表达的志向相同，故夫子与《韶》乐相和共鸣，非仅《韶》乐自身之美也。

7.15 冉有曰："夫子为卫君乎？"子贡曰："诺，吾将问之。"入，曰："伯夷、叔齐何人也？"曰："古之贤人也。"曰："怨乎？"曰："求仁而得仁，又何怨？"出，曰："夫子不为也。"

夫子的弟子难能可贵的一点就是特别尊重老师孔老夫子，有疑问的时候总是想知道老师是怎么想的。有些事，不好直接问，由谁去问也必须好好思量一下，怎么个问法也必须认真思考。

在卫灵公逝世时，其太子蒯聩因罪出逃晋国，遂由其孙辄即位为卫君。晋国赵鞅欲帮助蒯聩回卫国争位。此时，夫子正在卫国，一直有心在卫国推行仁政，弟子们担心老师会借此机会帮助卫君而获得认可，从而实现理想，但如此去做又恐招惹是非，很想问问夫子的意思。冉有也很担心这一点，众弟子思来想去还是推举老成而又灵活的子贡去问，子贡没有推辞，答应去问。见到夫子，子贡问老师："伯夷、叔齐是什么人呢？"夫子说："古代的贤人啊！"子贡说："他俩互让君位，都不接受，逃到首阳山采薇而食，最后饿死，不互相埋怨吗？"夫子说："他们俩都是以谦让求仁，都得到了想要的结果，又有什么好埋怨的呢？"听夫子如此说，子贡放心地走了，出来告诉大家："夫子是不会帮助卫君的，大家放心吧。"

子贡携大家的疑问去问老师，采取了迂回战术，不直接问问题，而是问伯夷、叔齐之事。从老师的态度和观点去揣摩其真实意图，判断老师的行动原则，可以说是动了心思。子贡也是怕直接问会伤到老师的内心，小心翼翼地，弟子对老师的深深理解，既是对夫子的爱，也是对夫子仁道推行倍遭坎坷的一种恻隐之情。

这些可爱又懂事的弟子，既懂师父的意思，又懂师父的内心，难能可贵！

7.16 子曰："饭疏食饮水，曲肱而枕之，乐亦在其中矣。不义而富且贵，于我如浮云。"

有人说，不想当将军的士兵不是好士兵。意思是人要有追求，有了追求就有了目标，有了目标就可以向着目标去奋斗，待目标达成，造就完美人生。还有常言说，"不如意事常八九，可与语人无二三"，告诉人们面对困难要想得开。

人生有很多追求，也有很多苦恼，如何处之？是大学问。佛说一切苦恼的根源在欲望，消除欲望即可。佛说得很直白，很在点儿上，但好说难做，不然也不用青灯古佛穷其一生而赎罪。道家庄子做得很是淡然飘逸，当楚王以高官厚禄相邀之时，他挥挥手，愿意像乌龟一样在泥水中活着，也不想在朝堂上吊着标杆说话。夫子的爱徒颜回，笃志于学，一碗饭，一瓢凉水，居处简陋，"回也不改其乐"，其乐在学，其欲望和追求在学，而不在吃穿住行的豪华奢侈上。由此可见，人有欲望是天性，关键是什么样的欲望，能通过努力而得以实现的欲望可称"志向"或"理想"，那些不切实际、无法实现的欲望称"幻想"。理想可达，自然没有苦恼，且乐在其中；幻想难现，一定是苦闷丛生，自是苦海无边。

夫子游历各国推行仁政而不得，自然也是苦恼很多，甚至不惜被取笑而见卫灵公夫人南子，想走"枕边风"的捷径，结果自然是此路不通。卫灵公之后，弟子怕师父会通过支持争权夺利的一方而得以实现理想，以探询其对伯夷、叔齐的看法来试探他，看看处于困境之中的夫子会不会流于世俗改弦更张。圣人之所以为圣，就是决不走歪门邪道，求仁得仁，而不是求仁得利，于是打消了弟子心中的疑问。

为进一步自证清白，他再次向弟子和后世表明心迹："吃粗茶淡饭喝凉水，弯起胳膊就可以当枕头，像颜回一样，快乐就在眼前。如果让我通过那些不正当手段来获得财富和高官，对我来说，就像天边的浮云一样，就是过眼云烟，不屑一顾。"能逼得夫子一再自证清白，看来夫子对弟子的教诲是真起作用了，其教育的理想已然在弟子身上见到了实效！从呕心教育矢志育人而言，实乃可喜可贺！

7.17 子曰："加我数年，五十以学《易》，可以无大过矣。"

一提起《易经》，很多人会与算卦联系起来，甚至理解为搞迷信。这是没有真正读过《易经》的臆想，很武断。

其实，易乃变化之道，充满辩证思维。而且我理解《易》之六十四卦，无好卦坏卦之分，每卦只是告诉你要解决所面临的问题，要修身立德，要注意把握分寸和机会，要注意建设和谐的人际关系，要考虑别人的感受，在变化中掌握机遇。学习这样的经典，即使不成功，也可以让你不犯或者少犯错误。因此，夫子曾说过："如果可以让我多活几年，到五十岁知天命之年我学习《易经》，就可以做到不犯大的错误了。"中国传统文化典籍，如《诗》《书》《礼》《易》《乐》《春秋》，如《大学》《论语》《中庸》《孟子》，实乃一脉相传，以大学之大道，以中庸之方法，知世间万物之理，揆万事运转之规。日常琐细生活，大大小小，事事处处，运用易经变化之理与中庸之道处理问题，也会令人有游刃有余、如鱼得水之感。

信矣，则可一试。不信，不妨亦学之，待机尝试，相信会有收获。

7.18 子所雅言，《诗》、《书》、执礼，皆雅言也。

何谓雅言？

杨伯峻先生解释为通用语言（官话），是相比方言而说，此句意为夫子讲通用语言，教读《诗》、《书》及行礼时，都是用大家听得懂的官方语言。另有解释雅言为常讲的话，则此意为夫子常常讲的话或道理，《诗》、《书》和行礼，都是夫子经常讲的内容。

不管怎么理解，此句所讲意在"学而时习之"，而且要持之以恒，坚持学习《诗》、《书》和行礼等基础性内容，反复学习、反复实践、反复体验、反复领悟，才可能学成正果。

7.19 叶公问孔子于子路,子路不对。子曰:"女奚不曰,其为人也,发愤忘食,乐以忘忧,不知老之将至云尔。"

叶,是楚国的一个地方。这个地方的长官叫叶公,就是我们常说的成语"叶公好龙"的叶公。

夫子深知一个地方能否推行仁德之政,行政长官的作用是很大的。即使那个在中牟叛乱夺权的佛肸召见他时他都想去,虽然被子路一通反对而作罢。当那个成为千古笑话的叶公向子路打听夫子的情况时,子路生怕说错话,学会了谨言慎行不回答他。

不过子路这次又错了,他不知道自己的老师孔老夫子是多么希望能够与这些长官谈一谈,传播一下仁德之政的理念也好,即使叶公不当回事不去实行也罢,也总算是向人传播过一些思想,能够或多或少起点儿作用也算是一种慰藉。可是这个永远通透不了夫子思想的子路一反常态避而不答,还是多少让夫子有些失望,埋怨他:"你为什么不说一说呢,说他这个人为人好学,学起来后就会忘了吃饭,以学为乐,快乐起来后就又忘记了忧愁,甚至都不知道自己年龄大了,还觉得自己像年轻人一样。"

夫子这里面是满满的自夸啊!为什么要自夸?就是要让叶公觉得自己还不老,还能做一番事业。这个傻傻的子路啊,白白跟了夫子那么长时间,就是做不了夫子内心的虫子,永远不懂夫子的心思。

夫子为人性情,其心志又如此执着,既是常人,又非常人。

7.20 子曰:"我非生而知之者,好古,敏以求之者也。"

夫子在当世即为博学之士,却郁郁不得其志,为理想而奔波于列国之间,"累累如丧家之犬"。(《史记·孔子世家》)夫子在后世,自汉武帝采纳董仲舒建议"独尊儒术"以来,历代受封,直至其被封为"大成至圣文宣王""大成至圣先师",达到荣光顶点。

夫子为师,是天生博学乎?非也。夫子自云:"吾十有五而志于学。"其学之博全赖于其勤奋努力,学而不厌。他说:"我不是天生就知道得多,是我喜欢古代的文化，是通过勤奋努力地学习而得到的啊！"夫子此处自谦，也是实话，更是让那些"仰之弥高"的人不至于过于自卑，鼓励别人只要学习就一定能像他一样博学。夫子既为师，总是鼓励弟子超越其成就，而从不压制，更不留一手。最有可能继承师父衣钵的颜回早逝，着实让夫子痛不欲生，打击特别大。现代人功利心重，往往一开始学，就总问收获，总与别人比回报，不能静心修学，难以持之以恒。

认真学习传统文化经典，若能按照《大学》所言，有定力，有静心，"知止而后有定，定而后能静，静而后能安，安而后能虑，虑而后能得"。若此，幸矣！

7.21 子不语怪、力、乱、神。

一个人的成长，从强健身体方面来讲，需要有营养的食物；而从道德品质、精神价值方面的成长来看，也需要更多的营养。这种"营养"，我们可称为正能量。当然，一个人的成长也需要适量的反面教材，但不宜过多，反面的东西有警醒作用，但也充斥着相当多的负能量，接受多了，自然有害。

夫子深知负能量之害，他在言行上特别注意，从不乱说一些没有依据、不能考证、玄之又玄让人迷惑不可知的话。夫子的弟子归纳了一下，大致四个方面："怪、力、乱、神。"

妖怪、怪异、神灵等异乎常者，世人多猜测，即使那些说得头头是道的东西，人们大多无从考证，信者听之任人摆布，不信者自不听之，其于人亦无能为力也。总之，这些虚无缥缈的东西，时时令人恐怖、战栗、心神不安，还是少谈论为佳，除了让人深陷疑惑，没有其他好处。那么为什么还要祭祀、祭天地呢？那是表达一种对先祖的感恩之情，对天地所赐人类之福的感激之情，重在表达"敬"，设置专门的节日进行，非为日常所事，非闲谈所能。"敬鬼神而远之"（见6.22），夫子告诫人们要务人事不语神。那个调皮喜欢找老师切磋的宰我曾问夫子："……黄帝三百年，请问黄帝是人邪？抑非人邪？何以至于三百年乎？"夫子解释："黄帝生而民得其利百年，死而民得其神百年，亡而民得其教百年，故曰三百年。"夫子之解释非常棒，打消了人们内心的疑惑，从而明白了黄帝伟大之道理所在。

　　暴力、动乱，让百姓流离失所，生活困难，天天谈论这些事情，也容易让不轨之人心生异端，误导人们认为靠暴力就可以达到目的，或动不动以暴力胁迫，如此则将国无宁日，百姓困苦，民不聊生。北宋皇帝赵匡胤黄袍加身，靠兵强马壮而非仁道得之，深知其路径不佳，做皇帝之后便着力解决武将干政夺天下的隐患，以杯酒尽释天下武将之兵权。夫子早在赵氏夺天下之前的一千四百年已经预知暴力的危害。

　　一个良好的、繁荣昌盛的社会，应多多倡导正能量，让那些偶发的且负面的东西尽最大可能减少影响，将是对全人类的福音。

　　7.22 子曰："三人行，必有我师焉；择其善者而从之，其不善者而改之。"

　　《大禹谟》："满招损，谦受益。"谦逊是一个人良好修养的外显，也是一种人生态度和处世态度，是一种美好的德行。

　　谦虚到一个什么样的程度呢？我们不妨从反面说起，就是首先不要自满，自高自大，自以为是，要知道山外有山，人外有人，无论你处于什么样的位置，都要知道"智者千虑，必有一失；愚者千虑，必有一得"的道理，即使一个再怎么不起眼的人，都或有其长于己者，或对自己有不可多得的帮助。因此，一个人在内心和潜意识里，切记不要小瞧任何一个人，要善于学习他们的长处，向他们的长处拜师。夫子博学于当时那个年代，显尊于后世，他就说过三个人之中，就一定有可以做我老师的人。夫子"至圣"之言，何其谦哉！

　　当然，也有人不服气，认为就凭那么一点点长处，就真能做别人的老师吗？这里不是讲你要拜师，要走程序，而是告诉你要时刻注意修心，对任何优于你的地方，你都要谦虚学习之。人家老夫子说得很实在："选择其好的善的方面去学习，把那些你认为不好的舍弃并改进。"夫子尚且如此，我辈有何悖此而行的理由去搪塞呢？！

　　7.23 子曰："天生德于予，桓魋其如予何？"

　　当面临危险时，一般人会想办法迅速远离危险，应该说是一种应激行为。但真正的有智慧的人、内心勇毅的人，遇事一般还会沉着冷静，多加思考。

保持沉着冷静，会让对方感知到你的不害怕、不恐慌，反而会让对方产生敬畏而不能轻易下手，其思考、狐疑的瞬间便是你破解危局的缓冲期，解决问题的机会可能就会在这个瞬间出现。此所谓"每临大事有静气"。《史记·孔子世家》记载，夫子周游列国到宋国，在大树下与众弟子一块练习礼仪，不知为何得罪了宋国司马桓魋。其欲杀孔子，便把这棵大树拔了出来。

临此危险，弟子呼喊老师快走，老师却不急不躁，慢慢悠悠地离开。众弟子疑惑，问老师为何不慌不忙？夫子说："怕什么呢？上天既然让你出生，又让你有德行，一个小小的桓魋又能如何呢？"这，当然是夫子脱离危险后的一种自信自如的表现，但他给出的理由则带有一定的宗教性的宿命论调。是啊，天既生我又怎么会毁我呢？事中则险，事后则显其沉着。

夫子作为一众弟子的领头人，遇事不能慌乱，临危不惧，尽显静气，从容不迫，这是以身示教，为弟子们在行动上树立了榜样，但给出的理由虽有些宿命感，但亦颇显自信，不如此说，又能怎样说呢？窃以为，夫子大哉！

7.24 子曰："二三子以我为隐乎？吾无隐乎尔！吾无行而不与二三子者，是丘也。"

天下当教师的，恨不能将自己的毕生所学毫无保留地告诉学生，没有一个教师是甘心抛下某一个学生不管的，恨不能将温热的心摘下来给予学生。

孔子编纂六经，"述而不作，信而好古"，微言大义，往往不把话说透，让人不易理解。实际上，夫子不是不想让大家明白，而是觉得自己说得过于明白，就是将自己的理解强加给别人。他希望的是，对很多事情，每个人只有有自己独特的理解，有符合自身阅历的感悟，才能真正把经典学好用好，并且不愿意用自己的一家之言来影响大家的认知。

这个出发点，没有错。但夫子一生所求的仁政和大同社会理想，实在是曲高和寡，很少有人理解，就连弟子们天天在身边，都没有人真正弄清楚夫子是怎么想的。大家觉得老师还是保留了一手，隐瞒了问题的关键，让弟子们如坠云雾之中。其实，夫子的真实意图不是这样，而是怕把自己的一些见解和答案草率地告诉学生，可能会误导他们。弟子们不理解先生的意图，单纯地认为是老师留了一手。

夫子很是冤屈："同学们啊！你们以为我是对你们隐瞒了什么，我可以拍着胸脯告诉你们，我没有任何观点和东西是向你们隐瞒的，我没有任何一件事是向你们隐瞒的，这就是我孔丘的为人。"

7.25 子以四教：文，行，忠，信。

教育的目的是什么？当然是育人！即使在封建社会的科举时代，考上即可有官做的时代，传统教育的核心仍然是以育人为基础，讲求的是人的成长，人的道德人格的最终形成，所谓"格物致知，诚意正心，修身齐家，治国平天下"，并强调"壹是皆以修身为本"。在更早前的春秋时期，夫子兴私学亦是以育人为本，除经典文化的学习之外，更重视实践、重视道德教育。夫子设坛讲学，特别重视四个方面的教育：文化学习、行动体验、崇尚忠诚、讲究信用。

彼时的文化学习，自然以《诗》《书》《易》《春秋》等经典为主，技艺学习以礼、乐、射、御、书、数为主，学习虽讲究诵读，但追求的是"书读百遍，其义自见"而不是死学死记，不语怪、力、乱、神，不学歪门邪道，与经典相伴，受启迪一生。学而时习，不是简单、无效的重复学习，而是不断在日常生活和社会活动中应用、体验、积累、感悟，最终成为具有独立独特人格的人。所培育的人才，对上忠诚，不讲条件，不夹带私心，大道之行，天下为公，与朋友相交，讲究诚信，重视信誉。曾子所言"为人谋而不忠乎？与朋友交而不信乎？"这句话道出了夫子四教的终极目标，就是要立德立人。

7.26 子曰："圣人，吾不得而见之矣；得见君子者，斯可矣。"子曰："善人，吾不得而见之矣；得见有恒者，斯可矣。亡而为有，虚而为盈，约而为泰，难乎有恒矣。"

孔子生活的春秋时代，诸侯争霸，恃强凌弱，周天子号令在很多地方行不通，天下有点儿乱。当时，鲁国也非铁板一块，鲁国的三个大夫也在争权夺利，鲁国国君的号令有时候也是出不了大殿。

孔子曾面对季氏的僭越和飞扬跋扈非常气愤："八佾舞于庭，是可忍也，孰不可忍也？"季氏不把鲁君放在眼里，公然在家里观看只有周天子才能观看的舞蹈，不仅犯上鲁君，更犯上周天子，胆大包天。但是又有谁来管呢？夫子在当时并没有人认为他是"圣人"，而是时过境迁之后，后世统治者才尊他为"圣人"。

夫子在他生活的时代，他的生活和心情甚至都比不了今天的教师，他在晚年还不得不离开鲁国颠沛游历十四年，美其名曰"周游列国"。其实，他并没有享受到游历的快乐，而且还经常遭受诸侯的嘲笑、兵匪的追捕，倒是有点儿"逃难"的意味。也难怪北京大学李零教授看到有人把孔子说得那么高贵、绅士，气愤不过，写了一本《丧家狗》来描述孔圣人。司马迁在《史记·孔子世家》中也描述他周游列国，确实是"累累如丧家之犬"！对一个怀揣着治国理想、试图恢复周朝礼法秩序的人来讲，自己的学说不被人认可也就罢了，自己还被嘲笑为迂腐，其内心的委屈、迷茫、无助，谁人能够理解？！

我曾读过一本小说体的《孔子》，了解了孔子的一生，基本上是在被嘲笑、被打压中度过，但无论如何，孔子就是不改变自己的理想，不去迎合世俗，不去谄媚权贵，坚守仁道——这就是他的伟大，这就是他之所以能够成为圣人的理由吧。好在，还有子路、曾点、冉有、公西华等一众弟子跟随保护他，他在郁闷的时候，在看不到希望的时候还能跟学生们感叹一下，纾解一下内心：圣人我是看不到了，不指望了，但是让我看到有君子之德的也好啊；善良的人我是看不到了，哪怕让我看到还能够坚守人性底线的人也好啊；把没有当作有，把空虚视作充实，把贫穷装成富贵，这样就连坚守底线这个最起码的要求也很少有人做到了。

"人生不满百，常怀千岁忧。"圣人之所以为圣人，忘己而忧天下实在是可敬可叹！范仲淹之语"先天下之忧而忧"，若能让夫子听到，对他也算是一个慰藉。

7.27 子钓而不纲，弋不射宿。

现在科技高度发达，人类对自然界的影响也越来越大，世界各国就气候、工业生产等都提出了整治要求。也就是说，人类作为地球物种中最强势的部分，有文化、有理性，就要注意约束自己的行为。谦让，不仅存在于人类内部，也适合于各类生命体之间。

早在两千五百多年前，夫子就非常注意节制欲望，并告诫弟子和世人，钓鱼不要一网打尽，要给小鱼以生存的空间；猎鸟不要用箭去射杀那些回巢的鸟儿，它们外出一天觅食，巢里还有一群小鸟需要抚养。有语云：与人方便，与己方便。给鱼、鸟生存的空间，就是给了人类自己更大的生存空间。从某种意义上来说，世界上所有生物都是一个生命共同体，一荣俱荣，一损俱损，单独存在不现实也不可能。

中华优秀传统文化中的利他精神、节制精神给世界带来的是怀柔与和谐，而不是战争和杀戮。这也是中华文明能够屹立不倒且生机勃勃的原因吧。

7.28 子曰：“盖有不知而作之者，我无是也。多闻，择其善者而从之，多见而识之，知之次也。”

每个人都是不同的个体，各有其特点。有的人沉默寡言，知道也不说，三缄其口；有的人知一说一，不多说也不少说，知之者言，不知者不言；还有的人喜欢发表观点，知道的说，不知道的也说，甚至把捕风捉影的事说得真真切切。沉默的人稳当，但也让人觉得总是不能与其打成一片，有拒人于千里之外之嫌；知一说一者，诚实不编造，但也让人觉得不够灵活，若在不合时宜的时候说了实话，也很有可能会导致天下大乱；说话不着边际者，其言虽不可信，但也给人一种易接近的感觉。

我们很难下结论说哪一种人更好，知其优缺点而取舍之可也。对于三种人，夫子其实也持有不同观点，他曾说过该说不说不可，不该说时乱说亦不可，不察言观色再说也算愚蠢。（见16.6：“言未及之而言，谓之躁；言及之而不言，谓之隐；未见颜色而言，谓之瞽。”）夫子在编纂六经时非常谨慎，曾坚持“述而不作”，仅叙述而不创作，但也免不了有自己的观点，他自己是怎么评价自己的呢？他说：“有很多人没有弄清楚事实真相就发表文章和言论，这对我来说是不存在的。多听别人说，选择好的对的，我们认可他去发表见解；多观察事物并把各种情况都记下来，然后让我们学到真知，这是学习中居于次要位置的智慧。”那么，什么是首要地位的智慧？举一反三，有切身经历并感之悟之，是第一手认知啊！简单地学别人，人云亦云，而没有自己的体验感悟，只能算是学到了间接的知识，还需要在实践中验证、体验和感悟。

知行合一，不是到明代王阳明才发现的理论，早在孔子所在的春秋时期，夫子已然知晓而以此教育弟子，其圣之圣，非封，而实有之。

7.29 互乡难与言，童子见，门人惑。子曰："与其进也，不与其退也，唯何甚？人洁己以进，与其洁也，不保其往也。"

有的人固执己见，无论你怎么讲道理，他就是胡搅蛮缠听不进去，怎么办？突然有一天他又主动来求教，你是计较他前面的无理不接受呢，还是既来之则见之教之？

传统文化讲仁道、恕道，从仁出发，有教无类；从恕出发，不计前嫌。这不仅是一种为人的气度雅量，也是对一切还抱有希望的积极心态。夫子对那个被其批为"朽木不可雕"的不规矩学生宰我，恨得有点儿咬牙切齿，但对其口才和外交才能还是非常认可的，并未因其不守规矩而拒教，从而使宰我终有所成。

夫子周游到了互乡这个地方，发现这个地方的人很排斥夫子的仁道学说，而且很难跟他们讲道理。有一天，有一个小孩想跟夫子学习，夫子就接见了他，弟子们非常疑惑，跟这种人有什么好说的呢？夫子语重心长地说："人家主动来见我，应表扬他的上进之心，不赞成他的退步，这又有什么呢？人家打扮得干干净净来追求进步，我们要鼓励他进步，不要计较以前的过错。"

这是一种胸怀。

这就是仁和恕。

这就是文化精神。

这就是能够让我们不断走向远方的力量！

7.30 子曰："仁远乎哉？我欲仁，斯仁至矣。"

人之初，性本善。每个人的内心无论多么强大，都可能会有那么一丝丝怜悯和同情，世间也总有一些事情会激起人的慈悲仁爱抑或恻隐之情。是为善也。

有善之人，行仁道会很难吗？可能有的人平时叱咤风云，甚至戾气横行，不为世人所喜，但若偶尔回头，心生善意，仁慈即已到来。佛教有云：放下屠刀，立地成佛。仁与恶，就在一念之间，仁念即来，仁行即至，仁心即聚。有时候，一些看似很困难的事情，其实最关键的是内心中有没有想法，而不是事情本身有多难。夫子讲修身立德，《大学》讲"壹是皆以修身为本"，是不是修身有多难？不是，修身不难，难的是坚持不懈，但"万事开头难"，解决了想不想的问题，后面的困难就不是困难了。对于"仁"，大家也觉得很高大、很遥远，其实问题是一样的，也是要首先解决"想不想"的问题。夫子说："仁，远吗？我想'仁'，这个'仁'就来到身边了。"

欲仁则仁至，先"欲仁"，勿先虑仁之难易。

7.31 陈司败问："昭公知礼乎？"孔子曰："知礼。"孔子退，揖巫马期而进之，曰："吾闻君子不党，君子亦党乎？君取于吴，为同姓，谓之吴孟子。君而知礼，孰不知礼？"巫马期以告。子曰："丘也幸，苟有过，人必知之。"

夫子讲君子之道讲了很多，君子遇到两难的问题怎么办？怎么才能做到既不失君子之道，又不至于陷自己于不义之地呢？

夫子自己就遇到过这样一件尴尬的事。孔子到陈国，被陈国的司寇（官名）下了套，陈国司寇问孔子："鲁昭公知礼吗？"孔子面对冷不丁的这样一问，觉得一个诸侯国的国君难道不知礼？遂即答道："知礼啊。"孔子走后，陈国司寇对巫马期（孔子的学生）作揖，又问："我听说君子浩然正气不偏袒人的，君子也不讲真话偏袒人吗？你们的鲁昭公娶了吴国的公主，都姓姬，但为了避免别人说闲话，称为'吴孟子'。如果说鲁昭公知礼的话，那还有谁不知礼呢？"巫马期无言以对，也觉得很丢人，回去后就把这件事告诉了老师。孔子说："我真的是很有幸啊！如果我有错，人家一定是知晓的啊。"

即使到了这样一个尴尬的境地，孔子也没有埋怨鲁昭公的不知礼，而且对鲁昭公娶吴女这件事坚决不说一个字。他只说自己的过错，用自己的过错掩盖了昭公的过错，而且还给了陈国司寇一个回复说是自己的错，反而让陈司寇觉得是自己无理，是自己故意刁难人，非君子之道。

人生在世，孰能无过？过则勿惮改，君子之道；言己之错，不说他人是非，亦君子之道也。说到底，夫子真的无过，有过的倒是说他人是非的陈国司寇了。

7.32 子与人歌而善，必使反之，而后和之。

读《论语》，还是要返回到春秋那个时代去理解和体悟，然后再结合当今社会实际思考其时代价值。

汉代董仲舒、宋代朱熹与二程之解无非也是如此。但如果不能回归到"论语"时代去研究，不能回归到孔子当时言说的背景与生活、性情去研习，今天我们可能就会走偏。在我们的固有印象中，孔老夫子可能是一个板着面孔的古董，除了说教还是说教，再加上不同时代的演义，就面目可憎了。

如果回到夫子所处的时代及其生活的情景看，夫子就是一个活生生的人，七情六欲俱在，只不过自律性较好，修齐治平功夫深厚，不同于一般人。但其生活的经历和性情的自然流露远比我们想象的要丰富多彩。譬如夫子到武城去，直说子游搞"乐"有点过，但旋即承认错误，表扬子游做得正确；譬如夫子想同篡夺中牟权力的佛肸合作被子路阻止时还有点恼怒，但最终未去；为达推行仁政的目的，不惜冒着丢失名声的风险去见卫灵公夫人南子，被弟子操心和质疑……夫子是一个有血有肉的性情中人。

生活中还有一案记载：夫子同别人一起唱歌，如果唱得好，一定请他再唱一遍，然后自己又和他一起唱，性情流露如溪流淙淙一样自然而然，未加修饰。

夫子可爱又可敬！

7.33 子曰："文，莫吾犹人也。躬行君子，则吾未之有得。"

这一句话，在行文上有争议。钱穆先生、毓鋆先生均作"文莫，吾犹人也"，而杨伯峻先生、李泽厚先生则认同"文，莫吾犹人也"。但在其义解上，并无大的差别，大致的意思就是："努力的话，我跟别人也是差不多的。按照君子之道去实践，我真的不敢说自己做得很好，有什么心得。"

夫子曾有言："吾十有五而志于学，三十而立，四十而不惑，五十而知天命，六十而耳顺，七十而从心所欲，不逾矩。"孔子的一生，可以说是学习的一生，被后世称为"至圣先师"的他，是谦虚的，是孜孜不倦时刻在努力的，但他还是认为自己"躬行君子"，仍然没有达到"君子"的境界和要求。现在有名言："没有最高（好），只有更高（好）"，君子在追求的路上，永远是行者，永远不是享受者。

7.34 子曰："若圣与仁，则吾岂敢？抑为之不厌，诲人不倦，则可谓云尔已矣。"公西华曰："正唯弟子不能学也。"

司马迁借《诗经》之言评价孔子："高山仰止，景行行止。"夫子用一生之学、之思、之德成就"至圣"之名。

夫子博学，众弟子在其面前美誉者肯定不在少数，譬若那个能"见颜色而言"的公西华就曾当面夸赞夫子又"圣"又"仁"，让夫子又表现了谦逊风采："若说圣和仁，我怎么敢当呢？如果说有些优点的话，也就是我学习上不感到厌烦，教育引领别人不知疲倦，充其量如此罢了。"夫子的话说得倒也实在，在当时那个"礼崩乐坏"的时代，夫子所坚持和推行的仁道，并未有多少人待见和喜欢，曲高和寡，甚至显得有些另类。但从另一个角度来看，正因"另类"却又坚持不懈为理想践行、奋斗不息，终为"圣人"。若理想丰满而生活流俗的话，夫子即使编纂再多的经典，思想再怎么深刻，最终也就是一凡夫俗子，不见经传了。

一个人不怕被人说理想化，追求到底也是境界；一个人不怕被人说迂腐，迂腐到底也算有恒；一个人就怕被人说墙头草，东风来了向西倒，北风来了向南倒，没有一点儿方刚的气血。夫子虽为儒师，血气之刚亦非一般勇者所能比肩，有时其刚若柔，有时其柔若刚，非深入夫子世界无以察之。

7.35 子疾病，子路请祷。子曰："有诸？"子路对曰："有之。《诔》曰：'祷尔于上下神祇。'"子曰："丘之祷久矣。"

清人李汝珍《镜花缘》有一句名言："尽人事以听天命。"做出自己应有的努力，成功或者不成功，皆顺其自然。

有些人自己不努力，却天天搞迷信祈祷神明帮助，这真的有用吗？有一天，夫子生病了，子路来看他，表达了要为夫子烧香焚纸祈祷一下，请求神明施展法力为夫子祛除病灾。夫子摇摇头："有这回事吗？能管用吗？"子路认真地说："有啊。古代有这方面的记载，向天神和地神祈祷。"夫子说："这样的话，我哪天都不在祈祷呢？而且这样做已经很久了。"夫子言外之意，我每天对人对事恭恭敬敬，内心对神祇的敬拜已经融入了日常生活中，但还是生病啊。夫子笃信天地运转的自然规律，却不迷信神灵，其基本态度是"敬而远之"，而且努力做到不语"怪、力、乱、神"。夫子主张人积极入世，开拓进取，靠德行、靠勤劳、靠智慧，却从不主张靠神仙保佑，不相信世上有救世主。

今天看来，夫子内心思想认识之坚定，也非常人可比。敬天敬地，积极作为，建设理想社会，却也不能忘记遵循自然规律的重要性，有智且慧矣！

7.36 子曰："奢则不孙，俭则固。与其不孙也，宁固。"

中国有一个成语：为富不仁。不仁，有各种表现，作恶是其一，骄奢也是其一。之所以有此说，肯定不是对个案的总结，而是因为有着一定规律。因此，传统文化特别强调修身为本，强调以德立人。"君子固穷"，君子可以坚守贫穷，绝不可为富而失德。君子不图一时之富足，不屑一夜暴富，追求长久、安康。

夫子对此有言："骄奢不是好事啊，勤俭才可以长久、牢固。与其骄奢显摆，我更愿意低调确保长久。"一时显摆，从德行上讲骄傲了，不知所以然了，事情可能会走向反面；从经济上讲骄傲了，大手大脚了，财富受损，日久则竭而贫，要不得。"文质彬彬然后君子"的教诲可谓辩证、到位，对于如何对待财富而使之长久稳固，也是如此，不做守财奴，可以乐善好施，不可盲目显摆，骄奢无度。若如此，则家业殷实，国力强大。

7.37 子曰："君子坦荡荡，小人长戚戚。"

这句话说得敞亮，让人听得也敞亮。坦荡荡，展露胸怀，展露内心，不徇偏私，仿佛平原千里，一望无垠；坦荡荡，光明磊落，日月齐天，道义长存，仿佛昆仑绵延，大气磅礴！长戚戚，遮遮掩掩，嘀嘀咕咕，妄言是非，仿佛深沟暗壑，迷雾重重；长戚戚，疑神疑鬼，论长议短，仿佛窦娥蒙冤，气滞血瘀。

其实，在现实生活中，"君子"并没有人们想象得那样顺风顺水，"小人"也没有他们自己所感到的那么不如意，之所以有不一样的表现，全在心态和认知。在充满正能量的心态之下，是怎么也装不进狭隘和偏私的；充满负能量的心态，你给他再多阳光，他也仿佛置身于南极洲或北冰洋，感觉不到温暖。

这里，我们不妨再回到《论语》开篇之句，回味一下人为什么会快乐，回味一下怎么才能够充满正能量："学而时习之，不亦说乎？有朋自远方来，不亦乐乎？人不知而不愠，不亦君子乎？"

7.38 子温而厉，威而不猛，恭而安。

每个人在社会上都是一个独立的个体，身份、位置各不相同，人格、性情、品行各有其独特的个性。与不同的人交往，可能都会采取不同的态度和方法，语言、表情也不一样，但做得恰到好处是最高的境界，拿捏好分寸彰显一个人的智慧。

夫子做过书生，十有五而志于学；做过鲁国的司寇，与鲁国的卿大夫们有过交往，也经常看不惯他们擅权逐利的做派；杏坛设学，带弟子们周游列国，面对众多性格不同的弟子们也是因人而异变换着教育方式。但总体来讲，夫子属于君子一类，正统、严格而不失温情，甚至在弟子们病死之时而失声痛哭，捶胸顿足，真性情流露无遗。弟子子夏曾说："君子有三变：望之俨然，即之也温，听其言也厉。"（见 19.9）他的弟子们评价夫子，有温情而又严厉，既关心大家的生活，对所犯错误又毫不留情地批评，因而三千弟子七十二贤人，所谓"严师出高徒"。"君子不重，则不威"，（见 1.8）夫子批评子路"小人穷斯滥矣"，批评宰我"朽木不可雕也"，可谓疾言厉色，威严十足，但夫子只是说在口头，在行动上还是无微不至地关心弟子们的成长，甚至这种发威是适合教育对象的教育方式与方法，目的皆在于促进弟子的成长与发展，可谓用心良苦，所谓"威而不猛"。夫子评价大舜无为而治的功德时曾说："恭己正南面而已矣。"（见 15.5）夫子内心所崇敬的恰是大舜恭敬的仪态、修为自己的力度、摆正自己的位置，外在仪态的恭而安，实则是内心坚毅、外显强大。

夫子穷尽一生用一种毕恭毕敬而又安详的仪态示以世人，终成为空前绝后的圣人。

泰伯篇第八

8.1 子曰："泰伯，其可谓至德也已矣。三以天下让，民无得而称焉。"

我们都知道伯夷、叔齐谦让王位而出逃故国的故事，其实在更早一点儿的西岐，就有这样一段美谈。

殷商时，西岐周族部落首领传至古公亶父，有三子泰伯、仲雍、季历。按照当时的宗法制度，应为嫡长子继承制，古公亶父应将首领位置传给泰伯。《史记·周本纪》记载：古公亶父另一夫人太姜生子季历，季历生子姬昌，有圣瑞，让古公亶父看中，有意将首领之位传给姬昌，这就有可能造成家族内部的巨大争斗，古公亶父也知问题很多，只是说过"我世当有兴者，其在昌乎"。表达了让姬昌将来即位的意思。好在泰伯、仲雍君子品性，有谦让之德，知其父之意而主动让位，二人为了彻底让古公亶父放心，就逃亡到东南吴地（今苏州一带），文身断发，以表示让位之决心。这样，季历接班古公，姬昌自然后续接任，为文王。

前有尧、舜禅让天下，后有西岐周部落的谦让，这是多么美好的德行！夫子在跟弟子们学习至此时，就夸赞道："泰伯，他的品德真的是达到了最高境界了！多次谦让天下大位，老百姓都找不到合适的词来赞美他。"后来，周武王灭商纣建周朝后，也感念先人泰伯谦让之德，派人前去东南吴地遍寻泰伯、仲雍后人，封为诸侯，纳入世系。

从泰伯以至武王，皆以谦让回报谦让，成就了几百年和谐社会，也为后世树立了典范，实为民族衍系、国运昌隆之大幸。

8.2 子曰："恭而无礼则劳，慎而无礼则葸，勇而无礼则乱，直而无礼则绞。君子笃于亲，则民兴于仁；故旧不遗，则民不偷。"

恭敬、谨慎、勇敢、直率，是每个人都应该去践行和弘扬的美德。但中华传统文化讲究中庸之道，凡事要有约束不可过度。那么这四种美德在践行中应该注意什么才会做到恰如其分呢？那就是"礼"，这个礼是法则，也是事理，更是道义。

夫子告诉人们：一个人如果恭敬却不懂礼而变成恭维则会让自己劳而无

功，如果谨慎小心过度不能顺应时势就显得懦弱恐惧则不能成大事，如果勇敢过度不懂规矩就会导致天下大乱，如果过于直率而不加修饰就会因为粗鲁伤害到别人（质胜文则野）。

"君子务本……孝弟也者，其为仁之本与？"作为高高在上的国君，如果能够厚待亲人、亲戚，那么老百姓也乐意践行仁义；如果君子都能够感念旧朋故交不会以种种理由遗弃他们，那么平民百姓也都会重情重义。这里的"君"对应的是"民"，此处之"君子"更重要的是指处在上位的人，夫子所告诫的也恰恰是"君子"，是"君子"，须严于律己，以己之行示范众人。这也是传统文化"修身""修己"理念的体现，坚持修己、律己，则何有心理之问题哉！

8.3 曾子有疾，召门弟子曰："启予足！启予手！《诗》云：'战战兢兢，如临深渊，如履薄冰。'而今而后，吾知免夫！小子！"

当一个人走到生命的终点的时候，会想什么？会做什么？我是 20 世纪 70 年代初出生的人，20 世纪 80 年代上中学的时候认真学习过苏联作家尼古拉·奥斯特洛夫斯基所著的《钢铁是怎样炼成的》主人公保尔·柯察金的名言："人最宝贵的是生命，生命对于每个人只有一次，人的一生应当这样度过：当回忆往事的时候，他不会因为虚度年华而悔恨，也不会因为碌碌无为而羞愧；在临死的时候，他能够说：我的整个生命和全部精力，都已经献给了世界上最壮丽的事业——为人类的解放而斗争。"这段话曾经深深地激励了我们这一代人。在生命的最后，回顾一生，感慨万千，若能有对后来者有启示的感悟，也算是一件颇有意义的事。

曾子病重，把弟子们召集到跟前，对弟子们说："请你们看看我的手，看看我的脚。我的一生算是做到了像《诗经》所说的那样：'战战兢兢、小心翼翼地做事为人，每天都像在深渊旁边行走一样，唯恐一不小心失足掉入其中；每天又好像在薄薄的冰面上行走，时刻担心冰面塌陷而落入水中。'现在好了，从今往后，我可以放下了，可以轻松了！同学们哪，你们还得继续认真地走好自己的人生。"老师培育弟子德行，引领弟子人生。一日为师，终身为师，夫子及其弟子曾子等作为人师是优秀的，无时无刻不对弟子们施以教育。曾子临终召集弟子，是作告别演讲，不仅仅是告别留言，还是一次刻骨铭心的现场教育。为师者曾子，已经是船到码头车到站，走到了生命的终点，可内心里那份对弟子成长的担忧，对自己作为教师的责任担当，似乎还没有结束，即使在这永别的时刻，也要给弟子们上最后一课。用生命阐释为人之道，用自己一生的内心感悟作为教案，可谓"春蚕到死丝方尽，蜡炬成灰泪始干"。

此时，曾子是放松的，说出了平时可能没说过的话，但传递给众弟子的却不是放松，而是弘毅之任重道远。

8.4 曾子有疾，孟敬子问之。曾子言曰："鸟之将死，其鸣也哀；人之将死，其言也善。君子所贵乎道者三：动容貌，斯远暴慢矣；正颜色，斯近信矣；出辞气，斯远鄙倍矣。笾豆之事，则有司存。"

曾子和他的父亲曾皙同是孔子的得意门生。曾子的学业及对儒学的研究也超过了他的父亲，而且所传皆不敢有丝毫之悖，被称为"宗圣"，与复圣颜渊、述圣孔伋、亚圣孟子配享孔庙。在整部《论语》中，出自曾子的名言不在少数，如"三省吾身"。关于曾子的故事也很多，如"曾子杀猪"传的是他讲诚信的故事。相传《孝经》也是出自曾子之手。

曾子病重之时，鲁国大夫孟敬子去看望他，曾子对君子之道提出了应该看重的三点：一是不管与什么人交往，要重视自己的举止仪态，要郑重谦逊，一定会使自己远离别人的粗暴与怠慢；二是态度上要恳切而不嬉笑，真诚而不虚伪，就一定会赢得别人的信任；三是在言辞上要注意文雅不粗鄙，声调语气要适宜，让人感到愉悦舒适，就一定不会受到别人的冷落和歧视。做好了这三点，其他的那些细节上的事，听从专门司礼官的安排就可以了。

曾子的这些话不可谓不中肯，不可谓不直接，因为曾子在说这些话的时候，已是病危之时，对世事已无所争，已无所牵挂，说得毫无保留。从曾子一生所言、所行，也证明了他忠实践行先师教诲之扎实严谨，弘扬儒学之忠诚可靠，不负"宗圣"之名，是修身正己的典范。

曾子类似临终遗言的嘱托，也应是其一生所学、所感的精华，值得后人思考。

8.5 曾子曰："以能问于不能，以多问于寡；有若无，实若虚，犯而不校。昔者吾友尝从事于斯矣。"

子曰："三人行，必有我师焉。"三个人中就有人能做我们的老师，可以是一字之师、一事之师，这是一种谦虚学习的态度。夫子还说过"不耻下问"，就是敢于、善于向学位和地位不如自己的人请教。

曾子作为"宗圣"，传承了夫子的学说、理念、仁道，他对自己的弟子说："一个真正有能力的人要善于向能力差的人去请教人家的特长，一个知识渊博的人要善于向某一方面知识更专业的人请教；有能力、有知识，不一定天天显山露水的，要低调、谦虚，即使有人冒犯也不要计较，'人不知而不愠'嘛（见1.1）。以前，我的学友颜回就是这样的人啊。"颜回是夫子最心仪的学习者，曾子此时以颜回为榜样教育弟子，应是对弟子的临终遗嘱，可谓语重心长，其言内涵丰富，既包括学习方面，也包括为人方面。

夫子所认可的，也是曾子所认可的，希望自己的弟子们也要把夫子的学问、学说忠诚地延续下去，让师道永存永续。

8.6 曾子曰："可以托六尺之孤，可以寄百里之命，临大节而不可夺也。君子人与？君子人也。"

传统文化重视"君子"人格是有理由的，一个国家、一个社会，只要有"君子"，许多事情就好办了。

三国时期，刘备临终前将幼主刘禅和整个蜀国都托付给诸葛亮，诸葛亮也是不负君主之托，鞠躬尽瘁，死而后已。文天祥护主抗元，矢志不渝，以死而"留取丹心照汗青"。他们就是"君子"中的君子！作家余秋雨在其《君子之道》一书中也感叹传统文化之所以能够一脉相传，就是因为"君子未死，人格未溃"。能够不负托孤之人，能够担负国家治理之大任，面临危难不退缩不变节，这是成为"君子"所必须做到的。这与曾子"为人谋而不忠乎？与朋友交而不信乎？传不习乎？"这三问是相契合的。

在现实生活中，哪怕是一件小事，我们若能做到不负朋友所托，不负父母所望，就会彰显出个人品德，那么，这个人在国家看来，也是一个值得委以重任的人。在古代，不孝之人是难以入仕为官的，为官之人为父母守孝也是一件可以得到朝廷特许的事情，可以给三年假期。

无小节，难见大节；小事不为，大事难当啊。

8.7 曾子曰："士不可以不弘毅，任重而道远，仁以为己任，不亦重乎？死而后已，不亦远乎？"

我们经常强调，要想把事做成功，需要不懈努力，持之以恒，不可半途而废。那么，怎么才能做到持之以恒呢？特别是在遇到困难看不到胜利前景的时候，要有不达目的誓不罢休的信心和勇气。

信心和勇气又来自哪里？就是内心深处的坚毅和刚强，是对目标和愿景的执着追求，永不言弃。曾子对他的学生说："你们作为读书人是不能不刚强和坚毅的，任务重大而且道路遥远。把仁作为自己的终身责任，难道不重吗？直到死去才能停下来，难道不远吗？"弘毅，说起来简单，做起来难；做一时简单，做一世难；在人前做容易，在独处时做难。生命不息，弘毅不止，没有持之以恒的韧劲儿，没有对信念的执着追求，是做不到的。人有困顿懈怠的时候，也有身处逆境险境的时候，内心一定要稳固，"君子固穷"，万勿"穷斯滥矣"。想想那些身有残疾却身怀绝技的人，若无弘毅精神和信念，怎么能够成功呢？

中华民族自19世纪鸦片战争以来历经百余年的外侮，国土沦丧，百姓流离，若没有仁人志士的弘毅，抛头颅、洒热血，在所不辞，怎能挽救华夏于危亡之中？若没有万千炎黄子孙的文化弘扬，上下五千年的中华文明岂能复兴？

8.8 子曰："兴于诗，立于礼，成于乐。"

"活到老，学到老。"一个人从少年走向中年，再走到老年，学习是贯穿一生的事。因为学习涉及人的成长、成熟与发展。学习从哪里学起？这是一门学问。譬如说从易到难，从心性培养再到理性思维，应该相对符合学习的规律。夫子就说过："兴于诗，立于礼，成于乐。"对此，毓鋆先生采纳《过庭录》

的说法：“兴于诗，养其性情也；立于礼，正其身体法度也；成于乐，使其气平和也。”

夫子还曾说过：“《诗》，可以兴，可以观，可以群，可以怨。”（见17.9）子曰：“《诗》三百，一言以蔽之，曰：‘思无邪。’”《诗》，思无邪，乃学习之端，可以陶冶人的真性情，从而让人走得远，传得久。《尚书·尧典》：“诗言志。”志立，然后以真性情把守这个“志”，则学问之道才可以走得好，走得顺。

立于礼，按礼行事，按套路出牌，以规矩成方圆，必须要接受严格的训练，不说刁钻的话，不做极端的事，凡事做到合规合理合情，才能被大众认可，在社会上立足，“不学礼，无以立。”（见16.13）礼是儒家思想很重要的一点，在其思想体系中，礼是一种行为规范，不合规范则其他一切无从谈起。

《中庸》云：“喜怒哀乐之未发，谓之中，发而皆中节。”一个人的喜怒哀乐不是不能溢于言表，可以表现出来，可以说出来，但其要求是“发而皆中节”，恰如其分，自己感觉良好，别人也觉得应该如此，才是最好的。成于乐，则更进一步，让这种“皆中切节”的性情更有美感，使人产生共鸣，则无事不成。

说到底，孔老夫子的教育理念，一切皆从性情的自我修养出发，忠于个人的修养成功，无论多少丰功伟绩，若非修养得之，非其正道。若现实如此，则上下五千年、二十五史记载，当少去多少残酷的战争！历史虽未按夫子理想推进，但不可缺少这种理想的传递和追求。

8.9 子曰：“民可使由之，不可使知之。”

可与不可，模棱两可，可把人害惨了。有人这样解释夫子的话：“老百姓可以让他知道怎么做，不能让他知道为什么这么做。”

这句话后来广受批评，批其愚民，瞧不起百姓，不把百姓当人看。至圣夫子这话，是不是这个意思？如果是，挨批也不算冤枉。但从整体上看，夫子秉持“有教无类”的教育思想，又说这话似乎就显得前后不一致了。到了近代康有为先生反思文化，对此句的句读提出了异议，重新句读为：“民可，使由之；不可，使知之。”对可以听从命令调遣、主动积极为国出力的百姓，就告诉他们怎么做好；对那些不积极主动、不理解政令的人，就要告诉他们道理，让他们明白，然后去做好。

这样，其意大变，倒更加符合夫子的基本思想，从历史的角度来看也更符合历史实际。

8.10 子曰："好勇疾贫，乱也。人而不仁，疾之已甚，乱也。"

德行高尚的人，如果喜欢财富，他会遵守"君子爱财，取之有道"，靠智慧、靠劳动获得财富，无可厚非。但一个德行不端，内心不仁的人会怎么样呢？

夫子说："一个喜欢好勇斗狠的人，如果爱财，就会乱。一个人如果没有仁厚之心，又特别厌恶贫困，也会乱。"夫子所言，或有例外，但通常情况是好勇者谋少智缺，若爱财而不得，很容易走上打家劫舍的邪路，祸害一方百姓。另外，德行不好的人，爱财而不得，"小人穷斯滥矣"，就往往会产生歪点子，走邪路，不择手段，害人害己，搞得乌烟瘴气，人人自危。

传统文化强调立德，德立而人立，"德不孤，必有邻"，（见4.25）有德必有朋友，有朋友事业自然受益，事业受益则财源广进。

8.11 子曰："如有周公之才之美，使骄且吝，其余不足观也已。"

周公旦，文王之子，武王之弟，成王之叔，才能很高，而且谦逊礼让，从不骄傲、吝啬。武王定国后封周公于鲁，但周公因担任朝廷重要职责，不能亲自到鲁国就封诸侯，只好让儿子伯禽代就。

周公交代伯禽，一定要懂得谦逊待人，以德服人，才能治理好鲁国。周公之美名天下尽知，很多人拿周公比喻德才兼备之人。夫子说："如果一个人的才能可以跟周公媲美，但其德行骄傲而且吝啬的话，其他一切都没有什么值得去期待的了。"德为本，才为次，有德有才且德美乃最佳，有才无德不可取，即使才高八斗，才愈高其害愈大。

这是儒家识人、察人、用人的一条基本标准，仍有重要的现实意义。

8.12 子曰："三年学，不至于谷，不易得也。"

一个人为什么要学习？"壹是皆以修身为本"，学习乃为修身大事，其功利在修身，修身实为天下修，所谓格物致知，诚意正心，修身齐家，治国平天下。

但人性自古以来都有些功利，其功利不仅仅是修身，甚至异化为与"修身"毫无关联的其他方面。"学而优则仕"（见19.13）说得就直截了当，学习好了就可以做官，做官了自然就有权。这里有两个取向：一是有权了，自然就可以更好地以天下为公，修身之正道也；二是有权了自然就有利，修为走向了异化，"公利"变成了"功利"。隋朝兴科举之前，取仕要看门第，然后看学问，贫寒之士入仕自然很难，但科举之后，状元及第成了光耀家族门楣的大事，天下读书人有了方向，有了目标，自然功利性就更加明显。

有没有终身做学问，不求做官的？夫子的弟子颜回，津津乐道于学习而不问其他，最有可能接夫子的棒，成为一代名师，无奈英年早逝令夫子扼腕叹息。曾子一生做学问，授徒传道，夫子之道须臾不可离，终成"宗圣"，终为少数。后世也有终身致学的人，但学而求功名利禄者更多。能够为学而矢志不渝弘道的人实在难得，夫子说："刻苦学习了三年还没有做官想法的人，实在是难得。"

夫子之言，确实道出了实情。既然学而为仕，那就更需要"壹是皆以修身为本"、天下为公。

8.13 子曰："笃信好学，守死善道。危邦不入，乱邦不居。天下有道则见，无道则隐。邦有道，贫且贱焉，耻也；邦无道，富且贵焉，耻也。"

《孟子·尽心上》："穷则独善其身，达则兼善天下。""君子固穷，小人穷斯滥矣"。（见15.2）

一个人穷困潦倒的时候，最忌讳心灰意懒，失去斗志甚至动歪心思、行恶行，而是要保持镇定，卧薪尝胆，努力学习以等待时机，此谓"独善其身"；一个人富贵发达的时候，最忌讳为富不仁，甚至以富欺人、祸乱社会，而是对天下苍生尽心竭力。

　　夫子早在孟子之前就讲过："立志笃定不移去学习，用一生来守护善道。不去那些有危险的国家，不居住在已经发生祸乱的地方。天下太平走正道的时候，你就出来工作；天下不太平混乱的时候，你就隐藏起来。太平盛世之时，你若仍然穷困且没有为国尽力的岗位，是你的耻辱；国家动荡混乱之时，你却富得流油且还在重要的位置上，也是你的耻辱。"

　　夫子这段话之中，难免有令人生疑的地方，特别是"危邦不入，乱邦不居。天下有道则见，无道则隐"。"天下兴亡，匹夫有责"，好的时候出来混吃混喝，不好的时候退避归隐，儒家所言之"勇"、之"仁"哪儿去了？大家不要误解，夫子从来不主张为臣子者以"犯上"而去变革他们，也不主张臣子助纣为虐，他所主张的是要帮助明君成就事业，彰显自己的德才，若不能影响和感化那些昏君，那还不如不做事而去刻意修炼自我以待时机。因此，邦有道，你贫且贱，说明你该做事时却没做，该有成就时没有成就，耻辱！邦无道，你却富且贵，说明你乱中取胜、浑水摸鱼的功夫还很厉害，耻辱！

　　夫子之言，需认真领会，不可大意。

8.14 子曰："不在其位，不谋其政。"（见 14.26）

8.15 子曰："师挚之始，《关雎》之乱，洋洋乎盈耳哉！"

　　子曰："兴于诗，立于礼，成于乐。"（见 8.8）对音乐的态度，反映的是一个人的学养、品德、性情。

　　夫子本人是不是音乐高手，我们不能肯定，但他对音乐的喜爱和高超的感知、欣赏、理解能力却非一般人可比，他在齐国听闻《韶》乐，可以"三月不知肉味"。他告诉弟子兴乐可教化民众，他到武城看望学生子游，看到子游兴乐的盛景，大为赞叹。他欣赏一场盛大的音乐会，自始至终都全身心投入，沉浸其中。有一次，他在参加完一场音乐盛会后说："从那个指挥发出号令开始，一直到最终的《关雎》音乐合奏，满耳朵充盈的都是美妙的音乐！"夫子还说过："知之者不如好之者，好之者不如乐之者。"（见 6.20）夫子对于学习、对于音乐，都是用心去学、去悟，堪为学习做事的表率。

　　"《诗》三百，一言以蔽之，曰'思无邪'。"（见 2.2）《关雎》之乱，非言其音乐混乱，此处"乱"字意为"终"，是说《关雎》是作为音乐会的压轴曲目。

8.16 子曰："狂而不直，侗而不愿，悾悾而不信，吾不知之矣。"

人无完人。人都有缺点，都有可能犯错误。因此，要做到"人不知而不愠"，要学会包容别人。子曰："不患人之不己知，患不知人也。"（见 1.16）

我们与朋友交往，不必求全责备，有一优点或有一观点与我相通，则足可成为朋友。即使他有些狂妄，放浪形骸，但是直爽也就可以了，至少没有算计别人的心思；即使有些幼稚无知，忠厚老实也无可厚非，至少不会祸害别人；即使没有多大的能力，讲诚信也就可以了，至少我们信得过他的所作所为。

但若一个人如上所述只具其不足而不具其优点，就有些令人失望了。夫子就描述过：一个人如果狂放不羁，又不直爽，那就很危险了，他的所谓直爽也许是装出来的，其实别有用心，一旦时机成熟，有可能就为利而失信、失德；如果无知愚蠢却又不老实，就有可能会做出荒唐、滑稽甚至反人伦的事情；如果没有能力，却又不讲信用，谁敢跟他交往或者交给他一些事情去做？夫子说："就这样的人，我真的不知道他们怎样立在世上！不知他们该怎样生活下去！"

做人，还是要直爽、忠厚、诚信。多多温习曾子所说："为人谋而不忠乎？与朋友交而不信乎？传不习乎？"

8.17 子曰："学如不及，犹恐失之。"

中国人讲究学习，不仅是学知识，《大学》所讲"壹是皆以修身为本"，点明品行修为之学是更重要的学习。

在学习这个事情上，我们有很多名言警句，如"学而时习之，不亦说乎？""活到老，学到老""少壮不努力，老大徒伤悲"……还有很多刻苦学习的故事，如"凿壁偷光""头悬梁锥刺股"……国人重视学习及刻苦的程度，可见一斑。在学习者之间的竞争中呈现"你追我赶"，即使无人可比，也要尽最大可能实现"今天之我"一定要优于"昨天之我"。现在有很多人批评教育内卷，竞争过于激烈，只不过是义务教育的全面普及使参与的面较之过去大了，在学习结果的追求上发生了一些功利性更强的偏移。夫子就曾对学习发表过看法："唯恐自己的学习跟不上别人，学到了还恐怕因为不练习、不实践而失去优势。"

夫子给我们提供了关于"学习"的方法论，即提倡学思结合，"学而不思则罔，思而不学则殆""活到老，学到老"的学习论断，岂不就是今天"终身学习"理念的鼻祖？

8.18 子曰："巍巍乎！舜、禹之有天下也，而不与焉！"

中国历史上对黄帝、尧、舜、禹等三皇五帝的记载少得可怜，司马迁《史记·五帝本纪》的记载非常少，而且所记均是传说，能够流传下来的可能有两种情况，一是美好，二是邪恶。因为平铺直叙的故事可能难以流传。

尧、舜、禹禅让天下的美谈可以说中华无人不知，三皇五帝的故事在史书中的记载自然是其品德至美。舜，虽然遭继母、父兄多次暗算差点丢了性命，但他以德报怨，不仅不记仇，还用孝心报答其父和继母，帮助兄弟，孝感动天，成为中国古代著名的二十四孝人物之一。大禹受命于天下，在洪水泛滥之际，他改其父以"堵"治水的策略为"疏"，破阻碍，浚河道，退洪水，还黎民以安定，三过家门而不入的美德传说甚盛，而且他根据疏导洪水分流和对地理山川的深刻理解，把中国古代大地划分为九个州，实为中华万年奠定了疆域基础。舜、禹的美德自然是天下绝无仅有，也是高大到无以复加的程度了。

夫子以高山巍峨来比喻其美德，说："像高山一样伟大啊！舜、禹之所以能够获得天下之大位，以天下为公，从来没有觉得天下是自己的，更没有取夺天下财物归为己有。"

8.19 子曰："大哉！尧之为君也！巍巍乎！唯天为大，唯尧则之。荡荡乎！民无能名焉。巍巍乎！其有成功也；焕乎！其有文章！"

《史记·五帝本纪》载，帝尧即天下大位后，将天下四方治理得井井有条，"能明驯德，以亲九族；九族既睦，便章百姓"。在用人上，多次驳回下属对其子丹朱的推荐，最终将帝位授之于舜。司马迁歌颂帝尧："其仁如天，其知如神；就之如日，望之如云；富而不骄，贵而不舒。"三皇五帝之功德，成为后世精神价值标杆和道德典范。夫子对此毫不怀疑："帝尧作为天下君主是多么伟大啊！其形象、德行像高山一样高耸巍峨！大自然的运转规律和法则不可抗逆，唯有帝尧不折不扣地遵循。多么坦荡的品格啊！老百姓找不出更美好的词语来赞美他。他的功绩像高山巍巍，他治理的天下该有多么成功！他所制定的礼仪制度，该有多么美好！"

三皇五帝，其事迹如梦如烟，实难稽考，但其美德却代代相传。其实细细想来，无论做什么事，怎么做事，事可湮灭，无人记得，但事情所承载的美德精神却嬗变成中华优秀传统文化的价值基因，代代承袭，源远流长，走向更加宽广的未来。

8.20 舜有臣五人而天下治。武王曰："予有乱臣十人。"孔子曰："才难，不其然乎？唐虞之际，于斯为盛，有妇人焉，九人而已。三分天下有其二，以服事殷。周之德，其可谓至德也已矣。"

舜帝执掌天下时，身边有禹、稷、契、皋陶、伯益等人，舜帝征用这些人，天下大治。到了周武王灭商之后，盘点贤人，武王是非常兴奋的，身边的贤人一点也不少于舜帝时期，如周公旦、召公奭、太公望、太颠、毕公、荣公、闳夭、散宜生、南宫适、邑姜等，这对于他治理天下是极有帮助的。

武王自己也自豪地说："我有治世良臣至少十人啊。"对于这件事，夫子也是有很高的评价的，他说："干将良才总是难得啊！难道不是这个道理吗？唐尧、虞舜的时候，人才就很多，都能用好。到了武王时代，十人中还有一个是女的，实际上是九个人。周朝在三分天下占比二分的情况下，还向商纣王称臣。周朝的仁德可以称得上是最高境界的仁德了。"

从史书记载来看，周武王灭商，惩戒奸邪，表彰忠良，册封商王后裔，不计前嫌，可以说做得非常仁义，也为后世朝代更迭如何对待前朝人员做出了表率，周之仁德可以说是荫及后世，并为历史做出了典范。

8.21 子曰："禹，吾无间然矣。菲饮食而致孝乎鬼神，恶衣服而致美乎黻冕，卑宫室而尽力乎沟洫。禹，吾无间然矣。"

我们常用"人无完人"来包容人所犯的错误，世上真的有完美的人吗？纵览二十四史，似乎并不多见。

但《史记》所载尧、舜却以禅让的美名被世人所褒扬，几近完美。就连孔老夫子也说："大禹，我是没有什么可去批评他的。他吃得不好，却把丧礼上的祭品办得那么丰盛；自己穿得不好，却把祭服做得非常华美；他住得很差，却把省下来的钱用于兴修水利。对大禹，我是没有什么可批评的了。"从夫子所说的这些事上来看，大禹自然是不一般的，从他治水"三过家门而不入"来看，确是以天下为公。从他本人来说，自己做得不错，但晚年将大位传于儿子启，后世就颇有微词了。

子罕篇第九

9.1 子罕言利，与命，与仁。

《论语》第二十篇五百一十二条，夫子所谈涉及面很广。

谈论最多的是"仁"，约出现一百一十次，次之为"君子"，约计一百零七次，"利"也并未回避，如"君子喻于义，小人喻于利"，虽然很少直接言"利"，但涉及"利益""功利"的其他表达却也不少，再如"三年学，不至于谷，不易得也"，（见8.12）就说得很直白，甚至就是认可学而为功利的现实。谈及命运的也有，对颜回之短命也是慨然唏嘘，"不幸短命死矣"。（见6.3）

对"子罕言利，与命，与仁"各家理解不同，有的说夫子很少谈及功利、命运和仁德，此说显然有些难理解之处，夫子谈"仁"少吗？还有的说夫子仅仅是很少说"功利"之事，而可谈及命运和仁德。其实夫子所谈论事情并不避讳名利、命运和仁德，只是很少用利、命、仁去评价、定论一个人。

9.2 达巷党人曰："大哉孔子！博学而无所成名。"子闻之，谓门弟子曰："吾何执？执御乎？执射乎？吾执御矣。"

一个真正博学的人和其名气是有差距的。

一个大学教授如果不到媒体上亮相讲学，可能在校园讲得再好也鲜有人知晓；可能一个奥运会冠军，一下子就成了天下名人。

孔子，一代思想家、教育家，后世称誉其为"至圣先师"，其学识之渊博世人皆认可。但其礼、乐、射、御、书、数六艺哪个门类最为有名？老百姓判断一个人有没有名气，一般会看他有什么技能、武艺、特长，是冠军还是亚军？至于一个人内在的博学与否是难以做出瞬间判断的，需要时间，还需要展示。再说，"君子不器"（见2.12），像夫子这样的人是不能以一般的器具来比喻和考量的。

达巷这个地方的乡人说："孔子很伟大啊！都说他博学多才却不知道他究竟是因为哪项特长而出名。"夫子听说后，对门人弟子们说："我是干什么的呢？赶马车的？射箭的？我还是赶马车吧。"一般老百姓，不射箭，对射箭也不甚了解，还是赶马车，如果赶得好则更容易得到乡民的认可。

9.3 子曰："麻冕，礼也；今也纯，俭，吾从众。拜下，礼也；今拜乎上，泰也。虽违众，吾从下。"

在生活中，人们往往从简而不从繁，从易而不从难，这是可以理解的。但有些事儿，关乎原则的问题，是不可以随意处之的。有所改，有所不改，是夫子同意且能灵活处理的。

他说："用麻来做帽子，是符合礼制的要求的，但现在的人用丝来替代，相对节俭，我同意大家的做法；拜见大人，由在堂下拜改为直接在堂上拜，虽然大家都这样做了，但我还是和大家有不同的意见，希望仍然按礼制的规定在堂下拜。"帽子用什么材料，不是原则问题，这里的原则是节俭还是浪费，自然节俭是原则；拜礼，关乎内心的忠与诚、外在的敬与尊，这既是做人的原则，也是人际和谐、社会秩序井然的原则，不得随意改变。从这里，我们不难看出，什么是主要和根本，什么是次要和末节，什么是传统文化的根本价值。有的时候，事情虽小，关乎的却是根本，则不可随意变更。

中华文明源远流长，应与很多坚持与传承有关，切不可等闲视之。

9.4 子绝四：毋意，毋必，毋固，毋我。

在过去，我们曾经很偏执地认为夫子是老学究，而老学究必然很固执。甚至在近代有学者把近代国家的积贫积弱、饱受外族欺侮归罪于传统文化的守旧不创新、不开放，故步自封。

其实，这是一种误解。我们的文化从来不守旧、不封闭，我们强调"苟日新，日日新，又日新"，我们的文化讲究包容、接纳，"有朋自远方来，不亦乐乎"。公元前后，佛教进入中国，很快相容相接，其后其他宗教入华，也是能够与之和平共处。

从夫子自身一生的坚持来看，他也是既有自己的坚持也有自己的灵活性，能够做到在四个方面不犯错误：不凭空臆测，说话要有根据；不随意下定论，要用发展的眼光看问题；不固执己见，喜欢听大家的意见；不自以为是，自作主张。

不是吗？有例为证：如夫子在极为生气的情况下，曾批评宰我同学"朽木不可雕也"，但对其才华还是大为肯定的；再如他经常召集弟子们围坐在一起，问他们的志向，并因学生的不同情况进行不同的点评。

9.5 子畏于匡，曰："文王既没，文不在兹乎？天之将丧斯文也，后死者不得与于斯文也；天之未丧斯文也，匡人其如予何？"

夫子是一个很有意思的人。

在平日里，他不语怪、力、乱、神，不主张随意拜神拜鬼；在危难之时，却又不慌不忙，相信天不灭我，还有种种理由支撑。夫子周游列国，并非像我们旅游一样快乐，而是一种奔波，而且有时候很狼狈，"累累如丧家之犬"。

有一天，夫子与弟子们来到匡这个地方，却被当地人囚禁了起来，大家都很担心。夫子对弟子们说："周文王已经死了，文化传承都在我们这些人当中啊！老天若是想要把这些文化灭绝的话，我们这些人也就无所谓了；如果老天不想灭绝文化的话，匡人又能怎么样呢？"夫子这是真正的"每临大事有静气"，虽然也有些相信天命，但夫子相信天不灭"文化"，作为文化传人的自己和众弟子自然也将生命无虞，这是一种对文化的自信与笃定。

东方华夏，从帕米尔高原、青藏高原到浩瀚的太平洋之间，不仅有长江、黄河，不仅有巍巍昆仑、天山与五岳，更有仲尼弟子般的文化巨匠如满天星辰闪耀着中华文明之光，万年流传不息，风华不减。

9.6 太宰问于子贡曰："夫子圣者与？何其多能也？"子贡曰："固天纵之将圣，又多能也。"子闻之，曰："太宰知我乎！吾少也贱，故多能鄙事。君子多乎哉？不多也。"

在夫子生活的时代，其地位并非高不可攀，甚至还有些可怜，就是一个普通人。有很多人会嘲笑他、怀疑他，还有一些别有用心的人会问他的弟子一些刁钻的问题，抱着一丝让其弟子也不相信他、取笑他的阴暗心理。好在夫子的教育还是成功的，鲜有弟子会出卖他、诋毁他。

有一天，臭名昭著的吴国太宰伯嚭就居心叵测地问子贡："你的老师是圣人吧？为什么他会有那么多才艺？"子贡正色以对："我的老师不是一般的人，是天意让他成为大圣人，又赋予他那么多本事！"弟子绝不怀疑老师，把老师之圣视作天意难违之事，你太宰还有什么可取笑、怀疑的？！子贡把此事告诉了老师，夫子还是自谦了一番："这个太宰了解我吗？他不了解我！我年轻的时候社会地位低下，为了生活才去学习了那些才艺，不值一提。君子需要这么多琐碎的才艺吗？不需要啊。"君子，最重要的不是才艺，而是修养，是品德，是风范，是要为社会立标杆的。

9.7 牢曰："子云：'吾不试，故艺。'"

俗话说："三百六十行，行行出状元。"

在过去，父母会教育子女一定要学一门手艺，如木匠、铁匠、瓦工、裁缝、厨师等，有了这些手艺，可能不会大富大贵，但可确保一生不挨饿，还有零钱花。至圣先师一开始也不知道自己会做鲁国的司寇，也不知道自己会辞职做教师，甚至周游列国，在青年时代还是学了驾车、弹琴等手艺。他的学生牢（一说牢即琴张）曾对别人说："老师孔子说：'我没有被国家所用的时候，我是去学了一些技艺。'"连夫子年轻时也是要学技艺的。人这一生，必须考虑如何生存，而且要让这一生生存得更好。现在的青年人中生出了"躺平"的概念，这在中华传统文化中是找不到注脚的；反之，努力、奋斗，哪怕不成功，这才是我们的文化基因。人生只有奋斗，而学艺是奋斗之始，是积累人生智慧的最初阶段。

"天行健，君子以自强不息；地势坤，君子以厚德载物。"厚德，以求基础稳固；奋斗，方能顶天立地。

9.8 子曰："吾有知乎哉？无知也。有鄙夫问于我，空空如也。我叩其两端而竭焉。"

世上有万能的人吗？答案是：没有。

即使满腹经纶的孔子，也有其不知道的知识，但，一个人难能可贵的是，面对未知的领域，能有办法去研究和解决问题，这就不简单了。

一天，夫子自谦地说："我有知识吗？没有啊。有一个乡野的人问我农业生产的事，我什么也不知道啊，这个方面对我来说是空白的。我没有办法，只好就这个事情的方方面面去咨询、了解，竭尽全力最终解决了问题。"

太阳每天都是新的，每个人每天都会遇到新鲜事、新知识、新问题，智慧可以给你一把解决的钥匙，谁掌握了这把钥匙，谁就占据主动，开辟出一片新天地。

9.9 子曰："凤鸟不至，河不出图，吾已矣夫！"

在中华源远流长的文化密码之中，河图、洛书可以说是其中最为典型的一种，它蕴含了深奥的宇宙星象之理，是中华文化、阴阳五行术数之源。

传说上古伏羲氏时，洛阳东北孟津县境内的黄河中浮出龙马，背负"河图"，献给伏羲，伏羲依此而演成八卦。大禹时，洛阳西洛宁县洛河中浮出神龟，背驮"洛书"，献给大禹，大禹依此治水成功，遂划天下为九州。凤鸟即传说中的凤凰，是瑞鸟。如果出现河图、洛书以及凤鸟等现象，说明重大的历史转折或重大变化即将出现。

春秋诸侯争霸时期，社会动荡，战乱不休，礼法制度破坏严重。夫子作为一代学人，试图"克己复礼"，力挽狂澜，但终究没有等到成功的那一天。他感叹道："瑞鸟凤凰已经不再来，黄河、洛水也已不再出现神图、神书，我这一生可能确实无能为力了吧！"

9.10 子见齐衰者、冕衣裳者与瞽者，见之，虽少，必作，过之，必趋。

传统文化历经上下五千年，在时间的长河中不断发展，不断吸纳融合，其博大可至无边，其精深可至细枝末节。传统文化的能量之强大不仅体现在精神价值上，甚至对人的语言、行为都形成了约定俗成的规矩。

夫子的学生记载，夫子见到穿丧服的人、戴祭礼礼帽的人或盲人，即使是年轻人，也一定要站起来，示以尊重。若是经过他们的身边，必然是悄然又快速走过，以免对他们造成任何影响。从夫子的做法和对学生的要求来看，早在几千年前我们先人的文明程度、对于礼节的认识和践行程度已经达到何等高度！

9.11 颜渊喟然叹曰："仰之弥高，钻之弥坚。瞻之在前，忽焉在后。夫子循循然善诱人，博我以文，约我以礼，欲罢不能。既竭吾才，如有所立卓尔。虽欲从之，末由也已。"

纵观世人，读经学礼者，不在多数，甚至有很多人觉得那些东西年代久远，早已过时，只不过是一堆故纸而已。其实，在我们生活中正在践行的、听说的那些道理，就来源于这些经典，只不过是未曾系统地学习过，仅为道听途说、浅尝辄止而已。以夫子为代表的文化哲人，其实是用其一生践行文化学说，其境界之高、仁德之厚、道理之深，非认真、持久学习不能得之悟之。司马迁借《诗经》语句评价夫子："高山仰止，景行行止"，虽不能至，然心向往之。

实际上，不仅是三百年后的司马迁有此觉悟，夫子之真传弟子即学习最认真的颜回就曾感叹过："越是仰望感觉先生之学越高，越是去钻研越感觉其学越深奥。一会儿看到在前面，一会儿又跑到身后去了，不好琢磨。但是先生对我们总是循循善诱，用各种精选的文献让我们的知识渊博，用各种礼仪制度严格规范我们的言行，让我们想停下学习都不可能。我们只好竭尽全力学习，多多少少能独立做点儿事了。想跟从先生继续学习吧，又觉得无从下手了。"

其实，颜回是深知夫子之学问的层次境界之高与坚实的，其言虽是谦虚之辞，但也充分表明了要想学好夫子之学问，确实需要努力、坚持、弘毅，道行一致，所谓"冰冻三尺，非一日之寒；滴水穿石，非一日之功"。

9.12 子疾病，子路使门人为臣。病间，曰："久矣哉，由之行诈也！无臣而为有臣。吾谁欺？欺天乎？且予与其死于臣之手也，无宁死于二三子之手乎！且予纵不得大葬，予死于道路乎？"

在传统文化中，行僭越之事是非常无耻的，不仅无耻，而且还有可能因此而丢掉性命。夫子一生对此也是讳莫如深。

有一天，夫子病重，奄奄一息，似乎不行了。子路这个急性子就让门人出面组织治丧小组。过了一段时间，夫子又慢慢好起来，就很不满意子路的做法，说："子路这个小子，很久以来就喜欢做些不着调的事儿。我死不应该有专门治丧的，他却这么做。是在欺骗谁呢？欺骗老天吗？对我来说，我的死与其由这些治丧的来办，还不如让你们这些学生来操办呢！而且我即使不能拥有豪华热闹的丧葬，我也不至于会死在路途中啊。"

9.13 子贡曰："有美玉于斯，韫椟而藏诸？求善贾而沽诸？"子曰："沽之哉！沽之哉！我待贾者也。"

常言道：机会是留给有准备的人。机会来了，抓住或抓不住，事情的结局就大相径庭了。

夫子就是一个很想抓住机会的人，特别是在推行其仁道这件事情上。他周游到卫国，为了抓住机会，不惜冒名誉损失之风险而去接近卫灵公夫人南子就是一个例证。中牟叛臣佛肸邀请，他想去，幸得子路阻止，这也是一个例证。一天，子贡请教夫子说："如果有一块美玉，是用精美的盒子包装起来珍藏呢，还是找到识货的人卖了呢。"夫子说："有识货者，卖了吧，卖了吧！就好像我（这个大学问家），也是在寻找识货的人啊！"夫子之为道也，非保留于己，多么想将大道行于天下，让天下恢复尧、舜、文王之时的秩序啊。

也许，心急事难成，夫子周游列国，辗转流离，其道难行天下。好在上天待他不薄，其后两千多年被历代王朝奉为治国理政、弘道彰德之典范。

幸甚至哉！

9.14 子欲居九夷。或曰："陋，如之何？"子曰："君子居之，何陋之有？"

"山不在高，有仙则名，水不在深，有龙则灵。斯是陋室，唯吾德馨。"耳熟能详的《陋室铭》告诉我们，山有名无名，不在高低，而在有无神仙；河海有名无名，不在深浅，关键是有没有龙。房屋好与坏，关键是看谁居住，是不是有德之人居住，"南阳诸葛庐，西蜀子云亭，何陋之有！"

其实，早在两千五百多年前，夫子就已经把《陋室铭》的主旨大意讲过了。夫子想到遥远偏僻的地方去考察，有人提醒他："那些地方屋舍简陋，生活不便，民风剽悍，不适合你这大师去啊。"夫子回应："一个有德的君子去了，就没有简陋之说了。"是啊，君子到了蛮荒之地，可以教人建房以改善居住条件，可以教人改造环境以利人生存，可以教人以道义改民风移民俗，将野蛮化为文明，何陋之有啊！

9.15 子曰："吾自卫反鲁，然后乐正，《雅》《颂》各得其所。"

孔子晚年修订、删减、编纂，《诗》《书》《礼》《易》《乐》《春秋》六经乃成。后《乐》经书本失传，但"乐"之"道"并未遗失。夫子整理六经也非一时集中力量而成，而是三三两两与生活相融合，长时间积累而成。

《史记·孔子世家》：孔子之时，周室微而《礼》《乐》废，《诗》《书》缺……"吾自卫反鲁，然后乐正，《雅》《颂》各得其所。"还记载了古代有诗三千余篇，是孔子舍弃其中一大部分，选择了有利于施"义"的三百零五篇，而且每篇都由自己和弦歌唱之后固定下来。可见夫子选诗之严谨与标准之高。在我们印象之中，哪里会知道夫子对音乐如此爱好，造诣如此之深！甚至觉得夫子谈《韶》乐而言"三月不知肉味"只不过是夸大其词。现在看来，夫子对音乐、歌词——《诗》的选择又是何等严格。因为夫子，《诗》成教化，《风》《雅》《颂》各得其所，各有其美。

如此一想，若天不生仲尼，真就是"万古如长夜"。

9.16 子曰："出则事公卿，入则事父兄，丧事不敢不勉，不为酒困，何有于我哉？"

我们的文化崇尚严以律己，宽以待人。宽以待人难做，其难，难在内心与外在行为一致，但若在表面上能够做好也不容易，至少可以减少很多麻烦。自律的最高境界是"慎独"，即使自己一人，也要按规矩和礼法去做，这是很难的，而且是需要终生去做，不是做一次两次即可。

当然，有些规则即使不属法律规章，但做好了，也是值得赞扬的，如饮酒适量、有度等。夫子曾自谦："我出仕为国服务，回家侍奉父母兄长，遇丧事尽自己的能力，平时不贪图喝酒，这是我最明显的长处！"不为酒困，就是很明显的一种自律！有多少人，贪酒误事甚至误国，本来清醒不想多喝，但豪气一上头，不管三七二十一，先喝个痛快再说，但大事恰恰就是在这时发生。这就更凸显了自律的重要性。

夫子说这句话，其实不是在吹嘘自己，而是说明了一个道理：在外、在家，生活习惯，皆应自律。

9.17 子在川上，曰："逝者如斯夫！不舍昼夜。"

唐代诗人陈子昂登上幽州台，慨然长叹："前不见古人，后不见来者。念天地之悠悠，独怆然而涕下！"陈子昂的情绪未免有些孤独和落寞，但其悲天悯人的情怀还是不免让人心有戚戚焉。

早于陈子昂1100多年，夫子也是站在河边，看着河水滚滚东去，感慨万端："时光流逝一如这流水奔腾，日日夜夜一刻也不停息。"夫子与陈子昂不同的是，他有其执着与自信，他相信若有足够的时间，他一定会把推行仁政、"克己复礼"的大事完成，一定能够建成其所谓的"大同社会"。

做任何事都有可能遭遇挫折，但夫子内心永存的是希望，理想的光芒不曾暗淡，他给我们的激励是珍惜时光，时不我待，理想可期。

9.18 子曰："吾未见好德如好色者也。"

食色，性也，即自然而然的事儿，合乎人性，无须费神修炼而易为。而修德，则需要严以律己，需要"慎独"，需要毕其一生，持之以恒，自然是一件很难做到的事情。大众心理从易不从难，从感不从理，从宽不从严，因此愈见教化、修为之艰难，也因此而愈见修身修德之重要。

《史记·孔子世家》记载：夫子在卫国待了一个多月，灵公与夫人同车外出，其他官员前呼后拥，夫子坐在第二辆车上，招摇过市。民众得见夫人美貌，欢呼雀跃，而夫子却少有人关注。夫子自然感慨万端，看来民众更关注美色，更愿意一饱眼福，对于弘扬仁德的自己却是不愿多看一眼，"吾未见好德如好色者也。"是啊，在夫子心目中，如果好德如好色一样热烈，世风也就蒸蒸日上了。

9.19 子曰："譬如为山，未成一篑，止，吾止也。譬如平地，虽覆一篑，进，吾往也。"

传统文化强调"恒心"，持之以恒，《大学》所讲"壹是皆以修身为本"，所言"修身"乃需毕其一生努力而不可半途而废。愚公移山之精神、滴水穿石之道理，即为生动例证。荀子所讲"不积跬步，无以至千里"，也讲明了成功需要不懈努力，需要靠点滴功夫积累而成。

传统文化也崇尚"中庸""辩证"，强调凡事把握度，知进退，当进则进，当退则退，顺势而为，既有前进的动力，也有当止则止的当机立断的能力。夫子说："如果积土为山，差最后一筐土就大功告成，然而事情或局势的发展变化要求立即停止，那么我就毫不犹豫地停下来。如果要求我们在平地上积土造山，即使只倒了第一筐土，需要我们坚持努力，那我一定就坚持努力下去，绝不会因为还有很多困难就停下来。"世上很多事情往往是一个复杂的综合体，不是简单的好或者坏、行或者不行、做或者不做，更多的情形是在做事的过程中，需要及时把握局势，该迂回的迂回，有时候退一步是为了进十步，一定要懂得进退有据，该进时则勇往直前，该退时则当机立断。

这不仅仅是哲学理论，实践中的案例之繁多，远胜过理论阐述。

9.20 子曰："语之而不惰者，其回也与！"

现在有很多孩子，父母呼之吃饭都有三五次不应答的，更遑论呼其写作业、做家务等其他。其实，人之懒与惰皆为人之常性，勤与劳乃修为所得。自古以来，大概如此，不然也无须在"修身"之事上强调"壹是皆以修身为本"，正因其难，方强调、教育、促成。在夫子的学生中，如宰我，他聪明，但不守课堂纪律，说话、打瞌睡，甚至还找出些冠冕堂皇的理由诘问、质疑老师的理论和做法，着实令人头疼。还有如子路者，急躁冒进，耐不住性子，教给他的道理他浅尝辄止，也令夫子经常"哂之"。在夫子的心目中，最好学的、最遵守纪律的、最能践行其学说理论的，就是颜回，夫子经常在别人面前夸赞颜回："告诉他道理能立即去践行的，也就是颜回啊。"

9.21 子谓颜渊，曰："惜乎！吾见其进也，未见其止也。"

夫子作为教育者，一生弟子三千，可谓"星河灿烂"。

颜回是其中最亮的一颗，特别是在夫子心中，他是最亮的又是夫子最爱而又令其最心痛的一个。夫子每次说起颜回，话里话外的赞美都是发自内心的。他说，每次与颜回谈话，无论多长时间都表现得很顺从，好像很愚蠢，但回去后反省、咀嚼、有新进步。"吾与回言，终日不违，如愚。退而省其私，亦足以发，回也不愚。"（见 2.9）谈及颜回的持之以恒，夫子说："回也，其心三月不违仁，其余则日月至焉而已矣。"（见 6.7）季康子、哀公问夫子最好学的弟子是谁？其言"有颜回者好学，不迁怒，不贰过。不幸短命死矣。今也则亡，未闻好学者也"，（见 6.3）惋惜之情溢于言表。子贡赞扬颜回："赐也何敢望回？回也闻一以知十，赐也闻一以知二。"（见 5.9）曾子对自己的弟子赞扬颜回说："以能问于不能，以多问于寡；有若无，实若虚，犯而不校。"（见 8.5）

颜回是夫子的心病。这不，他再次与别人谈及他时，还是非常痛心："可惜啊，我总是看见他的不懈努力和取得的进步，却从未看见他懈怠和停止啊！"夫子叹息如此，想到我辈之懈怠，情何以堪！

9.22 子曰：“苗而不秀者有矣夫！秀而不实者有矣夫！”

生命是奇特的。不同的生命，因为各种机缘巧合，绽放各不相同的生命之花，呈现丰富而多样的生命状态。植物的生命状态，有长苗而不开花的，有开花而不秀穗的，有秀穗而不结果的，当然更多的是苗而秀、秀而穗、穗而实的完整生命链条。

人类的自然生命状态，亦如植物一样，除大多数拥有完整的生命链条以外，也有个性者存在，如生而不婚者，婚而不育者，更有生而夭亡者……夫子学生中也是有各色不同的存在，如三千弟子中有贤者七十二，虽说贤人不少了，但其他芸芸非贤者教而不化无有大成，因而感叹苗而不秀者大有人在！优秀学生颜回，“不幸短命死矣”，岂不若秀而不实者，令夫子痛心，令后世扼腕唏嘘。

9.23 子曰：“后生可畏，焉知来者之不如今也？四十、五十而无闻焉，斯亦不足畏也已！”

夫子曾总结过自己的一生：“吾十有五而志于学，三十而立，四十而不惑，五十而知天命，六十而耳顺，七十而从心所欲，不逾矩。”（见2.4）

从过去到现在，虽然有“活到老，学到老”的好学精神，但大概是一个人在五十岁上下还没有得到应有的事业或名望，也就基本上没有什么大的发展了，虽未盖棺，也基本上就定论了，即使有变化，也不会太大。但一个年轻人，即使现在看不出有什么独特的能力，但未来的发展变化究竟怎么样，很难一句话说准，因为时间还很长，只要有一天他懂得努力了，知道怎么去奋斗争取了，他的前途就会无可限量。夫子说：“后生可畏啊！你怎么知道未来的他们一定不如今天的我们？四十岁、五十岁还没有什么大的发展和成绩，这也就不足以令人担心了。”

说夫子守旧者，夫子此语则是最有力的反击。

9.24 子曰："法语之言，能无从乎？改之为贵。巽与之言，能无说乎？绎之为贵。说而不绎，从而不改，吾末如之何也已矣。"

良药苦口利于病，忠言逆耳利于行。人们往往更喜欢喝甜水，听好听的话。

在好听的话中，往往多了许多添加剂，调了味，听起来更顺你的耳朵，但未必是事实，如果不加分析，一味地听好话，时间久了，一定会飘起来，然后重重地摔在地上。逆耳之言，虽不中听，但若稍加注意和改进，或许大有裨益。

这些哲理，在中国人的血液里、基因里应该有，因为那些远在穷乡僻壤的不识字的老人都懂，两三千年的传承虽不清楚具体来源，但已转化为文化基因代代相传。现在，我们从《论语》里找到了来源，夫子说："符合规矩的话，我们能不听吗？把我们那些还没有做到的做好，把那些我们做错了的改正，难能可贵！顺从你的话、奉承你的话，你听了能不高兴吗？高兴之余，能够客观地分析一下，辨别一下真伪，难能可贵！听了美言只顾高兴而不加分析，听了忠言而不注意改进，对这样的人我是实在不知道如何教育他们了。"作为教师，对这种"说而不绎，从而不改"的人束手无策，这种人本身也基本上无可救药了。

从本质上说，一个人的成长、发展，还是要依靠自己，需要"吾日三省吾身"，方可及时发现问题，从而解决问题，进而取得进步。

9.25 子曰："主忠信，毋友不如己者，过则勿惮改。"（见 1.8）

9.26 子曰："三军可夺帅也，匹夫不可夺志也。"

明代刘伯温有《卖柑者言》一文，深刻批判了那种"时位之移人"的社会现象，表现出一个人在权力与地位面前失去原有本性的现象并不在少数，甚至于今天仍大有人在。这也表明，随着现实情况的不断变化，人的禀性和志向也是在不断变化的。这种摇摆的人性、人品，其志向既不会明晰正确，也不会始终如一，更不会有恒心坚持下去。孟子说"富贵不能淫，贫贱不能移，威武不能屈"，实际上是告诉人们不管地位、财富、时间如何变化，都要守住本真，守住初心。

夫子一生传播仁道，推广仁政，其道虽终未得其行，但他的"大同社会"理想不灭，志向坚定不移。他说："三军元帅的权力可以被剥夺，但一个人的志向、骨气不可被剥夺！即使现实不允许你坚持，但内心的追求不可磨灭。"

9.27 子曰："衣敝缊袍，与衣狐貉者立，而不耻者，其由也与！'不忮不求，何用不臧？'"子路终身诵之。子曰："是道也，何足以臧？"

羡慕嫉妒恨，是人人皆有的一种心理，只不过有的人自控力好一点儿，有的人自控力差一点儿，表现不一而已。但有没有能够表现得特别平静，或者是说没有这种心理的人呢？有！

夫子的学生子路就是这样一个人。夫子说："穿着旧棉袍与穿着狐貉皮衣的人站在一起而又不觉得自卑的人，也就是子路了啊。《诗经》云'不嫉妒别人，不贪求财富，有什么不好呢？'"子路听到老师的赞美，经常吟诵这句诗，以自警自省，也同时有点儿自我感觉良好。夫子又对子路说："事儿是这么回事儿，道理也是这么个道理，但仅仅做到这一点，还是不够的。"

是啊，人都应有上进之心，与高于自己的人站在一起不觉自卑，只能说明心态好，但今后怎么进步，怎么发展，怎么实现人生理想和价值，怎么样才能够做到修身齐家，治国平天下，心态好只是一个基础，万里长征还没有开始。但无论如何，有一个好的基础，再加上全面而不懈的努力，就可以相信"天生我材必有用"了。

9.28 子曰："岁寒，然后知松柏之后凋也。"

《增广贤文》："宝剑锋从磨砺出，梅花香自苦寒来。"梅花凌寒盛开的品格自古以来被无数文人墨客歌之颂之，锋利的宝剑也被武将刀客所挚爱，但它们的优秀品质不是自然形成的，而是经历了苦难和砥砺才有如此的成就。

实际上，夫子也早有此话："只有到了寒冬时节，我们才知道松树、柏树是依然枝叶茂盛的。"诚然，没有苦难的环境，若都是风和日丽的时节，是显不出顽强者的坚韧意志的，是显不出顽强者更多的不为人知的风采的。所以，有时候我们应当感谢所经历的艰难困苦，感谢我们所遭遇的坎坷逆境，只有经历过，挺过来了，才能获得在今后遇到更大困难时的更强大的应对能力，从而取得更大的成功。

作为青少年朋友，更应体会"板凳要坐十年冷，文章不写一句空（《增广贤文》）"的内涵，真正做到少壮之时努力作为，老大之时收获甚丰。

9.29 子曰："知者不惑，仁者不忧，勇者不惧。"

世间芸芸众生，正是因为禀性、天赋、思维及后天努力之各不相同，才构成了丰富多彩的社会。其中不乏智慧的人，他们世事洞明，能够透过事物现象看到本质，少有困惑；还有心存仁道者，他们悲天悯人，同情弱者，常怀恻隐之心，乐于助人；还有勇敢之人，快人快语，刚正不阿，看不惯世间魑魅魍魉，常发正义之声，内心坦然无惧。

"仁者安仁，知者利仁"，（见4.2）仁者也是智者，勇者既是智者，也是仁者。不智而仁者有之，他们是可以做有仁德的事，但对于为何做、怎么做得更好、怎么能够更广泛地传播仁德，在智慧上还是存在明显的不足。有智慧的人若行仁德，则可谓德才兼备，能为人上之人。心存仁道之人，与天道规律相统一，"先天下之忧而忧"，行尽助人之事，人皆敬之爱之，其人有何忧愁呢？这样的人是可以一呼百应的，是可以感化那些冥顽之人的，所以他没有什么忧愁。勇者之勇非盲目的匹夫之勇，夫子的学生子路是勇敢的，但常被夫子批评缺乏思考，缺乏智者之智。勇者若有智慧，则勇而有谋，有谋之勇就能够较好地把握一个度，容易取得成效；勇者若有仁德，则能威武而不屈，见义而与义同为，仁德之勇就能够使所有勇为既有度有效且能造福社会和天下苍生。

夫子之言，非并列知者、仁者、勇者。窃以为三者递进相融，方可达至高境界。

9.30 子曰："可与共学，未可与适道；可与适道，未可与立；可与立，未可与权。"

在生活中，我们常常有这样的感受：有些朋友，可以经常一起吃喝玩乐，身心放松，可免事事提防之苦，是谓玩友，纯玩而无他；有些朋友，玩不起来，但只要有事欲合作或相求助时，则能一起思考谋划而最后把事做成，然后亦可把酒而贺……不一而足。

夫子曾分析：有的人可以与他一起学习、研究，但对问题的看法以及解决问题的方法上，可能会存在分歧而且还有可能会大相径庭；有的人方法、思路一致，但在行事的过程中坚持的原则又不一样，最后的结果可能又各不相同；还有的人可以共学、适道、与立，但在一些关键问题上还可能会产生重大分歧，难以做到思想一致而通权达变，需要及时把握好策略的调整与改进。

这就是人们常说的"合伙的买卖不好做"的意思吧，还有曾批评国人的语言"一个人是一条龙，一群人是一条虫"，虽武断，从另一个角度来看，道出了人性之不同。明了此道，则可改进之，让大家能够相互包容借鉴，团结一心，则事几无可败！

9.31 "唐棣之华，偏其反而。岂不尔思？室是远而。"子曰："未之思也，夫何远之有？"

古代有诗歌云："唐棣树的花，在风中摇摇摆摆，而且花开花谢独特而异于其他的花。不是我没有思念你啊，只是我住得较远罢了。"此诗之所以没有入选《诗经》，估计是违背了"思无邪"的原则，价值观有问题。

夫子的理由是："你根本就没有思念过，何谈住得远近？"住得远是理由吗？心不在，毋谈其他。夫子在反驳行"仁"之难时曾说："仁远乎哉？我欲仁，斯仁至矣。"（见7.30）很多事情，不是能不能做，不是有没有能力做，首先是有没有心思去做。如果有心去做，就一定能找到办法，就一定能克服困难。

"不怕做不到，就怕想不到。"只要有了想法或者"理想"，就有了奋斗的目标，就有了成功的可能。

乡党篇第十

10.1孔子于乡党，恂恂如也，似不能言者。其在宗庙朝廷，便便言，唯谨尔。

夫子一贯强调"君子欲讷于言而敏于行"，同时他也是忠实的实践者。

他回到家乡，在老乡面前，表现得很拘谨恭顺，好像什么也不懂，从不随便乱说话。但他作为鲁国的官员，在朝堂上，就事论事，说得明明白白，唯一的是说得少，很谨慎。在中国人的情怀中，有一种是"衣锦还乡"。在外面混好了，回到家乡无上荣光，往往是高谈阔论，但夫子不这样，回到家乡，跟乡亲们在一起，觉得有好多事情是自己所不了解的，即使了解也觉得轮不到自己来说。

修养之高下，立见。

10.2朝，与下大夫言，侃侃如也；与上大夫言，訚訚如也。君在，踧踖如也，与与如也。

夫子在朝堂上发言之谨慎，表现得淋漓尽致，他跟不同的人说话的方式与情状，各不相同。

国君还没有来的时候，他跟下大夫说话，说得随意而快乐，话语也多；跟上大夫说话则尽力做出尊敬的样子。国君来了以后，他就表现得恭敬而又内心不安的样子，走路也是慢慢的，很安详的样子。一个人的内心有没有敬畏，是外显的，同样，从其言行，也是可以看出其内心的态度的。

夫子用实际行动阐释了其理论与学说，他是扎扎实实的言行一致者，他之所以为万世师表，绝不是空得的名号。

10.3君召使摈，色勃如也，足躩如也。揖所与立，左右手，衣前后，襜如也。趋进，翼如也。宾退，必复命曰："宾不顾矣。"

鲁国的国君让夫子去接待外宾，夫子面色矜持凝重，迈着小步子却在加快速度。向站在两旁的人作揖，左右开弓，照顾全面，衣服前后摆动，却总是很整齐。他快步向前走着，好像鸟儿张开了翅膀，形象很美。宾客走了以后，他一定会向国君报告说："我一直看着宾客不再回头了，我才回来的。"

接待外宾是国之大事，国家交往有其一定的礼仪，什么面貌见人，什么态度待人，什么礼节合适，必须要把握好。夫子的一行一动，既体现了其态度的谦逊低调，礼节的繁复不乱，自始至终谨慎有加，没有半点马虎，甚至直到客人走远不再回头时才离去。

有时候，我们也常见朋友相送的情境，客人总是回头挥手告别，甚至多次回头挥手，这样情意之深之浓表现得淋漓尽致，若客人回头看到主人已经回转离去，该是多么失望！夫子其行之每一个细节，做得都十分到位，唯恐让宾客说出半点不是。

我们身处齐鲁文化之邦，"好客山东"是我们的招牌，必定要把山东人的友好行为去做实做足啊。

10.4 入公门，鞠躬如也，如不容。立不中门，行不履阈。过位，色勃如也，足躩如也，其言似不足者。摄齐升堂，鞠躬如也，屏气似不息者。出，降一等，逞颜色，怡怡如也。没阶，趋进，翼如也。复其位，踧踖如也。

进入国君仪仗威严的大殿，要表现出害怕而谨慎的样子，大殿虽然很宽敞，也要表现出容不下自己身体的样子。站立，不要站在门口的中间；穿过门口行走，不要踩踏门槛；经过国君的面前，面色要矜持庄重，走路要步子小而快，说话也要小声好像中气不足，以表现出谦卑的样子。向堂上走，要稍微提起衣服下摆以表示恭敬谨慎，屏住气息似乎不呼吸，唯恐有一丝气息影响到国君。走出大堂，也要等下来一级台阶后，才显示出轻松的面色，怡然而不夸张。下了最后一级台阶后，才可以像小鸟展翅一样快快前行。回到自己站立的位置，还要表现出恭敬而内心却不安定的样子。

在公门做事，在绝对权威面前，应该持有什么样的态度，表现出什么样的面色，说话声音的大小，都要有一个认真的态度，即使没有成文的规矩，也要从自身修养和角色定位上谨慎小心。这或许不是硬性规定，但与个人修养有关。试想，作为下属或小辈，在长官和长辈面前如果没有一点敬畏之心，不修边幅，大大咧咧，高声喧哗，自是不成体统，不用说在等级、礼制森严的古代，就是在自由、民主的今天，也是修养极差的表现。两千五百多年前的大师孔子以其自身的践行为人们做出了表率，激励一代又一代华夏子孙不断传承、发扬，彰显了文化修养的力量。

10.5 执圭，鞠躬如也，如不胜。上如揖，下如授。勃如战色，足蹜蹜如有循。享礼，有容色。私觌，愉愉如也。

夫子奉鲁君之命出访邻国，在典礼上以鞠躬状，好像举不起来的样子，以显谦逊低调。向上举起好像作揖，向下放好像要交给别人。其面容尽显谨慎小心，好像面临一场战争，走起路来小步而快，好像沿着无形的线在走。敬献礼物的时候，满脸和气。在非公共场所，以私人身份跟外国君臣会见时，则显得相对轻松愉快。

外交礼仪无小节，夫子谨慎以待，处处小心，充分显示其用心细微。现代有人说：细节决定成败。夫子担负外交重任，以实际行动告诫我们必须见微知著，任何事情不可等闲视之。

10.6 君子不以绀緅饰。红紫不以为亵服。当暑，袗绤绤，必表而出之。缁衣，羔裘；素衣，麑裘；黄衣，狐裘。亵裘长，短右袂。必有寝衣，长一身有半。狐貉之厚以居。去丧，无所不佩。非帷裳，必杀之。羔裘玄冠不以吊。吉月，必朝服而朝。

穿衣服看似是件小事，但是在古代，君子对穿衣服是很有讲究的。怎么个讲究法呢？君子不用黑色布料去做衣服领子、袖口的镶边，不用红色、紫色的布料去做平时穿的衣服。

夏天，在家里穿单汗衫，如果要出门就一定要加件外衣才行。黑衣配紫羊皮，白衣配鹿皮，黄衣配狐皮。在家穿的皮衣长一些，但右袖短一些。一定要做睡觉穿的衣服的话，长度是身长的一倍半。用狐皮等厚毛做坐垫。

丧礼完毕以后，就不能再佩戴任何的首饰。除了上朝祭祀的礼服，一定要有连缝。不穿紫羊皮、不戴黑帽去吊丧。每月初一，一定要穿着礼服去朝拜。

谁能讲究这么多，难道不允许有一点儿变通吗？是的，孔子从年轻到年长，一直就是这么做的。所以他是圣人，其他人就是普通人，即使能成为君子，但离圣人还是远了些。

在当今时代，可能很少人会在穿衣服方面做到如此讲究，在社会意识里也不再有如此严格的规矩，但在一些重要的场合适度讲究一些，还是会让人感觉舒服的，即使不是重要的场合，讲究的人总比不讲究的人让人感到在礼节上更庄重，态度上更严谨。

10.7 齐，必有明衣，布。齐必变食，居必迁坐。

夫子在斋戒时，是这样做的：一是要沐浴，而且必须穿浴衣，还必须是用布做的浴衣；二是要迁到另室居住，必须是一心一意斋戒，不可让其他俗事干扰。

斋戒，是大事，必须认真对待。凡斋戒，必有大事、要事、难事要解决，否则，何须斋戒？那么，斋戒时有什么注意事项？那就是像夫子一样沐浴、更衣、改变生活起居。斋戒，是一种外在的行为，更是一种内心的旅程。试想，不洗澡，浑身不洁不清爽，能静下心思来斋戒吗？不改变必要的日常生活习惯，不离酒肉女色，算什么斋戒？

形式不是最重要的，但有时很必要。形式的事儿，有时是为了防止和避免事情的本质发生不该有的变化，是一种保护膜。

10.8 食不厌精，脍不厌细。食饐而餲，鱼馁而肉败，不食。色恶，不食。臭恶，不食。失饪，不食。不时，不食。割不正，不食。不得其酱，不食。肉虽多，不使胜食气。唯酒无量，不及乱。沽酒市脯，不食。不撤姜食，不多食。

日常生活，柴米油盐酱醋茶……一个认真对待生活的人，是有讲究的，是心存敬畏的。且看夫子是怎么认为的——

做面食，从舂米到做成食品，每一步都要追求精益求精，由米到面，舂研得越精细越好；做食品，从和面到煮到蒸到烙，每一步都不可不用心。做肉食，把肉切得越细越好，煮得越烂越好。粮食发霉、鱼肉腐败，发出异味，不吃。颜色变得不正常了，不吃。食品散发的气味不正常了，不吃。烹调得不合理，不吃。不到应该吃饭的时候，不吃。肉切割得不周正，不吃。在宴席上，肉类食品即使再多，吃它的量也不能超过主食。只有酒可以不限量，但也要注意不能喝醉，以防做出什么祸乱的事。到市面上打的酒和买来的肉，不吃。对于大姜，没有什么特别的忌讳，一般不会多吃。

如果像夫子一样，把日常吃饭的问题研究得如此精致的话，健康是可以得到基本的保障的。时代虽然久远，仍然值得我们去思考并认真对待。在此需要说明的一点是，对于所沽之酒和所市之脯，在孔子时代的社会生活，基本上是以农业生活为主，男耕女织，自给自足。在当时歧视商业的观念里，认为一件物品一旦成为商品，其性质则发生变化，或有什么虚伪的东西掺杂其中，不值得信任。但从今天来看，市场经济已是必需存在的，离开市场几乎不能运转，观念已然改变，但不变的还是夫子对食品品质的追求。

10.9 祭于公，不宿肉。祭肉不出三日，出三日不食之矣。

春秋时期，国家延续下来的祭祀典礼，一般是当天清晨开始宰杀牲畜做祭肉，公卿大夫及一定级别的士绅等可以自己带肉去助祭。这些肉一般不过夜，当天晚些时候可以自行带回去。自己家中的祭肉，放在祭台上供奉也一般不超过三天。超过三天的，人就不能再食用了。

一方面，让我们知道怎样不违背祭礼；另一方面，让我们知道食品使用的规则。

10.10 食不语，寝不言。

吃饭的时候不说话，睡觉的时候不说话。

一个很简单的道理，可是很多人都做不到。这个道理，一是有科学依据，特别是吃饭的时候说话，很容易让食物误入气管，导致危险；二是显示个人修养，所谓"言多必失""君子欲讷于言而敏于行"，说话多了就有可能说错话，要尽量少说。睡觉的时候说话，影响的不仅是自己的睡眠，也会影响别人。

小时候，父母经常告诫我们类似的一些日常生活规矩，我们不知道出处，只觉得代代相传是一定正确的。今天，读了《论语》我们找到了根源，同时也领悟了圣人之所以为圣人，是连日常生活的小事都要谨慎对待，认真执行。

10.11 虽疏食菜羹瓜祭，必齐如也。

即使是糙米饭、小菜汤、瓜果，也一定要祭一祭，并且要恭恭敬敬，按照斋戒的要求去做。

小时候，在山东农村，三间的家舍，中间为堂屋，会设置柴火灶台，灶台边上设置放盘子、碗的柜橱，橱的上方张贴灶王爷的画像。日常家里做了好吃的，或者到了节日，一定会将最好吃的东西放在橱顶上，供奉一会儿然后再端下来食用。到了年终岁尾，灶王爷及众家神是要上天汇报的，到时候返回人间会带来玉皇大帝的祝福。平时不好好供奉，不以礼相待，是万万不行的。

这似乎是"迷信"，但，这是一种发自内心的虔诚，是一种发自内心的敬畏！

人要有虔诚之心，要有敬畏之心。没有虔诚，可能会在日常琐碎的生活中触犯原则，导致事情的处理得不到圆满的结果；没有敬畏，不敬畏天地，不敬畏礼法，可能会走向无法无天而导致祸乱发生。

10.12 席不正，不坐。

宴席安排不符合礼制，被安排的座位不正确，这个席位是不可以坐下来的。

中国人是讲究礼仪的。礼仪是有制度规定的，称礼制。譬如参加宴席，座次的安排是有一定规则的，农村结婚的喜事宴席，新郎的舅舅是必须要认真对待的，必须安排正席（堂屋）、正座的，不然就会被视为不尊，或者说明主家不懂礼、主家没有明白人。楚汉相争之时，有一个"鸿门宴"的故事，从其座次的设计上看，项王就没有把刘邦摆在"主客"的位置，而是把自己的助手范增放在了"主客"位置，明显是有意冷落刘邦。请人家吃饭又不把人放在眼里，轻视、侮辱性的安排，反而让刘邦、张良一行有了警觉，而让项羽功亏一篑。项羽之败，其军力弱乎？其不合礼乎？

有着上下五千年文明的中华，实为礼仪之邦，无数事实证明"礼之用，和为贵"。时至 21 世纪，礼，依然值得我们重视，无论是朋友之交、长幼之交、上下之交甚至国际交往，合礼则顺，不合礼则必有挫折。我辈作为传承的一代，一定要重视并传承好"礼"之大事。

10.13 乡人饮酒，杖者出，斯出矣。

跟乡人饮酒，要行饮酒礼，互相让座，长者、尊者自然坐上座，长者、尊者之间也要互相礼让一番，为对方能坐在上席找一些理由。喝完酒要散席的时候，长者、尊者要先离席，然后其他人才能离席而出。

这是客气，又不只是客气，而是一种相互尊重的体现，是个人良好修养的体现。鲁迅先生在其文章《范爱农》中曾描述过留学生在日本火车上让座的事情，并批评他们这种让座没有价值，但也从另一个角度看到了他们还是受了传统礼制的影响。反观 21 世纪的今天，很多人已经忽略了这种文化传承，特别是青少年一代，令人唏嘘无奈。

10.14 乡人傩，朝服而立于阼阶。

乡邻有迎神驱鬼的风俗，参加的人们都是穿着特制的服装安静肃穆地站在东边的台阶上。

在农村，确实存在一些带有迷信色彩的迎神驱鬼活动，其中有的是个人行为，有的则是自发的集体行为，如大旱之时求雨等。其实，我们也不必苛责他们，因为他们也是以此求得内心的安慰而已。试想，自古以来靠天吃饭的农民，在面临饥荒的干旱时节，在手足无措的情境下，通过组织求雨等这些带有迷信色彩的活动以求心灵的慰藉，也是可以理解的，他们的内心是充满希望的，即使达不到应有的效果，他们也觉得自己付出了努力，尽了诚心。当然在现代水利工程技术发达，能够解决他们问题的情况下，这些活动就自然减少了。日本企业家稻盛和夫曾把"敬天爱人"作为企业的核心文化，我想农人们的一些行傩之事，还是要本着最大的善意去做的，我们也本着一样的善意去理解吧。

10.15 问人于他邦，再拜而送之。

托人问候在外乡的亲朋好友，夫子总是对所托之人拜了再拜，托付再托付，然后才送别他。

自古以来，万事不求人。求人是一件不容易的事。求了人，就得感谢，即使对方不需要感谢，我们也不能失礼，还是要谢了再谢。这是中国人的一种美德。当然，我们也有"受人之托，忠人之事"的说法，要么不接受，接受了就必须忠诚、忠实地去帮人办到。这是从另一个角度来看待同一个问题。大哉！美哉！中华文化就是如此让各方之人、各种之事，都有其存在之理、之规、之德、之品。

10.16 康子馈药，拜而受之。曰："丘未达，不敢尝。"

鲁国的正卿季康子馈赠了一些药物，夫子拱手相拜而接受了。等他走后，夫子说："我对这些药物的药性不了解，也不敢尝试啊。"

夫子的话，应该不是当着季康子的面说的，因为他接受了，出于礼貌和修养他也不会说这些驳面子的话。他不了解药物的情况，不宜服用。但也不会推却季康子的好意，只好当面欣然接受。

10.17 厩焚。子退朝，曰："伤人乎？"不问马。

马厩失火被烧毁了。夫子退朝回来知道了这个事儿，问："伤着人了吗？"不问马的损失。

谁说我们的文化不重视人？那是讹传。从夫子对马厩失火的这个事儿上，我们看到的是大师满满的对人的关注、关心，而马及其他物品的损失并不是第一位的，甚至在第一时间都不问、不关心，足以说明在其心目中，人是最重要的，只要人好好的没有危险，没有出事故，一切损失还是可以通过人的努力来挽回的。从我国的蒙学类丛书中，我们也可以看到自古以来特别重视人的教育，特别重视人的学习和修养。还有一个司马光砸缸救人的故事，也是充分显示了人的重要性。一个水缸算什么？一个人的生命才是天大的事儿。

"以人为本"的思想和理念，不是舶来品，而是中华文化中早已浸入骨髓的基因。

10.18 君赐食，必正席先尝之。君赐腥，必熟而荐之。君赐生，必畜之。侍食于君，君祭，先饭。

国君赐予的熟食，一定是要摆正坐席先尝一尝。国君赐予的生肉，一定要先把它做熟了然后再供奉。国君赐予的牲畜，一定要畜养起来。在国君旁边跟国君一起吃饭，当他举行饭前祭礼的时候，自己先吃饭，不要吃菜。

做什么事，都必须有一定的规矩。"学而时习之，不亦说乎？"古人所讲的学习，并不像今天指代学生在校的学习、对教材的学习，而是更加宽泛，而且更重视生活实践的学习、做人品格的学习，即今天所讲的"关键品格、关键能力"的学习与达成。有很多人对于规矩不在乎，甚至批驳其迂腐、守旧，其实，守规矩，按规矩办事，更是一种懂礼貌、明事理的表现，根据不同的场合，可有所调整，关键是要节奏一致、要合拍，符合现场气氛。

10.19 疾，君视之，东首，加朝服，拖绅。

夫子患了疾病，国君来探视他。根据平时上朝的礼仪，应该走东侧的台阶，夫子虽然躺着，他就头向东躺着披上朝服，拖着长带迎见国君。

即使是在病中，如何迎接国君的探视，也是要讲究君臣之礼的。这既是一种礼制的规矩，也是一种恭谨的个人态度。夫子之温良恭谦，万世师表，万世典范。

10.20 君命召，不俟驾行矣。

如果首长找你，你会怎么办？先让司机开车过来，然后上车去吗？这样明显不够虔诚和快速。

国君有令让夫子去大殿议事。夫子是这样做的：通知马车夫，去准备马车，同时告诉他，自己步行先走一步，等马车夫驾好车赶上来再坐车前去。

在夫子的内心中，君之命是须臾不可耽误的，连马车夫准备车马的工夫都不能耽搁。夫子这样做，不一定提高了效率，但这是一种态度，一种品格。实际上等马车的工夫与先行待马车赶上来再上车，算时间账是一样的，不会因为先行就能够提前多少，但从行为表现上却显示了一个人对待君命的态度。

10.21 入太庙，每事问。（见 3.15）

10.22 朋友死，无所归，曰："于我殡。"

夫子的朋友死了，没有人为他入殓，办理后事。夫子听说后，对人说："让我来办理他的后事吧。"

中华文化对于人，一曰敬天爱人，仁者爱人，人命关天，人无疑是重要的。"厩焚。子退朝，曰：'伤人乎？'不问马。"（见 10.17）二曰死者为大，悲天悯人，"事死如事生"。（《中庸》）一个人若没有后人来处理其后事，作为邻人、朋友，也是不能置之不理的，即使仪式简单些，也要把其后事处理好。这是对人的尊重，对死者的尊重。这，也是中华文化重视人、以人为本的价值观的重要体现，也是中华文明之所在。

想想《史记·齐太公世家》所记齐桓公晚年因不听劝，重用奸佞之人，以致自己死后两个多月都无人处理其后事，尸体腐化之水流出殿外，蛆虫四散乱爬，其状惨不忍睹，其情何其不堪！宫廷之斗，政治之争，何其残酷，却施于英明一世春秋首霸齐桓公之身，确实令人唏嘘不已，也表明当时文化在齐之衰微。

10.23 朋友之馈，虽车马，非祭肉，不拜。

朋友之间馈赠礼物，即使是像车马那样贵重的东西，只要不是祭肉，夫子在接受的时候就是不行礼的。

礼之用，有合与不合之说。不合适行礼的，坚决不行礼；必须行礼的，即使是再小的事，也要行礼，坚决按照礼的规定去做。这就是夫子。有人说他迂腐，很多事没有必要那么较真，可夫子就是较真，并且较起真来非常执着。有时候他很讲人性，一切从生活实际出发，有人笑他太随意，他却较真地说，父为子隐，子为父隐，是为"直"！

10.24 寝不尸，居不客。

像睡觉这样的事情是不是也有讲究？夫子认为睡相很重要，睡觉的时候不能仰躺着像死尸一样，这样不仅是睡相不好看，不雅观，对健康也是不利的，特别是爱打呼噜的人，仰躺不利于气息畅通，会加重打呼噜的现象。

日常在家生活，可以适当轻松些，不必像待客一样跪坐在席上。跪坐，是中国古老的坐姿要求，今天已经大有改观，没有那么多讲究了，但在过去那是待客之礼。在当代日本社会中，"跪坐"的方式还是比较普遍的。

10.25 见齐衰者，虽狎，必变。见冕者与瞽者，虽亵，必以貌。凶服者式之。式负版者。有盛馔，必变色而作。迅雷风烈，必变。

遇见穿孝服的人，即使是平时非常要好的朋友，可以随便开玩笑的朋友，也一定要改变平时的做法，显示出同情、悲痛的样子。戴礼帽的人和盲人，即使经常见很熟悉，也一定要庄重礼待他们。在车上遇见拿寿衣的人，一定要向前俯身手扶车子上的横木，表示同情、悲伤；在车上遇见背负国家图籍（版图）的人，也是要向前俯身手扶横木，表示尊敬。有丰盛的菜肴，一定要面露惊喜之色，站立起来，显出很激动的样子。遇到打雷、大风，天气一定会有大的变化，自己的神色也要大变，一改往常的神态，警惕会有什么事情发生，以及时做出反应。

生活中的事，没有小事。每件事都值得我们去认真思考，细心应对，才是一个人修养到家的体现。大大咧咧，满不在乎，不是举重若轻的表现，而是粗枝大叶，头脑简单、迟钝的表现，一不小心便纰漏百出，各种困难险阻便会接踵而至。

10.26 升车，必正立，执绥。车中，不内顾，不疾言，不亲指。

夫子要乘坐马车外出时，上车一定是先立正站好，然后抓住扶手带，郑重其事，一丝不苟。上车后在车里，不会左顾右盼，也不会快速说话、发怒，更不会指指点点，指手画脚。

在日常生活中，上车乘车这样的事情应该是司空见惯，但夫子也是不敢懈怠，一副中规中矩的样子。过去，我们批评夫子保守、迂腐，可能就是针对夫子对这些日常琐事过于认真的样子而言吧？但细细想来，夫子的认真并非迂腐、冥顽不灵，而是一种严谨的生活态度。没有这样严谨的生活态度，谈修养就成了空话。夫子不是为了表现严谨而这样做，而是实实在在做榜样。

10.27 色斯举矣，翔而后集。曰："山梁雌雉，时哉时哉！"子路共之，三嗅而作。

夫子与弟子们在山谷中行走，看见有野鸡。夫子脸色一动，指给弟子们观看，许多野鸡陆续飞起盘旋并聚集。夫子感叹说："这山上野鸡，是赶上好时候了！赶上好时候了啊。"子路听夫子此言，面对这些野鸡拱手示意，野鸡受到惊吓，振振翅膀又飞远了。

夫子周游列国，推行自己的政治理想和抱负，却屡屡遭受列国国君的白眼，让夫子喟叹人心不古，文化不得传承，理想得不到实现，内心很是郁闷。而此时看到山梁上的野鸡却是自由自在，而且它们见到人类，同伴们互相提醒、应对，其乐融融，因此感慨良多。

先进篇第十一

11.1 子曰："先进于礼乐，野人也；后进于礼乐，君子也。如用之，则吾从先进。"

初读此句，有些难解。

遂查钱穆、李泽厚、杨伯峻等诸位大师解说，觉得杨伯峻先生之言似更为简明易懂，更符合社会生活之实际。夫子说，在选人用人上，会有两种情况：一种是无权无势的郊野人士，通过先学习礼乐，学而优则仕；还有一种情况是身居达官贵人之家，少时不学，待通过种种途径入仕之后再补学礼乐，仕而优则学。如果让夫子选用的话，他会选择先行学习礼乐的。

夫子的选择，岂不为君子之德行？！

11.2 子曰："从我于陈、蔡者，皆不及门也。"

夫子周游列国，宣传其仁政理念，并非一帆风顺，在陈、蔡等地的生活一度陷于困顿，甚至还被追杀，狼狈不堪。

据《史记》载，吴伐陈，楚发兵救陈，楚昭王闻听夫子在陈，派人欲召其到楚国去。陈、蔡大夫认为夫子有才，若被楚国召去，则陈、蔡就危险了。而陈、蔡又不想任用孔子，便找人围困、追杀夫子。夫子与其弟子在陈陷于绝粮之窘况，弟子们都饿得走不动路了，夫子只好派子贡前往楚国，楚王知道情况后又不了了之，子贡无功而返，令夫子及其弟子们一时不知如何解困。好在此时又从鲁国传来了好消息，新任鲁国国君欲邀夫子回鲁。

夫子结束周游返回鲁国后，已是垂暮之年，回顾周游列国十四年，自己与弟子们在陈、蔡的经历无疑是最险恶的，仍心有余悸。更令夫子悲伤的是，爱徒颜回不幸短命死矣，子路也在乱军之中被砍杀……还有的为了生计而远走他乡，不禁慨然长叹："跟着我一起奔赴陈、蔡的弟子们，现在都不在我身边了。"

夫子一生，风云际会，既有为官之时与齐王当面怒争的勇毅，也有与鲁国擅权的三桓的明争暗斗，更有为了理想不惜辞官远行列国传道，虽然皆未达成目的，但其人生经历，恰恰是其成为圣人的必经之路。

纵观二十四史，夫子之后，能如夫子一样坚持不懈且影响深远之至于此者，罕矣！

11.3 德行：颜渊、闵子骞、冉伯牛、仲弓。言语：宰我、子贡。政事：冉有、季路。文学：子游、子夏。

夫子弟子三千，有七十二贤人。每位贤者又各有其不同的特点。

颜渊，也称颜回，其以好学著称，夫子也多次将其作为好学弟子唯一无二，时时感叹其"不幸短命死矣"，惋惜之情溢于言表，颜回不仅好学而且"讷于言"，对老师的讲解从不质疑，但私下里又会有自己的创新生发，这一点也深得夫子赞扬，总结其特点是尊师而又有独立思考，其德性表现远远好于智性表现，归其为德行方面的典型，恰如其分。

闵子骞很有才，以孝著称，季氏想请他去做费宰。一是因为家人需要照顾；二是不屑季氏擅权，道不同不相为谋，闵子骞坚决不就，并告诉对方若再派人来，他将逃跑到汶河以北的齐国去，因此，他也以德行著称。

冉伯牛很有能力，曾为中都宰，为政清廉，为人忠厚，但也是不幸中年得病早亡，病中时夫子常去看望并隔窗执手，悲悲切切。可见其德行也是深得夫子赏识，入德行科。

仲弓，冉雍也，夫子曾说："雍也可使南面。"他可以做大官，有人反对说仲弓口才不行，夫子为其辩护说口才不是为官之必需，德行才是最重要的。他也入德行科。

宰我，上课喜欢睡觉，喜欢反驳老师的观点，不太受老师喜欢，但经常违反课堂纪律的宰我同学口才甚是了得，曾代表鲁国出使外国，外交成绩出色，夫子也是赞赏宰我同学的才能的，因此，夫子认为其是言语方面的出众人才。

子贡，口才好，善于理财，经商成绩斐然，是夫子弟子中的富人。夫子欣赏他的才能，但对赚钱有天生的偏见，将子贡列入言语科。但夫子死后，子贡独为夫子守墓六年方肯离去，可见其德行也不差，没入夫子德行科，有夫子的先天偏见存在其中啊。

冉有，在季氏门下从政。冉有有才能，不张扬，因不敢极力反对季氏擅权之事曾遭夫子斥责，但寄人篱下，端人饭碗，如何极力反对主人呢？其确实有难处，但还算得上是正直之人。将其入政事科，还是比较符合实际的。

季路，即子路。子路有勇，少谋，但为人正直，心里没有任何弯弯绕。做正事，从人品上说是没有问题的。虽然因为鲁莽经常为夫子所批评，但也算是对夫子忠心耿耿，而且热心社会事务，将其入政事科也说得过去。

子游，曾为武城宰，以乐教治理武城，社会和谐，民众富足，政绩颇为卓著，不将其列入政事科，有些遗憾，将其列为文学科，可能因子游以乐教治理城市，心中有诗乐，为政有远方吧。

子夏，谦虚问孝，小心求证孝的本质不是仅为父母提供吃穿等物质层面，而是更深层次地看到，要让父母的精神层面也得到相应愉悦，将其列入文学科而不是德行科，可能是与子夏的想象力、思想的深刻有关系吧。

11.4 子曰："回也非助我者也，于吾言无所不说。"

颜回，夫子眼中最好学的学生。颜回的特点是不计较吃的、住的好坏，只要能够潜心学习就好。

颜回还有一个特点就是听话，即使对老师所讲的有所质疑，也不会在课堂上提出来，更不会去质疑老师，还能表现得和颜悦色。这与夫子主张教学相长的理想不太一致，夫子虽然对颜回的学习大加褒扬，但对他不提问、不质疑的学习精神是不满意的，这让夫子觉得："颜回是不会帮助我在教学上进步的，他对我的话没有不认同的，没有不悦纳的。"

颜回是好学生，只是不喜欢与老师、同学去辩论，其实他的质疑精神是装在心里的，实际上也经常对所学到的知识进行深入的思考，甚至有不同的见解，但就是不在明面上提出来。

是乃"君子和而不同"。（见 13.23）

11.5 子曰："孝哉，闵子骞！人不间于其父母昆弟之言。"

一般情况下，父母言说自己孩子的好，往往被人认为是王婆卖瓜——自卖自夸，有言过其实的成分。

闵子骞是出了名的孝顺，为了照顾父母，可以拒绝接受高官厚禄，而且对那些锲而不舍地请他去做官的人表示说："你们要是再来烦我，我就要逃离这个地方。"他的邻居也都知道他的孝顺，他的邻居、家人对于那些赞扬的话也都是认同的，都认为很中肯，没有夸张虚假的成分。这充分说明闵子骞在孝的问题上所有作为，都是实实在在的，大家也都是看在眼里，感受到心里。

11.6 南容三复白圭，孔子以其兄之子妻之。（见 5.2）

11.7 季康子问："弟子孰为好学？"孔子对曰："有颜回者好学，不幸短命死矣！今也则亡。"（见 6.3）

11.8 颜渊死，颜路请子之车以为之椁。子曰："才不才，亦各言其子也。鲤也死，有棺而无椁。吾不徒行以为之椁。以吾从大夫之后，不可徒行也。"

颜渊（回）是夫子钟爱的学生，夫子有时候甚至把他当作自己的儿子一样呵护。但颜回早逝，令夫子扼腕长叹，痛心不已。

颜回家境贫困，他死的时候家里仍然贫困，他的父亲甚至拿不出钱为他置办棺椁。他的父亲颜路倒也是实在人，有点儿昏了头，就跑到夫子那儿提出了要求：让夫子把自己的马车卖掉为他的儿子置办棺木之外椁。夫子心里很不爽，但还是耐住性子说："不管孩子有才或者无才，都是自己的儿子得自己疼爱啊。我的儿子孔鲤也死了，也是有棺而无椁。我为了自己有马车乘坐不至于步行，都没有卖掉马车去给他置办外椁。因为我祖上的尊贵仅次于大夫，按照规定是不可以徒步行走的，只能乘车。"

后有人以此为据批判夫子有贵族意识，放不下没落贵族的架子。但我们回到夫子与颜路对话的情境中，明眼人不难看出，夫子先说自己的儿子死了都没有卖车置椁，况颜回乎！以夫子的"有教无类"的教育情怀，不至于是因为高看自己而看不起颜路父子。如果这样看，夫子之冤则如窦娥矣！暂且不说作为学生家长的颜路，仅说颜回，是夫子心中最好学、最有条件接替自己成为继承人的学生，夫子怎么会有丝毫的轻视呢？夫子在此对颜路之言提出异议，实不过是颜路之请求确实不合礼之分寸，故意拿出如此冠冕且又让人诟病的理由，以塞颜路之高调，又不惜毁己之誉而留情面于颜路者，可见的是夫子的君子品格啊。

11.9 颜渊死。子曰："噫！天丧予！天丧予！"

对于逝者，我们应该如何表达惋惜和悲痛？历数其一生之成就，为其赋悼文或墓志铭？往往理性大于情感。

钟爱的学生颜回逝去，夫子如痛失儿子一样悲恸。他哭泣而号："啊！这是上天不让我活了！是上天要灭我啊！"

颜回死，不是上天要颜回死，而是让作为先生的夫子活不下去，这是表达了一种什么样的师生情感？！夫子是要让颜回继承其衣钵的，亲儿子孔鲤已死，视为己出的学生颜回又死去了，这不仅是亡绝了两条自然的生命，更是亡绝了夫子的政治理想、学术希望，让其后继无人！此种悲痛，比失去儿子更加痛彻心扉、痛彻骨髓啊。

11.10 颜渊死，子哭之恸。从者曰："子恸矣！"曰："有恸乎？非夫人之为恸而谁为！"

颜回在夫子心目中的位置是无人与之比肩的，既是学生，又视同儿子，更以其好学被夫子内定为其学术接班人。

《史记·仲尼弟子列传》："回年二十九，发尽白，蚤（早）死。"颜回之死是夫子万万想不到的，也是难以接受的，所以，当夫子听到颜回逝去的消息时，他的内心是极其悲痛的，以至于无法保持平日恭谨的形象，痛哭流涕。跟着他的人都劝他："您也是悲伤过度了。"夫子知道大家不明白他内心的真实感受，也全然不顾"人不知而不愠"的君子风度了："我悲伤过度了吗？这是人之常情啊。我若不为这个人如此悲伤，还有谁会如此？！"言外之意：你们大家都不懂得为什么，你们不知道颜回在我心中的位置有多么重要？！

春秋时期，富贵之人皆有养士的习惯，能找到与自己志同道合的人、有学识的人、有品德的人，是非常重要的一件事，因此，在出现意外的情况下，其内心的感受是旁人无法感受到的。颜回虽非夫子所养之士，其情同之也。

11.11 颜渊死，门人欲厚葬之。子曰："不可。"门人厚葬之。子曰："回也视予犹父也，予不得视犹子也。非我也，夫二三子也。"

颜回不仅在夫子面前受宠，平日跟同学们之间也几乎没有什么争执，与同学处得不错。颜回死了，夫子的弟子们都建议厚葬他。

古代的丧葬制度是很严格的，特别像颜回早逝而其父母尚在的情况，厚葬是说不过去的。因此，夫子坚持说："这不可以啊。"但是同学们没有听夫子的话，还是厚葬了颜回。夫子知道以后说："颜回把我当成父亲来看待，但我不能把他当成儿子来看待啊。违规厚葬的事情，不是我的主张，是同学们自作主张的啊。"

对于厚葬颜回这件事，从感情上讲是可以的，但从"礼制"上讲是有问题的，是不符合规矩的。作为教育者，作为礼制的坚定维护者，不能违背规矩。夫子此话，也反映了他的原则性和灵活性。

11.12 季路问事鬼神。子曰："未能事人，焉能事鬼？"曰："敢问死。"曰："未知生，焉知死？"

子路向夫子问侍奉鬼神的方式方法。夫子觉得子路同学似乎不应该想这些事，因为他虽性格开朗，但做事有些鲁莽，缺少细密的心思，祭祀鬼神的事情不能太过随意，子路是不合适的，于是他回答："还没有把人侍奉好，怎么能够去考虑侍奉鬼神的事呢？"

言外之意，这些都不是你所需考虑的事情，你只需把自己的事理清楚就行。子路受夫子批评甚多，对夫子的话也没有多想，只觉得是正常的批评而已，没有当回事，又继续追问："我斗胆再问问死是怎么一回事？"夫子见子路不明事理，就有点儿不耐烦："你对活着的事情还没有搞清楚，怎么能够思考明白死的事情？"生与死相比而言，生的事情远比死的事情要大，要复杂。一个生命自从诞生的那一天起，就要考虑如何生活下去，如何生活得更好，如何生活得更有意义。至于死的事，不必多考虑。

11.13 闵子侍侧，訚訚如也；子路，行行如也；冉有、子贡，侃侃如也。子乐："若由也，不得其死然。"

闵子骞，以孝著称，做起事来给人的感觉是恭敬而正直；子路，风风火火，做起事来总给人的感觉是很刚强的样子；冉有、子贡，性格随和，做起事来给人的感觉是温和而快乐。

夫子非常高兴，但又忍不住点评一番，于是顿了顿又说："不过，像子路这样做事，恐怕他不得好死啊。"事实也证明，子路确实是死得悲惨。在跟随夫子周游列国的途中，他听说卫国发生内乱，坚持要去救卫大夫孔悝，结果被卫军首领击落帽子。深受夫子思想影响的子路，认为人死绝不能免冠而死，必须正衣冠，死得有尊严，于是先去拾帽子，结果被乱军剁成肉酱。子路之死，有其迂腐之处，完全可以先奋战先活命再顾帽子的事情。

从另一个角度来讲，他虽未正好帽缨就被砍杀，但也属于视"道"为生命的人，把"道"看得比生命更重要，是一个不折不扣的"殉道者"。

11.14 鲁人为长府。闵子骞曰："仍旧贯，如之何？何必改作？"子曰："夫人不言，言必有中。"

鲁国找人维修"长府"金库，他们总在商议怎么改怎么弄，进展缓慢，耗费也很高。

闵子骞不满意了，说："就按照原来的样子维修或重做，何必要改来改去难以定夺，浪费时间和金钱。"对于闵子骞的言论，夫子是非常赞同的，但他没有赞扬闵子骞的观点，而是赞扬其本人，说："这个人一般不说话，说出来的话那一定是非常有道理，符合事实，非常中肯。"夫子强调"君子讷于言而敏于行"，一般情况下，不要乱说，特别是在说了也没有用的情况下，说不如不说。

"没有调查就没有发言权"，这里的"调查"是指说话一定要有依据，"调查"之后说出来的话，相对而言更为准确，更容易被别人接受。凡事不要随意评说，要说就一定要说准，说到点子上。

11.15 子曰："由之瑟，奚为于丘之门？"门人不敬子路。子曰："由也升堂矣，未入于室也。"

智者千虑，必有一失；愚者千虑，必有一得。

《孔子家语·辨乐解》载：子路鼓琴，夫子听了后对冉有说子路所弹奏的委实一般，不懂得把握音乐的度，把好好的音乐弹出了杀伐之音，音乐才能还是差了一些啊。于是面对众多门人批评子路："像仲由这样的弹奏水平，为什么要到我的门前来弹啊？"夫子言语间有埋怨子路所弹奏之乐有辱师门之嫌，于是众门人对子路有些不敬，甚至公然怠慢子路。

夫子见门人如此，又打圆场："仲由也不是你们想象的那样不堪，他也是有些才能的，只不过还需要进一步提升，就像一个人进入了厅堂，但还没有进入内室，没有学到最核心的东西而已啊。"夫子一言以兴之，一言以丧之，实在应该言语谨慎，但作为教师，弟子有不足，能不指出来吗？指出来，又让人产生了误解，只好又打圆场，"过则勿惮改"。

11.16 子贡问："师与商也孰贤？"子曰："师也过，商也不及。"曰："然则师愈与？"子曰："过犹不及。"

在中国的传统文化里，最忌讳背后谈论人，议人是非。夫子在推行教育的过程中，也经常会遇到别人问孰好孰坏、孰是孰非的事情。

当然，有时候学生问老师对其他同学的看法，也是为了帮助自己修正自己的观点而已。有一天，子贡问夫子："颛孙师（子张）和卜商（子夏）谁更贤良？"夫子不愿意评论，但又觉得不说又显得怠慢了子贡，想了想："子张做事总是有点过头，好像快了半拍；子夏呢，总表现得有点儿愚钝，好像慢了半拍。"子贡听了老师的话，说："那是不是子张更好一些呢？"夫子各打五十大板："过头了和有欠缺，都是不好的。"一个人过于谦虚，就是"文胜质则史"；一个人过于实在，就是"质胜文则野"。

中华文化强调中庸，中庸之论，非谓取物理之中，而谓于事实之中恰如其分。中庸所讲"喜怒哀乐之未发，为之中"，各种情绪的存在是必然的，但"发而皆中节"，都合适，是很难做到的，做到了，就是最恰当的行为，于己于人都感到合理又舒适。

日常处事，最难把握的就是度。把握好了，则事半功倍。

11.17 季氏富于周公，而求也为之聚敛而附益之。子曰："非吾徒也。小子鸣鼓而攻之，可也。"

人为财死，鸟为食亡。掌握多少财富，既要有度，也要有节制。

鲁国的权贵季氏擅权掠财，比封侯于鲁的周公旦家里都富裕。这令夫子觉得季氏过分，财富僭越了等级。这还不是最可气的事情，更可气的是自己的学生冉求跟随季氏做事，不但不阻止，还帮助季氏聚敛财富，使之聚敛的财富越来越多。夫子说："冉求助纣为虐，从今天起，冉求这小子不算是我的学生了。你们可以敲锣打鼓地去围攻他。"

夫子对冉求失望至极，说此番话，非为断绝师生关系，而是希望通过弟子传话，他能知错就改，迷途知返。

11.18 柴也愚，参也鲁，师也辟，由也喭。

高柴，字子羔，夫子以为其愚直，是孔门弟子中从政当官最多次、最长久、最公正廉明、最得民心的父母官，也是孔门中最长寿的贤孝之才，享年128岁。他举办的"高柴书院"，广收弟子，甚至还在各地办了很多分校，弟子甚多，其影响巨大而深远。由此可见，高柴之愚，实为大智若愚。

曾参迟钝，却最为善于反思，曾主张"吾日三省吾身"，他不把事情真正搞明白，是不会胡乱发言的，所以给人的感觉是迟钝。此"迟钝"乃成熟之义，非木讷、愚钝也。曾参得夫子真传，且一生坚持不懈传播夫子学说，被后世封为"宗圣"，深信其师之道，终生不改其师之说。

说颛孙师（子张）偏激，是有原因的。在师从夫子之前，他曾犯过罪，受过惩罚。夫子有教无类，纳其为徒，教其忠信之道，教其从政要领，但子张终生没有参政，而是致力于传播夫子的学说，也算是继承了夫子衣钵。由子张之案例看，教育事业的确为社会不可或缺的重要行业，其功德至伟，夫子于子张之教育功德，堪为世范。

仲由（子路）性格鲁莽。《史记·仲尼弟子列传》："孔子曰：'自吾得由，恶言不闻于耳。'"子路性格豪放，大大咧咧，在涵养上有欠缺，但的确是夫子最忠实的弟子，毓鋆老师认为子路是"圣人门前一太保"，是夫子及其众弟子的保护神。

四人各有其缺点，但夫子没有说的那些则全是优点。人无完人，此四弟子者，经夫子之手把手教育之后，事实上已属贤人。

11.19 子曰："回也其庶乎！屡空。赐不受命，而货殖焉，亿则屡中。"

在夫子的学生中，颜回算是公认的最优秀的了，但他却是既贫又穷，有时食不果腹，但其好学精神可嘉，学业优秀，品格高洁。如果上天让颜回拥有稍微好一点儿的物质生活条件的话，岂不是对其个人甚至对其师友来说，都是乐见的美事儿？可是，天公偏偏不作美，让优秀的颜回过着贫穷的生活。

然而，相比颜回的认真劲儿稍加逊色，而头脑的灵活劲儿又超好的子贡，却不安分守己，而且有能够猜度市场行情的先天优势，能够在价廉时囤积，价优时出手，往往又猜度精准，所赚颇丰，成为远近闻名的商业奇才。

我们多么希望颜回的日子过得相对丰裕一些，我们又多么希望子贡的学业更进步一些。然而，人生就是这样，不会由着我们内心的愿望去发展而成为现实。生活有缺憾，历史有缺憾，但那却是实实在在的……让美好永存心中，让理想永远照耀。

11.20 子张问善人之道。子曰："不践迹，亦不入于室。"

子张向夫子请教如何才能做得更好，以完善自己的方法和途径。夫子说："不要亦步亦趋地遵循前人的脚步，也不要奢望追求达到最高的境界。"

登堂，仅仅是入了门，入了围；入室，才是胜出，才是达到了最高的境界。有一句话讲："没有最好，只有更好。"我想，夫子此言的目的就是鼓励创造而不是因循守旧。有时候，我们更多地把传统文化看成是守旧的，缺乏创新和创造，但从夫子此言中，我们还是真正体会到了夫子崭新的不同于传统认识的一面，即鼓励弟子们大胆实践创新的思维。夫子在礼制、德行上那是严谨的、认真的、一丝不苟的，是坚定不移的，但在具体的实践方面，他是鼓励创新创造的。

11.21 子曰："论笃是与，君子者乎？色庄者乎？"

我们常常把"言行一致""表里如一"作为评判一个人的标准。

《说苑·尊贤》云鲁哀公问如何选人用人，孔子对曰"观其言而察其行"，不仅要看一个人说得怎么样，更要看他做得怎么样。先师一生历经磨难，跟各色人等都打过交道，在知人识人上自然是高人一等。《论语》此言，应是与子张谈话时所表达的一句感慨，看一个人说得笃实，难道就可以认定他是君子吗？还是故意装出庄重的样子呢？在现实生活中，言行一致者确属凤毛麟角，那些言谈大过其实者，我们也往往嗤之以"吹牛皮"，鲜有人信，其危害也不大。危害大的，就是"色庄者""文胜质则史"者。

世界之大，大不过"包容"二字，纷繁社会，知其虚实而包容之，非苛求之。传统文化重在正己，而非用于正人。

11.22 子路问："闻斯行诸？"子曰："有父兄在，如之何其闻斯行之？"冉有问："闻斯行诸？"子曰："闻斯行之。"公西华曰："由也问'闻斯行诸'，子曰：'有父兄在'，求也问'闻斯行诸'，子曰'闻斯行之'。赤也惑，敢问。"子曰："求也退，故进之；由也兼人，故退之。"

夫子最著名的教育理论之一：因材施教。

对于学生脾性不同、能力不同、兴趣方法各异等特点，有针对性地改进教育的方式方法，给予学生不同的评价和改进建议，是符合教育规律的做法，也是被广泛认可的教育实践，从教育效果上看更是事半功倍。在夫子的学生中，子路性情勇猛，头脑简单，做事有点儿鲁莽；冉求性格懦弱，做事犹豫不决，思虑过多而实践不足。夫子对他俩施行的教育自然不同，而且会有意识地鼓励或打压，形成了鲜明的对比。

一天，子路请教夫子："听到需要自己该做的事，可不可以立即付诸行动？"

夫子针对子路的特点，告诉他："你有父亲、兄长，怎么能立即去做呢？应该先去听听他们的意见。"冉求也去请教同一个问题，夫子说："可以啊，就是立即行动起来。"对于他俩的同一个问题，夫子给出的答案大不一样，这让公西华心生疑惑，问夫子："子路问的问题和冉求问的问题一样，您怎么回答的完全不一样呢？我感到疑惑，请老师解释一下为什么？"夫子对公西华说："冉求这个人，性格天生懦弱，做事顾虑太多，缺乏自信和果断，所以我鼓励他；子路呢勇于行动，所以我要压压他，让他多听听别人的意见和建议。"

按照冉求的情况，鼓励他积极作为，不要前怕狼后怕虎，即使做错了也没有什么大不了的，也不会错到哪里去。而子路呢，你若不给点打压，不给点儿叮嘱，他就会搞出大动静来，如果是向好的方向，动静大点儿倒也没什么，一旦方向错误，动静大了，可能就不好收拾局面了。

11.23 子畏于匡，颜渊后。子曰："吾以女为死矣！"曰："子在，回何敢死？"

在生死问题上，理论上讲是长辈先逝然后才轮到小辈，但实际情况是生命无常，为小辈的或因意外或因疾病，常有先父辈而逝的情况发生。这些事情虽非其本人意愿，但也常被诟为"不孝"，未能尽孝而先去，大不孝也。作为小辈，在父辈面前自然也不敢轻言死，就是随便一说也不可以。《孝经》："身体发肤，受之父母，不敢毁伤，孝之始也；立身行道，扬名于后世，以显父母，孝之终也。"父母未逝，而子女先走，在"孝"的层面上是既无行孝之始，更未谈孝之终。

颜回，夫子的学生，视夫子为父。他跟随夫子周游列国，有一天夫子在匡这个地方被围困囚禁，颜回最后才赶来。夫子说："我们的队伍被打散了，没看到你，还以为你被杀死了。"颜回听此言，即以孝义对答："先生在，颜回怎么敢死呢。"是啊，颜回怎么敢死在老师父亲的前面，岂不是大不孝？夫子此问，也尽显夫子内心中最大的担心就是颜回的安全，亦不失颜回认其为父的情感啊。

11.24 季子然问："仲由、冉求可谓大臣与？"子曰："吾以子为异之问，曾由与求之问。所谓大臣者，以道事君，不可则止。今由与求也，可谓具臣矣。"曰："然则从之者与？"子曰："弑父与君，亦不从也。"

冉求曾为季氏家臣，对于季氏擅权妄为、飞扬跋扈的行为没有办法制止，还曾被夫子训斥过，后来冉求也终辞去其职，不与季氏同流，还是得到了夫子的赞扬。

一天，季子然问夫子："子路、冉求能算得上是大臣吗？"夫子说："我对你这个问题感到惊讶，我还以为你要问的是别人，没想到你竟然问的是他们两个人。至于怎么样才算是大臣，我认为大臣无非就是用道理和仁义去侍奉和辅佐君主，如果君主不听或者无道，那就坚决不做他的大臣了。今天的子路和冉求，正是这样的良臣啊。"季子然又问："大臣难道可以不听话不跟从君主吗？"夫子用了一个极端的事例来反诘："杀害父亲和君主的事，他们两个一定是不会听从的。"子路与冉求在夫子眼里各有缺点，他也曾不止一次在不同的场合批评他们，甚至还比较严厉带着怒气，但在别人来质疑他们的时候，夫子眼里看到的和口里说出来的则尽是其优点。

夫子，圣人乎？更是有情有义的普通人。

11.25 子路使子羔为费宰。子曰："贼夫人之子。"子路曰："有民人焉，有社稷焉，何必读书，然后为学？"子曰："是故恶夫佞者。"

子路很可爱，虽然性格有点儿鲁莽，但是思想单纯、天真。

有一天他向夫子建议让子羔去做费地的长官。夫子说："你是祸害人家的儿子啊。"是啊，人家子羔潜心学习夫子学问，你子路不管人家愿意不愿意，就乱提建议，耽误人家学习圣贤学问。子路说："费地那地方是个好地方，百姓勤快，社会和谐，食物充足，为什么一定要读书、做学问呢？"夫子有点儿生气了："这就是我为什么讨厌那些多少懂点儿就多嘴多舌的人的缘故。"

是子路多嘴多舌吗？似乎是在埋怨子路多管闲事，而夫子内心其实是希望子羔好好做学问的，不希望子路来扰乱人心，蛊惑子羔去从政，耽误老师的事儿，也误导子羔的志向。

11.26 子路、曾皙、冉有、公西华侍坐。子曰："以吾一日长乎尔，毋吾以也。居则曰：'不吾知也。'如或知尔，则何以哉？"子路率尔而对曰："千乘之国，摄乎大国之间，加之以师旅，因之以饥馑，由也为之，比及三年，可使有勇，且知方也。"夫子哂之。"求，尔何如？"对曰："方六七十，如五六十，求也为之，比及三年，可使足民。如其礼乐，以俟君子。""赤！尔何如？"对曰："非曰能之，愿学焉。宗庙之事，如会同，端章甫，愿为小相焉。""点，尔何如？"鼓瑟希，铿尔，舍瑟而作，对曰："异乎三子者之撰。"子曰："何伤乎？亦各言其志也。"曰："莫春者，春服既成，冠者五六人，童子六七人，浴乎沂，风乎舞雩，咏而归。"夫子喟然叹曰："吾与点也！"三子者出，曾皙后。曾皙曰："夫三子者之言何如？"子曰："亦各言其志也已矣。"曰："夫子何哂由也？"曰："为国以礼，其言不让，是故哂之。""唯求则非邦也与？""安见方六七十如五六十而非邦也者？""唯赤则非邦也与？""宗庙会同，非诸侯而何？赤也为之小，孰能为之大？"

侍坐，是夫子的重要教育方式。就是一众弟子围坐在老师的周围，老师提出问题，弟子们轮流回答，老师点评。有疑问的同学可以提出来，再请老师解释，以最终把问题弄清楚、弄明白。整个课堂以提问题为中心，以学生为中心，结合社会实践思考问题……这可是领先于今天教育专家们所倡导的来自美国的建构主义、多元智能理论至少两千五百年。而且夫子对学生的点评，不仅仅是对其答案的点评，而且还顾及学生的性格、思维特点给予"因材而异"的点评，从而让"因材施教"的理论和实践得到进一步的提升。

这一天，子路、曾皙（点）、冉有（求）、公西华（赤）围坐在夫子身边。夫子要求他们说说自己的志向，而且鼓励他们大胆说，不要有顾虑，不要谦虚，让大家共享，相互学习。

子路善武勇敢，总是喜欢率先发言："假设一个有一千辆兵车的国家，夹在大国之间，经常受到大国的侵略和欺负，战争不断，百姓生活困难，如果我去治理这样一个国家，给我三年的时间，我可以让这个国家强大起来，有勇气与大国抗衡，而且让百姓懂得强国的道理。"夫子哈哈一声，似乎是嗤笑。后对公西华解释缘由是觉得子路大言不惭，不懂以礼治国，只凭匹夫之勇，不知天高地厚。

夫子点名冉求，冉求回应："一个方圆六七十里或者五六十里的国家，我去治理的话，三年时间，我可以让百姓富足，至于礼乐等大事，还是等老师或者更有智慧的人去做。"冉求相比子路要谦虚谨慎得多，夫子没有回应，直接问公西华。

公西华本来也不是很谦虚，他到齐国去出使，骑高头大马，着华丽衣裳，曾很让夫子不爽，这次看到子路被嗤笑，对冉求没有回应，就愈加不敢说了，嗫嚅道："我不能说我能治理一个国家，我更愿意向别人学习。参加祭祀的工作或者同其他国家会盟，我愿意穿着礼服，做一个小小司仪就可以了。"夫子也没有及时评点公西华的言论，我甚至都觉得公西华有些谦虚过分了，有些"文胜质则史"，虚伪了。

夫子点名曾点发言。曾点在那里弹琴，听到夫子点名，猛拨一下琴弦，然后也很谦虚："我的理想好像跟大家不同。"夫子鼓励他，说说理想和志向而已，又没有标准答案。曾点接着说："我的想法是，到了暮春时节，天气暖和，穿着短袖，大人五六个，带着六七个小孩，到沂河里去游泳，在舞雩台上吹吹风，然后唱着歌往回走。"曾点讲的理想很生活化，描述了一种悠闲快乐的幸福生活场景。当然，这场景的背后一定是国家推行仁政。夫子听后感慨良多："我是赞成曾点的。"

曾点谦虚怕说不好，却得到了夫子的高度认可。便在其他同学走后，留下来向老师请教，询问老师对其他同学观点的看法。夫子对子路之言自不必再言，为何对冉求、公西赤的观点没有评论，相比子路，冉求有些胆小，积极进取的心态不足，夫子认为他有从政的才能，总是鼓励他，曾说："求也，千室之邑，百乘之家，可使为之宰也。"（见5.8）这次看他仍然畏缩不前，心里不高兴：到哪儿去找这样的小国让他去治理，即使有这样的小国用得着他治理吗？公西赤的虚伪让他不高兴，人人都想去做小事，那谁去做大事？其实夫子是觉得冉求和公西赤没有说出自己的心里话，言不由衷，不够君子气概。

颜渊篇第十二

12.1 颜渊问仁。子曰："克己复礼为仁。一日克己复礼，天下归仁焉。为仁由己，而由人乎哉？"颜渊曰："请问其目？"子曰："非礼勿视，非礼勿听，非礼勿言，非礼勿动。"颜渊曰："回虽不敏，请事斯语矣。"

颜回是夫子最得意的学生，他向夫子请教什么是"仁"，夫子告诉他："克制自己的欲望，恢复礼制，就可以行仁了。一旦这样做到了，天下所有的事情就都归向'仁'，天下的人也就都认为你的所作所为值得赞许。'仁'这个事儿做得到或者做不到，归根结底取决于你自己怎么做，而不是取决于别人。"

夫子说得再清楚不过了，天下归仁，从自己做起，而不是你提出要求，由别人去做，只有自己率先垂范才能行得通。齐桓公当年帮助燕国灭山戎，燕王感激涕零，百里相送，一送再送，送出了燕境。根据周朝的礼制，诸侯迎送是不能越境的，为了维护礼制规矩，齐桓公在燕王站立的前方画了一条线，作为齐燕新的分界线，以表示燕王相送未曾出境，齐桓公自己也未接受僭越礼制的待遇。齐桓公能够拿出让领土的代价来换取符合礼制的做法，应该说这是一个"克己复礼"的生动案例。

颜回接着又请教"克己复礼"的具体做法。夫子的回答也很精彩且操作性极强："不符合礼的事不看、不听、不说、不做。"四个"非、勿"与每个人的现实行为直接相关，只要你想"克己复礼"，你就知道怎么做了。颜回是聪慧之人，自然领悟愈加深刻，自谦地说："我虽然不够敏捷，但我记住并知道怎么做了。"反观现实，有多少人为饱眼福偷偷看了多少不该看的东西？有多少人为了猎奇又去听了多少不该听的事情？又有多少人为了泄愤一时说了多少不该说的话？又有多少人为了利益做了多少不该做的事情？

12.2 仲弓问仁。子曰："出门如见大宾，使民如承大祭。己所不欲，勿施于人。在邦无怨，在家无怨。"仲弓曰："雍虽不敏，请事斯语矣。"

冉雍，又称冉仲弓，也是夫子欣赏的学生之一。夫子曾说过"雍也可使南面"，意思是他可以做大官。冉仲弓向夫子请教什么是"仁"，夫子的回答跟回应颜回的话不一样："出门去工作必须认真，就像去接待贵宾一样不能马虎；要求百姓去服役，就好像去承办大型祭祀的大典一样，也马虎不得。自己不喜欢的事情，也不要强加给别人。这样，可以使大家在工作岗位上没有任何怨言，在家休息不在岗时也没有怨言。"冉仲弓说："我虽然不聪明，但您说的话我记住了。"

夫子这话是对冉仲弓说的，也是对身在高位上的人说的。告诫像冉仲弓一样身份地位已经很高的人，千万不要自满，不要高高在上，要把事情办好，恰恰需要考虑事情如何办理会更合理，更顺民意，特别提出"己所不欲，勿施于人"的告诫，就是从自己的身份出发，考虑下层民众的感受，而不是要求下层民众己所不欲，勿施于官。在家呢，如果己所不欲，也不施与家人的话，家人也不会有什么抱怨，就是"家和万事兴"了。这个"己所不欲"的一个前提是自己不欲，不抱怨，这样才能使别人也不抱怨。后亚圣孟子更强调"民为贵，社稷次之，君为轻"，其思想应当源于夫子对冉仲弓所言之意。

12.3 司马牛问仁。子曰："仁者，其言也讱。"曰："其言也讱，斯谓之仁已乎？"子曰："为之难，言之得无讱乎？"

"君子欲讷于言而敏于行。"夫子在多个场合多次倡导一个人要少说话，言多必失。这个少说话、"讷于言"是成就君子品德的一个前提和具体的行为，对一般人来说，偶尔一次"讷于言"容易做到，长期坚持恐怕就很难了，做不到，就难成"君子"，不但难成"君子"，恐怕还会伤及人品。

司马牛，宋国人，其为人言多而急躁，因其兄反叛，他与其兄断绝关系，应属正直之人。他向夫子请教"仁"的问题，夫子针对其"言多而躁"的性格特点说："仁德之人，往往他的言谈是有些木讷，显得迟钝啊。"司马牛觉得夫子之言过于简单："说话木讷一些、迟钝一些就可以说是'仁'了？"夫子说："都知道做成一件事很难，但多说一句话，说一句过头话，说一些不着边际的话不是难事，很容易做到啊。"是啊，本就言多而躁，说些废话特别容易，但克制自己的这些弱点，就显得不容易了，把这些不容易克服的事，做到了，即实现了"克己"，然后再谈"复礼"，就有了基础条件，然后再行"仁德"，就水到渠成了。

颜回、仲弓、司马牛都问的是同一个问题，夫子没有一个标准答案，却能针对三个人的不同特点，给每个人提供了一个通向"仁"的行动路径。这就是夫子的高明，这就是夫子教育的高明。夫子育人，不是告诉你答案是什么，而是告诉你怎么去做，给你一个行动的突破点，然后答案靠自己去悟，不管最后悟的是不是与标准答案完全一致，但却能够殊途同归，达到教育的目的。

12.4 司马牛问君子。子曰："君子不忧不惧。"曰："不忧不惧，斯谓之君子已乎？"子曰："内省不疚，夫何忧何惧？"

司马牛是宋国人，也是一个实诚人。他有一个兄长叫桓魋，很受宋景公宠待，而他却犯上作乱被宋景公赶走，身败名裂，司马牛闷闷不乐，内心忧惧。

他见到夫子问怎么样做才是君子，夫子告诉他：不忧愁，不恐惧，就是君子。他很疑惑，君子就是这么简单吗？可是这个"简单"对司马牛来说却很难，因为他正在忧愁和恐惧之中。夫子知道他心存忧惧疑虑，进一步对他说，忧惧不忧惧，你要在内心里好好反省一下，这个忧惧是不是跟你有关系？如果你站得正，行得端，你内心没有什么事感到内疚，那又何必忧惧呢？兄长犯事，为弟者若未有参与，内心无疚，即可放下忧惧。

夫子一语点破司马牛的迷津。无论事情有多么纷繁芜杂，关键是要厘得清，厘清了，自然就知道事理了，明事理了就知道怎么做了，也就豁然开朗了。君子"内自省"，确实是君子必修之道。

12.5 司马牛忧曰："人皆有兄弟，我独亡。"子夏曰："商闻之矣：死生有命，富贵在天。君子敬而无失，与人恭而有礼，四海之内皆兄弟也。君子何患乎无兄弟也？"

兄弟，同父同母，手足也。世间有许多情谊，往往冠以兄弟相称，一如同学，一如战友，一如同事……甚至历史上的绿林好汉都以兄弟相称，他们把兄弟之谊扩而大之，虽非同祖同宗，也当作生死兄弟来对待。

在现实生活中，朋友之谊胜似兄弟之情的确不少，正因为友情在，让人生不再落寞，让人在一次次的磨难中坚强起来，继续前行。司马牛因自己的亲兄弟犯上作乱逃亡在外，而为人老实的他就觉得自己已经没有兄弟，内心忧惧不已。"死生有命，富贵在天。"有没有兄弟，不是个人说了算的，就像人的生死一样，自己不能完全做主。子夏以此安慰劝解他，告诉他一个君子只要做到敬天敬命认真做事而不出差错，对人恭敬而符合礼节，还有什么好担心有无兄弟这件事？只要你做到了，天下的人都将是你的好兄弟！

君子，是不必担心无兄弟这个事的啊。海内存知己，天涯若比邻。

12.6 子张问明。子曰："浸润之谮，肤受之愬，不行焉，可谓明也已矣。浸润之谮，肤受之愬，不行焉，可谓远也已矣。"

谁不想做一个世事洞明的人？如何才能做到呢？

有一天，夫子的学生子张来请教这个问题。夫子告诉他："那些能够说到你心坎里像水浸润一样能潜移默化影响你的谗言，还有那些让你有切肤之感的诽谤、离间，如果你都能保持清醒的头脑，做到慎思明辨，不受其影响，那就可以说你是个明白人了。再进一步，如果你能够长久地保持这种清醒，你就能行稳致远，思想境界更上一层。"

从理论上讲，夫子这段话说得明白，不难理解。可是在现实生活中，真正做到却很难。这就需要我们特别注意以下两点：一是要熟谙夫子所讲的"非礼勿听"的原则，凡是那些说三道四、搬弄是非的言说，根据其是否符合"礼"，若不符合，则选择坚决不听不信，让说者自说而已；二是要坚持"非礼勿言"的原则，即使对方说得信誓旦旦、真真切切，若仍不合"礼"，我们也不必信以为真，而是"听其言，观其行"，以时间去分辨真伪，以事实去证明真伪。这不仅是专业的态度，更是一种实用的方法。

一个人真想要做到世事洞明，其实最根本还是在修行。坚持修己利人，坚持夫子所说"己所不欲，勿施于人""己欲达而达人"，你就能够很好地做到不被谣言蛊惑，不为功利左右，真正成为一个有远见卓识的人，成为一个真正的明白人。

12.7 子贡问政。子曰："足食，足兵，民信之矣。"子贡曰："必不得已而去，于斯三者何先？"曰："去兵。"子贡曰："必不得已而去，于斯二者何先？"曰："去食。自古皆有死，民无信不立。"

民以食为天，"仓廪实而知礼节，衣食足而知荣辱"（《管子·牧民》）一旦发生饥荒，就会生灵涂炭，社会动荡，历史上此类教训可以说是不胜枚举。兵器充足，装备到位，甚至掌握最尖端的武器技术，是有效御敌的国际共识。但《孙子兵法》更强调"上兵伐谋""不战而屈人之兵"；儒家更强调"仁政"，仁者无忧，以义为先，让天下归心则战无不胜。

子贡精明于商而有仁义，向夫子请教政事处理的要领。夫子告诉他："要保证有充足的粮食，要保证有足够的武器，还要有天下百姓对国家的信任。"子贡又问："如果不得已三者不能俱全，要首先舍弃什么呢？"夫子说："不要武器。"子贡又问："如果还是不得已再舍弃一项，舍弃什么呢？""夫子说："粮食。自古以来人都会死，但老百姓失去了对国家的信任，有人也没有用。"

夫子之言，可能会有很多人心存疑问，先不要武器了，外国来攻岂不是自卸铠甲，任人宰割？我想，中国自 1840 年以来的百年屈辱，是因为武器吗？起初看起来似乎是武器不如人，但综观似乎又不是根本原因，而是社会制度、体制没有改进到既符合时代又符合国情。要不然，我们怎么又能够在武器不如人的情况下打败日本侵略者，又在武器差别巨大的情况下打赢了抗美援朝战争？！兵马未动，粮草先行，又有人可能怀疑不要粮食怎么行！在不得已的情况下，粮食毕竟还是外在因素，而人心向背却是十足重要的事情。有了有利于我们的人心向背，就有了决战的决心和信心，就一定会有解决粮食和武器问题的办法！孰先孰后，自然就清晰了。

12.8 棘子成曰："君子质而已矣，何以文为？"子贡曰："惜乎！夫子之说君子也。驷不及舌。文犹质也，质犹文也。虎豹之鞟，犹犬羊之鞟。"

"质胜文则野，文胜质则史。文质彬彬，然后君子。"君子修养之道，需要兼顾"文"与"质"的平衡。对这个问题，很多人观点不一。

子贡跟棘子成在辩论时举了一个例子，就让我们很好地理解君子之"文""质"为什么要平衡了。质胜文，一个人缺失的是修养，有实无形；文胜质，一个人则文饰有余而本质不实，外靓实空。棘子成可能更看重这个质，就跟子贡说，君子要重品质的质朴实在，为什么要去讲那些形式和修饰呢？重质轻文的出发点可能是好的，但导致的结果可能就是因粗鲁粗野而失君子之风，子贡觉得棘子成重质轻文的观点有些偏颇，于是语重心长地跟棘子成交流："你的想法可能是好的，但一言既出，驷马难追，说话一定要严谨啊。审视一个人是不是君子，还是要兼顾，质朴实在是君子的内核，但必要的修饰也是君子所必需，'文'也是'质'的必需，'质'也是'文'的必需，二者不可偏废。这就像虎豹的皮与狗羊的皮一样，其实质都是动物的皮，但如果没有皮之上毛发的颜色、纹理的独特修饰，我们怎么能分得清虎豹与狗羊呢？"

12.9 哀公问于有若曰："年饥，用不足，如之何？"有若对曰："盍彻乎？"曰："二，吾犹不足，如之何其彻也？"对曰："百姓足，君孰与不足？百姓不足，君孰与足？"

财政紧张，要么是支出项目过多导致所收税赋跟不上支出，要么是经济不景气导致税收数额下降而满足不了正常需要。怎么办呢？正常的思维要么是控制支出，要么是增加税收。

但夫子的学生有子不这么认为，他的办法是降低税收。有一天，鲁哀公问有子："因为年景不好遇上饥荒，国家用度支出增加不够用，怎么办呢？"有子回答说："为什么还不把税率降为十抽一呢？"哀公一脸疑惑："现在十抽二，还不够用，怎么能够再降税呢？"有子说："百姓足用了，您还怕什么足不足呢？百姓用度不足，您怎么能够足呢？"

有子讲的道理很简单，但不知道鲁哀公能不能听懂。百姓足用，就会有余力去发展生产和经济，国家税收自然就会有来源，就会有提高，国力也自然会增强。反过来，百姓挣扎在生死线上，流离失所，没有精力和能力去发展生产、搞活经济，哪里会有税收的增长和提升？

12.10 子张问崇德辨惑。子曰："主忠信，徙义，崇德也。爱之欲其生，恶之欲其死。既欲其生，又欲其死，是惑也。'诚不以富，亦祇以异'。"

生活中有很多如此的现象：两个人交好的时候，好成一个头，如胶似漆，须臾不可离；一旦交恶，恨不能将对方马上弄死。若是夫妻，有时候打打闹闹，一辈子过去了；若是朋友，则大多是利益相同时好，利益纷争时则坏，甚至大打出手，最后老死不相往来。

夫子的学生子张请教怎样才能够崇尚仁德，辨别迷惑。夫子语重心长地说："一切以忠诚信义为本啊，所有的事情都要用义来衡量，你就知道怎么做到崇尚仁德了。如果喜欢的时候就希望他长生不老，厌恶的时候又希望他立即死去，这就迷惑了。这样没有辨别的话，确实就对人对己都没有益处，只能成为别人闲谈时的笑话了。"

我们常常讲做人要有原则，考察别人也要有个标准。但在更多的时候，我们却总是被情绪、情感左右，把原则与标准模糊化、消弭掉，在一段时期看来，可能是"和谐"，但等到了关键时候便成了自挖的"坑"了，掉下去了还不知道为什么，迷惑至极。传统文化的价值体系一直强调"仁""义"，什么是仁，什么是义，这就是原则和标准，以此为依据去分析具体的人和事，就不会迷惑了，就会豁然开朗。

12.11 齐景公问政于孔子。孔子对曰："君君，臣臣，父父，子子。"公曰："善哉！信如君不君，臣不臣，父不父，子不子，虽有粟，吾得而食诸？"

对国家和社会来说，秩序是非常重要的，有秩序则一切运行正常；相反，若秩序乱了，一切就不正常甚至会出现颠覆性的危险局面。在一个家庭里，父母有慈、有严、有威、有仪，子女自当各就其位，一家人和睦相处，其乐融融。在一个国家里，国君与臣民相处，君之仁义到位，百姓也自当安于躬耕稼穑，纳税行赋，上下相和，繁荣昌盛。

齐景公向夫子请教处理国政的核心要义。夫子回答说："国君有国君的仁德，大臣有大臣的职责，父亲有父亲的慈严，孩子有孩子的孝顺。"齐景公听了非常高兴："是的，是的！如果国君不像国君那样有仁德，大臣不像大臣有职责，父亲不像父亲有慈、有严，孩子不像孩子尊敬、孝顺老人，即使国家富裕百姓有粮，我怎么能够得到而且安心地吃饭呢？"

国泰民安，诚哉斯言。一个良好的社会制度和秩序建立起来，才是国泰民安的基础和前提。

12.12 子曰："片言可以折狱者，其由也与？"子路无宿诺。

子路确实是个有争议的人物。不仅在当时，后世学者对其也有不同的看法。

杨伯峻先生认为，子路无论如何也不可以凭片面之词就可以判定一个争讼案子。

然而总觉得这不太符合作为夫子忠实的学生的一贯风格，子路可以鲁莽，但不至于此。看到辜鸿铭先生的解释为子路是不啰唆，很快就果断判定一个案子，这倒符合子路的性格。

夫子在谈到他的学生子路时说："只言片语间就搞定了一个案子，除了子路还会有谁呢？"子路虽然有些鲁莽，但做事之果决是不绕弯子的，算是他的一个优点。子路虽然"质胜文"有点儿野，但还是非常具有正义感，算得上是君子，特别是他对人的承诺，是没有过夜的，说到做到，从不拖泥带水，干脆利索。

子路是痛快人，跟这样的人在一起，不累，不用费心思，一是一，二是二，不用担心他一日三变。

12.13 子曰："听讼，吾犹人也。必也使无讼乎？"

有人的地方，就会有不同的意见、观点、看法，甚至会产生争执、争讼，闹大了极有可能需要上法庭。

其实存在这样的事也是合乎情理的，符合日常生活规律的。无论是中间人，还是社会调解组织、法庭等机构，在处理一些争讼的时候，常常是要把事情理顺，把事理弄明白，最后使双方都很满意，回归到和谐，才算是真正完成了争讼的调解，即达到了"无讼"的状态。

夫子作为一代宗师，有时候旁观别人处理纷争，谈自己的感受："我听和我看别人处理争讼，我想的也是跟他们一样，最好就是让他们都没有争议，握手言和才行。"使之无讼，正式的断案式处理就必须明辨是非，依法处理；如果是一般性的调解，或者朋友式的说和，可能更需要的是情感包容的参与、仁义等道德价值的介入、人际关系影响的加持，不一定搞清是非，只要能达到最终的一团和气，然后靠时间来消磨，都认识到所谓的"争讼"并没有什么真正的价值和意义，都不介意了，就达到了问题解决的另一种境界。

12.14 子张问政。子曰："居之无倦，行之以忠。"

在一个岗位上日复一日、年复一年地做着同样的工作，感觉每天都疲于应付，没有什么激情，工作效率就会打折扣，甚至会出现一些不应该出现的问题，造成不必要的损失。现在对这种现象有一个名词叫"职业倦怠"。

其实，早在两千五百多年前，孔老夫子就已经认识到这个问题。他的学生子张去请教如何做好政务工作时，夫子嘱托他："在那个岗位上要做到不倦怠，要时刻想想为什么要做，怎么做才能忠于职守。"

我们现在讲"不忘初心"，就是要想想，我们为什么要做这项工作？当初我们是如何斗志昂扬的？做这工作的价值和意义究竟是什么？常常反省一下这几个问题，可能会使我们能够较好地保持清醒的头脑，不忘记初心，把工作做好。更有可能会让我们觉得几十年一贯做下来的这项工作会越做越有成就感、收获感，越来越觉得自己当初的选择是正确的。这样，我们就不会倦怠，就会进入一个良性的循环，工作、生活、人生越来越有价值和意义。

12.15 子曰："博学于文，约之以礼，亦可以弗畔矣夫！"（同 6.27）

12.16 子曰："君子成人之美，不成人之恶。小人反是。"

羡慕嫉妒恨，是人之常情。见不得别人好，恐怕别人比自己好，就是常有的一种不健康的心态。

山外有山，人外有人，别人比自己强是客观现实。比上不足，比下有余，既是一种自我安慰，又是一种处世哲学，倒是很实用。乐见别人好，就像父母永远希望孩子能够超过自己，就像老师希望学生能够有更好的发展，则是一种高境界。

"君子"和"小人"应该怎么做呢？夫子告诉他的学生，君子经常成就别人的好事，关键时刻不拆台，能帮一把就帮一把，看到别人遇到困难，也不袖手旁观，而是去帮助别人。小人呢？正好就是反过来做，看到别人即将成功，处心积虑地去破坏，让人不能顺顺利利成功。

在现实生活中，君子常有，小人亦常有，夫子教我们的判断标准之一，就是在于成人之美还是成人之恶。

12.17 季康子问政于孔子。孔子对曰："政者，正也。子帅以正，孰敢不正？"

一切事情按规章制度办，按照社会公理共识办，有什么难呢？出问题，就出在总有人不这么想。

鲁哀公时，鲁国公室日渐衰落，当时掌管鲁国大部分政事的季康子向夫子请教如何行政才能做好鲁国的政务。季康子作为鲁国的正卿，权倾鲁国，日显强势，有时连鲁国国君都难以驾驭，这种臣强君弱的情状令夫子颇为不满，却又没有办法。季氏此时来请教政治的问题，他自然也是有所针对："治国理政，关键是在于公正，要讲正气。你如果率先垂范讲秩序、讲正气，谁又敢不正呢？"

夫子讲话，弄清问题根源，保持清醒的头脑，既直指问题，又不让人难堪，理讲得又到位，这是夫子的高明之处。

12.18 季康子患盗，问于孔子。孔子对曰："苟子之不欲，虽赏之不窃。"

家徒四壁，什么东西也没有，自然是不会有盗贼光顾的，盗贼光顾的必是有东西可偷的人家，特别是那些富有的人家。

鲁国的权臣季康子，家中自然富裕有加，富裕了，就担心被偷盗。季氏请教夫子如何防贼？夫子也认为季氏聚富无度，有些过分，就借机敲打："如果你没有更多的欲望，不去积攒那么多的财富，你就是给予盗贼奖赏，他们也不会来偷啊。"

夫子给人家的是什么办法？简直就是嘲讽。夫子不是警察也不是防盗专家，只是一个乐于维护礼法、一身正气的知识分子，而且家境不富裕，也没有防盗的经验，季氏为何要去请教他呢？岂不是自讨没趣？季氏当然也不傻，只是他内心算计的是什么呢？是试探夫子对他擅权聚富的看法吗？我们无从猜度。

夫子呢？则是你既然自找没趣来请教，我敲打你一下你自然也是哑巴吃黄连，让你有苦也说不出吧，如果有点儿作用自然最好。

12.19 季康子问政于孔子曰："如杀无道，以就有道，何如？"孔子对曰："子为政，焉用杀？子欲善而民善矣。君子之德风，小人之德草。草上之风必偃。"

我们常讲"榜样的力量是无穷的"，越是身居上位，如果能成为榜样，则力量之大是非常人所能比的。

在儒家思想中，以德治天下是其核心追求目标，子曰："为政以德，譬如北辰居其所，而众星共之。"鲁国季康子向孔子请教治理国家的大事，说："我把那些无道之人杀了，彰显那些有道之人的功德，怎么样？"以杀戮的方式治理国家，自然不是儒家所推崇的仁政。夫子回答他说："你当政治理国家，怎么能用杀戮呢？你要做出善良的表率来，你还怕百姓不善良？！在上位的人的德行像风，而百姓的德行像草，你的善良德行大行于天下的话，百姓的德行岂不像草一样被风所压倒啊。"

12.20 子张问："士何如斯可谓之达矣？"子曰："何哉，尔所谓达者？"子张对曰："在邦必闻，在家必闻。"子曰："是闻也，非达也。夫达也者，质直而好义，察言而观色，虑以下人。在邦必达，在家必达。夫闻也者，色取仁而行违，居之不疑。在邦必闻，在家必闻。"

人生一世，草木一秋。生命从诞生到终结，是一个自然的过程，就像稻草一样，从种子发芽到结果、落叶、秸枯。若单纯从自然的角度来看，生命能够顺利结束这样一段旅程，就算完美了。但作为人，有思想，除了自然的生命过程，还有社会欲望，还希望能够出人头地，活得轰轰烈烈，名垂青史。

谁不这样想呢？可是上下五千年文明史，能够在史册上留下姓名，能够闪耀在历史的星空的，才有多少人呢？但作为一种追求，也未尝不可，也算是追求上进的表现。

子张向夫子请教："作为有知识的人，怎样做才能达到所谓的'达'呢？"夫子听了有些疑惑，不明白子张所谓的"达"指什么，就反问："你所谓的'达'是指什么呢？"子张描述道："就是在国家做官能够有名声，天下人都知道，在士大夫家里做家臣，人家也会知道你的能力不一般。"

夫子听明白了："你说的这叫'闻'，而不是'达'啊。'达'指的是什么呢？品行端正，言语直爽而有度，能够做到察言观色，能够充分考虑到别人，特别是地位相对较低的人的感受。这样，在国为官一定发达，在士大夫家里做事也一定发达。那些停留在'闻'的层面的人，往往是表面上表现出仁德，而实际行动上却是违背仁德的，而且自己还觉得装得像，一点儿也不怀疑自己。这样的人，在国为官一定是会骗取名望，在士大夫家做事，也一定会骗取名望。"

夫子所言，在"行"不在"达"，欲求闻达，只能"讷于言而敏于行"，只能多问耕耘，少问收获。深耕细作，收获自会丰足，闻达不是问题。相反，品行不端，做事马虎，粗枝大叶，闻达之名则一定是恶名恶行。

12.21 樊迟从游于舞雩之下，曰："敢问崇德、修慝、辨惑。"子曰："善哉问！先事后得，非崇德与？攻其恶，无攻人之恶，非修慝与？一朝之忿，忘其身，以及其亲，非惑与？"

修身为本的道理，在儒家经典中讲得非常多，人们对其重要性的理解也在不断提高。但如何修身？从哪里做起？这是一个问题，具体地说是一个实践问题。

夫子的学生樊迟跟随老师在舞雩台下游逛，樊迟请教说："我想请教一下崇尚道德、修补失误、辨别困惑的事情。"夫子非常高兴："你这个问题问得好！先把事情做好了，然后才去讲获得了什么，难道这不是崇尚美好的道德？对恶的事情进行批判就从自己这里下手，不要去攻击别人，难道这不是修己身而防止了别人的怨恨吗？因为一次偶然的事情而发怒，忘了自己的身份，甚至忘记了爹娘的脸面，难道不是糊涂吗？"

夫子最伟大之处就是总是把深刻的道理融于日常生活的点点滴滴之中，而且总是直中要害。世上有多少人总在想不劳而获的美事？夫子毫不留情面地指出，必须先努力干，再去问收获！不干，没有收获是合理的，甚至在有自然灾害的年份，人们即使干了很多收获也甚少，不干而问收获就成了异想天开做美梦了。世上有多少人总是死盯着别人的错误说事，而对自己身上的缺点却浑然不知？只管别人短处，不思己过，修行千万年又会有什么进步呢？每临大事要有静气，要有临危而气定的风范，《大学》云："知止而后有定，定而后能静，静而后能安，安而后能虑，虑而后能得。"没有定力，没有静气，就太容易激动，太容易被激怒，太容易失去思考和判断的能力，从而酿成更大的错误。

跟在老师的身边，虚心请教，总会有特别的收获。

12.22 樊迟问仁。子曰："爱人。"问知。子曰："知人。"樊迟未达。子曰："举直错诸枉，能使枉者直。"樊迟退，见子夏。曰："乡也吾见于夫子而问知，子曰：'举直错诸枉，能使枉者直。'何谓也？"子夏曰："富哉言乎！舜有天下，选于众，举皋陶，不仁者远矣。汤有天下，选于众，举伊尹，不仁者远矣。"

什么是仁？夫子对不同的学生的回答是不同的。颜回问，夫子答"克己复礼"；仲弓问，夫子答"己所不欲，勿施于人"；司马牛问，夫子答曰"其言也讱"……那究竟什么是仁？简单说，仁者往往严以律己，宽以待人，特别是对待别人有包容心、同情心，悲天悯人，总是替别人着想，悲伤着别人的悲伤，快乐着别人的快乐，天下的人在他的眼里，都值得尊敬、爱护、怜悯，都值得去帮助、提携。仁者，活脱脱就是一个"好人"的概念。

什么是智慧？怎么样才算得上是有智慧的人？可能就是常说的聪明人，耳聪目明，对听到的、看到的，总能立辨真伪和是非；也可能是指那种能够由表及里、由此及彼、举一反三的人，分析问题透彻见底的人，看问题能看长远，看到未来的人。要把世事梳理清楚、明白，做到世事洞明，就要会识人察人而知人善任，也就什么事情都会做得井井有条，按部就班，绝不会稀里糊涂，更不会似是而非。

樊迟是夫子晚年的学生，是夫子周游列国归鲁后才收的学生。樊迟在冉求手下做事，自然知道冉求的本事是夫子教的，拜夫子为师后，樊迟想请教的问题还是挺多的。一天，樊迟向夫子请教什么是仁？夫子的回答简洁明了："爱人。"又请教什么是智慧，夫子回答："知人。"樊迟没有完全弄明白夫子的意思，一头雾水。夫子见状，又补充说："举荐正直的人而弃用徇私枉法的人，有可能使那些徇私枉法者向正直的方向转变。"樊迟出来后，遇见子夏，就对子夏说了自己请教的问题，并拿夫子告诉他的这句话来问子夏："老师跟我所说的'举直错诸枉，能使枉者直'是什么意思呢？"子夏说："这句话说得好啊，其意很深、很丰富啊。当初舜获得天下大权时，从众多人中选用仁厚的皋陶做助手后，那些心怀叵测、内心无仁的人就自觉地走远了。商汤灭夏桀取得天下后，也是从众多的人才中选用了贤德的伊尹，那些自私自利的不仁之人也就没有了用武之地。"

12.23 子贡问友。子曰："忠告而善道之，不可则止，毋自辱焉。"

朋友交好，特别是多年好友、密友，如何交往？特别是当你发现了好朋友存在问题和错失时，你该怎么做？委婉地提示他，他可能会"王顾左右而言他"，或者装糊涂，不予理会；直白地告诉他，他可能不听，甚至还会撕破脸皮，令友谊瞬间告吹。怎么办？

子贡就遇到了这样一个问题，他不知道怎么办，就来向夫子请教。夫子告诉他："要很诚恳地告诉他问题，并友好地引导他，如果朋友改进了错误很好，如果没有改进，也就不要再说了，不要再去自取其辱。"

夫子的确是老道，把人性把握得比较到位。如果你的出发点是为了朋友好，而且非常执着地按照你的想法去改变朋友，那可不是一件容易的事。按照夫子的观点，既然是朋友，该说的还是一定要说，但不能要的是"执着"二字，执念一起，事情的变化可能就不能随"初心"之意而变成"恶行"，后果极不可控。尽到提醒之责，已达情谊之限，过之，则有可能物极必反，不但于朋友之改进无益，还会带来更多负面情况。

12.24 曾子曰："君子以文会友，以友辅仁。"

钱穆先生、杨伯峻先生、李泽厚先生皆认为君子是以文章学问来汇聚朋友，而毓鋆先生则独认为"文"指经天纬地的策略，都有道理。

为了将曾子之言扩大到今天能为更多的人借鉴，我们还是将其释之为君子是以文章、学术思想、处世策略等来汇聚志同道合的朋友，这些朋友的仁德又能够帮助自己提升仁德修养。夫子也曾说："三人行，必有我师焉。"朋友能够帮助自己有所提升，完全可以以师称之。能做到"以友辅仁"，既充分表明其自我提升的企求和渴望，又表现出了会友者好学而又谦虚的立场和态度。能以文会友，又能以友辅仁，境界之高，令人景仰。

子路篇第十三

13.1 子路问政。子曰："先之，劳之。"请益。曰："无倦。"

我们都知道"先天下之忧而忧，后天下之乐而乐"这一名句，出自范仲淹的《岳阳楼记》。其实，在更早的春秋战国时期，夫子已经拿此思想在教育学生子路了。只不过夫子说得直白，未能达到后世儒生范仲淹的言辞水平。

事情是这样的：子路有一天向夫子请教怎么从政的问题。夫子告诉他："当政者要先做好一个勤劳肯干的示范，才能带领广大百姓去勤劳苦干。"仅仅是这样吗？子路又请夫子进一步补充说明，夫子又加了一句话："持之以恒，永不倦怠。"

以身作则，率先垂范，怎么能有止境呢？！夫子所说的，也正是很多人难以做到的。

13.2 仲弓为季氏宰，问政。子曰："先有司，赦小过，举贤才。"曰："焉知贤才而举之？"子曰："举尔所知。尔所不知，人其舍诸？"

为了公平起见，往往会有回避的规定和要求，如评选什么优秀，有亲属关系的要回避，防止被人诟病有失公允的嫌疑。但让你举贤才，你能不能举自己认识的甚至是自己的亲戚？一味地追求避嫌，而举荐自己不了解、不熟知的人，其是贤才的理由又是什么呢？

冉仲弓去季氏门下做了总管，来向夫子求教怎么做好政务。夫子告诉他说："自己先要带好头，以身示范，对于别人小的过错不要过于计较，改了即好，提拔重用那些品德贤良而工作能力又强的人。"冉仲弓又问："我怎么才能知道谁有才能呢？"夫子说："举荐那些你了解的；对那些你都不了解的人如果真有才，相信一定会有熟悉他的人去举荐。"

举贤避亲或者不避亲暂且不论，首先需要明确的一点就是你所举荐的人，一定是你所了解的人，是根据你的了解和把握能够胜任的人，是无论人品还是能力都不错的人。有时候，所了解的人只有亲戚的时候，特别是在不徇私而从工作的角度来考虑确实能胜任，又做到内心无私，举贤也可以不避亲。可不可以，关键是看举贤之后，事实情况如何，如果真是能力超群，政绩卓著，举贤何必避亲？！如果举之而其能力不逮，做事平庸，为人又一般，那就不好说了，无私也有弊。

13.3 子路曰："卫君待子而为政，子将奚先？"子曰："必也正名乎！"子路曰："有是哉，子之迂也！奚其正？"子曰："野哉，由也！君子于其所不知，盖阙如也。名不正，则言不顺；言不顺，则事不成；事不成，则礼乐不兴；礼乐不兴，则刑罚不中；刑罚不中，则民无所措手足。故君子名之必可言也，言之必可行也。君子于其言，无所苟而已矣。"

子路是夫子学生中性情率真甚至有些简单鲁莽的一个人，夫子喜欢他的勇敢，让他在周游列国过程中承担保护老师和同学的任务，但对他说话做事又不甚放心，曾当面告诫过他的鲁莽可能会让他陷于万劫不复之地。后来，子路生命的终结也验证了夫子的预判。

子路心中有疑问，又好奇，经常不加掩饰地向老师发问。夫子周游列国到达卫国之后，有一段时间卫国国君表露了想重用他的想法，夫子也很高兴，子路看在眼里，也为师父高兴。"新官上任三把火"，老师会先烧什么火呢？他就问："卫君期待您去帮助他处理政务，任用您，那么您将先做什么事？"夫子告诉他，当然一定是先正名这件事，看给个什么官职，再谈做什么事。子路的率真再一次显露出来："老师啊，人家用您就先干起来，怎么迂腐到先要正名呢？因为要这个名，人家又不想用你了怎么办？"夫子一听，不高兴了："子路啊，你的想法真是太简单了啊！简单得有些粗野不讲究！你对所学的东西只是学了个大概，没有把学问研究到深入精微之处啊。你要知道，名不正，说话就没有底气，就不顺理，不能服众；不顺理不服众，做事呢就很难成功；你做不成事，那些礼乐规则就不能被大众接受；礼乐规则不兴，刑罚处理的标准就很难制定；刑罚标准没有，那百姓就不知道怎么做才是对的。所以说，君子做事，一定要先正这个名，名正方可言顺，就可以把话说得准确精到，说了的话才能贯彻落实下去。因此，君子对自己所说的话是认真而严谨的，绝不能马马虎虎啊。"

在现实中，有时候不拘小节，说话不经大脑，想到哪儿说到哪儿，事情没办好还得罪了很多人，真是"质胜文则野"啊。这一段话实质上讲了个"名"

与"实"的辩证关系，我们常说"实至名归"，这个实如果没有一个合适的"名"来支撑，要想做"实"有时也特别困难。这是一个值得思考和斟酌的问题啊。

13.4 樊迟请学稼。子曰："吾不如老农。"请学为圃。曰："吾不如老圃。"樊迟出，子曰："小人哉，樊须也！上好礼，则民莫敢不敬；上好义，则民莫敢不服；上好信，则民莫敢不用情。夫如是，则四方之民襁负其子而至矣，焉用稼？"

对人才，最好的境界就是量才而用。如果大材小用，则让人有怀才不遇之感，或许会产生一些不良情绪使才不为所用；如果小材大用，或许会让人有飘飘然之感使才不堪重用。这从另一个方面而言，是什么样的才，自己也要清楚定位，是大才去抢小才的饭碗也确实让人有微词。

樊迟拜夫子为师，夫子本想教给樊迟的是修身为人治国之道，不承想他却是来请教农耕稼穑和种蔬菜的事，令夫子有些生气：没有弄清来跟我学习的目的，典型的盲目者！夫子还是不露声色："你学农事，我不如老农民啊；你请教种菜，我不如会种菜的老菜农啊。"夫子只说自己不如别人，却不当面指责他。樊迟从夫子这里走了以后，夫子的气还是没有消："小人啊！樊迟这家伙不懂为什么来跟我学习。你能辅佐君上去遵守礼节，那么老百姓没有敢不敬业于稼穑为圃之事的；你能辅佐君上去行仁义之事，老百姓就没有敢不服从的；你辅佐君上去喜好讲诚信，那么老百姓就没有敢不用心做事的。如果都做到了这些，天下四方的百姓都带着自己的儿女来投奔你，还用得着你去从事稼穑为圃之事吗？"

我们想象着这样一个情景，试图深层次地体会夫子的思想：他反对樊迟去从事农耕种菜，不是轻视农耕之事，也不是对农耕之事有偏见，而是要让樊迟去做更重大的事，就是让他以一己之力做好一个臣子，能够引领、发动更多的百姓去敬农、爱农、发展农业，岂不是发挥更大的作用？若樊迟一个人去躬耕，能耕多少土地？能起多大作用？你若是一个人才，就先不要考虑成为一个什么"器具"，而是去思考如何才能发挥更大的作用，调动更多的力量去做事，而不是专逞一己之技。亲自去捕鱼，不如将自己的技术教授给更多的人，让人人会捕鱼，此即"授人以鱼不如授人以渔"。当教师的，从事教育的，实际上就是"授人以渔"者，而不是"渔者"。

13.5 子曰："诵《诗》三百，授之以政，不达；使于四方，不能专对；虽多，亦奚以为？"

《诗经》三百零五篇，是夫子从三千余首民间诗赋中精选出来的，富有生活情趣、充满正能量，如果诵读诗三百篇，应该就能做到有知识能明理，优秀者可以悟道。如果一味死学，不加以思考，不与生活实际相联系，不去反思改进，可能只限于诗篇数量的叠加，则学诗的裨益甚少。夫子说："诵诗三百篇之后，让你从事政务工作，还达不到相应的要求，甚至拿不准事情怎么做；派你去出使外国，难以胜任促进相互理解、提升国际关系的谈判等事宜……你学得再多，又有什么用呢？"

"学而不思则罔，思而不学则殆"，是夫子关于学习的根本性的论断，至今看来这个"学"与"思"的辩证关系仍然被广泛认可，而且在实践中不断得到检验。如有的人学历史，年代、事件、人物如数家珍，准确无误，但一遇到史实分析、归纳、总结，提出自己的观点并论证，就毫无办法、毫无认识，拥有一筐珍珠，却没有把珍珠串联起来的能力，就永远做不成珍珠项链，珍珠的价值就永远得不到提升和运用。

13.6 子曰："其身正，不令而行；其身不正，虽令不从。"

修身是终生要做的大学问，贵在坚持，难在持之以恒。若一个人能始终坚持下来，不用言语，别人自然是视其为榜样模范，即使别人不能完全做到，对其也是敬畏有加。

俗谚：身正不怕影子歪。夫子对身正者曾有过高度评价，并对身居上位的人提出特别要推崇"身正"："只要自己做到了讲求仁德，行为有范而身正，你即使不下命令，所有的人也会跟从你把事情做好；如果自己都不检点，有私心，你让别人按照命令去做，大家也不会服从。"

从与不从，不只是外表的，而是更注重内在的。"一刀切"的行事方式，往往表面上看是整齐划一，但在众人的内心，或许有万千不愿。任何事，要想收到长久功效，还是要让人从内心折服，内心跟从。心甘情愿，上上之策。

13.7 子曰："鲁卫之政，兄弟也。"

鲁国的首任封君为周公旦，是周武王的弟弟，武王灭商之后分封诸侯，封周公于鲁，因其忠厚仁爱，德高望重，受封后应武王之意仍留京城辅佐武王治国，由其儿子伯禽代为掌国。卫国的首任封君为康叔，系武王同母兄弟，周建国后封其康地，故为康叔。周成王即位后发生了"三监之乱（管蔡之乱）"，康叔平定叛乱有功，改封康叔为殷商朝歌淇地，为卫国。

由此看来，鲁周公旦为武王之弟，卫康叔为武王之小弟。鲁、卫首任国君从血缘上实为兄弟，两国实为兄弟之国。两国的首任国君自是兢兢业业、恪尽职守，在维护周天子权威上不遗余力。但历史延续几百年之后，到了东周夫子生活的春秋战国时代，周王室日渐衰微，诸侯争霸，鲁、卫虽未争得霸权，但也时有不听号令而自行其是的事情发生。夫子看到此种现象，"克己复礼"之路漫漫无期，大同社会理想渐行渐远，还是禁不住摇头感叹这个兄弟之国也是时过境迁，不复有先前之美政美德。

13.8 子谓卫公子荆："善居室。始有，曰：'苟合矣。'少有，曰：'苟完矣。'富有，曰：'苟美矣。'"

卫公子荆名声不错，在各诸侯国公卿大夫中还算是清正廉洁的，夫子对他赞赏有加。夫子在谈到卫公子荆时说了自己的看法："他是很善于居家过日子的人，而且还很满足，刚刚积蓄了一点东西，他会说：'差不多足够了。'再积攒稍多一点儿，他就认为：'太多了。'如果达到像富人那样的情况，他会认为：'这简直是富丽堂皇了。'"

看来，卫公子荆是一个很容易满足的人，所谓"知足常乐"。知足与不知足，是一个人需要好好把握的一个"度"，这个"把握"的关键是要知悉自己，清楚自己的仁德与财富是不是相配，清楚自己的才能与财富是不是相配。如果不相配，即使得到了很多，总会有一天不但要还回去，更有甚者还会伤害到自己。有的人，突然获得了很多财富，往往拥有了财富而不知道如何使用财富，挥霍无度，导致财富其来也忽焉，其去也忽焉，还没有来得及找到富有的感觉就又瞬间回归贫困。拥有财富，要知道财富来路正不正，来路正还要知道其来之不易，要节俭，要用到关键事上，才能发挥财富的使用价值。财富不是越多越好，而是适合就好，用好就好，要用得有价值。

13.9 子适卫，冉有仆。子曰："庶矣哉！"冉有曰："既庶矣，又何加焉？"曰："富之。"曰："既富矣，又何加焉？"曰："教之。"

儒家思想重视民众，孟子曰："民为贵，君为轻。"民众是国家重要的组成部分，如果没有百姓，只有国君，国将不国；如果人口很少，这个国家究竟能强大到哪里去？这是一个很浅显的道理。因此，一个国家治理得好不好，关键要看民众的基本生活状态和行为举止是什么样子的。

夫子来到卫国，冉有帮他驾着车，陪着他，夫子看到卫国的大街上熙熙攘攘的人，感叹道："卫国这么多人啊！"冉有问："一个国家人口众多，应该怎么办呢？"夫子说："应该让他们都富裕起来。"冉有又问："富裕了以后，又该怎么办？"夫子说："教育他们。"

"仓廪实而知礼节。"人的第一需求是活下去，要想活下去首先得解决吃饭、穿衣和住宿的问题，解决了这些，人们才能去做事，社会才能进一步发展，社会发展了，人们的生活质量就会得到进一步提高。人们的生活质量提高了，精神需要就来了，就需要教育之、引导之，人的道德水平才能提高，人的生活才能达到既富裕而又健康、幸福。

13.10 子曰："苟有用我者，期月而已可也，三年有成。"

夫子在鲁国是做过官的，做到了大司寇，而且摄行相事，地位已然很高。

这是有历史记载的，《史记·孔子世家》中讲得非常清楚。鲁定公九年命夫子为鲁国的中都宰，一年下来，"四方皆则之"。因政绩突出，很快被提拔为司空，又很快被提拔为大司寇，两年连升三级。定公十年春，齐鲁会于夹谷，本为诸侯峰会，以和谐对话为主，然而齐景公从内心里瞧不起鲁国这个小国，先是奏"四方之乐"，充斥杀伐之声，夫子愤而登台怒斥："吾两君为好会，夷狄之乐何为于此！"齐随后又奏宫中之乐，让一群侏儒上台为戏，以污辱鲁国之小，夫子认为齐国这边一定是有人给齐景公出了馊主意，他愤然问齐景公："荧惑诸侯者罪当诛！请你杀掉这个给你出主意的人！"齐景公害怕了，事后告诉他的臣子们："鲁国的孔丘以君子之道辅佐其君，而你们却以夷狄之道辅佐我，让我们齐国很丢人。"此事之后，夫子让鲁国威望大增，定公十四年，已五十六岁的夫子被许其以大司寇摄相事。齐景公多次谈到夫子时说，鲁国有夫子辅佐，是能够称霸的，对齐国是很危险的事。于是，齐国派人给鲁国送去美女八十人，还有很多礼品，季桓子微服前去察看，并蛊惑定公收下，这使夫子很失望，愤然辞去官职，离鲁去卫。

夫子之治国才能确实是了不起，无奈鲁定公聪明一世，糊涂一时，失去了夫子这个国之栋梁。夫子是负气出走，内心的真实想法是先到其他诸侯国去施展才能，等鲁定公清醒之后还是要请他回来的。可是事与愿违，夫子周游列国十四年一无所获，多数人都敷衍他，还有一部分人不搭理他，定公直到去世也没再想起夫子。夫子感叹怀才不遇，曾私下对弟子说："唉，就是没有人理解我，任用我。如果有人任用我，我一定会让这个国家的治理一年内大见成效，三年取得成功。"

夫子此言不虚，无奈少有人真正明白夫子的价值。

13.11 子曰："'善人为邦百年，亦可以胜残去杀矣。'诚哉是言也！"

我们可以试想一下一个理想的社会是什么样子：人民生活衣食无忧，居家温暖无风吹雨淋之忧，交通出行无匪盗袭扰，人人心怀与人为善而无争斗打杀，国家虽有刑法但几乎无人触犯，更无因罪而获死刑者……

夫子就曾感叹说："俗话说：'善良正直的人治理国家达到一百年的话，他们一定能够让暴力行为变得不可为，直到消失，这样国家也就没有判死刑或打打杀杀的事了。'这话说得真是正确啊。"

但历史上有没有这样的时代？确实我们没有看见任何一个时代如此平安和

谐，但作为理想和追求则必须要有，一定要有。"胜残去杀"，这是仁政的境界啊，即使从来没有出现过，并不代表我们不能去追求这样的仁政。我们教育的目的，就是要培养这样的人才，造就这样的社会！

13.12 子曰："如有王者，必世而后仁。"

《庄子·天下》："是故内圣外王之道，暗而不明，郁而不发，天下之人，各为其所欲焉，以自为方。""内圣外王"的说法虽出自《庄子》，但却成为儒家修身为政的至高理想和境界。内心具备了圣人般的崇高品德，表现在外面或施政于外，则成王者之政，威望自在。为政，须"以德服人"，而"德"不是一时半刻就能让人看得清，须经过时间和实践的检验方可知晓。因此，即使高德之人成为王者，如果让人真正知其德，归其心，追其行，没有几十年的时间恐怕也不能让人认可。

夫子对此有其自己鲜明的观点："如果有王者兴起，一定得有三十年的时间不断施行仁政，从而让天下的人知道他的仁德，然后天下人都自觉自愿跟随他，品行也自然归属他的仁德。"《中庸》云："率性之谓道。""王者"的性情和仁德，真正上升到"道"的境界，是需要时间来考验的。一世即三十年，所谓"三十年河东，三十年河西"，没有三十年，人们怎么能够真正认得清，并真正认可呢？要想真正成为一个国家、一个领域、一个行业的领导者，绝不是一蹴而就的，必须付出艰辛的努力，必须持之以恒不懈怠，才能修成正果。如《西游记》中的唐僧取经，没有九九八十一难的经历，取来的"经"能够读下去吗？读下去了，能够体悟吗？体悟了，能够做到让更多的中国人认可吗？磨难，也是"王"者使天下归心不可或缺的宝贵财富。

13.13 子曰："苟正其身矣，于从政乎何有？不能正其身，如正人何？"

中国古代的读书人通过科举考试来考取功名，成为国家和社会的各级政务管理者。"从政"，是古代读书人的首选，也是实现"治国平天下"人生价值的重要途径。

什么是"从政"？从概念上讲，就是参与政治、处理政事，安社稷，抚百姓。

夫子早就讲过："如果能够做到心正意诚身修，对于从政这件事来说就没有什么困难、没有什么可以担心的。如果不能做到身正，那么怎么去领导别人，让别人身正呢？"台上一套，台下一套，做两面人，让大众都知道了你的真实面目，那你台上那一套还有什么说服力？你还有什么底气去正人？"正其身"，乃从政之关键、政通之根本、人和之基础。

13.14 冉子退朝。子曰："何晏也？"对曰："有政。"子曰："其事也。如有政，虽不吾以，吾其与闻之。"

《论语述何》：大曰政，小曰事。政，议政，讨论的是政策的制定，是关乎国家方向方针的大事；事，怎么去做，执行落实政策，具体的实践。冉求为季氏宰，从事的是事务，干具体事，与政何干焉？冉求退朝后总是到夫子住处。有一天，冉求来晚了，夫子问他为何，冉求说："有政务忙啊。"夫子心想，你做的事与政务有何关系，不过是替季康子做点事而已，就说："你做的那叫事。如果你参与的真是政务，我即使不在朝中干事，我也是知道的啊。"季康子等卿大夫参与讨论的才是政务，据《左传》记载，此时季康子确实因政务不明请教过夫子，夫子此说也是有依据的。

自己干的是执行的事，还是决策的事，如果不明白就会出问题。如果是决策的事，如果还处在讨论阶段，是可以多方考虑发表建议的。如果是已经定下来的决策，就不必再多说。如果干的纯粹是执行的事，那就更不用多说，直接落实，若有不同意见那算是发牢骚了，于事无补、无益，徒增烦恼。

13.15 定公问："一言而可以兴邦，有诸？"孔子对曰："言不可以若是，其几也。人之言曰：'为君难，为臣不易。'如知为君之难也，不几乎一言而兴邦乎？"曰："一言而丧邦，有诸？"孔子对曰："言不可以若是，其几也。人之言曰：'予无乐乎为君，唯其言而莫予违也。'如其善而莫之违也，不亦善乎？如不善而莫之违也，不几乎一言而丧邦乎？"

《道德经》："治大国若烹小鲜。"夫子时代还未有食用油出现，烹小鱼不是用油炸，而是在铁锅里干煎，一不小心就会把鱼煎煳或煎碎了，因此，必须小心翼翼，还不能翻的频率太高，此言即指治理国家就如煎鱼一般。治理国家有没有更高明的手段？运作简单而高效？治理者往往希望会有一剂良药，操作简便效果还好。这有点儿理想化。

春秋时期的鲁定公曾问夫子："治理国家兴盛发达的方法、原则或要诀，有没有可能用一句话来概括？"夫子回答："话不能这么说啊，哪有这么简单的，一句话能说得清楚？不过，也有人说：'作为国君治国理政很难，但当臣子的也不容易。'如果臣子能够知道国君的难处，处处体谅，精心辅佐，那这句话也几乎就是您要的那句了。"鲁定公又问："那有没有一句可以总结国家衰亡的教训？"夫子还是觉得为难："这也几乎是不可能的啊。但也有人说：'我看当国君的也没有多少快乐可言，只是大家都不敢违背国君说的话。'如果国君说得正确，大家都遵循而没有反对的，也未尝不可，是好事；但如果国君说得不正确，然后大家都不敢说话或反对，那这就会造成国君一句话就可以亡国的可能了。"

很难用一句话概括，也并非不能概括。君臣相互尊重、相互体谅，心往一处想，劲儿往一处使，则万事可成，国家之幸甚。若君不君，或君言有失伦常有失公允，大家若再不敢言语，噤若寒蝉，则国家危在旦夕。

13.16 叶公问政。子曰："近者说，远者来。"

"有朋自远方来，不亦乐乎？"远方能有朋友前来拜访，如果主家很高兴，又很郑重地接待，那么远方一定会有更多的朋友前来拜访，相比那些"门前冷落鞍马稀"的人家一定是事业辉煌。一个国家也是如此，如果世界各国纷至沓来，谈友谊、做生意，共同发展，则这个国家也一定是兴旺发达的。就像汉唐时的长安，大街小巷常见异域使节和客商往来，友好相处。汉、唐时期，也算是我国历史上的鼎盛时代。

楚国叶地的长官叶公向夫子请教如何做好政务工作。夫子说："你要让你身边的人真正感到愉悦，让远方的人愿意到你这里来。"远方客商来得多，说明这个地方肯定是经济繁荣，交通发达，物流通畅，这也反映出当地的工作一定是深入而扎实，积极而和谐的。因此，"近者说"也是基础性的要求。一个人为政一方，有一群人拥护、支持，乐意跟他同患难、共进退的，一定是一方百姓有很强的获得感、幸福感。夫子的话讲得形象易理解，但蕴藏的道理并不简单。

13.17 子夏为莒父宰。问政。子曰："无欲速，无见小利。欲速则不达，见小利则大事不成。"

诸葛亮有一句名言值得我们去思考："非淡泊无以明志，非宁静无以致远。"

先说宁静。中国还有一句俗谚"每临大事有静气"。《大学》："知止而后有定，定而后能静，静而后能安……"凡事强调定和静，只有定下来、静下来，才能去思考做事的规划及具体的实践方案。子路曾请教夫子"闻斯行诸？"夫子告诉他要多问问父兄，多听听别人的意见和建议，于事有益。

再说淡泊。很多人常立志，但常立志而脚踏实地矢志不移者，鲜矣。为什么呢？内心不宁静，常为外力所左右，常为小利而改变行动，使志向的灯塔成为摆设。

子夏做莒父一地的长官时，向夫子请教做政务工作的要领。夫子语重心长地说："做任何事情，不要过分追求速度，也不要被小恩小惠所蛊惑。有时候，你越要速战速决，就越容易出纰漏反而难以实现目标；若是看见一点儿好处就占，你就很难做成大事。"

夫子之言，千年提示，万年警钟。

13.18 叶公语孔子曰："吾党有直躬者，其父攘羊，而子证之。"孔子曰："吾党之直者异于是。父为子隐，子为父隐，直在其中矣。"

打小报告，自古至今都是不被提倡的，这是一种品德不良的表现。

看看我们的成语就知道，对打小报告的人是怎样一个评价：说长道短、搬弄是非、小人之举、居心叵测、别有用心……但作为一个组织或社会，往往教人疾恶如仇，鼓励举报，特别是你看到了明明违法的事怎么办呢？不管吗？社会责任呢？往往又被冠之以"见义不为"，应该说，这与以上"打小报告"还是有区别的。当然，见义而为的后续工作，更好的一种做法是将看到的现象作为一件事、一种现象来研究，考虑以后如何通过出台系列法令、政令来避免，对事不对人，要解决的是问题而不是人，不是以整人为目的。在问题面前要遵"礼"，礼是重要的，礼是规范人、保护人的，不是迫害人的。当然对犯罪分子来讲，已经公之于天下的，如果不以法律为准绳来处理，也是不行的。

夫子与叶公有一段对话，很有意思，对我们或许会引发很多思考。一天，叶公告诉孔子说："我们这里有一个正直的人，他的父亲偷人家的羊，他不为其父遮掩而是去作证告发。"这种做法可能符合相关制度要求，此举可能会有利于治理偷盗行为，但不符合人性，事后可能会引发亲情危机，将亲人变成路人，将有可能会破坏以家庭为基本单位的社会的深度稳定，比起一只羊或一次偷盗行为造成的破坏性会更大，其破坏力可能会更强，影响会更深远。夫子是有些不同意叶公的说法的，回答道："我们家乡的风俗不是这样，对正直的理解也不一样：儿子偷羊，父亲可能会为儿子保密；父亲偷羊，儿子也会尽力帮助遮掩。正直，在这里面。"

法制可以用来遵从，人性发乎内心，法制与人性并非完全一致。最好的办法是，在法制维护社会公平正义的基础上，也要尽力考虑人性的弱点；人性有公有私，也要尽量向社会公平正义靠近，不做违法越制之事。

13.19 樊迟问仁。子曰："居处恭，执事敬，与人忠。虽之夷狄，不可弃也。"

仁，究竟怎样来理解？如果上升到一个概念性、理论性的解释可能很难，但在日常生活中却是广泛存在的。针对不同的人，有不同的回答可能更有助于提问者理解。颜回问仁，"克己复礼"；仲弓问仁，"己所不欲，勿施于人"；司马牛问仁，"其言也讱"；子张问仁，"恭宽信惠敏"。

樊迟多次问仁，一问曰"先难而后获"（见 6.22），二问曰"爱人"（见 12.22），三问曰"居处恭，执事敬，与人忠。虽之夷狄，不可弃也"，也就是说，即使平时在家居住生活也要注意衣着，举止也要端正庄严；外出工作处事更要严肃认真，对别人的嘱托或答应别人的事要衷心诚意地去完成，即使是到外国或者边远地区，也不能丢弃这些美好的品德。

与家人同居，自己独居，工作谋事，无论何时、何地，都要做到心怀恭敬、敬业勤奋，忠人之事，不可有须臾松懈，不要降低要求。古人对修身要求之高，对"慎独"之重视，可见一斑！

13.20 子贡问曰："何如斯可谓之士矣？"子曰："行己有耻，使于四方，不辱君命，可谓士矣。"曰："敢问其次。"曰："宗族称孝焉，乡党称弟焉。"曰："敢问其次。"曰："言必信，行必果，硁硁然小人哉！抑亦可以为次矣。"曰："今之从政者何如？"子曰："噫！斗筲之人，何足算也？"

孔老夫子的心中是充满理想的，他所倡导的仁义道德都是建立在其理想的标准要求之上，一般人的做法是达不到他的标准的。我们静下心来想想，这也是符合实际的。若没有一个更高的理想，或者理想很容易就达到，这理想又凭什么被称为"理想"呢？

子贡有一天去请教夫子："怎样做才能称得上'士'？"夫子告诉他，对自己的行为要经常检点一下，以知其耻或不耻，为国出使四方之国能够不辱使命、不丢国格，就可以称为"士"了。夫子所言层次很高啊，有多少人能够做到这么大的官？子贡觉得自己做不到那么高的层次，就问，如果再低一点应该怎么样？夫子告诉他："在你的家族里被公认为是孝顺的人，邻里乡亲都认同你是个有礼貌的人，就算可以了。"子贡觉得这样的要求也不低，就又问，再低一层次应该是什么样？夫子这次颇有耐心："那你就要履行诺言说到做到，说出的话一定要去践行，一定要做出个结果、做出个成功。这样，也算得上是'士'了。"子贡又问："那现在这些执掌政务的人，如鲁国的季氏等公卿做得如何？"季氏"八佾舞于庭，是可忍也，孰不可忍也"，夫子觉得他们嚣张跋扈，嗤之以鼻："哎，身为公卿行事却远不如乡野之人，他们能算是什么呢？"

夫子对"士"的标准定得很高，对"士"的期望也很高，他是真的希望有一大批饱学之士、德高之士、勇敢之士撑起一个国家、一个民族甚至全天下，做这个国家、这个民族甚至全天下的坚不可摧的脊梁啊！

13.21 子曰:"不得中行而与之,必也狂狷乎! 狂者进取,狷者有所不为也。"

世上之人可以按人品分为好的与差的两大类。差的不说,其实千差万别。人品好的也有这么几类人:一种是话说得适当,考虑别人的感受,而又知道事情该怎么做会更好,让大家都觉得他言行恰当,是为中庸者;一种是说话直来直去性情急躁,可能会令人不适,但做事利索,积极向上,如子路;还有一种是少言寡语,做事也表现得慢腾腾的,行动迟缓,甚至有时候对有些事公开表达出不情愿。

按照孔老夫子的话,第二种人可以用"狂"来概括其特点,第三种人可以用"狷"来概括。如果我们找不到像第一种那样理想的朋友,夫子认为这两种人都是可以交往的,他说:"如果我们得不到深谙中庸之道的人做朋友,也一定要找狂、狷之人。狂者之人懂得进取,狷者之人知道什么该做什么不该做。"

跟狂者一起,你会被感染正能量,变得积极主动,充满生机,学到很多东西;跟狷者一起交往,你会变得沉稳,会去思考很多问题,正好解决"学而不思则罔,思而不学则殆"的问题。

13.22 子曰:"南人有言曰:'人而无恒,不可以作巫医。'善夫。""不恒其德,或承之羞。"子曰:"不占而已矣。"

我们总是强调"持之以恒",但世上总是不乏做事没有恒心的人。没有恒心,所做之事大多数是半途而废。但事情不成功,人们又往往不从根本上找原因,而是强调时势、运气或其他客观的原因,更有甚者去占卜问卦、求神拜佛,但是有用吗?

夫子就曾跟人谈起过这个问题。他说:"南方人有句话说:'人如果做事没有恒心,就连民间的巫医都不可以去当。'这话说得好啊,确实是这么回事啊。"《易经》恒卦:"不恒其德,或承之羞",意思是说没有持之以恒这种做事的品性,一定会吃亏,一定会让自己蒙羞。夫子又说:"如此没有恒心的人,连卜问占卦的事都不用去做。"夫子之意:无恒心,占卜是没有用的。卜问再好，不努力，不坚持，还是要功亏一篑；卜问之事不好，即使告诉你避免灾祸的方法你也做不到坚持去改进，卜问又有何用？

13.23 子曰："君子和而不同，小人同而不和。"

在现实生活中，有很多事我们可能已经感同身受，但有时候未必能够一句话说得清。

譬如，在商量事情的过程中，有的人会有不同的看法，有不同的意见，但商量好了，定下来了，就一定会按照约定去做；有的人呢，商讨、研究问题时，没有意见，表态同意，怎么都行，内心却有不同意见，在执行过程中存在抵触心理，这不行，那不行，以各种理由搪塞。这也是毛泽东同志曾批评过的"当面不说，背后乱说"的那种。再譬如，在格局上，有的人能够看清楚事情的发展趋势，并能够顺应时势，在个人利益受损的时候，他也不会装出无所谓的样子，表达出来供大家讨论，但在行动上是尊重大局发展的；有的人能够看清时势，对自己的损失也说得很大度，可是在行动上较劲，就表里不一了。夫子一言以蔽之"和而不同"与"同而不和"的区别：君子，是和而不同，即讲求团结，顾全大局，有意见会说出来甚至保留自己的意见，在行动上步调一致；小人，则是同而不和，面上说得很好，语言上讲团结配合，而行动上往往有抵触，暗中使绊子。

夫子一言，高下立见。

13.24 子贡问曰："乡人皆好之，何如？"子曰："未可也。""乡人皆恶之，何如？"子曰："未可也。不如乡人之善者好之，其不善者恶之。"

话说得严密，表达的意思才会准确。否则，漏洞太多，看上去说得有理，细察则漏洞百出。

夫子曾告诉子贡为"士"必须要到"宗族称孝焉，乡党称弟焉"（见13.20）。子贡问："邻里乡亲都喜欢或者厌恶的人，是不是就是好人或者坏人？"子贡虽然做生意头脑精明，但说这话也明显存在漏洞。乡亲都喜欢之人，估计大部分是好人，但乡亲邻里有没有品德不端之人？要严密地说，就是邻里乡亲中的好人都喜欢的人，一定没有问题。不是好人喜欢的人，估计人没有大问题，但原则性就没有了，不然坏人怎么会喜欢他？邻里中的品行不良者厌恶的人，不一定是坏人啊。因此，夫子是不同意子贡的话的，"未可也。不如乡人之善者好之，其不善者恶之"。

13.25 子曰："君子易事而难说也。说之不以道，不说也；及其使人也，器之。小人难事而易说也。说之虽不以道，说也；及其使人也，求备焉。"

替正直的人做事，他不会故意刁难你，但是你却很难取悦他。你不以正道取悦他，他会不高兴，君子的高明之处在于他会根据你的工作能力和业绩情况去重用你。替小人做事呢，他有时候会故意刁难你，让你无所适从，但只要一味取悦他的话，他就会高兴，就会认为你好；但到用人的时候，他又会求全责备，鸡蛋里挑骨头。

《论语》之说，虽已过去二千五百余年，但与今天的现实却并没有多少出入，放之今天来思考，其义其理依然如故，对现实仍具有很强的指导意义。当我们在工作中，无论是遇到"君子"领导或"君子"同事，我们都会有一种轻松愉悦之感，只要把工作做好，生活也会变得丰富多彩，也算是获得了人生一段平静快乐的时光。如果不是这样，就需要我们花心思，需要在更多的事项上谨慎注意，以保无虞。

13.26 子曰："君子泰而不骄，小人骄而不泰。"

诸葛亮《诫子书》："非淡泊无以明志，非宁静无以致远。"周易："天行健，君子以自强不息；地势坤，君子以厚德载物。"

君子要修炼三种本事：一是要以静心思考立高远之志；二是须有积极的人生态度自强不息；三是始终不忘加强自身修养方能厚德载物。正如《大学》所讲："大学之道，在明明德，在亲民，在止于至善。知止而后有定，定而后能静，静而后能安，安而后能虑，虑而后能得。""能得"的前提是"明明德"，"明明德"而达"至善"的途径便是"定—静—安—虑"。君子严格自律，积极努力，耕耘不止，收获就多，从而内心平静、坦然、自信，如夫子所言"无众寡，无小大，无敢慢"，神态泰然、悠然、庄然。君子的一切是凭自强奋斗而得来的，是理所应得的，也就没有什么好显摆的了。而小人呢，没有经历君子所经历的奋斗历程，但也许获得了不少，却未体知获得之艰辛，每有所得自然窃喜，窃喜之感往往使自己觉得优于别人，自然就急于显摆，甚至表现出傲慢骄矜与盛气凌人的架势，虚张声势、哗众取宠以掩盖内心的虚空和实力的不足，掩饰外强中干的事实。学习此章，钱穆先生提示我们："然亦有不骄而未能泰者，亦有泰而或失之骄者。求不骄易，求能泰难，此又不可不知。"也就是说，有许多人做到了不骄却也没有获得成功的人生，也有许多获得成功的人也有其骄横的一面。一个人追求不骄或许容易做到，而追求安泰和成功则存在很多困难。因此，做到"泰而不骄"二者兼具不容易，成就"君子"之路，则需要付出艰辛。

13.27 子曰："刚、毅、木、讷，近仁。"

"仁"究竟是什么？很难用一个词语、一句话或一段理论阐释说清楚。

夫子的弟子问仁，夫子所讲的也是针对不同的人给了不同的回答，列举了一些不同的做法或给予了不同的实践方面的指导。仁，好像不仅要有爱心和加强自我修养，还要为了一个理想的目标具有刚毅果决的思维判断、持之以恒的耐心和毅力，再加上质朴善良的内心和言辞谨慎的沉稳，才能在把事做好的同时，体现"仁"的本质。

这也告诉我们：不要为了"仁"而行仁，否则往往就会给人虚伪的感觉，不是真"仁"，"仁"应内化为人的道德基因，将"仁"置于做事的始终。

13.28 子路问曰："何如斯可谓之士矣？"子曰："切切偲偲，怡怡如也，可谓士矣。朋友切切偲偲，兄弟怡怡。"

朋友有很多种。酒肉朋友，可以喝酒吹牛，不亦乐乎；志同道合的朋友，可以谈事业，可以共理想；商场朋友，可以交流经商之道，互通有无。

读书人应该怎么交朋友？应该怎么做才能不失读书人的身份？子路有一天也来请教夫子："怎么样做才能称得上'士'？"夫子对子路说的跟与子贡说

的不一样："有问题能够相互指出来，没问题能够和睦共处，就可以称之为'士'了。朋友之间真诚交流，既相互肯定也能相互指出问题；兄弟之间和睦相处，相互谦让，相互扶持。"

夫子所描绘的，既能改善子路急躁的品性，也是对读书人的社会引领示范行为的指导。

13.29 子曰："善人教民七年，亦可以即戎矣。"

军旅之事，谋略、战术、杀戮……应该由武艺高强者、内心强大者、见杀而不惧者统领、培训。

夫子说："一个内心善良的人，如果静下心来按部就班地教育和训练百姓，应该也可以当兵作战了。"无论做什么，文化、仁德、品行都是非常重要的，一个士兵若只懂得行武、杀戮，恐怕也不是优秀的士兵，知道为什么而战，就知道怎样才能止战，才知道把战场的杀戮控制到什么程度，能够把一场武事变成文事。

战争重要，和平更重要。

13.30 子曰："以不教民战，是谓弃之。"

什么是草菅人命？不重视人的生命，不管人的死活，甚至任意残杀。

还有一种情况，是夫子所说的。如果一个国家面临战争，即使出于保家卫国，如果不经过训练，不经过战术指导、技能训练、生命基本保护等知识教育，就直接将人民送上战场，那就等于让他们白白送死。夫子说，这不是让他们去作战，而是放弃他们，让他们去送死。如此做，除了让他们去送死，于国于民没有什么价值而言。夫子在谈到恶政时也说了一种情况："不教而杀谓之虐"（见20.2），就是说不经过教育就随便杀戮，既是犯罪，也算虐政。

人到了战场，可以勇往直前，可以英勇杀敌，可以杀身成仁，可以为国捐躯。但是，必须要教给他们起码的自我保护意识和作战方法，进行足够的指导后方可送上战场。这既是对他们生命的负责，也是对国家战之即胜的一种保障，更是体现了重视人、以人为本的基本理念。

宪问篇第十四

14.1 宪问耻。子曰："邦有道，谷；邦无道，谷，耻也。""克、伐、怨、欲不行焉，可以为仁矣？"子曰："可以为难矣，仁则吾不知也。"

什么是耻？"耻"原为左耳右心，意思是听到不符合仁德的事，就要反思内心，反思自己有没有做过不符合仁德的事，如果有，那就应该感到羞愧，去改正。如果听到别人的那些不符合仁德的事，也要以其为耻，不去宣扬，而要刻意去避免。

原宪向夫子请教何为耻？夫子说："一个国家依仁德治理而政通人和，你可以作为官员为之工作并拿薪水；如果不以仁德治理而政治昏暗的话，你作为其中的官员拿薪水，就应该感到耻辱。"原宪说："我尽力克制自己的欲望，努力做到不争强好胜、不相互攻伐、不怨天尤人、不贪图利益，我是不是就可以说做到仁了？"夫子说："可以说你是难能可贵，如果说这就是仁，我认为还远远不够。"

作为肩负重任的社会治理者，不仅是你洁身自好就可以，而是应该努力消除社会积弊，如果做不到，就是失职。夫子所言，这个"仁"不仅是个人的事，你还要引领好"仁"，才算合格。只有全社会真正大行"仁"道，才算真正达到了"仁"的境界。

14.2 子曰："士而怀居，不足以为士矣。"

《左传·僖公二十三年》记载：晋文公重耳曾流亡齐国，在齐建立家室，生活安逸，不想再继续奋斗了，其妻姜氏跟他说："快走吧，不要在这里过安逸的生活了，你是名门贵族，这样做实在是败坏了名声。"重耳几经辗转最终回到了晋国，终继晋国大位成为春秋五霸之一。

士，在古代一般有两个要义：一是指读书人，有学识，要做社会仁义礼信的引领者；二是积极参与政事，治国平天下。"天下兴亡，匹夫有责"，士乃"匹夫"首要。那么"士"应该如何对待人生？晋文公的案例当为典范。

孔老夫子也曾感叹："一个读书人，如果不想求取功名，不想着去奋斗为国尽职，只想着过安逸的生活，那就不配做读书人和国家公职人员。"我们往往把儒家所讲"治国平天下"理解得过于高大上，其实在每个平凡的岗位上把工作做好，做出应有的成效，形成良好的社会效应，也算是为"治国""平天下"尽了责任。

正如范仲淹所云"先天下之忧而忧"，不只是"居庙堂之高"者之专利，即使贬谪地方"处江湖之远"，也亟须为国忧心操劳。

14.3 子曰："邦有道，危言危行；邦无道，危行言孙。"

时代不同，人们的处世方式就会不同，必须根据实际情况的变化采取不同的应对措施。同样的道理，为政之人也会根据国家的现实情况而采取不同的行事方式。夫子也在不同的场合强调过"邦有道"或"邦无道"两种情况下应注意的问题。

"邦有道，不废；邦无道，免于刑戮。"（见 5.2）"宁武子，邦有道则知；邦无道则愚。"（见 5.21）"邦有道，贫且贱焉，耻也。邦无道，富且贵焉，耻也。"（见 8.13）"邦有道，谷；邦无道，谷，耻也。"（见 14.1）"邦有道，则仕；邦无道，则可卷而怀之。"（见 15.7）国家之政治清明的盛世和平时代，作为臣子应施展才华，可以放开手脚，做人做事完全可以光明磊落，大可不必遮遮掩掩。如果政治不够清明，有小人擅权，那么做正事可以光明磊落，但说话就需要注意谦逊，避免惹是生非，引火烧身。烧身事小，给国家添乱事大。

在儒家思想深处，一个正直良臣，必须始终以国家社稷为重。

14.4 子曰："有德者必有言，有言者不必有德。仁者必有勇，勇者不必有仁。"

在日常生活中，会说话的人很多，其言甚至可以当作名言被别人引用，但言行一致的人有之，言行不一致的也不少见；言语中充满仁义道德的大有人在，行动勇敢的也大有人在，但勇敢的人却不一定是能够讲仁义的人。

在儒家的思想体系中，特别重视"言"与"行"的关系，"君子欲讷于言而敏于行"（见 4.24），讲的就是言行的关系，而"言未及之而言，谓之躁；言及之而不言，谓之隐；未见颜色而言，谓之瞽"，（见 16.6）则是专门研究应该怎么说话，什么时候说更好，什么时候不该说。夫子认为，品德高洁的人说出的话一定不会有错，不管话说得好听还是不好听，像不像格言名句，都一定是基于道德价值而言的，那些说得好的自然就是名言，被人记住并发扬光大；然而那些只知道言说而道德并不怎么样的人，话可能说得很好听，像格言，但他们说的不一定是真话，不一定靠谱，因为他们的品德不行，说得再好，也不可信。

同样，对于儒家崇尚的"仁"和"勇"，夫子也有关于其辩证关系的论断："仁者必有勇，勇者不必有仁。"我们知道"仁"是贯穿一个人生命始终的，只有一以贯之至生命终结才能对"仁"盖棺论定。而"勇"可以有一时之勇，能不能持之以恒也是一个重要的指标，当然还有一个最重要的基础性指标就是是否有"仁"。有仁，则勇而不滥；无仁，则勇可乱仁、乱德、乱世、乱俗。

14.5 南宫适问于孔子曰："羿善射，奡荡舟，俱不得其死然；禹、稷躬稼而有天下。"夫子不答。南宫适出，子曰："君子哉若人！尚德哉若人！"

选人用人，我们经常强调要"德才兼备"，做事，需要有才能的人，但有才无德有时却会坏大事，因此，在"才""德"哪个更重要的问题上却经常陷于矛盾之中。

《资治通鉴·周纪》："才者，德之资也；德者，才之帅也。……是故才德全尽谓之圣人，才德兼亡谓之愚人，德胜才谓之君子，才胜德谓之小人。"可以说把才与德的关系说得非常明白了。一个人力量再强大，本领再高强，若无相应的德行相配，势必会成为祸害，此所谓"德能失衡""德不配位"。

春秋时期，夫子的学生南宫适向老师请教说，后羿善于射箭，能够射下天上九个太阳，本事很大。奡这个人善于在水中驾船战斗，本事也很大。但他们都死得很惨，没有获得相应的福报。而大禹治水，三过家门而不入，为天下苍生操劳，后稷亲自教天下黎民种植农作物，让天下人不致挨饿，有德于世人，最后都得了天下，成为天下的首领。与其说南宫适同学是向老师请教，倒不如说这是他向老师阐述了自己的观点，看老师的反应。南宫适说的当然是对的，夫子便以不言而对，不当面表扬他，而是在内心里肯定他。当南宫适出去后，夫子才对别人说："南宫适这个人，他对什么样的人为什么会成功或者失败的评价是非常准确的啊，这个人一定能够崇尚道德而成为君子！"

为什么这么说呢？后羿为拯救天下黎民百姓而射日，说明其本领非常强大，但有资料记载，他成了有穷国的国君之后却沉迷于炼制丹药，追求长生不老，梦想称王于天下，有僭越之心，最终被其臣子寒浞杀掉。奡是寒浞的儿子，武艺高强，却凭武力搞侵略，被夏王少康所杀。二者皆因其在仁德方面有了欠缺而不得善终，南宫适是厘得清的，他的言论让夫子觉得南宫适是智者，因此以无言应答，自在情理之中。夫子能将其侄女嫁给南宫适，也足以证明夫子察人的眼光是很独到而准确的。

14.6 子曰："君子而不仁者有矣夫，未有小人而仁者也。"

君子的要义是修炼，修炼是一个过程，在追求仁德的道路上前行的人，就已经算是君子了。

君子修为的要点有四个：一是愿望，想成为君子；二是行动，在君子修德的路上；三是坚持，追求仁德修行不懈怠；四是弘毅，目标坚定坚韧不拔。君子心中的目标没有最高，只有更高，因此，一生为之始终不渝。小人不屑于德行，更不会在修德的路上行走，而是走向反面。从这个意义上来说，君子当中，可能会有未达"仁"这个境界的，这是正常的，我们不必苛求君子一步到位，一步到位也是不现实的。而小人不修德，小人里面有"仁德"的人是一定没有的。夫子的论断鲜明有力，也为后世两千多年的实践所证明。

司马迁评价夫子"高山仰止，景行行止"，大概就是慨叹夫子之所以为圣人，就在于其目之所及不仅在当世，更在于几千年甚至更加遥远的时光中，被证明总是正确的。

14.7 子曰："爱之，能勿劳乎？忠焉，能勿诲乎？"

现在有一种教育理念，对一个人好，好像是一切包办就好，一切顺着就好。譬如，我们看到大街上送孩子上学时的情景，不管是父母送还是爷爷奶奶送，都是大人替孩子背着书包，还得小心应对孩子的各种合理不合理的要求，如果孩子稍稍不顺心要起小性子，局面则变得不可收拾。像这样的情况，是对孩子好呢，还是会害了孩子？这涉及一个核心问题：怎样才是对孩子真正的好。

夫子说："真正关心爱护一个人，能不让他去勤奋努力吗？让一个人养成忠诚的品德，能不去教诲他吗？"

教育学生，是一个不断引领学生去体验和感悟的过程，如果不让学生真正参与丰富的生活实践中去，他能有什么样的体验？如果不在生活中接受风雨磨砺，他怎么会有切身的感悟？没有体验和感悟，没有独立的思考，没有面对困难的勇气，没有登高望远的志气，只知道人云亦云，何时能直立于天地之间？

夫子所言，穿越两千五百多年的时空，依然响亮如斯！但如何以闪电般击醒还在以溺为爱的人们，这是一个现实的问题。

14.8 子曰："为命，裨谌草创之，世叔讨论之，行人子羽修饰之，东里子产润色之。"

《道德经》："治大国若烹小鲜。"对这句虽然有很多种解释，但其大意还是治理国家要谨慎小心，做任何一项决策前必须进行充分调研，深思熟虑，不可大意马虎、随便决策。这份谨慎、调研、思考究竟做到何种程度才好？

《左传·襄公三十一年》记载：郑国与周边其他诸侯国家之间有些纠纷，要大夫子产负责处理，子产就向派驻各诸侯国的外交官询问了解相关情况，并亲自与裨谌实地查看是否属实，然后回来制定方案和措施，结果就拿出了一个十分完美的策略，按照这个策略处理所有问题，很少有失败的。这是一个经过深入调查而又谨慎制定国家政策的生动案例。夫子经常拿这个事教育弟子们："（郑国）一个政策文件的制定，先是由裨谌这个人草拟文本，然后请世叔讨论研判，再请驻外的外交人员子羽等看看有没有不合适的地方，最后子产大夫亲自润色，确保语句严谨不出纰漏。"

像大夫子产一样做事的话，还有什么事做不好？"三思而后行"的教诲都知道，可真正在做事时能够做到"三思而后行"的又有多少？若果真做到，又岂有不成功之理？！

14.9 或问子产，子曰："惠人也。"问子西，曰："彼哉！彼哉！"问管仲，曰："人也。夺伯氏骈邑三百，饭疏食，没齿无怨言。"

评价一个人是一件很难的事。说人家好可以，稍微夸大其词一点儿也没有大的问题；但要说人家不好，则非常难，即使再客观，人家也不高兴，即使你十分委婉估计也不行，说出去了人家就会记恨。但又非评价不行，怎么办？夫子就很有一套。

有人问孔夫子如何评价郑国的大夫子产，夫子说："子产大夫是一个好人啊，宽厚慈惠。"又问子西这个人怎么样啊，子西的口碑比起子产来差了不是一星半点儿，夫子评价肯定也很差，但面对别人的询问，他含糊其词："他啊，他啊。呵呵。"不说其好，也不说其坏，其实已经表明了态度，不是吗？不过真要追究起来，还真没说过他的坏话。这人又问管仲如何，管仲辅佐齐桓公成为春秋五霸，厥功至伟，夫子不会不认为他有能力吧？可是夫子对他的评价却颇为中庸："这个还算是人吧，人才吧。为什么呢？因为他有功劳，齐大夫伯氏犯了错误，齐桓公就夺了伯氏骈邑（今山东临朐一带）三百户的封地给管仲，伯氏的经济虽然大受影响，但始终也没有怨言。"

夫子不说管仲好或不好，举一事例，让人知其功，让别人来评。这种以别人之评代替自己评价的办法，也算是夫子的智慧吧。夫子有仁，也非无勇，但说话做事处处注意该"讷于言"时讷，该"敏于行"时敏。

14.10 子曰："贫而无怨难，富而无骄易。"

《大学》："壹是皆以修身为本。"传统文化特别重视和强调人的修养，提出了很高的要求。但人在社会中的身份、地位各不相同，在修身养性这件事上存在的困难也有不同。

对于贫穷者、富贵者修身养性的问题，学生子贡曾和夫子有一段对话很有意思。子贡说："贫穷的人不去谄媚别人，富贵的人做到不骄不躁，可以吗？"夫子回应说："可以啊，但还有更高的境界，那就是：贫穷的人能够安于贫困而又能够感受生活的快乐，富贵的人能够懂得礼法并愿意去践行。"

子贡觉得，贫穷者能够做到不为生活的改善甚至是勉强糊口而去低三下四丧失人格求人，富贵者能够不在一般人面前趾高气扬甚至欺负别人，就已经很了不起了。但在夫子的仁德思想体系中，这还远远不够，贫者安贫而乐道，固守仁德之道，不偷不抢，所有取得依义而行，该是多么美好！

然而，在历史上或现实生活中，那些仍然挣扎在贫困线上者，能够安贫者有几何？可能为了一口饭，往往顾不了那么多礼义廉耻，能够活下去成了他们的最高追求。夫子并非不知世事艰难，并非不理解下层贫民的疾苦，他是在讲一种人格修养的理想。

所以夫子又说："让贫穷的人没有怨言很难啊。"是的，那些贫穷的人发点儿牢骚，疏解一下情绪自然是情有可原的，但决不能出现像他所批评的子路那样"小人穷斯滥矣"，违背仁德之道去做事。穷有什么可怕？不过就是吃的饭差一点儿，住的房子简陋一些。夫子的弟子颜回就是"一箪食，一瓢饮，在陋巷，人不堪其忧，回也不改其乐"，因此成为"安贫乐道"的一个榜样性案例。

夫子还说："富而无骄易。"为什么让富人做到"无骄"会更容易些呢？西汉政论家贾谊曾有过论断："仓廪实而知礼节。"一方面是说当人们解决了衣食住行的基本需求之后，思想、精神方面的提升就成了新的需求。从另一个方面来讲，特别是在当时的社会中，富裕人家更有条件去重视教育、接受教育，自然在修养提升方面有天然的优势了。当然历史上也不乏为富者因比富、斗富而贻笑大方者，如西晋时期石崇用人奶喂猪、王恺用麦糖洗锅，想到炫富比富，而背后则是极尽奢靡腐败毫无礼义廉耻。

贫而无怨固然有困难，可以理解；富而无骄做不到，实在可耻！

14.11 子曰："孟公绰为赵、魏老则优，不可以为滕、薛大夫。"

一个人的能力有大有小，能干什么样的工作，怎么来判定？这是一件比较困难的事情。除了看做事的情况，可能还要考虑一个人的性格、情怀、追求等因素。

鲁国大夫孟孙氏家中有一个人叫孟公绰。这个人最大的特点是品行不错，深得夫子尊敬，但他清心寡欲，主动作为的意识不够强烈，若担当大任的话有可能会导致工作进展缓慢，这个问题夫子也是清楚的。有一天，谈到孟公绰时，夫子愿意推荐他去一些大的诸侯国给公卿大夫做家臣，夫子说："孟公绰去晋国给赵氏或者魏氏等大夫们做家臣，辅助他们就一定是称职的，但若让他去做滕国、薛国等小国的大夫就显得力不从心了。"

孟公绰不爱钱财，喜欢清静无为，好静不好动，可以更多地去思考问题，做别人的家臣，帮他们把事情仔细地考量，对他来讲是长处。但若让他直接做公卿大夫，需要杀伐决断，雷厉风行地去处理政务，不符合他的性格，也不是他能力所能达到的。

14.12 子路问成人。子曰："若臧武仲之知、公绰之不欲、卞庄子之勇、冉求之艺，文之以礼乐，亦可以为成人矣。"曰："今之成人者何必然？见利思义，见危授命，久要不忘平生之言，亦可以为成人矣。"

臧武仲是鲁国大夫，因与孟孙氏不和，出走齐国，而受到齐庄公的重视，在齐实行"重农商，奖耕织"的政策，很快让齐国兴盛起来。他深知自己在齐国不能长久，不受其封，躲过了齐国内乱之祸。因此被称为明智之人。

孟公绰是鲁国孟孙氏族人，很有才能，思维缜密，以能够看透世事著称。《左传·襄公二十五年》记载：这一年春天，齐国的大夫崔杼率师来到齐鲁边境，摆出攻打鲁国的样子，鲁国甚是害怕，派人联络晋国求救，孟公绰阻止说："崔子将有大志，不在病我，必速归，何患焉！"他的意思是齐国崔杼心思全在如何操控齐国，绝对不会真的来攻鲁国，他来不过是装装样子，其醉翁之意不在酒，在乎齐之政权也。果然，崔杼匆匆而来又匆匆而去，杀了回马枪回到齐国夺权去了。孟公绰虽然有才能，但却不愿为官操权，对钱财也没有很大的欲望，品德高洁，又为世人所敬佩。

《韩诗外传·卷十》有记载，卞庄子是一个武将，又是出名的孝子，母亲在世时，他时刻挂记母亲不能专心作战，曾三战三败，大家对他都不满意。他母亲去世后，鲁国与齐国爆发战争，他又请求从战，三战三胜，最后在一次战斗中冲入敌阵拼杀而阵亡，最终成就英勇之名。

冉求，是我们早已熟悉的人物，曾担任季氏家臣，曾因协助季氏敛财被夫子骂过。但他多才多艺，在夫子的教诲之下向仁、向善，成为孔子的得意门生，终成孔门七十二贤之一。

有一天，子路来请教夫子：怎样才能成为全面的人才？夫子就用这四个人的故事教育他："要像臧武仲那样有智慧，像孟公绰那样淡然，像卞庄子那样勇敢，像冉求那样多才多艺，然后再懂得以礼乐规矩约束自己，强化自身修养，这样大概率就是一个全才了。"夫子顿了顿，觉得这样要求有点儿高，就又说，"现在礼崩乐坏，又有多少人能够做到呢？如果能够在利益面前考虑一下'义'，能够在危险面前敢于接受任命，能够长久坚持自己立下的志向想到去践行自己说过的话，也可以算是一个全人了。"

退而求其次，是夫子的无奈之举。其实，他心中的理想是不容打折的，如果他有打折之心，也就不会出走鲁国而去"周游"列国，以至于到"累累如丧家之犬"的境地了。也正因为历经磨难而不改其志，不改其情，才会有以后"至圣先师"的万世荣光。

14.13 子问公叔文子于公明贾曰："信乎，夫子不言、不笑、不取乎？"公明贾对曰："以告者过也。夫子时然后言，人不厌其言；乐然后笑，人不厌其笑；义然后取，人不厌其取。"子曰："其然？岂其然乎？"

公叔文子是卫国大夫公叔拔，卫献公之孙，此人深谋远虑，敢于举荐而不压制人才，在卫国口碑不错，孔老夫子对其也是赞赏有加。

有一天，夫子向公明贾请教说："我听说公叔文子大夫平时都是一般不说话、不笑、不收取钱财，是真的吗？"公明贾回答说："不是啊，是告诉你的人的感受不对啊，公叔先生一般是把事情弄明白、准确之后才说，所以人们不觉得他说话令人讨厌；他是内心真正高兴了才会笑，没有假意的笑，所以人们也没觉得他的笑有假；他也会取钱财，但那也是知道是符合道义的钱财他才会去取，所以呢，人们也觉得他是该取，不该取的绝不会取。"夫子觉得公叔文子确实伟大，有点让人不可思议："是真的吗？难道是真的吗？"

在春秋列国争强好胜的时代，像公叔文子一样的人不多见，夫子听说后自然是既惊讶又惊喜的。

14.14 子曰："臧武仲以防求为后于鲁，虽曰不要君，吾不信也。"

夫子说："臧武仲凭借自己拥有'防'这个土地，就向鲁国国君提出封他的后代为卿大夫，即使有人说他这并不是要挟国君，我也是不信的。"

夫子所不信的是什么呢？一方面可以理解为，不相信臧武仲会这么去要求国君；另一方面还可以理解为，夫子相信臧武仲确实不地道，而不相信"不要挟国君"的说法。杨伯峻先生是这样解释的，辜鸿铭先生解释的意思也大概如此，其他众多解释者也未明确是什么，给人的感觉是臧武仲做了人臣不该做的事情。从夫子对臧武仲智慧的高度认可来看，他不可能做出此等事情，我怎么总感觉此处对臧武仲来说，有造谣生非之嫌。夫子的真实意思也可能是说他不相信臧武仲会这样，即使别人有些误解之词，他也是不信的。再联想到孟孙氏对他的排挤，也是有可能污蔑他的。

毓鋆先生虽然没有明确为臧武仲开脱，但也发了一句"人之为事，见出许多是非"的慨叹。如果臧武仲果有此举，我想以夫子高洁之心，断不会赞扬他。

14.15 子曰："晋文公谲而不正，齐桓公正而不谲。"

齐桓公（公子小白）即位之前居住在姥姥家——莒国，跟他争夺君位的公子纠也是居住在他的姥姥家——鲁国。当得到齐君驾崩的消息后，都急匆匆地往回赶。公子纠在召忽和管仲的辅佐下略施了些计谋，让管仲中途设伏射杀公子小白，结果管仲没有操作好，射中的是公子小白的衣带钩。等公子纠到达临淄城的时候，公子小白早已即位，成为齐桓公。公子纠又奔鲁，后被齐桓公逼杀。召忽殉公子纠，而管仲因辅佐桓公的鲍叔牙的力荐转而被齐桓公接纳并成为其干臣，成为美谈。齐桓公在管仲的辅佐下，大力发展经济。齐国迅速强大，处事以礼义为本，如帮燕国灭山戎，燕王一送再送出了燕境，以天子之礼待之。齐桓公心想这不是僭越了天子之礼吗？于是赶紧在燕王面前画了一条线，说："到此为止吧，你脚下站的这片土地归燕国了。"齐桓公割地以正礼，与诸侯会盟，均是以拥护周天子为号召，一时传为美谈。

晋文公重耳也是春秋时期的一位霸主。公子重耳的即位之路也是曲曲折折，虽然后来也有过"退避三舍"的义举，但他在成名之路上耍了不少计谋，相比齐桓公，总让人感觉有些小家子气。夫子也忍不住点评："晋文公会耍手段但做得不够光明磊落，齐桓公做什么事都做在明面上，坦坦荡荡，从不耍小聪明。"是啊，大千世界，谁是傻子？别以为自己聪明，别人是识破了你的内心而不戳破而已。

14.16 子路曰："桓公杀公子纠，召忽死之，管仲不死。"曰："未仁乎？"子曰："桓公九合诸侯，不以兵车，管仲之力也。如其仁，如其仁！"

上面讲了，齐国公子小白与身在鲁国长大的齐国公子纠，有一段争夺君位的斗争。管仲在其中先是辅佐了公子纠，还射了公子小白一箭。后来小白夺得君位，管仲不仅没被处死还被齐桓公（公子小白）重用，让齐国演绎了一段繁荣昌盛的历史故事。

齐桓公即位前是与异母公子纠争夺君位，谁先回到临淄谁取得胜利。公子小白是从莒国回临淄，公子纠是从鲁国回临淄。辅佐公子小白的是鲍叔牙，辅佐公子纠的是召忽和管仲，鲍叔牙与管仲又是要好的朋友。为了夺位，公子纠让管仲在半路设伏图谋杀死小白，但箭射中的只是衣带钩，小白幸免于难，但他装作被射死，迷惑了管仲，并迅速回到了临淄。小白即位成为齐桓公后，要求公子纠自裁，并要求鲁国处死召忽和管仲。鲍叔牙此时力阻齐桓公杀管仲，并向齐桓公推荐管仲，说自己有能力帮助他即位，却没有能力辅佐他强大，唯有管仲能辅佐他成就更大的事业。

心胸宽广的齐桓公最后接受了推荐，任用管仲治理齐国。事实也证明，管仲确实有富国、强兵的大策略，能在关键时刻以理说服齐桓公，以仁义为本处理事情，最终赢得了周天子及一众诸侯的认可，成为春秋首霸。

夫子的学生子路对此有疑问，他问夫子："齐桓公杀死公子纠，召忽也跟随其赴死，而管仲为什么不跟着一起死呢？这样做是不是不仁义呢？"夫子长叹一声："事实证明管仲不死是对的，齐桓公称霸，让各位诸侯都各就其位，天下太平，不是用兵作战打出来的，而全是因为管仲的辅佐有方。这难道不是仁义的力量吗？"由此看来，夫子看问题、分析问题还是既有原则，也有灵活性的。管仲不赴公子纠之死，从大的方面说是有其历史使命尚未完成，从小的方面说是有其机遇，其朋友鲍叔牙深知其能力可辅佐明君建功立业。

管仲不赴公子纠之死，是其私德有瑕，非能与贡献天下之大德相比。

14.17 子贡曰："管仲非仁者与？桓公杀公子纠，不能死，又相之。"子曰："管仲相桓公，霸诸侯，一匡天下，民到于今受其赐。微管仲，吾其被发左衽矣。岂若匹夫匹妇之为谅也，自经于沟渎而莫之知也？"

对于管仲，夫子弟子还是有疑问。

这些疑问都集中在管仲的"不义"，认为他"背叛"了其主人公子纠，而又成为公子纠的政敌齐桓公的幕僚。子贡对此也是颇有疑问："管仲是不是不仁义啊？齐桓公杀死了公子纠，他作为其幕僚不共同赴死，却转而辅佐齐桓公，真的是不仁不义啊！"

夫子还是从"小义"服从"大义"的角度来进行了客观分析："管仲辅佐齐桓公，使之能够称霸诸侯，匡正了天下秩序，现在齐国的民众仍然从中受益。没有管仲的话，我们现在恐怕还披头散发、衣衫不整像原始人那样生活。我们难道非得像普通百姓那样去纠结他的小节小义，希望看到管仲在山沟中悄悄自杀，不让人知道吗？"管仲对于公子纠来说，可以说是"背叛"，从历史的角度看其对社会的贡献，两利相权取其重。一生追求仁德的孔夫子，能够辩证地看待管仲的问题，真的是难能可贵啊。管仲不死，青史有绩，其德不竭，幸甚幸甚！今临淄城东南有管仲祠，若能一游，走近管仲，体会可能会更深刻。

历史不能假设，但我们不妨假设一下，若战国后期一统天下的是齐而不是秦的话，管仲在齐国推行的士农工商各自区分各司其职的社会发展模式，可能会让中华文明从奴隶社会直接进入中国式资本主义社会。当然，这只是假设而已。

14.18 公叔文子之臣大夫僎，与文子同升诸公。子闻之，曰："可以为'文'矣。"

羡慕嫉妒恨，是人之常情，而有时也会导致一些不该出现的事情。我们强调人的修养，就是强调要克服这些人性的弱点，向仁、义、礼、智、信靠拢，提升人的品位和素质。有没有好的典型呢？卫国的大夫公叔文子就是一个。

公叔文子有一个家臣僎，非常优秀，为公叔文子出谋划策，服侍其左右，深受其赏识。但公叔文子并没有视其为私有财产，而是积极举荐他成为卫国的公卿大夫。这样，僎就与公叔文子同朝为臣，平起平坐了。这件事充分彰显了公叔文子的胸怀和人品，得到了很多人的赞扬。夫子听说后，也发表了一句感慨："公叔文子，可以说是真正的'文'了。"

夫子的感慨很简单，但言简意深。有的人爱才，却把才视为己有，只能为自己服务；有的人爱才，是让才尽其用，哪里更适合，就放到哪里去。怎样才算是真正的御才之道，高下立见。

14.19 子言卫灵公之无道也，康子曰："夫如是，奚而不丧？"孔子曰："仲叔圉治宾客，祝鮀治宗庙，王孙贾治军旅。夫如是，奚其丧？"

关于个人私德与对国家、社会贡献之公德来讲，更看重哪个？在管仲的问题上，夫子已经有了答案。如此来看，我们察人识人也不要把人一棍子打死，还是要结合其实际情况。

夫子对鲁国政治失望之后，开启了"周游"列国。第一站就来到了与鲁国同宗同族的卫国，时任执政者是卫灵公。夫子见卫灵公第一面之时，卫灵公的态度还是不错的，因此，对卫灵公抱有很大的希望，他在卫国待的时间也比较长。但与卫灵公交流几次之后，渐渐感觉到卫灵公对"仁德"之道的理解太过功利，而且还了解到他沉溺声色，经常置卫国之政于不顾，带着美貌的夫人南子乘车招摇过市。夫子灵机一动，曾试想通过夫人南子吹枕边风的方法劝谏卫灵公。结果南子夫人也只不过是想见饱学的夫子一面而已，并非真心想为卫国之政做些什么。夫子终无功而返，对卫灵公是失望至极："未见好德如好色者也！"

夫子在卫国期间，也是结交了一些公卿大夫的，并对他们的脾性也有所了解。孔文子仲叔圉是其中一个，他还是有些能力的，但在处理美男子宋朝那些情感问题上存在私心，损害了自己的形象，但夫子还是看中了他的才能，未计较这些小节。负责宗庙祭祀的祝鮀深谙业务，办事利落有分寸，虽然这个人很会花言巧语，其做派有些令人不齿，但夫子也没有太在意。另一个掌管军事的王孙贾也是一个精通武术、本领高强的人，但他也有私心，因为夫子想见南子夫人时，王孙贾对他说，找夫人南子还不如找他，有携公家力量营私之嫌，令夫子对他有些看法，却未怀疑他的能力。

卫国从灵公到各位公卿，各有心思，虽然未能拧成一股绳，但也不至于立马就到了溃散的边缘。夫子的政治理想难以在卫国实现，对卫灵公颇有微词，回到鲁国后，与季康子交谈时就直言卫灵公之无道而且荒诞滑稽，不务正业，沉溺声色。季康子听了后说："照你这么一说，卫国怎么没有败亡？"夫子还是固执地认为卫国毕竟还是有些人才的："卫国有孔圉管理外交，有祝鮀主掌宗庙事宜，有王孙贾管治军队。他们三人这么有才能，卫国怎么能很快败亡呢。"

14.20 子曰："其言之不怍，则为之也难。"

夫子一贯褒扬那种"讷于言而敏于行"的人，认为一个能够把事落实的人，一定是不说大话且实干的人。夫子曾断定："如果这个人喜欢说大话吹牛皮，华而不实，你指望他去落实到行动中去，则是很难的。"

在日常生活中，仔细观察那些喜欢说大话的人，再体会其作为，我们会发现，夫子此言不虚。

14.21 陈成子弑简公。孔子沐浴而朝，告于哀公曰："陈恒弑其君，请讨之。"公曰："告夫三子。"孔子曰："以吾从大夫之后，不敢不告也。君曰'告夫三子'者！"之三子告，不可。孔子曰："以吾从大夫之后，不敢不告也。"

如果有人问，夫子讲了那么多人的修养之道，认真做事之道，夫子自身做得如何？

夫子祖上曾为宋国大夫，应为贵族。到其出生之前，家道中落，其父为鲁国将军，夫子出生之时而其父已逝，母子生活贫困，因而早已淡出贵族行列，但贵族的基因还是有的，有时候这种基因发挥的作用也很强大，让夫子时时以贵族的修养来要求自己。

齐国大夫陈成子杀死了齐简公，以下犯上，罪不可赦，可是齐国没有人敢去匡扶正义、维护秩序。夫子作为大夫之后裔，觉得有责任来关注这件事，觉得各诸侯应该站出来说话。于是，夫子就沐浴更衣，郑重其事地到了朝堂，向鲁哀公报告："陈恒杀了他的国君，请您主持大义，发起征讨的号召吧。"鲁哀公毫不犹豫地把球踢了出去："去告诉季孙、孟孙、叔孙三位大夫吧。"夫子出来后，很失望，跟人说："我觉得自己是大夫之后，有责任维护正义，不敢不去向鲁君报告。可是，鲁君却让我去跟三位大夫说。哎！"夫子去告诉了三位大夫，他们不肯出兵、不肯发布征讨号召。夫子很无奈地自嘲："谁让我是大夫的后代呢，我只是不敢不告诉他们罢了。"

14.22 子路问事君。子曰："勿欺也，而犯之。"

上下级之间如何处理工作？如果你发现领导布置的工作方案还有一些不足的话，该怎么办呢？执行下去，觉得出了问题也不是自己的事，这就是不义了，是陷领导于不义之地；如果有选择地执行，就会出现没有落实到位的情况，可能会被问责；你敢不敢去跟领导提意见或建议，去沟通完善之后再去执行？这是一件很难的事情。

夫子怎么看这个事？恰好子路来请教："老师，应该以什么样的态度去侍奉国君呢？"夫子说："不管出于什么目的，都千万不要去欺骗隐瞒他，有什么想法或不同意见，完全可以当面说出来，即便会有所触犯，也要当面提出来。"

毛泽东曾批评过的"当面不说，背后乱说"也是这个意思，"表里如一"也是对一个人品德的基本要求。

14.23 子曰："君子上达，小人下达。"

我们常说，目光有"长远"或"短浅"之说。目光"长远"者，志向高远，可谓"向上追求"，则符合夫子"上达"之意；目光"短浅"者，胸无大志，更有甚者见利忘义，为世人所耻笑，则合夫子"下达"之说。人生境界有高低，向高而行者，可谓之"上达"，向低而行者，可谓之"下达"。

《论语》中多有"君子""小人"之比较。如"君子喻于义，小人喻于利"。

（见 4.16）君子追求仁义之德，小人追求利益之实，由此看来，君子"上达"之追求与小人"下达"之热衷，何等分明！再如"君子怀德，小人怀土。"（见4.11）君子心怀公正，天下为公，小人重财，喜欢用小恩小惠笼络人心，君子之"上达"行为与小人之"下达"行为，区别明显。

毓鋆老师认为，"君子"与"小人"系相对而言，可能所处的位置不同，可能道德修养有差距，可能追求目标不同，自然就有不同的现实表现。君子"上达"之境界自然美好积极，人人敬仰羡慕，其追求没有止境。而小人"下达"则就有一个道德底线的问题，需要把握好分寸。广大民众为生计谋，有重利之心也无可厚非，取之有道即可，而像子贡善经商获利又常用其财来资助别人，行善举，我们也很难用"小人"来形容他；若无限下达，滑向无德之深渊，突破底线，则不可接受。

世间万物，不一而终，过程跌宕起伏，左右互变，亦常有之事也。小人若能转而"上达"，岂不幸哉！

14.24 子曰："古之学者为己，今之学者为人。"

司马迁《史记》记载：上古时代，黄帝"幼而徇齐，长而敦敏，成而聪明"，为一代圣主；后至尧"富而不骄，贵而不舒……能明驯德""百姓昭明，合和万国"，为禅让帝位于舜而不惜放逐自己的儿子丹朱，其德至高；帝舜以德报怨，励精图治，天下归心。黄帝、尧、舜皆以其德而君临天下，都是"修己以安人"（见 14.42）的典范。由此看来，上古之时人们学习、做事、做人的根本出发点是修为自身，以利他人。

春秋时期，诸侯争霸，风云突起，各诸侯国君的权力欲、利益心已经严重扰乱了周朝制定的礼法制度，扰乱了秩序。他们都希望自己能够迅速强大而称霸诸侯，因此，那些满腹经纶的学者，参与"百家争鸣"，已经由"修为自己"变成了希望引起关注而得到重用的"功利"者。

夫子一贯强调"己欲立而立人，己欲达而达人"，自然看不惯这些充满"功利"的行为，于是一针见血地指出："上古时代的人研究学问是为了修养自己，现在的人研究学问是为了装饰自己，给别人看。"让别人看中了，你就有可能获得一个好的职位，一个好的职位就与好的个人利益息息相关。

特别是科举制度兴起之后，社会底层的人可以通过读书做学问进入社会上层，但从另一个方面来讲，也把读书人引到了一个追求功名利禄的仕途，好在科举以传统文化经典为基本内容，其强调仁德和积极入世的思想价值观还是推举出了一大批国家、民族的栋梁之材。

14.25 蘧伯玉使人于孔子。孔子与之坐而问焉，曰："夫子何为？"对曰："夫子欲寡其过而未能也。"使者出。子曰："使乎！使乎！"

蘧伯玉是卫国大夫，品行高洁。夫子到卫国时曾住在他家里，两个人交流得很好，志同道合。

虽然夫子在卫国推行仁政的理想未实现，但对蘧伯玉却是高看一眼："君子哉！蘧伯玉。（见15.7）"夫子离卫后，蘧伯玉也是很想念夫子，自己不能去看望他，就派人去看望夫子。夫子把来人让进家与之对坐喝茶，夫子问使者："蘧老夫子最近忙什么呢？"使者回答："夫子也没有多少事去做，他天天念想的就是减少自己的过错却还没有做到啊。"使者走了以后，夫子自言自语："这个蘧伯玉真是君子啊！这个使者也是一个很好的人啊！"蘧伯玉的好，使者理解得好，转达得也好！

这个故事凸显了传统文化所倡导的还是个人修养，对自己过错的反思恰恰又是一个人的成长发展中最重要的一门功课。

14.26 子曰："不在其位，不谋其政。"曾子曰："君子思不出其位。"

《中庸》："素其位而行，不愿乎其外。"为国当政当职者，应坚守岗位本职，履职尽责，不去伸手干预别人所负责的范围。

夫子所云"不在其位，不谋其政"与"不愿乎其外"如出一辙；其反意即"在其位，必谋其政"则与"素其位而行"一致。从古今社会实践来看，这既是礼制的要求，也是行政秩序的体现，若各在己位，不谋己政而好插手别人的事务，既不符合规矩，更会导致治理上的混乱，影响国家的正常运行秩序，给国家发展带来深重的危害。曾子作为夫子最忠诚的学生，更是被严格要求，不仅不要插手别人的政务，而且连思想上也不能有如此的想法。

14.27 子曰："君子耻其言而过其行。"

夫子曾告诉过我们，"君子欲讷于言而敏于行"，对言与行的关系已经提出过告诫。

"质胜文则野，文胜质则史"，君子在言行上如果说的大话多，发的牢骚多，即使做得也不错，也几近野蛮了，我们每个人对此都应该做出深刻的反思。行胜于言，言永远不会胜其行，这是基于事实的本质来说的。

在现实生活中，有很多实例表明，能说会道是一项本领，有时候甚至能够帮助人们掩盖很多不足，从而得到好评。但，对君子来说，这是一种耻辱！

言过其实、言不由衷都是君子修养中的大忌。

14.28 子曰："君子道者三，我无能焉：仁者不忧，知者不惑，勇者不惧。"子贡曰："夫子自道也。"

老师以谦谦君子之风与学生讨论问题，学生以发自内心的崇敬赞美老师，该是一幅多么美好的教育图画啊。

夫子与学生子贡之间就有过如此一幕。夫子说，君子达道有三个表现，而我却没有达到啊。哪三个表现呢？讲仁德的人不会忧愁，有智慧的人不会被诱惑，勇敢的人不会惧怕。夫子非常自谦，说自己并没有做到这几个要领。在学生子贡的心中，老师是何等的英明啊，老师若不是君子，天下君子何在啊，他面对老师的自谦，不由自主地说：老师怎么会没有做到呢？您说的这三个方面，就是对您自己的描述啊。

我们教育界有一句话：学高为师，身正为范。夫子之所以被公认为老师的祖师爷，其实就是因为他时刻践行了这句话，而且他的教育理念是以人为本，以德为本，他所教给学生的是做人的道德学问，是立德立行的教育。《大学》所说"格物致知，诚意正心，修身齐家，治国平天下"，其主语一定是"我"，教育一定是基于学生自身的德行修养，因此，传统文化的精神价值更讲究"慎独"境界，教育重在讲究"正己"，其"正人"功用亦是建立在以"己"为世人榜样示范，让人读懂弄通文化精髓而实现"正己""达道"。

要达到"知者不惑，仁者不忧，勇者不惧"的修养要求，还是要靠自己，师父不过是领进门而已，造诣仍在"己"。

14.29 子贡方人。子曰："赐也贤乎哉？夫我则不暇。"

在日常生活中，我们会接触各方的人，甚至各色人等。有的可能有眼缘相见恨晚，一拍即合；有的可能不入法眼，互不待见；有的志同道合，逐渐走近；有的可能观点不同，相互攻讦……各种情况，不一而足。

怎么对待呢？夫子特别说过"人不知而不愠"，主张以宽广的胸怀，最大限度地予以包容。夫子还说过"以直报怨"，对于别人的明知故犯的攻击，也不是不可以回击，但也要注意回击的表达方式，让其知道不妥也就罢了，没有必要大动干戈。这也是一种值得肯定的修养。

夫子的学生子贡是一个优秀的学生，夫子也非常关注他。有一天，子贡在嘲笑批评别人时，让夫子听到了。我们无从查找子贡与其人之间的恩怨究竟如何，就是从"以直报怨"的原则上来讲，也不应大谈别人的缺点。对此，夫子变了脸色，严厉地对子贡说："赐啊，你就是世界上做得最好的吗？我是没有工夫去评论别人的，我还有些正事要去做。"以子贡的商业头脑，有时间去赚钱多好！以子贡的品德，赚了钱去帮助他人多好！

14.30 子曰："不患人之不己知，患其不能也。"

《论语》开篇即言"人不知而不愠"的君子风度，但"知己知彼，百战不殆"的名言也告诫我们知己知人的重要性，若不知人则很可能会出大问题。夫子还曾说过："不患人之不己知，患不知人也。"（见1.16）此言即是此意。

"不知人"是个问题，了解了一个人之后又该怎么做呢？夫子又说："患其不能也。"了解了人的人品是第一步，是基础性的工作，然后还要去考虑他的能力，不然你推荐他去任何岗位，都有可能令人怀疑你识人察人的能力和公平性。这也是要不得的。

从识人察人的角度讲，首先要关注德，其次就是关注才能，德才兼备，方可大用。

14.31 子曰："不逆诈，不亿不信，抑亦先觉者，是贤乎！"

人性之不同，也如大千世界之光怪陆离，不胜枚举。人性也有大不相同，如果从对别人的态度上看大致也就分为愿意相信别人的、喜欢怀疑别人的两大类。愿意相信别人的人可能会有很多朋友，也有可能会吃轻易相信别人的亏；喜欢怀疑别人的人，可能朋友不会多，路子不够广，但也因办事谨慎而少些失误。不管过去的时空有多久远，未来的时空又有多长，这两类人一路走来，恐怕还要并行相伴到久远。

一个人该怎么做才是高明呢？我们且看夫子是怎么说的——

没有任何证据，就不要预先去怀疑别人会欺诈你，也不要为了怀疑去刻意寻找证据，这样做实在是太累，也没有必要。要学会识人察人的方法，能够及时地察觉问题并及时采取补救措施。这样的人应该算是做得很高明的人了！

人，还是要有起码的信任，相信身边有好人，朋友就会多，生活一片快乐！如果疑心太重，不相信世界上有好人，你就很难有朋友，就会很孤独。

14.32 微生亩谓孔子曰："丘，何为是栖栖者与？无乃为佞乎？"孔子曰："非敢为佞也，疾固也。"

夫子致力于传播和推行仁德之道，经常不厌其烦地跟人絮叨，而不知他人之烦。

有一个叫微生亩的人就对夫子说："你为什么总是这么栖栖遑遑地说个不停呢？就是为了表现自己学识渊博、口才好？"夫子一听，知道对方误解了他，但他没有发火，只是淡淡地说："我不是表现自己的学识和口才，我只是讨厌那些讲了很多遍却仍然顽固不化的人啊。"世上不乏装睡的人，即使晴天霹雳也难以叫醒。

夫子之所以为圣，贵在长期坚持，不厌其烦，一以贯之。

14.33 子曰："骥不称其力，称其德也。"

在古代，拥有马匹的多寡与马匹的优劣程度，常是衡量一个国家强盛与否的重要标准。所以，获得日行千里之马中骥骥，是非常重要的一件事。

唐代韩愈曾著《马说》一文，对选马的技巧讲了自己的看法，需要"策之以道""食尽其材""通其鸣意"，可见选马之难。

南宋时期，宋高宗与岳飞也有《良马对》的故事。岳飞以其实战心得回答宋高宗的"良马"之问：好马初骑跑得并不快，跑上百里之后，奔驰奋进，气力十足，即使从中午再跑到黄昏，仍然还能再行二百里，而且卸下鞍甲之后既不出汗，也无疲倦之态。这样的马每天需要刍豆数斗，泉水一斛，保持食材精洁。那些一般的马，饥不择食，狼吞虎咽，有一时之勇，却无长久之力，平庸低劣。

其实，早在岳飞之前，孔老夫子对此就有了自己的见解，他说："马中豪俊称骥，看一匹马是否为骥骥，不能单纯地看马一时之体力，更要去考察马内在的综合品质。"

这告诉我们：光凭力气蛮干一时往往是行不通的，不如学会"四两拨千斤"，有策略谋划，有方法路径，而最为关键的是内在的综合品质要上乘！就像一个人，有才能固然重要，更重要的是才能需建立在"仁义"的底色之上。这就是我们为什么要大讲"立德树人"，德不立，人何树？

14.34 或曰："以德报怨，何如？"子曰："何以报德？以直报怨，以德报德。"

世界上最难把握的是"度"，之所以难把握，是因为这个"度"经常处于变化之中，会因时因地之不同而不同。宽容是好事吧？如果你一味宽容，有时就变成了纵容。

有人对夫子说："我以仁德来回报别人对我造成的伤害，包容他们，不但不记恨他们，还要对他们好，这么做怎么样？"能这样做的人，一定是修养极高、有大爱之心，但是不是合适，则另当别论，因为纵容那些为非作歹的人，很有可能是害了他们，会让他们一直把坏事做下去，最后让他们陷入万劫不复的境地。夫子对此也是不认可的，他说："你如果以德报怨，那人家对你的好，你拿什么来回报？我们可以不睚眦必报，但对他们的问题是可以直接指出来的，让他们知道问题所在，这样对那些德行好的人，对我们有恩的人就可以以德报德了。"

不分好坏，一律以德报之，对有德之人就不公平了。

14.35 子曰："莫我知也夫！"子贡曰："何为其莫知子也？"子曰："不怨天，不尤人，下学而上达。知我者其天乎！"

夫子虽然在后世被广泛尊崇，甚至被封为"至圣文宣王""至圣先师"，实际上夫子的一生是极其坎坷的，幼年丧父，家道中落，虽自称"从大夫之后"却从未享受过大夫之后的优裕生活，在鲁国也曾为司寇之职，但在与三桓的斗争中败北，对鲁定公也失去了信心，周游卫、陈、宋等国，寻找机会以施展理想抱负，但终究是一腔热血泼在了地上，不但毫无成就，还落得个"累累如丧家之犬"。正因为夫子如此狼狈却又对其理想终生不渝，才成其"至圣"之名。

夫子也曾仰天长叹："没有人懂我啊！没有人懂我啊！"子贡听到老师的叹息，有些不解："你怎么知道没有人懂您呢？"夫子说："我不会埋怨老天，也不会怪罪别人；我苦苦学习仁德，修身养性，知书达礼，为的就是能够为君上出谋划策，恢复周天子之礼制，可是没有人真正认识到这些的重要性，没有人理解我，恐怕能知道我、理解我的只有老天了！"夫子在晚年，理想被击穿，抱负被归零，但圣人就是圣人，没有丢失自己的人格风范，勇敢地承担起了文化传承的责任。

夫子之所以为圣，就是因为历尽千辛不改初心，风云变幻不摇其志。

14.36 公伯寮诉子路于季孙。子服景伯以告，曰："夫子固有惑志于公伯寮，吾力犹能肆诸市朝。"子曰："道之将行也与，命也；道之将废也与，命也。公伯寮其如命何！"

公伯寮何许人也？有人说是夫子的学生，但更多的人则认为他不是夫子的学生，只是与子路同为鲁国大夫季孙氏的家臣。

子路性格直率，有时候说话不注意，容易得罪人。有一天，公伯寮向季孙氏诋毁子路，说子路的坏话。另一位鲁国大夫子服景伯知道后，对公伯寮很不屑，又为子路的遭遇感到气愤，就去对孔子说："看来季孙氏是让公伯寮给彻底迷惑住了，对子路很不公平也很不利，依我的能力，我可以杀掉公伯寮并吊放在大街上示众。"

夫子听后虽然也不高兴，对公伯寮的行为很不齿，但他并没有发作，没有睚眦必报，而是淡淡地说了这样一段很有哲理的话："仁道，如果能在世上被大力推广，那是顺应时势很自然的事情；如果不能在世上被大力推广或者被废止，那也一定是时势或社会出了问题，也算正常。公伯寮只是一个人，他又能怎么样呢？！"

夫子就是这么看待这件事的，他不用去跟公伯寮理论，也不用去跟季氏说公伯寮的不足，而是直言公伯寮作为一个普通人，掀不起什么风浪。这，就是对他最直接的蔑视！夫子看似淡淡的一句话，力量却似雷霆万钧。

14.37 子曰："贤者辟世，其次辟地，其次辟色，其次辟言。"子曰："作者七人矣。"

如果一个人的主张，不被社会和世人接受，他应该怎么办呢？

夫子施行仁德、建构"大同社会"的思想，就确实难以实现，首先在鲁国推行不下去，到了卫国，卫灵公宁愿与夫人南子招摇过市也不会听夫子谈理论，到了陈国更是陷入粮绝的困境，甚至还被追杀，即使是在自己的老家宋国也没有得到重用。夫子感叹、自嘲："有贤德的人要推行自己的理想，就要避开那些没有追求、不懂道理的世俗社会，对那些政局混乱的诸侯国也要避开，对那些不懂礼仪、声色俱厉的野蛮之人也要躲得远一点，对那些你告诉他道理，他却装糊涂、答非所问的人，也要避开。"现在有一句流行的话，叫作"叫不醒装睡的人"，就是这个意思，跟不在一个频道上的人对话，无异于对牛弹琴，想改变他们，那简直是痴人说梦！夫子说他已经知道有七个人这样做了。

看来，世上有很多事情，不是人们做不到，关键是想不想做。

14.38 子路宿于石门，晨门曰："奚自？"子路曰："自孔氏。"曰："是知其不可而为之者与？"

没有一个人的成功之路是铺满鲜花和掌声的，相反，大多数成功人士的背后不知经历了多少辛酸。

夫子一生执着于推行仁德之政而不得成功，身后却成名于万世而不衰，也算是奇迹了。奇迹的背后，却充满了夫子一生追求理想之路的万般坎坷与颠沛流离，充斥着世人的鄙夷和嘲笑。

有一天子路从孔家出来后，晚上寄宿在石门城外。第二天早晨城门打开时，守卫问他从哪里来，子路说："我从孔子老师家中来的。"守城的人又反问道："就是那个明知不可为却执意要去做的那个孔子吗？"可见，夫子在当时就是名人，其名不是成功之名，也不是学识渊博之名，而是倔强固执之名，不通世事、不懂变通之名，是那种有福不享、有利不往的"傻"之名。实际上，夫子不是不懂，而是在坚持其所认定的"正道"，即使这种"正道"在所有人眼里都是谬误，也不会改变。也正因为他如此坚持，也正因为其虽历经坎坷和嘲讽也不改其志而终成就其万世之美名。

其实，一个人经历坎坷真的不算什么，关键是要明白自己做的事是否符合"正道"。

14.39 子击磬于卫，有荷蒉而过孔氏之门者，曰："有心哉，击磬乎！"既而曰："鄙哉，硁硁乎！莫己知也，斯己而已矣。深则厉，浅则揭。"子曰："果哉！末之难矣。"

某一天，夫子在卫国都城的大街上孤独地击磬，磬声戚戚，似有隐情。恰巧有一个用扁担挑着草篮子的人（荷蒉者）路过而听其击磬声，随口说："这是一个有心有志的人啊，他仅仅是在击磬玩乐吗？"这个人又继续说，"听其击磬之音，硁硁然并不圆润动听，但可以感受到这个人内心坚定而又固执，只是世上很少有人理解他，更少有人认同他的思想啊，他只是在追求自己的理想。这个世道就是如此，又何必固执强求别人认同呢？就好比过河，遇深水就直接蹚水过河，不必考虑衣服湿不湿，如果遇到浅水，那就提一下衣服，尽量避免弄湿了衣服。"夫子听到此人之话语，叹了一口气："唉，如果大家都这么想，这样面对问题，我还有什么好责怪他们的呢。"

夫子本为鲁国大司寇摄行相事，社会地位很高，怎么会到了卫国，又怎么会在此击磬？"荷蒉者"言外之意又是什么，让夫子如此失望？值得我们探究一番。

本来，夫子在鲁国官至大司寇摄行相事，地位已经很高了，以其之德之才完全可以干一番轰轰烈烈的大事业。齐鲁曾有一次夹谷之会，齐景公极尽侮辱鲁国之能事，却遭到夫子严词反诘而败下阵来，更让夫子之名威震齐、鲁两国。齐景公与其群臣都觉得鲁有夫子而让齐国大受威胁，必须想办法遏制鲁国，于是有人就出了一个意图迷惑鲁国国君的主意，给鲁定公送去了八十个能歌善舞的美女。鲁定公面对齐国送来的美女，最终没有抵挡住这一诱惑，欣然收下，从此不理政事。这让夫子非常伤心、绝望，觉得自己在鲁国已经没有任何施展才能的空间了，愤而辞去官职离开了鲁国。

夫子离鲁而后来到卫国，绝不是简单的逃避，而是对卫国充满了期待，是来追求自己推行仁政的理想的。因为在夫子的心目中"鲁卫之政，兄弟也"（见13.7），在鲁国行不通的事，在卫国或许会有希望。可是，当夫子来到卫国的时候，卫灵公先是热情接待并询问治国良策，但夫子除了告诉他推行仁政的必要性和重要性，并无其他立竿见影的具体举措。卫灵公身处诸侯相互争霸的社会大局中，是没有长远眼光和足够的耐性去推行仁政的，他要的是迅速强国的药方。然而，夫子却提供不出这个能够让他看得见、摸得着的具有"短平快"特点的药方。于是，卫灵公的热情慢慢地消失了，对夫子不理不睬，让夫子原本对卫国的希望之火渐熄而郁郁寡欢，击磬于市……

"荷蒉者"其实是一个高人，他能看到夫子的不一般，却又埋怨夫子不懂世事不懂做"隐逸"之事，甚至用过河的案例来希望夫子能够顺应时势，不做无谓的抗争，活得更快乐一些。其实，夫子哪里是不懂"荷蒉者"的意思，只是不愿意放弃自己的理想追求。因为夫子是"圣人"，圣人的职责是即使面临千般困难也不能轻言放弃，生而只为天下苍生开太平。而"荷蒉者"，充其量是聪明之人，能够顺应时势，过好自己的生活，却永远成不了"圣人"。

14.40 子张曰："《书》云：'高宗谅阴，三年不言。'何谓也？"子曰："何必高宗，古之人皆然。君薨，百官总己以听于冢宰三年。"

在古代，父母亡故，有守孝三年之说，能尽孝是能为国尽忠的表现。

古代为官者往往在千里之外，交通也远没有现代之快捷，三年守丧的规定也有利于这些官员好好尽孝，以便将来能够更好地为国尽忠。官员尽孝期间，是去职而不问政事的，期满后由国家另行安排。即使是新皇即位，在三年守丧期间也尽量不对政务作大的修改，以履行"三年无改于父之道"。《尚书》上就有记载说，殷高宗在守丧三年期间，基本上不说话。

子张对此存有疑问，他问"高宗谅阴，三年不言"是什么意思，夫子告诉他："在古代，这是人人遵守的制度，殷高宗也不过是给大家做了一个很好的示范而已。国君去世后，新任国君不发号施令，文武百官往往是听命于宰相的。"前朝宰相继续在新朝为官，对过去的政务应该是熟悉的，而新君则不一定很清楚，这也是符合行政实际的举措，也是新君了解过往谋划未来的一个很好的时机。不然，上任伊始就大刀阔斧地进行改革的话，社会就可能会出现很多不适，带来一些弊端，显得办事不够稳妥。

14.41 子曰："上好礼，则民易使也。"

齐景公问政于孔子。孔子对曰："君君，臣臣，父父，子子。"公曰："善哉！信如君不君，臣不臣，父不父，子不子，虽有粟，吾得而食诸？"（见12.11）

过去，我们曾对"君君，臣臣，父父，子子"的说法存在很大的异议，认为这不公平，具有层级感，极大地限制了人。但从夫子所言之"君君臣臣"之义看，是说君要有君的样子，要为大家做好示范；臣也要有臣的样子，也要争做示范者。这样各就其位，天下则太平。这里说的是每个位置可能不同，有层级的存在，但也各有各的岗位职责，都不轻松，从这个意义上来说，是公平的，都是需要责任担当的。如果我们再看孟子所强调的"民为贵，社稷次之，君为轻"的"尊民"理论，为君者更需朝乾夕惕，不可须臾懈怠。其实，夫子特别

261

强调以上示下，他说："在上位者如果做好示范，喜好以礼行事，那么民众就更愿意顺从安排了。"

在现实生活中，上位者、尊长者往往处于显著位置，更加引人注目，其言行更容易受到社会舆论的关注，因此，更需要加强自身修养，以成为社会道德与法治的典范，才会真正激发社会正能量，从而引领社会进步。

14.42 子路问君子。子曰："修己以敬。"曰："如斯而已乎？"曰："修己以安人。"曰："如斯而已乎？"曰："修己以安百姓。修己以安百姓，尧舜其犹病诸？"

人都有缺点。包容别人的缺点是美德。但作为老师，如果一味包容学生的缺点而不去引领改进，则非君子之为。

子路性格率直，做事有时稍显鲁莽。夫子作为他的老师，既喜欢他的率直，又担心他做事不完满，所以经常教育他、引导他。子路也知道自己的问题，但禀性问题又岂能随意就能改了啊。不过，他也是有进步的。

一天，他请教老师怎么样才能成为君子，老师语重心长地告诉子路："好好修养自己，以恭敬之心把自己的事和工作做好（敬业），做完美。"子路迟疑："就这么简单吗？这样就可以了吗？"夫子又告诉他："你修养好自己，把自己的工作做好了，才能让别人安心快乐。"子路还是觉得成为君子才是天大的事，老师却把道理说得如此简单，于是满脸疑惑。夫子看出了子路的问题，于是继续说："如果你掌管着一个国家或一方面政务的话，你修养好自己了，把事情做好了，是不是老百姓就能安居乐业了？让老百姓安居乐业，幸福地过日子，就连尧、舜都很难做到啊。你说这是小事吗？！"

14.43 原壤夷俟。子曰："幼而不孙弟，长而无述焉，老而不死，是为贼！"以杖叩其胫。

原壤是夫子的老朋友、旧相识，平时也多有来往，关系还是不错的。

据《礼记·檀弓》记载，原壤的母亲死了，夫子前去帮忙，原壤不是起身迎接，而是蹲在原地不动，过了一会儿还跳到棺木上又唱又跳，放荡不羁，傲慢无礼。有人问夫子，原壤这个样子，你作为老朋友不能提醒他一下吗？因为这是丧礼，夫子经过他身边时却装聋作哑，就当没看见，未做过多计较。

又有一天，原壤又有事请教，等夫子到来之时，仍然是坐在地上，张开了两腿像"八"字一样，很不雅观。夫子到了后，看到他的样子，就很不满意，开始责骂："你这个人啊，小的时候不懂礼节，不知道谦虚，不懂孝悌，妄为人之子、人之弟；长大了不学习，没有著述没有思想，更没有任何贡献，没有任何成就，苟活于世；老了却还不死，白吃粮食，这就是人们所说的无用之人、贼人！简直就是祸害。"说完拿起自己的拐杖，敲打了原壤的小腿。

《论语》开篇即讲"学而时习之，不亦说乎？有朋自远方来，不亦乐乎？人不知而不愠，不亦君子乎？"面对原壤之无礼、不好学、白吃干饭，作为亲密朋友的夫子虽然是公认的君子，却也是非常生气。从这件事上，我们可以看出，夫子对朋友也不是无原则地包容，对毫无做人底线的原壤毫不客气，甚至是"棒喝""以杖叩其胫"。

14.44 阙党童子将命，或问之曰："益者与？"子曰："吾见其居于位也，见其与先生并行也。非求益者也，欲速成者也。"

夫子一生践行"温、良、恭、俭、让"，那么他评价别人，也会自觉不自觉地将自身的追求和修养要求作为标准。

与夫子共同居住在阙里的一个小孩子将被重用，有人问夫子："这个人怎么样？是一个求上进的人吗？"夫子不直接回答，而描述了他所见到的情况，然后有根有据地说："我看见他与别人在一起时总是坐在正位上面向南方，看到他跟先生长者并肩行走。从这种不谦虚的样子来看，很难说怎么样，大致不像是个求上进的人，而是一个急于求成的人。"

夫子多次说过评价一个人要听其言、观其行，在这里夫子没说他听到了什么，只说看到了什么，即"观其行"，有了对行为的观察，听不听其言都不重要了。能看到他做出不谦虚的事来了，自然不用再听他说什么了。不管这个人究竟如何，但从行为上看，起码是一个不懂礼节的人，不懂礼节，又怎么能是一个求上进的人呢？

不懂礼节，不懂得谦虚，修养有亏欠，做事就很难周全。

卫灵公篇第十五

15.1 卫灵公问陈于孔子。孔子对曰："俎豆之事，则尝闻之矣；军旅之事，未之学也。"明日遂行。

夫子周游到卫国的目的是推行仁德之政，希望在鲁国实现不了的理想在卫国能够开花结果。卫灵公听说夫子很有本事，希望他的到来能够帮助卫国迅速强大起来，特别是军队实力能够得到迅速提升，能够游刃有余地参与到诸侯争霸中，争得一席之地。夫子的仁德理论，满足不了卫灵公对立竿见影的效果的需要，这些所谓的理论，与练兵强武有什么关系呢？夫子的长远考虑与卫灵公的急功近利之间的距离，终究是难以弥合的，分道扬镳是必然的。且看他们的对话——

卫灵公向夫子请教战争中排兵布阵的事，希望夫子给他提供一个方案，药到病除，吃了就能成为春秋霸主。夫子不知是理解了他的意思还是没有理解，只顾谦虚："关于祭祀礼仪之事，我还是知道一些的；关于军队及其战争的策略，我是真的从没有学习过。"

夫子品性耿直，不会忽悠人，更不想忽悠人。他与卫灵公一席对话，就明白与卫灵公终不是同道中人。于是，彻底对卫国失望，第二天就离开了卫国。

15.2 在陈绝粮，从者病，莫能兴。子路愠见曰："君子亦有穷乎？"子曰："君子固穷，小人穷斯滥矣。"

《易经·困卦》："困而不失其所亨，其惟君子乎？！"人都有遇到困难的时候，但这个时候能够不违背仁德而坦然面对，才是君子应该有的表现。

夫子离开卫国，来到陈国，遭遇了强盗，食物被抢，大家不得不忍饥挨饿，好多弟子都饿得站不起来了。子路看见老师也不想办法，不急不躁的，子路不能理解，心里不高兴，来见老师，有些生气地问，我们天天讲君子之道、君子之风、君子之行，难道君子也有穷得吃不上饭的时候吗？君子能有什么办法让大家填饱肚子啊？夫子知道子路内心之急、之恼、之怒，知道子路在情急之下为了大家能吃上饭会去想歪门邪道，甚至去抢劫。于是，夫子表情冷峻地对子路说："是啊，君子有什么办法呢？君子面对贫穷，只有固守其正道；小人面对贫穷，却在想着如何胡作非为了。"夫子这话说得很重，实际就是当面骂你子路现在所思所想，就是小人做派！当然，子路之急非为己，而是为了老师和同学。这一点，夫子心里也是清楚的。

夫子坚守君子之道，以其君子之正气斥小人之所思，让子路彻底断了那点儿小心思，此正所谓夫子以己之正化人之邪，教育之正道也。

15.3 子曰："赐也，女以予为多学而识之者与？"对曰："然，非与？"曰："非也，予一以贯之。"

中华文化源远流长，经史子集浩如烟海。人生百年，如何学得完？即使学得完，又怎么能够全都记住？有没有一个好的办法，举一反三，由此及彼，不必遍览所有，却能得乎其要？夫子告诉我们一个办法——

夫子对子贡说："赐啊，你们是不是以为我是知识渊博而又能全部记住的人啊？"子贡反问道："是啊！难道不是吗？"夫子说："不是这样的，我是能够把握住基本的道理，然后以其道来贯穿所有事物的始终。"

夫子也是一个人，甚至是一个普通的人，他也没有能力和精力去学习所有的知识并记住。但夫子是聪明人，他能掌握学习的基本要领，他能抓住根本要害，获得"大道"。有了这个道，对一切事物的认识，对一切问题的解决，就抓住了"牛鼻子"。

15.4 子曰："由！知德者鲜矣。"

春秋时期，诸侯争霸，社会动荡。一切争端都是为了权和利，仁与义逐渐远离，特别是掌有实权的诸侯们追名逐利，远离了仁和义。

夫子每天奔波，不是为了在民众中普及仁德，而是试图在权贵们之中传播仁义理念，让他们以其权、其势带动整体社会进步。但孔子在鲁为官及周游列国十四年所目睹的事情，大多是为了利益而争夺，少有为了仁义而用其权势的。这让夫子经常慨叹不已。

有一天，他和子路闲聊，可能涉及方方面面的事，应该聊得还算愉快，子路也还算乖巧，没让夫子生气，夫子还是语重心长地对子路慨叹道："子路啊，当今社会上真正懂得并弘扬仁义道德的人，太少了！"子路耿直、随性，对社会阴暗面的了解不够，常常因天真而犯错，夫子的慨叹对他也是一种善意的提醒。

15.5 子曰："无为而治者，其舜也与？夫何为哉？恭己正南面而已矣。"

道家讲"无为而治"，不是不去主动"治"，而是要通过"无为"的方式去"治"，结果是不但"治"了，而且治理的效果还很好。儒家可能很少讲"无为"，主张人要"入世"，要积极进取。看似两家观点相矛盾，实则目标一致。

夫子说："舜治理天下遵循的是'无为而治'的道理吧？是啊，他做了些什么呢？其实，他靠自己的美好德行就能够稳坐天下啊。"舜之德，能够包容屡次伤害他的异母兄弟，能够任用天下贤能，天下大治。天下之治，因其德而非依其能。其德如日月光华，普照天下，天下人皆受益，故而能顺其意，成其事，社会昌宁幸福。

道家所讲"无为"也非不做事，是倡导顺其自然。夫子所讲仁义道德，其实也没有让你去为所欲为，而是要循大道行中庸，顺乎天道民意。

两家道不同，殊途而同归。

15.6 子张问行。子曰："言忠信，行笃敬，虽蛮貊之邦行矣。言不忠信，行不笃敬，虽州里行乎哉？立，则见其参于前也；在舆，则见其倚于衡也，夫然后行。"子张书诸绅。

夫子一生志于推行"仁德"却多有不顺，多受怠慢。是夫子的做事方式不受人待见吗？夫子一生践行"温、良、恭、俭、让"，难道还有什么不足吗？"天下熙熙，皆为利来；天下攘攘，皆为利往。"是其思想学说有点儿鹤立鸡群，是其社会理想与时代现实有些格格不入罢了。

子张请教夫子，怎么跟别人打交道才能得到别人的接受，从而把事情做成功呢？夫子说："说话要坚持忠实诚信，行动表现要真诚恭敬，即使是那些偏远地方的野蛮之人，他们也喜欢这样的人，做事自然就能行得通了。说话如果让人觉得不诚信不老实，行为表现又傲慢无礼、满不在乎，即使是在自己的乡里乡亲面前，能行得通吗？"夫子的正解可能让人觉得效果并不明显，但其反问却是让人恍然大悟的。仅靠一时之悟不行，还得内化于心，站立之时就仿佛看见"忠信笃敬"的教诲，在车里也似乎看到这四个大字就刻在马车前面的横木上。如果真能做到这样，仁德自然内化于心，也就顺理成章地外显于行了。子张此人性子急，犯过大错，夫子不以其错而不教，欣然纳其为徒。子张对夫子之言也奉为神明，听到夫子一番教诲后，就把这四个字写在了自己的衣带上，随时可以用来激励自己。

亲其师，信其道。既是学生之德，更是教师之成功所在。

15.7 子曰："直哉史鱼！邦有道，如矢；邦无道，如矢。君子哉蘧伯玉！邦有道，则仕；邦无道，则可卷而怀之。"

传统文化讲究中庸之道，不偏不倚谓之中，我们人人都希望能深入理解中庸之道的妙处，让自己的事业和人生顺风顺水。其实，这只是对中庸之道的一种浅层次的理解，中庸之道还指人生不偏离，不变换自己的目标和主张，在其位要谋其职。

中庸讲的是过程，谋的也是目标。如荆轲的目标是刺秦王，选择的是极端的方法，只一句"风萧萧兮易水寒"就让我们感到了足够的悲壮，但那是荆轲的选择。据《韩诗外传》记载，卫国大夫史鱼也是一个性情耿直的人，他向卫君推荐君子蘧伯玉，卫君不听也不用；他向卫君弹劾不肖的弥子瑕，卫君也不予理睬。史鱼非常失落，后来重病在床，弥留之际告诉儿子："我死后不能治丧正堂，殡于侧室就足够了。"为什么呢？因为他觉得自己多次推荐君子和弹劾小人均不被国君采纳，为人臣，不能进贤而退不肖，就没有尽到为人臣的本分，所以不能治丧正堂。这件事被卫君知道了，召见史鱼的儿子问明原因后，卫君突然醒悟重用蘧伯玉，而罢免了弥子瑕，让史鱼治丧正堂。

卫大夫史鱼生以身谏，死以尸谏，真算得是"直"了。其实，这对史鱼来说，就是他的道，虽然有些极端，但在难以实现自己的愿望的时候，走这样一个极端路线而且取得了成功，这对他来说或许这就是他的"中庸"。可见，中庸并非和稀泥明哲保身，也是有其目标的，能保身而达目标自然是周全之策，但目标达不成的保身与不保身皆是无效的。夫子对史鱼的评价自然是非常高了：国家太平，他的处事风格像射出的箭一样"直"；在国家危乱之时，他的处事风格同样像射出的箭一样"直"。

史鱼以死所荐的蘧伯玉呢，则与史鱼的做法有大不同：当国家太平治理有道的时候，他出来做官；但当国家危乱困顿治理无道的时候，他就选择隐退藏身避祸。

夫子仍然认为蘧伯玉的做法是君子之行。

15.8 子曰："可与言，而不与之言，失人；不可与言，而与之言，失言。知者不失人，亦不失言。"

当你看到别人有明显的失误或者错误的时候，经常会犹豫彷徨，拿不定主意是告诉他还是不告诉他。这确实是个问题。要不要告诉他，关键还是要考察这个人是不是能接受意见建议或者能不能接受你，这需要你要有足够的识人察人能力，也要有自知之明。

夫子对此是有自己的主张的。他认为，如果一个人还不算愚笨，可以与他交流一些问题，跟他交流会帮助他提高，他也能明白事理，这时，你如果不跟他交流，不指出他的问题，你有可能会错失一个人才；再一种情况，如果一个人总是自高自大，非常偏执，不懂道理，难以接受别人的意见，那你就完全没有必要去交流，倘若你仍然执着地跟他去交流并试图改变他，人家可能还会误解你，觉得你"好为人师"、多管闲事，你就可能陷于"失言"的境地。一个聪明的人，往往能够把握住分寸，对别人也是知根知底，能够迅速判断其人，决定对其讲与不讲。

世界上最难把握的一件事，就是一个聪明的人，如何既能做到不"失人"，也不"失言"。

15.9 子曰："志士仁人，无求生以害仁，有杀身以成仁。"

生死乃人生之大事。

关于生死的问题，有很多说法。如"好死不如赖活着"，这是对生活在逆境中的人的鼓励，给他希望，让他知道生命的弥足珍贵。再如汉代司马迁《报任安书》："人固有一死，或重于泰山，或轻于鸿毛。"无数革命先烈为了国家民族希望，献出年轻的生命，如江姐、刘胡兰，她们宁愿舍弃生命也不改变信仰，可以说是生得伟大，死得光荣。

在中国传统文化价值体系中，人要珍重生命，"身体发肤，受之父母，不敢毁伤"，但也要活得光明磊落，"人生自古谁无死？留取丹心照汗青"，绝不苟且偷生。在夫子心中，所有正直、善良、具有仁慈之心的人，都会在生死面前从容不迫，绝不会为了求生而做苟且卖友叛国之事，宁愿以死来成就自己的仁义之名。上下五千年文明史，宁舍生命而为义者不胜枚举。荆轲刺秦王，"风潇潇兮易水寒，壮士一去兮不复还"的豪情，其对燕王之"义"可谓"薄云天"；李清照赞项羽"生当作人杰，死亦为鬼雄"，其死之悲壮令人慨叹；岳飞"壮志饥餐胡虏肉，笑谈渴饮匈奴血"精忠报国，虽遭陷害而死于风波亭，然亦为后世感怀赞美；北洋水师致远舰舰长邓世昌竭尽全力怒撞日寇舰队为国捐躯，滔滔黄海将永远铭记中国水师的英雄气概……

15.10 子贡问为仁。子曰："工欲善其事，必先利其器。居是邦也，事其大夫之贤者，友其士之仁者。"

我国数学家华罗庚曾经写过一篇关于探讨统筹方法的文章，大意是先烧炉火，再去打水，回来炉火正旺，不耽误烧水。这就是好的统筹方法。如果先打水来放着，再去生炉火，等炉火旺起来再烧水，就会耽误工夫，喝上水的时间就明显延长了，做了同样的活儿，用时又多，过程拖沓效率低，不科学。一个农民，要想尽快把地锄完，最好的办法是先去把锄头打磨好，然后开干，不耽误时间，比起先去干，等锄头坏了再去修，效率要高得多。这就是常说的"磨刀不误砍柴工"。

子贡虚心向夫子请教怎么去修炼自己的"仁"心，夫子告诉他说，一个工匠想要把他自己的事情做好，就会先去把自己用到的工具磨锋利。还告诉子贡，你到一个地方或一个国家，你要做事就要去给那些有贤德的人做事，其贤德就会影响你；交朋友就要去交那些有仁德的人，他们的仁德也会帮助你修行。

诚哉斯言！近朱者赤，近墨者黑。

15.11 颜渊问为邦。子曰："行夏之时，乘殷之辂，服周之冕，乐则《韶》《舞》，放郑声，远佞人。郑声淫，佞人殆。"

每个时代都有每个时代的特点，每个时代如果没有革新之识、变革之力可能连守旧的机会都没有。单看远古如梦如烟的五帝夏商周时期，就各有不同。尧帝朝乾夕惕巡狩四方，舜帝以德治天下四海升平，夏因袭尧制，形成了中国第一部历法指导农时，殷商与周也各有创新发展，并未因循守旧。由此看来，没有一个药方包治百病，更没有一个固定不变的方法可以治理一个国家和一个地方，必须因时制宜，因势利导。

颜回向夫子请教怎么治理一个国家和地方。夫子告诉他这样一个道理，你可以用夏朝的历法指导农业，可以仿照殷商的车子去改进交通，可以参照周朝的冠服指导人们的穿着，衣食住行的基本情况搞清楚了，老百姓就过上了好生活，高兴了可以去听舜时代的音乐《韶》乐、周武王时的音乐，那些都是兴旺发达的吉祥之音。不要听像商纣王时候那些郑地的音乐，虽然听上去也不错，但那是难登大雅之堂的靡靡之音，毕竟商纣王还是亡了国的；还要注意不要接近那些只会阿谀奉承、不干正事专门招惹是非的奸佞小人。

看来，夫子所言，并非守旧，而是告诉颜回大胆采纳历朝历代好的东西，也要勇敢地摒弃那些不好的东西。所谓传承，自然是吸取精华，摒弃糟粕，辩证之法自古有之，夫子以其之圣，自然也是明白的。

15.12 子曰："人无远虑，必有近忧。"

下棋高手往往是每走一步之前，就已经考虑到三步乃至十步之后该怎么走棋了。这种思考的背后，一定是把对方可能有的应对之策作了多种设想，然后才有了自己的三步乃至十步的应对策略。这样才能做到知己知彼，先不说是否一定能取胜，至少不会处处被动，从而做到应对自如，游刃有余。这就是深谋远虑的好处。

深谋远虑，方能致远，方能致高，看到不一样的风景，收获不一样的成果，创造不一样的人生。如果满足于眼前一时的安逸，不对未来深谋，可能现实的羁绊就会接踵而来，不但让你不得安宁，还耽误了前行，这就得不偿失了。历史上历代亡国之君，哪个不是满足于一时的骄奢淫逸，等国破家亡时还一脸迷茫。常言所讲"富不过三代"，也是说惠及子女的事不是留给他们多少财富，而是要教育他们学会深谋远虑，教育他们继承能发展家庭、事业的好理念、好经验，才是正道。

夫子一句话"人无远虑，必有近忧"，可谓千古绝叹！

15.13 子曰："已矣乎！吾未见好德如好色者也。"（见 9.18）

15.14 子曰："臧文仲其窃位者与！知柳下惠之贤，而不与立也。"

臧文仲是鲁国的大夫，历庄、闵、僖、文四君。他走上政治舞台之初正是齐桓公称霸的时候，齐、鲁力量悬殊，他致力于维护鲁国不受齐欺。同时又开放关卡，以利社会经济发展，同时与周边诸国交好，给鲁国创造了一个相对安定的环境，其功绩还是非常大的。

柳下惠，曾在鲁国掌管刑罚，其人德美，有才，与臧文仲同时期，迟迟不能担当大任。在夫子心目中，柳下惠应该得到提拔重用，但臧文仲迟迟未用，夫子是有些埋怨臧文仲了。夫子在柳下惠的事情上为其打抱不平，曾半真半玩笑地埋怨臧文仲：是不是觉得自己是窃取的这个位置，还是觉得自己的才能不如柳下惠？明明知道柳下惠的贤德却不去重用，是小人之心吗？

其实，夫子清楚臧文仲也是一个有能力的贤臣，不过是说说而已。

15.15 子曰："躬自厚而薄责于人，则远怨矣。"

一个人怎么才能够团结众人？能够包容，胸怀宽广一些，虚怀若谷，则能藏千军万马于其中。夫子所说："人不知而不愠，不亦君子乎？"受到冒犯而能容人，则是更高一个层次的包容。你有君子之德行了，谁还能与你结怨？在实际生活中，如何才能做到严以律己，宽以待人呢？最简单的一个办法就是每每遇到问题的时候，不要去责怪别人，更多地从自身找问题。如果确实别人也有责任，也要尽量做到少苛责别人，多责怪自己，事情就好办得多了。夫子说：

"如果你自己能做到多自我批评少责怪别人,那些怨恨和恼怒就离你远去了。"

每个人都是一个独立的个体,除生理上的独立外,思想、人格也更是独立的。就是那些具有特殊地位和权力的人都很难去控制和支配一个人,表面好好做,背后使坏者大有人在。夫子所讲,在生活中人与人之间相处是这样。如果一个位高权重的人也能很好地做到"躬自厚而薄责于人",则一定是一呼百应之人;如果是至高无上的君王能够如此,则天下太平矣!

15.16 子曰:"不曰'如之何,如之何'者,吾末如之何也已矣。"

一个人把自己封闭起来,可怕的不是对外界的了解少了,而是别人对你的想法一无所知,纵你有经天纬地之才,别人也因不可知而无法用之;纵你有万般困苦需要求助,别人也因无法得知其情而不知从何入手。

夫子是千百年来的至圣先师,他对这种不跟人交流,从来不问也不说"怎么办"的人,也是束手无策,不知道该怎么办了。夫子坚持有教无类,遇此类,也是不知道该怎么办了。人与人之间如此,单位与单位之间如此,地方与地方之间也是如此,国与国之间更是如此。交流、沟通,再交流、再沟通,在你来我往之中,关键原因找到了,也就抓住了问题的根本,解决问题的要领和方法也就找到了。

15.17 子曰:"群居终日,言不及义,好行小慧,难矣哉!"

物以类聚,人以群分。

常言道:与凤凰同飞,必是俊鸟;与虎狼同行,必是猛兽!交什么样的朋友,走什么样的路,决定了人生不同的境界。你跟哲人论道,你即使不能成为哲人,你也会有哲人一样的睿智;你跟贤人共事,即使你成不了贤人,你也会深受贤人影响,一言一行合乎道义。如果天天跟一帮无所事事的人在一起,甚至相互之间还要些小聪明,搞些小恩惠,这个圈子自身也很难长久。长期处于这种圈子的人,你想让他凡事讲道义,谨言慎行养成良好的仁德,难啊!

我们觉得难,两千五百多年前的夫子也觉得难。

15.18 子曰："君子义以为质，礼以行之，孙以出之，信以成之。君子哉！"

怎么样才是一个称得上有道有德的真君子呢？那就是表里如一，即从思想深处到外在的行为都有一定的标准和要求。

这个要求是什么呢？夫子就按照从内到外的逻辑作了说明：道义关乎一个人的思想本质，是君子行事的理论依据，是潜藏在君子的内心深处而坚定不动摇的；在生活实践中要做一件事，要有一定的规矩，这个规矩就是礼制法治的要求，符合礼节的行为才会让众人更好地接受；与人交流说话更要态度谦逊，态度谦逊的人容易得到别人的认可，也表现了自己文明的一面；要想把事情做成功，就必须坚守诚信，一诺千金，为政则会被上级信任，经商则会被市场信任，为友则会被朋友信任，还有什么事做不成呢？！

义、礼、谦、信，君子之行也！

15.19 子曰："君子病无能焉，不病人之不己知也。"

"人不知而不愠，不亦君子乎？"君子所担心的只是自己的能力达不到，仁德达不到，而不是担心别人不了解、不知晓自己。

当别人误会我们，我们又何必多想呢？你解释得越多，可能起不到积极作用，反而越加深误会。所谓清者自清，面对误解，能解释则解释，不能解释就不急于解释，等时间久了，人家了解了事情的真相，自然就消除了误会。夫子告诉我们，君子真正担心的，是自己有没有认真地去学习，有没有修养好品德，有没有做事的能力。这才是关键之所在。

在现实生活中，能够做到抓住根本的人是不多的。面对别人的误解，能够做到如此泰然的人，也是不多的。因此，"人不知而不愠""不病人之不己知"就成了我们需要好好体悟的道理了。

15.20 子曰："君子疾没世而名不称焉。"

人生在世，总有很多事情让我们担心。

有的人担心自己的级别、职称上不去，有的人担心自己的财富被人惦记，有的人担心自己的付出得不到认可，有的人担心自己的身体生病……总而言之，人活着，没有不担心的时候。

在夫子心里，君子最担心的是什么？君子担心自己死了以后留下的名声与事实不符，担心的是自己生前的所作所为配不上死后的名声。为什么呢？因为，名声越大，就会有更多的人去关注你，同时也会有更多的人去关注你的名声与实际的差距；名声小了，自然少有人关注，即使关注了，他们也会觉得你只是小人物，是无关紧要的那种。

君子不怕不出名，就怕名不副实。

15.21 子曰："君子求诸己，小人求诸人。"

在一个团队中，如果遇到了困难怎么办？一种情况是每个人都剖析自己的工作出了什么问题，可能对结果造成了什么影响，然后去改进思路和方法，更有利于整体和大局；另一种情况是先不考虑自己的工作失误，先去看别人的错误，指责别人的失误，忽视甚至为自己的失误辩解，待别人纠正后，问题仍然卡在自己这儿，事情最终没有得到解决。

两种态度，一种严以律己，一种严以律人；两种结果，一种和谐共进，一种尴尬相争。

《中庸》所云"格物致知，诚意正心，修身齐家，治国平天下"，均指向每个人首先从自身出发去践行、反思、改进，正己、进己是文化的核心意蕴。夫子同样认为，仁德之人面对问题总是苛求于己，唯恐自己有什么问题和不足，一旦发现就及时改进；小人呢，则是唯恐别人把问题推给自己，抢先去找别人的问题，掩盖自己的问题。《左传·昭公三十一年》："或求名而不得，或欲盖而名章，惩不义也。"《资治通鉴·唐太宗贞观十六年》："或畏人知，横加威怒，欲盖弥彰，竟有何益！""欲盖弥彰"

这个成语所说之事实，绝不是个例，历史的长河中不乏其人，现实生活中也不乏其事。

15.22 子曰："君子矜而不争，群而不党。"

无论是一个团队中，还是一个单位中，每个人都想拥有更多的朋友跟自己形成阵营，从而增强安全感。

结交朋友的方式有很多种，可以约着一起吃饭喝酒，打成一片，最后可能成为一个利益共同体，在一些公共事项的处理上，很容易保持一个声音、一个步调。如果是从为了情感的契合上来看，这也无可厚非，但如果一堆人结成联盟不论青红皂白就是为了反对别人，就显得有些猥琐和令人不屑了。中国还有一句话"君子之交淡如水"，讲君子之交无须酒肉，求义而不求利。在夫子心目中，君子在一个团队或单位中，保持庄重的态度和举止，不轻易与人争执，即使偶尔与人一起吃喝一下，或者志同道合情感紧密一些，但是不去结党营私。

君子，听起来不难做，但在现实生活中，又确实不容易做到。矜而不争，群而不党，不易啊。

15.23 子曰："君子不以言举人，不以人废言。"

世上不乏能说会道的人，也不乏讷口少言之人。能说会道的人往往讨上司喜欢，能用言语结交更多的朋友，即使无真才实学往往也会获得更多的晋升机会。

现实生活中的类似事例不在少数，甚至是一种普遍存在的社会现象，相信大多数人都深有体会。早夫子百年的管仲，在其《管子·明法解》中有云："明主之择贤人也，言勇者试之以军，言智者试之以官。试于军而有功者则举之，试于官而事治者则用之。"管子治齐齐国大盛，正如其所言坚持了择贤举任的原则。然而，后世能严持此原则者又有几何？

无论如何，管子与夫子所言实乃警醒之言也，若能真正做到不因说得好就推荐用人，不因不待见这个人就不听他说的话，所做之事就会离成功越近。

15.24 子贡问曰："有一言而可以终身行之者乎？"子曰："其恕乎！己所不欲，勿施于人。"

修身养性的要领何在？能不能简明扼要地告诉我们，让我们很好地把握住？头脑灵活、富有经商意识的子贡就非常想知道这个简便方法，他向夫子请教："有没有一句话可以让我们终身去践行而达成修身的目的呢？"夫子告诉他："那应该就是'恕'这个字了吧。"

恕，宽恕、饶恕。我们有多少人是做不到的，大多讲究的是有报有还，特别是那些对我们有敌意的，我们恨不能抓住他们的弱点整他们一顿，何来宽恕、饶恕？"人不知而不愠，不亦君子乎？"这里说的"不愠"就是一种"恕"的具体表现，一个人若是能够做到宽恕，确实是一种极高的修养。如果是极深的仇恨，如杀父等血海深仇，能不能做到"恕"？是非常难的，但从类似的案例来看，经过无数的打打杀杀，疲了，倦了，然后以一句"冤冤相报何时了"而得以冰释嫌隙，最终还是以"和解"的办法解决，即"和为贵"。

为了更好地把握这个"恕"的要领，夫子又补充了一下，具体到行为上，就是"己所不欲，勿施于人"。这就说得很明白了，你自己不愿意或不想别人施加于你的事，你更要做到不要去施加于别人。从这里来看，修养本来就是自己的，理应也是自己的事，用自己的行动去证明自己，而不是用道理去要求别人。学富五车，自己做不好，怨天尤人，等于零。夫子认为，行有余力，则以学文，其道理即在此吧。行无力，逼其学文，恐为灾祸。这是有历史与现实之鉴的。

15.25 子曰："吾之于人也，谁毁谁誉？如有所誉者，其有所试矣。斯民也，三代之所以直道而行也。"

夫子一生都在致力于传播仁德之道，期冀各诸侯国都能够"克己复礼"，恢复周公之美政。鲁国三桓势力之大，夫子虽官至司寇，亦非其力而能变之；周游列国寻求其变，无奈各国诸侯均重眼前利益，看不到立竿见影的效果，便随即弃之不用。夫子一生博学，为政之理想终不得实现，还备受时人讥笑其迂腐、冥顽，其悲乎哉！

夫子并非不明白自己所作所为不受待见，更清楚地知道自己被人讥笑的原因，可他宁愿被世人误解，也要坚持走正确之路，他相信时间会证明他的选择是对的，他相信历史终究会认可他的主张。他曾对自己的坚持有一个近乎自嘲式的解读：对我所做的这些事情，谁在毁伤我、批判我？又有谁在赞誉我？将来如果有人赞誉我，那一定是他实行了我的想法而且得到了好的效果。他治理下的人民三代之内都会受益，能够有一条正确的道路前行。

15.26 子曰："吾犹及史之阙文也，有马者借人乘之，今亡矣夫！"

在古代，做什么事最需要勇气？你可能会说是上战场，不怕牺牲，大丈夫死则死已，一刀去头不过碗口大的疤。此种豪气常见于武将。而文人的勇气在于不昧良心敢说、敢写实话，如司马迁，宁愿受汉武帝的宫刑，也要秉笔直书，决不篡改历史。司马迁给史官做出了表率，让历史得以保留原本。史官之正，可以表现为说不准的话不乱说，记不准的事，宁愿空着地方待以后弄清楚了再补遗，也不会因求全而杜撰。

夫子所谓"知之为知之，不知为不知"，既是一种智慧，又是一个人需要遵循的处事原则，特别赞同史官在写史时对那些把握不清楚、说不准确的事实就留下空白等待补遗的做法。他说："我还能够看到有些史书确实是留下了空白等待补遗。"其实他认同的是这些史官的操守，认同这样的史书才是信史。然而，春秋时期，礼崩乐坏，社会秩序混乱，很多人在乱世之中浑水摸鱼，更有一些史官的操守底线滑坡，让夫子非常担心。特别是夫子看到一些书籍言而无据，甚至是曲意逢迎，让他特别担忧。

夫子在说这句话的同时，还赞同了另一件事："有好马的人自己不会调教，不如借给别人去使用而达到调教的目的，现在这种人也没有了。"有些专家在谈及此句时也对"史之阙文"与"好马借别人之手调教"的关系不甚明了，未有明确定论。夫子把这两件事放在一起说，究竟是要表达一个什么意思呢？而且还惋惜地说："秉笔直书的好史官和借给别人而乘的马，都没有了。"

写史，拿不准的事不写，以确保历史的真实性，以后让那些能够研究明白、把握清楚的人补遗，岂不更加完美？自己没有调教好马的本事，借高人之手加以调教，岂不是更专业而聪明的做法？二者是否有异曲同工之妙？

夫子以"马事"喻"史事"，深入浅出也！

15.27 子曰："巧言乱德。小不忍，则乱大谋。"

对于"巧言"，夫子是很有看法的，说是深恶痛绝亦不为过。

夫子曾说过："巧言令色，鲜矣仁。"是说那些花言巧语的人，内心里很少存有仁德。但这句话说得还是有些保留，没有彻底打死"巧言"者。夫子这里又说"巧言乱德"，不仅仅说那些"巧言"者内心缺少仁德，直接就是祸乱仁德、毁坏人心！此时的语气明显严厉多了。

"巧言"为何如此有害？"巧言"多经过了包装，定会蒙蔽他人，从而扰乱他人的行动计划，轻则乱了方寸行动失败，重则被诬骗陷于被动而损失巨大。"害人之心不可有，防人之心不可无。"面对"巧言"，我们最重要的是要保持清醒的头脑，增强自己的判断力、防范力、抵抗力。

夫子在此同时又说："小不忍，则乱大谋。"我认为夫子还是念念不忘告诫人们要始终加强自我修养，临大事而有静气，才能增强判断力、洞察力。对于无关大局的小滋扰，我们要有免疫力，不受其影响，不受其干预，要以"人不知而不愠"的君子风范来应对，就会促进事情向成功的方向发展。这不仅仅是"忍"的问题，更是一种大智慧，是以暂时的小的忍让换取长远的更大的成就。

15.28 子曰："众恶之，必察焉；众好之，必察焉。"

对一种事物或者事件，不同的人有不同的看法或观点，是再正常不过的。这些不同的看法或观点经过不断的交流和修订，可能会形成共识，也是正常的。

因事物各不相同而产生丰富多彩的世界，因人的性情、格调、喜好、志向各异而复杂多变，从而有了人类社会的多姿多态。但事出反常必有妖。如果根本就没有交流或争论，大家都一致地认为好或者不好，可能其本身的特点明显，一般人都知道好坏美丑，有共同的判断；但因世间的事物本身的复杂性，有多少事是瞬间能有定论的呢？如果还是出现一边倒的趋势，不管走向哪一方，其中必有问题，值得警惕。夫子就有名言：大家都一致不喜欢厌恶的事，我们一定要察看其中的原因；大家一致喜好的事，我们也一定要认真察看其中的原因。

15.29 子曰："人能弘道，非道弘人。"

在很多教育者的内心深处，都有这么一种观念：我给你讲了那么多道理，但凡你听懂一点儿，也不至于改不了。这话一听，没有什么问题，对方就是一个"擀面杖吹火——一窍不通"的人。但仔细想想，作为教育者，应该是弘扬道理的，人家听不听是人家自己的事，你又没有绝对的权力管制他，非让他听。按照唐代韩愈所说的"师者，所以传道、授业、解惑者也"，传道、授业、解惑是你的本职工作，但没有规定对方一定要遵照执行。在夫子看来，一个懂得文化价值、明白道理的人，就要管好自己，按照规矩去做，给别人做个示范，你也可以去传播这些大道，但听与不听，自有听者的自由。

"人能弘道，非道弘人。"人可以通过践行去弘扬正确的大道，不是用道来教育别人，强制别人。现在来看，我们的教育有时候确实是太过呆板，颇有"强制"人接受之感。看来，学生有些"憎恶"教师，教师也是埋怨不得的，确实是存在一些问题的。教育者要好好去体会"知行合一"的真谛，以己之正行，感化别人并使之顿悟而行之。

此所谓：读书明理兴师道，正己化人济苍生。

15.30 子曰："过而不改，是谓过矣。"

人非圣贤，孰能无过。有过错本来是一件很正常的事情，特别是对于那些能做事、敢做事的人来说，出现过错甚至是必然的。有过错、会犯错，不是重点，关键是看对待过错的态度。夫子早就讲过："过则勿惮改。"（见1.8）

多数人对那些工作中的错误和问题，能采取宽容与包容的态度，就是对那些严重一些的，"惩前毖后"也是一项重要原则。最可怕的是，明明犯了错误，还不承认，就是固执了，属于无可救药的那类，就是真的"过"了。夫子说，有过错而不知改进，才算是真正的过错啊。

佛家有句话叫"放下屠刀，立地成佛"。意思是说，就是杀了人的人，赶紧放下屠刀，放下杀人心念，也都可以成佛，还有什么过错不能立即改正呢？纵观一个人的一生，哪一个没犯过或大或小的错误？谁不是在吃一堑中长一智的？我们要感谢那些曾经的错误让我们不断成长，不断校正人生航向，最终达成圆满。

15.31 子曰："吾尝终日不食，终夜不寝以思，无益，不如学也。"

"学而不思则罔，思而不学则殆。"（见 2.15）学而不思会是什么情况？可能你了解很多知识，但这些知识对你来说是散乱的，没有实践，你也没有从知识的学习中感悟出什么来。这样，若指责你所学没有用处，就有些冤枉你，毕竟是付出了劳动。

思而不学是什么情况？会囿于"学而不思"吗？也不见得。思而不学，空想也。思而不学，思而无基，思而无绪，比起学而不思来还令人恐怖，一不小心有可能钻牛角尖里面去转不出来了，或者走火入魔疯癫起来也不是没有可能。夫子对此还是有亲身体会的，他告诉我们，他自己就曾经一天到晚不吃不喝，也不睡，就在那里思考，结果怎么样呢？毫无收获，毫无裨益，实在是还不如学呢。

学而思，思而学，学思结合，相得益彰。

15.32 子曰："君子谋道不谋食。耕也，馁在其中矣；学也，禄在其中矣。君子忧道不忧贫。"

"道"为做事的根本和原则，君子所谋求的就是这个根本，而不是具体的一件事。《汉书·董仲舒传》记载董子所言："正其谊（义）不谋其利，明其道不计其功。"也正是说明了君子做事追求的是道义而不是利益，弄清楚应该遵守的仁道原则而不去计较自己的功劳。此乃真正君子之大气风范。

夫子早就说过："君子做任何事情追求的是精神引领，是大道，而不是具体的一餐一饭。"给夫子驾车的樊迟曾经去向夫子请教怎么种田，夫子说"吾不如老农"，很生气，把樊迟骂了一顿："小人哉，樊须也！"在夫子看来，人的境界和追求一定要高，若只是为了追求吃饱饭而去耕种的话，也可能会因为各种原因而歉收，目光太过短浅；若是只把做官作为追求的话，去学习也就可以了，"学而优则仕"嘛，这些都是特别简单的事，无须大动干戈。

作为君子，"君子不器"，君子是不满足于具体的成功，而是追求"大道之行"给更多的人带来温暖和幸福。夫子特别赞同颜回"一箪食，一瓢饮，在陋巷，人不堪其忧，回也不改其乐"的安贫乐道的精神追求，像颜回一样，只担忧所学之道不能明悟，而从不计较生活的贫苦。夫子在陈绝粮，陷入饥饿，子路看不下去，要求老师想办法解决吃饭问题，还自告奋勇去想办法。夫子不但没有嘉许子路，还对子路进行了严厉批评："君子固穷，小人穷斯滥矣！"处此绝境，夫子不去担忧吃饭问题，却是在担忧子路情急之下会做出非君子的行为。可以说，夫子是践行"君子忧道不忧贫"的典范了。

夫子这句话，其实是在告诉人们不要被物欲所迷惑，而是要更看重内心的真正需求和精神世界的充实。

15.33 子曰："知及之，仁不能守之，虽得之，必失之。知及之，仁能守之，不庄以涖之，则民不敬。知及之，仁能守之，庄以涖之，动之不以礼，未善也。"

智慧和仁德是什么关系？智慧体现的是一个人的聪明才智，体现了一个人的能力，但这需要有仁德来做铺垫和限制，不然聪明才智用到歪门邪道上，那危害就大了。实际上，这是讲了一个"德"与"才"的问题。人可以无才，但不能无德；若有才无德，则恐天下大乱，这是有历史教训的。中国历史上那些乱臣贼子，哪个没有本事？可其德不佳，可致一国亡。现代史上的纳粹头子，发动战争令生灵涂炭，哪个不是有才智之人？

夫子其实早在两千五百多年前就讲过智慧与仁德的关系，他认为，智慧有了，但如果没有相应的仁德来守护，才智的发挥可能会没有道德底线，即使一时得到了利益，也一定会失去。如果智慧有了，又有仁德能守护这份智慧，智慧就会用到正途上、正事上。在此，还要提醒：还要具备严肃的态度，不用严肃的态度小心地去对待，老百姓还是有可能不相信不敬重他；智慧有，仁德有，也有严肃的态度，但做起事来，不遵循"礼"的规定，恐怕也还是不行，"非礼勿动"的教诲言犹在耳，不可须臾违背也。

15.34 子曰："君子不可小知，而可大受也；小人不可大受，而可小知也。"

君子不器。君子谋道不谋食。君子的重心在仁德、在战略，在大道的层面。

具体的事情谁来做呢？这里的"小人"非贬义，分工不同，智慧不同，自然承担的任务、事项各不相同。但无论"君子"还是"小人"，在道德层面的考量均是必不可少的，这是原则和底线。《淮南子·主术训》："有大略者，不可责以捷巧；有小智者，不可任以大功。"从识人用人上看，不应该从小处、从小事上去考察君子，而是从其仁德层面去考察，看其战略眼光和格局。钱穆、伯峻先生所解意在此也。

总而言之，君子不靠耍小聪明，不靠一技（器）见长，不能从小处去考验他，而是看其战略胆识与包容、引领能力以确定其是否能担当大任；对小人物来说，即使他不能担当大任，如果能有一技之长，能有小智慧，把一些小事做好，也是对国家、社会有用的人啊。

15.35 子曰："民之于仁也，甚于水火。水火，吾见蹈而死者矣，未见蹈仁而死者也。"

《孟子·尽心上》有一句话："民非水火不生活。"意思是，水火都是生活之必需，没有水会渴死，没有火吃不上熟食，取不上暖，就会饿死或冻死。但是在夫子看来，水火是生活之必需没错，但仁德对百姓来说更重要。吃饱了，穿暖了，没有仁德来保障，会无事生非，生战、生乱，因此，老百姓若想真正过上好日子，不但要有水、有火，更要有仁德。但现实中，人们往往会为了水、火而争得你死我活，甚至因水、火而赴死，但却从未见因为去践行"仁德"而死的。当然，一般的老百姓只要讲仁德，基本上是过上了安稳的日子；也有保家卫国之仁人志士，有时候会为了"仁""义"而献出生命，那叫"义无反顾""杀身成仁"。

人为财死，鸟为食亡。若仁德为先，依于仁德而定行动，则可确保能看得清大方向，看得懂什么才是大利益，从而不让生命亡于户牖小事，而成仁德之大理大义。

15.36 子曰："当仁不让于师。"

韩愈曾说过："弟子不必不如师，师不必贤于弟子。"这是为师者的大气，鼓励学生超越自己。这无疑是教育者应有的胸怀，符合"长江后浪推前浪"的历史规律。在古代，"天地君亲师"是人人所需敬仰的，天经地义，不可违背。但"仁以为己任"（见8.7），为师者也应该有行仁之责，唯独在"行仁"这个事上，弟子可不必先礼让老师，可以"闻斯行之"，不等不靠。这也说明，"仁"在传统文化思想中是至高无上的，人人有责任履行仁德之道，没有先后，不必等待和观望。

毓鋆先生也告诫我们，当仁可以不让于师，但在父母面前，还是要让"仁"于父母，还是要遵循《孝经》所云"立身行道，扬名于后世，以显父母"的要求，即你所行所为仁德之事，如生命一样皆为父母所赐，所有好名声皆要归功于父母。天下以你为傲为荣而无任何私心者，唯父母无他。

15.37 子曰："君子贞而不谅。"

在生活中，总有一些人说话做事三分真七分假，甚至难分真假。

如果是一般人，纯粹娱乐谈笑，大家哈哈一笑，也无多少人当真，倒是增加了些生活情趣，于事于人无碍。但如果是在重要位置的人，不注重修养，也如此半真半假，就出问题了，大家不以其言为真，则为人者仁德受损，为政者政令不出，为商者诚信尽失。诸国学大家，认为"谅"为"小诚小信"，认为君子固守正道，可不拘小信。

按照《论语》所谈及"君子喻于义""君子泰而不骄""君子求诸己"之言，君子固守正道，小信也不应失，所谓"慎其独"。

15.38 子曰："事君，敬其事而后其食。"

无论做什么，都应该有个先后顺序。比如说，你出去打工，是先拿工资还是先干活儿？在工厂里，一般是采用计件法计算工资，先干了才知道干了多少，才知道应该拿多少工资。这是应该的。这不是我说的，是夫子早在两千五百多年前就说了的。他说，给国家做事，应该是先恭敬地把事情做好，然后才去拿报酬。

当然，在现实社会中也有先给工资，然后干活儿的事，譬如有一些单位，往往不是采取计件工资，而是按照级别、职称、工龄等因素来确定工资，是先给工资再让你干活儿。这是该单位对员工的一种体恤、关怀，千万不要认为这是天经地义的。从个人的角度来看，应该感恩，应该把事情做得更好。

15.39 子曰：“有教无类。”

夫子是一个伟大的人，也是一个有远见的人。

说他伟大，我们首先要回到他生活的时代——奴隶社会时期，教育可以说是贵族的专利，平民、贫民的子女没有机会接受教育，而作为贵族后裔、从大夫之后的夫子却提出了教育要普惠所有人的教育理念，即“有教无类”，相对于现在实施的“义务教育”，其观点、思想可是足足早了两千五百多年。

说他有远见，他早就知道一个国家、一个民族、一个社会的安宁与繁荣以及强大，一定是教育的结果，一定是所有人自觉践行“仁德”之道的结果。

15.40 子曰：“道不同，不相为谋。”

在日常生活中，我们经常引用夫子这句话，却少有人知道这是夫子说的。

这里，我们必须弄清楚不同的是什么？是“道”，是更高层面的价值观，价值观完全不一致的人，基本上是无法走到一起的，即使是为了共同的利益，也是暂时为利而同，利尽则谊散。因此，在“道”的层面存在分歧或者巨大的差异的两个人，最好不要强行一起去谋划什么，因为从起点上就决定了最终的分道扬镳，中间所做的努力都将是徒劳，白白损耗精力或者钱财，是没有什么效果的。

当然，“方式、方法”的不同与“道”的不同，是两个层面的问题。价值观一致，方式、方法不同，可以达到“殊途同归”，所谓“条条大路通罗马”，目标一致，各走不同的道路，是可以“和而不同”，结成君子之约；若目标根本就不一致，即使方法相同，那也只是暂时的权宜之计，最后都会奔向各自的终点，这里的"同"，也是小人之"同而不和。"

15.41 子曰："辞达而已矣。"

《左传·襄公二十五年》："仲尼曰：'志有之，言以足志，文以足言。不言谁知其志？言之无文，行而不远。'"看来，夫子也是主张写文章要讲究内容丰富且有文采，这样才能让文章流传久远。我们写文章，也常常讲究"文似看山不喜平"，运用修辞手法，讲究文采斐然，精雕细琢，跌宕起伏，引人入胜……

但是，夫子此时又告诉我们："辞达而已矣！"言辞能恰当而清楚地表达出自己的意思就可以了。夫子的话前后矛盾吗？当然不是。夫子的意思应该是，与追求辞藻华丽相比，最基础的、最重要的是要准确表达，否则没有价值。若在准确表达的同时，再提高语言的文采，应该是写文章的一种更高境界的追求。

在现实生活中，不乏说话拐上百八十个弯儿的人，你要不兜兜转转认真地捋一捋，还真弄不明白他说的是什么意思，让人着急。还是切记夫子之言："辞达而已矣！"

15.42 师冕见。及阶，子曰："阶也。"及席，子曰："席也。"皆坐，子告之曰："某在斯，某在斯。"师冕出。子张问曰："与师言之道与？"子曰："然，固相师之道也。"

我们如何对待身体有残疾的人？如眼盲的人，是不是看到他走到拐弯儿、上台阶、有障碍物的地方，要及时提醒他？我们来看看夫子是怎么做的。

有一天，有一位叫作师冕的瞽者乐师来见夫子，到了台阶前，夫子就提醒他说："前面是台阶了。"等他到了座位近前时，又告诉他这里是座席了，你可以坐下了。等大家都到了，夫子又告诉他左边是谁、右边是谁、前面是谁、后面又是谁。师冕离去后，夫子的学生子张请教夫子："这样与师冕打交道，合适吗？"夫子说："当然合适啊。对待瞽者，这本来就是帮助、扶持他的办法啊。"

　　其实，夫子如此提醒他，是对他的一种帮助，可以提高瞽者对前方道路判断的准确度。当着众人的面给他介绍所有入座的宾客，不让人感觉他是一位瞽者，这是把他当作正常人一样来对待。

季氏篇第十六

16.1 季氏将伐颛臾。冉有、季路见于孔子曰："季氏将有事于颛臾。"

孔子曰："求，无乃尔是过与？夫颛臾，昔者先王以为东蒙主，且在邦域之中矣，是社稷之臣也。何以伐为？"

冉有曰："夫子欲之，吾二臣者皆不欲也。"

孔子曰："求，周任有言曰：'陈力就列，不能者止。'危而不持，颠而不扶，则将焉用彼相矣？且尔言过矣！虎兕出于柙，龟玉毁于椟中，是谁之过与？"

冉有曰："今夫颛臾，固而近于费。今不取，后世必为子孙忧。"

孔子曰："求，君子疾夫舍曰欲之而必为之辞。丘也闻有国有家者，不患寡而患不均，不患贫而患不安。盖均无贫，和无寡，安无倾。夫如是，故远人不服，则修文德以来之。既来之，则安之。今由与求也相夫子，远人不服而不能来也，邦分崩离析而不能守也，而谋动干戈于邦内。吾恐季孙之忧，不在颛臾，而在萧墙之内也。"

这是一个关于洞察人内心的富有哲理的故事。

鲁国有一个地方叫费，费地的附近有一个鲁国的藩属国叫颛臾。

鲁国有一个大夫叫季氏，费地是季氏的食邑。

冉有、季路是孔子的学生，是季氏的幕僚。

这一次，夫子对冉有和季路很不满意，内心非常生气，认为这两个学生无能、不肖，更是与前面所说的人和地方有关系。这是怎么一回事呢？

一天，冉有和季路来告诉老师："季氏要攻打颛臾这个地方。"孔子说："为什么呀？颛臾这个地方本来就属于鲁国啊，为什么要讨伐？这个事，你们两个人有责任，有过错！"这俩人觉得冤枉："我们也不想这么做啊，季氏要这样做，我们也没有办法阻止啊。"他俩一齐喊冤，让先生动怒了，直呼冉有的名字："冉求！我告诉你，你俩在季氏手下当差，说没有办法就可以了？！周任就曾说过，有能力在那儿当官，就得有能力阻止这件事！面对危机不想办法，事情颠倒了不知道纠正，还用得着你们两个人在那儿当差吗？还开脱自己的责任。季氏就是一只虎，他从笼子里跑出来伤人，你俩阻止不了也就罢了，还辩解说与自己没有关系！你们来跟我说，证明知道自己错了，那就更是明知故犯，不可饶恕！"冉有一看老师发了这么大的火，进一步解释说："颛臾这个地方离费地太近了，现在不把它占领，恐怕以后会给费地的子孙后代添麻烦。"

先生一听，更来气了：原来你们都商量好了，还行之有理有据的。于是，不顾先生之君子风范而厉声呵斥："冉求！君子最痛恨的就是那些想做些为人不齿的事还去寻找托词的人！我听说那些有自己的国家和家庭的人，都是不担忧少就怕不平均，不担忧贫穷就怕不和谐平安。平均了，就没有贫穷和富贵之分了，和谐了就没有多少争斗了，平平安安也就没有危险的事情发生了。如果把国家治理成这样，远方的人如果还不服，就要进一步在礼乐制度的完善上和仁德文明的弘扬上再下功夫来吸引他们。他们来到我们这里，就要安抚他们，而不是用武力去征服他们。现在冉求与季路你们两个，远方的人不服，国家要分崩离析了，你们不去修文德却帮助季氏讨伐人家，何等愚蠢？！我看季氏担忧的不是颛臾这个地方，也不是为费地的子孙考虑，而考虑的是在鲁国如何获得更多的权力，如何让自己的势力更大啊。"

季氏攻颛臾，置鲁国国君于何处？夫子更是一针见血地指出，这是以一己之私害天下之公啊！冉有、季路两人，若不能阻止季氏之为，就是在为虎作伥啊！

16.2 孔子曰："天下有道，则礼乐征伐自天子出；天下无道，则礼乐征伐自诸侯出。自诸侯出，盖十世希不失矣；自大夫出，五世希不失矣；陪臣执国命，三世希不失矣。天下有道，则政不在大夫。天下有道，则庶人不议。"

春秋时期，礼崩乐坏，诸侯国君多不服从号令，自行其是。如当时的燕国有外族入侵，燕国国君自己去找齐桓公帮忙，而不去请求周天子号令，这就有些目中无主了。事实上，自西周幽王专宠褒姒烽火戏诸侯之后，诸侯基本上已不再拿周天子当回事了。当周王室在镐京因失去人心而难以为继，到周平王时将都城东迁洛邑，标志着东周开始，春秋揭幕，诸侯争霸，周天子基本上成了形式上的共主，需要了就抬出来，不需要了就不予理睬。齐桓公连续征战诸侯，组织葵丘会盟，成为春秋五霸第一霸，其后晋文公、楚庄王、秦穆公、宋襄公接连成为霸主，事实证明天下的礼乐征伐已经与周天子没有多大关系了，只要不多管闲事，就能保一时平安。

再到诸侯国内部,鲁国的季氏都已经"八佾舞于庭"行僭越之事了,看来"礼乐征伐"之事鲁国国君都说了不算了。夫子曾因齐国大夫陈成子刺杀齐简公之事向鲁哀公报告并要求鲁国发征讨公告,鲁哀公也只是淡淡地说"告夫三子(三桓)",然后就没了下文。然而,告诉三桓有什么用呢?国君不想管的事、没有利益的事,三桓又怎么会去管呢?正义已经得不到伸张了。

再到家族内部,鲁国三桓之家臣也人心不古,伺机而动,如季氏家族到季桓子时已历五世,其家臣阳虎已经在季氏工作历三世之久,对年轻的季桓子多有不服,曾发生了他囚禁季桓子之犯上作乱之事。

此种种乱象,令夫子内心如焚,急于通过匡正礼乐而匡正统治秩序,但时代之普遍乱象及各国诸侯皆重眼前利益而无长远打算,令夫子也是无能为力。而感叹于斯:"天下治理遵从大道的话,礼乐规制、军事征伐等大事应皆由天子定夺;天下治理的秩序乱了,礼乐征伐等大事就由各诸侯自行其是了。诸侯自行其是,就没有约束了,大约十代之内不失其尊位的不多;如果征伐之令由各诸侯国大夫来决定的话,大概五代之内就地位不保了;如果大夫们的家臣犯上作乱的话,最多能保持三代。天下有道,那么政令秩序一定不能由大夫们做主。天下有道,那么老百姓们也就不会议论纷纷,各种传言天下乱飞了。"

16.3 孔子曰:"禄之去公室五世矣,政逮于大夫四世矣,故夫三桓之子孙微矣。"

任何事物都不是一成不变的,做得好,符合仁道,就可能会得到发展;如果做得不好,其行有悖"仁德",就可能会失势、落败。特别是那些世家大族,如鲁国国君之家,如鲁国公卿季氏之家及其子孙,如果不行"仁德"之道,其势之衰。当然这种"衰落"一开始并不明显,从微小的"量变"开始,积累到一定程度就会发生根本的变化。

夫子很清楚地看到了这一点。面对故国鲁国的情势,夫子曾慨叹道:自从鲁国公子遂杀文公之子赤,季孙谋立宣公成功之时起,季孙氏的地位和权势即倾鲁国朝野,历宣、成、襄、昭、定公五世。也可以说,在鲁国,从宣公即位时起,鲁国公室的大树已经旁落于季氏,到成公即位时,季孙、叔孙、孟孙三桓共掌鲁国国政，鲁国政权基本落于大夫之手。然而，三桓擅权不得人心，也不能长久，到鲁哀公时三桓之子孙无能，大权又旁落于其强势的家臣手中。夫子说："公室大权衰微历五世，大夫执政也不过四世而已，强大的三桓子孙也会卑微到湮没于世而无声息。"

正因为夫子清楚地认识到这一点，所以他才在追求"仁德"之道的路上更加坚定，不因为在鲁国官至大司寇摄行相事，而去顺应所谓"时势"，合乎所谓"潮流"，从而谋求更高的职位和更大的利益。夫子坚持"仁道"，不愿顺应"三桓擅权"的时势，不愿合乎"利益至上"的潮流，甚至还对此多有批评，所以不再在鲁国谋高位，而是"周游"列国，试图异地开花。其实在夫子的心中，他深深知道如何在那个时代立世，但维护仁德之道、宣扬"克己复礼"是他毕生所追求的目标；他更清楚的是，即使小人一时得势，如没有仁德之道，也不会走得长远，更没有未来。

16.4 孔子曰："益者三友，损者三友。友直，友谅，友多闻，益矣。友便辟，友善柔，友便佞，损矣。"

一个人活在世上，除了需要家人的陪伴和温暖，也需要友情的交流和关怀。在我们的传统文化中，交朋友是一个很大、很严肃的问题。如果交友不慎，可能会让你遭受重大损失，不得安宁，甚至会影响你的一生；如果交到好朋友，你也可能会因朋友而成长、成功，得友情之力而一生收获颇丰。那么，什么样的朋友可交？什么样的朋友不可交？应该有一个判断的标准。孔老夫子就给了我们一个这样的标准。

夫子告诉我们，有三种朋友值得一生去交往，所谓"益者三友"，即直爽的，不跟你兜弯子，不算计你的是一种；能够跟你一起快乐，能包容你的毛病，原谅你的错误的，而且能及时指出来帮你改正的是一种；那些知识渊博、能够让你增长学识和能力的人，也算是一种。这些人能帮助你成长、发展，他们所特有的内涵充满正能量，会激励你、鞭策你、帮助你。

还有三种人，可能你也跟他们熟悉，而且经常有交集，甚至有工作、业务上的往来，但不在可交的朋友之列，或许日常也以朋友相称，但你要十分注意，保持清醒，方不受其害。是哪三种呢？一是那些"巧言令色"、言过其实、光说不做的人要注意，不要被谎言带偏，要注意透过其言语看清事情的本质，方不受其蒙蔽；二是那些善于阿谀奉承、拍马屁的人，千万不要被其表面的柔软和善良所欺骗，要保持清醒的头脑，弄清楚他说好话奉承你的缘由，便知道如何去面对并回应；三是那些内心与言行不一，当面一套，背后一套的人，一定要学会甄别其言辞真伪，辨别他话里的虚假成分，才会更好地把握与之交往的分寸。不然，这些损友真的就会损害到你。

16.5 孔子曰："益者三乐，损者三乐。乐节礼乐，乐道人之善，乐多贤友，益矣。乐骄乐，乐佚游，乐宴乐，损矣。"

寻找快乐，是人的本性。但是，任何事情都有个度，"乐极生悲"这句话相信大家都是知道的。那么，什么样的快乐或者说什么程度的快乐才是有益的？什么样的快乐是有害的？就连这样的事情，夫子也是做过探讨的。

夫子认为，有好处的快乐有三种：

一是快乐是恰到好处，怎么做到呢？《中庸》有云："喜怒哀乐皆中节"，即快乐有节制，能够踩对点儿，"过犹不及"；快乐要合乎"礼"，"知和而和，不以礼节之，亦不可行也"，（见 1.12）把握好一个度，不可过分沉溺。

二是乐于去褒扬别人的优点和善良之处，宽容别人的不足，这样容易得到别人的认可，别人也更乐于与你打交道，自然会给你带来很多快乐。

三是快乐是有很多有贤德的好朋友，即有更多的益友，少交损友，自然你所拥有的快乐就会更多。

另外，有些快乐自一开始就带有不健康的色彩，不但不会带来真正的快乐，还会有损快乐，甚至是会影响你的身心健康。夫子也说了三种情况：

一是以骄傲自满为快乐，即违背了"满招损，谦受益"的古训，一个"骄"字，自古以来害了很多人，王安石笔下的方仲永就是其父以子为"骄"的典型案例。

二是以漫无目的地以游逛为快乐的人，做的事情不但没有价值，还是烧钱的买卖，虽然以赔钱买乐，但久而久之，往往被人指责为纨绔子弟，有败家之象。

三是以吃吃喝喝为快乐，天天醉意蒙胧，时间就在这种状态下日日溜走，人生就在这种状态下度过，实在也是一种无意义、无价值的快乐，偶尔为之解乏、解困尚可，天天为之则确属无聊。

16.6 孔子曰："侍于君子有三愆：言未及之而，言谓之躁；言及之而不言，谓之隐；未见颜色而言，谓之瞽。"

很多时候，我们对会说话、善于察言观色、应变能力强的人往往贬以"狡猾""变色龙""阿谀奉承"。其实在夫子的心目中，也并非不喜欢会说话的人，譬如子路不怎么会说话，说话直来直去，夫子对此是颇有异议的，再譬如他说过"质胜文则野，文胜质则史"，希望君子还是要注意一下自己的言辞。

有一天，夫子告诫众弟子，人们有关交流说话方面往往容易犯三个方面的过失：一是还没有到你该说的时候就打断别人的发言而抢话说，这称为急躁；二是该你说的时候却不说，这叫隐瞒；三是不看看现场的气氛、别人的脸色（特别是主要人物的）、发言的总体情况就乱说一通，这称为盲目。说话一事，非常简单，但说出来的话，如泼出去的水，覆水难收，一旦没说好，问题就大了。

因言废事，因言获罪，自古以来不在少数。夫子也一再告诫君子要"讷于言"，诚哉信矣！

16.7 孔子曰："君子有三戒：少之时，血气未定，戒之在色；及其壮也，血气方刚，戒之在斗；及其老也，血气既衰，戒之在得。"

少时观看电影《少林寺》，有镜头为方丈为刚入佛门的弟子宣戒：不杀生，不偷盗，不邪淫，不妄语，不饮酒，觉得前三个"不"尚有道理，后两个不能随便说话，特别是不准喝酒有点不合情理，更有大名鼎鼎的鲁智深和尚醉酒倒拔垂杨柳的故事为孩子们津津乐道，所以不理解。

随着年龄的增长，知识的增多，自己的理解也随之加深。不仅是佛教有戒，夫子之学亦有戒。他认为，君子有三戒：少时身体发育不全，血气还不成熟，最该戒色；到了壮年的时候，血气方刚，身强体壮，最该戒与人打斗，因为一旦打斗起来，可有死生之虞，需特别注意；到了老年的时候，血气衰落，阅历丰富，各种如意和不如意皆已看淡，这个时候最应该戒什么呢？戒得，这个"得"

即贪婪。

夫子曾有言："吾十有五而志于学，三十而立，四十而不惑，五十而知天命，六十而耳顺，七十而从心所欲，不逾矩。"人到老年，人生之酸甜苦辣皆已尽尝，一切皆应看淡，皆应"耳顺""从心所欲""不逾矩"了，为生命创造一个尾声，把这个人生的片尾曲弹奏好就可以了。

人到什么时候就该做什么事，到什么时候就该注意什么事，这就是圣人之意。

16.8 孔子曰："君子有三畏：畏天命，畏大人，畏圣人之言。小人不知天命而不畏也，狎大人，侮圣人之言。"

"初生牛犊不怕虎"，是说年轻人阅历少，不惧怕的事也少。"天不怕，地不怕"，什么都不放在眼里，什么都可以挑战一番。那么，人需要有敬畏之心吗？从儒家学说"慎独"的理念来看，人必须要有所敬畏，不然还谈什么"慎独"呢？

从现实生活中来体会，我们有多少失误是因为自己没有搞清楚事实真相和道理内涵啊，人若没有完全的洞察力，那就必须要有所敬畏，至少对自己还没有弄清楚的事实和道理要有敬畏之心。夫子也时常告诫自己的学生，君子有三畏：敬畏天命，敬畏地位高的人，敬畏圣人的话。小人不知天命所以没有敬畏，所谓"无知者无畏"，不尊重大人，嘲笑圣人说的话。夫子这话在后世常有争议，畏天命是不是迷信？畏大人是不是要向强权低头？畏圣人之言是不是个人崇拜？好在我们掌握着辩证之学，我们不妨辩证之。大自然的力量有多大？一场大风把西北沙漠中的沙尘吹到东部沿海地区，人类有什么力量可以在瞬间做到如此？难道不值得我们敬畏吗？"孝弟也者，其为仁之本与"，大人，可以理解为父母、长辈、有道德学问的人，难道不值得尊敬吗？他们比我们见多识广，阅历和经验丰富，难道不值得我们学习借鉴吗？圣人是道德高尚、智慧超群的人，他们的思想和言论，义旨深远，是智慧的结晶，难道不值得我们崇敬和学习吗？

"三人行，必有我师焉"，夫子，有其高明之处，其真知灼见之高屋建瓴，难道不值得我们崇敬和践行吗？

16.9孔子曰："生而知之者，上也；学而知之者，次也；困而学之，又其次也；困而不学，民斯为下矣。"

智慧有无天生乎？我们不否认可能有天生就很聪明的人。但更多的人是普通人，需要通过生活磨炼、通过学习来增长智慧。

关于这个问题，夫子的观点是：那些一生下来就有智慧，天生聪明的人，自然是第一等的，属于最上面的一等；通过主动学习而获得智慧的，也是好的，应属于第二等；那些遇到困难和挫折才去学习，然后解决了问题，走出了困境的，虽然亡羊补牢，犹未为晚，自然也该褒扬；但是那些遇到困难和挫折，仍然不去学习的，基本上就属于无药可救的那种了。

夫子的这一智慧获取层次论，在我看来并非如其表面之言。我的体会是夫子对最上层的天生智慧持一种怀疑态度，当然，天生就聪明自然好，可有多少人能够天生智慧？自然是少之又少，有之则自然为天下第一等人。他终生倡导学习，"学而时习之，不亦说乎？"（见1.1）鼓励学习，鼓励主动学习是他的教育思想，对这些因学习而有所得，以及有所心得的学生，他总是褒扬有加的，特别是像颜回那样的学生，才是他心目中最好的学生，一度在多个诸侯国君面前认为好学者仅颜回一人。对那些因为遇到困难需要去学才去学习的人，夫子既然说他"又次之"，其实也是暗含赞许之意。他大力批判的、嗤之以鼻的，是那些遇到困难也不学的，他认为是最差的一类人。

活到老，学到老。什么时候开始学习都不晚。智慧只有从学习中来，那些不学习就有智慧的不是人，是神。

16.10孔子曰："君子有九思：视思明，听思聪，色思温，貌思恭，言思忠，事思敬，疑思问，忿思难，见得思义。"

无论什么时代，无论什么社会，一个人的言谈举止的背后是一个人的思想品德和价值观念。我们可能会问，究竟怎么做才能让别人觉得得体，得到别人的认可？怎么做才能把事情办好？父母可能会告诉你要有礼貌，对人要和气，工作要积极，不懂的事要问……有很多需要注意的事项，足以让我们头都大了，但若真心遵循这些嘱托去做了，事情办起来确实会顺利圆满。因此，我们也会对父母心存感激。

其实父母所嘱，皆为世传，追溯源头，则有夫子所提出的"君子九思"：一为"视思明"，看事物、问题，一定要思考我是不是看清楚、看明白了？二为"听思聪"，听别人讲话，一定要思考我是不是听清楚并真正理解了人家的意思？三为"色思温"，有朋友自远方来，你的态度是否温文儒雅，让人有亲切感？四为"貌思恭"，你若出门办事，是不是考虑要好好打扮一下？这对别人是不是一种尊重呢？言及于此，想起十几年前跟曾担任过国家语言文字工作委员会副主任的佟先生从北京到太原出差，头天晚上我们一起乘火车，谈笑风生，领导穿着随意也没有架子，对我们这些小生也非常和气。第二天一早，我们等佟先生一起出发去会场，看到的是他西服、领带，面貌一新，令我们惊讶。佟先生告诉我们上午做报告，必须要注意着装，这是对听报告者的一种尊重。先生之严谨，至今未忘。想想也是，尊重别人也是尊重自己啊。五为"言思忠"，公开讲话，你就要考虑是不是发自真心并充满正能量，使人"听其言也厉"。六为"事思敬"，做事情，就要考虑是不是内心充满敬畏？敬事而信，让别人放心让你去做，敢于任用你去做。七为"疑思问"，有什么不懂的就要去请教、去学习、去咨询。八为"忿思难"，如果自己觉得郁闷、委屈想发火的时候，你是不是应该考虑一下后果？会不会由此带来一些不必要的麻烦？或者因此而大难临头？所谓"三思而行"。九为"见得思义""临财毋苟得"，看到利益所在时，应考虑这财物是不是可以取得？是不是合乎规矩？所谓"君子爱财，取之有道"，这个"道"，也是"义"。

常言说，做人难，做人之难，有难于此"九思"乎？！

夫子温、良、恭、俭、让之行为做派，与其君子九思，异曲同工啊。

16.11 孔子曰："见善如不及，见不善如探汤。吾见其人矣，吾闻其语矣。隐居以求其志，行义以达其道。吾闻其语矣，未见其人也。"

16.12 齐景公有马千驷，死之日，民无德而称焉。伯夷、叔齐饿于首阳之下，民到于今称之。其斯之谓与?

一句讲道理，一句讲事例，二者密不可分。

夫子曾说过："非礼勿视，非礼勿听，非礼勿言，非礼勿动。"（见12.1）那么如果看见了怎么办? 看见了该看到的怎么办? 看到了不该看到的怎么办?

夫子告诉了我们一个方法："看到行善之人和行善之事，就要想自己是否也能做到，如果做不到，就要跟人家学习，然后努力去做到；如果看到行不善之人或有违社会规则、礼法的事情，就好像自己的手不小心伸进了沸水之中，要迅速抽离，避而远之，决不同流合污。"简单地说，就是见善而学而做，见不善要迅速远离不受其影响。在夫子看来，这样的人他是既见到了类似的人，也听到了类似的话。夫子同时又告诉了我们另一种更高境界的做法，就是不但要做到"见不善如探汤"，一切行为还遵循"道义"的原则，从而让"大道"能够施行于天下。他说，听说过这样的话，却没有见过这样的人。

有人听到夫子之言后，深有同感，并举出例证：齐景公时国力强盛，有马四千匹，但他死的时候，没有人觉得他有什么可称赞的美德或功业。伯夷、叔齐互相谦让，坚持不就孤竹国的君位，选择逃离，本想到西岐去投奔周公，却知周武王要以武力灭殷商，便到首阳山隐居来表达自己的决心和意志，采薇而食，拒不食周粟，最后饿死，虽然这件事过去了几百年，老百姓说起来还是赞叹不已。这两件事，就是像夫子所说的那样吧。

实际上，夫子在鲁国因大道不行愤而辞去官职，前往卫、陈、宋、楚等国传播仁德之政，历经艰难挫折，始终不得志而又不改其志，可以说自身就算得上"行义以达其道"者。这也正如《孟子·尽心上》所言，"士穷不失义，达不离道"。夫子境界之高，无出其右，因此，司马迁在撰写《孔子世家》时以《诗经》"高山仰止，景行行止"之言评价夫子，实至名归。

16.13 陈亢问于伯鱼曰："子亦有异闻乎？"对曰："未也。尝独立，鲤趋而过庭。曰：'学《诗》乎？'对曰：'未也。''不学《诗》，无以言。'鲤退而学《诗》。他日，又独立，鲤趋而过庭。曰：'学礼乎？'对曰：'未也。''不学礼，无以立。'鲤退而学礼。闻斯二者。"陈亢退而喜曰："问一得三，闻《诗》，闻礼，又闻君子之远其子也。"

有一天，陈亢问孔子的儿子孔鲤（伯鱼）："你从父亲那里有没有听说一些我们大家都不知道的事情？"伯鱼回答他："没有啊。曾经有一天他自己站在庭院里，我在他身边，他问我：'学《诗》了吗？'，我说：'没有啊'，他说：'不学《诗》，你就不会说话。'我然后就学《诗》。又一天，我又经过他身边，他问我，学礼了吗？我说没有，他说不学礼，你就不能很好地立世。然后我回去就抓紧学礼了。我就听到这两件事。"陈亢回来后非常高兴地对别人说："我问了一件事，却知道了三件事，听说了学《诗》的重要性，又知道了学礼的重要性，还知道了夫子并没有特别对待自己的孩子。"

陈亢，又名陈子禽，一直以来是对夫子持怀疑态度的。他曾两次向子贡表露了他的怀疑。第一次是"子禽问于子贡曰：'夫子至于是邦也，必闻其政，求之与？抑与之与？'"（见1.10）觉得夫子每到一处什么都知道，一定是采用了什么计谋而知晓，怀疑夫子的人品，直接让子贡回怼说："夫子温、良、恭、俭、让以得之！"第二次更是直接对子贡说："子为恭也，仲尼岂贤于子乎？"觉得夫子的才能不如子贡，有挑拨离间之嫌，还让子贡给予了无情反驳："夫子之不可及也，犹天之不可阶而升也！"子禽啊，你与先生比高低，直接就如登天而无梯，没有任何可比性。

在陈亢的心目中，夫子博学多才，肯定会对自己的儿子有所偏向，多教一些"秘籍"。经过自己的调查终于弄清楚夫子并不偏爱自己的儿子，"君子之远其子也"，内心里找到了平衡。这次，子禽对夫子才算是有了一个正确的认知。

16.14 邦君之妻，君称之曰"夫人"，夫人自称曰"小童"；邦人称之曰"君夫人"，称诸异邦曰"寡小君"。异邦人称之亦曰"君夫人"。

古有《礼记》，无论事情大小，均有礼制上的规定。古代，女子地位往往屈尊于男人之下。事实上，所谓"千年的媳妇熬成婆"，女人熬成婆婆之后，权威就大了，儿媳妇也只能熬到她自己成了婆婆再发威了。但自古有"母夜叉"之说，可见在家庭内部，在没有外人的时候，女人的地位并不低，好多男人是怕婆娘的。

回到夫子所言之语，古代女子婚嫁后在称谓上也确实是有严格的规定的。如诸侯国君的老婆，国君对她的称呼是"夫人"，即自己的人，称呼可谓亲密；妻子则应在国君面前自我谦虚，自称只是丈夫身边的"小童"，即可使唤，是服务生的身份。国人称国君的夫人为"君夫人"，也是尊称，在外国人面前，则称"寡小君"。外国人称呼国君的妻子则为"君夫人"，跟国内人称之是一样的。

看来，怎么称呼人，是一门学问，要研究透，弄清楚，否则可能会犯错误，贻笑大方。

阳货篇第十七

17.1 阳货欲见孔子，孔子不见，归孔子豚。孔子时其亡也，而往拜之。遇诸涂。谓孔子曰："来！予与尔言。"曰："怀其宝而迷其邦，可谓仁乎？"曰："不可。""好从事而亟失时，可谓知乎？"曰："不可。""日月逝矣，岁不我与！"孔子曰："诺。吾将仕矣。"

阳货者，何人也？季氏几代家臣，到季平子时基本把持了季氏家的政务，也等于把持了鲁国的政务。季平子死后，季桓子本弱，阳货想完全废掉季氏，就联合公山弗扰想杀掉季桓子，结果没有成功，逃往晋国，也成就了其背叛、试图弑主的恶名。

阳货为季氏服务四世，也正因为其功高而迷失了自己，想谋反取而代之。季氏擅鲁之政而不受夫子待见，常有微词。阳货想取季氏而代之，自然也不符合礼之秩序，同样为夫子所不齿。

其实，在阳货尚未做出伤害季桓子之事时，已经显示出谋夺季氏之政的倾向，夫子是眼明之人，不会不知，自然也不愿与阳货来往产生过多的交集，有损自己德行。但阳货能擅季氏之政，自然也不是一般人物，他也知道孔子是有思想、有能力的，对自己是有帮助的，非常想与他交往，获其智慧以助自己。阳货多次想见孔子，孔子却总是避而远之，不想与其见面，不想与其为伍。阳货知道孔子讲礼数，便让人去送礼，送去一只熟猪，等孔子来拜谢时，可以借机面谈一番。夫子洞悉其路数，而是打听到阳货不在家时去感谢，一来完成了表达谢意的初衷，二来可以不见阳货。可是不曾想到的是，却在半途中恰巧遇上了。这让阳货逮住了机会，可夫子不言语，不与之交流，而不懂礼贤的阳货却是把夫子教育了一番——

"仲尼啊，过来我和你说几句话。"粗鲁之情溢于言表，见夫子不答话，阳货继续说道："身怀治国绝技却天天逛荡，不想为国家做点儿事，就是你所说的'仁'吗？"这是直接批评上了，而且还很尖锐，夫子仍然不言语，其继续放言："不行啊！一个人本来可以为国家做点儿事，却总是抓不住机会，是聪明有智慧吗？不是啊，日子一天天过去，白白浪费掉，等想做事的时候，却年龄大了，没有时间了，不觉得到时候会遗憾吗？"阳货之言虽急，擅权之事虽不合乎礼数，抛开这些成见，但其言也是有一定道理的，还触动了夫子内心那根改变时世恢复周礼构建大同社会理想的弦儿。于是答应了去做官。

在夫子看来，阳货之理有理，阳货之品无品。

17.2 子曰："性相近也，习相远也。"

《中庸》曰："天命之谓性，率性之谓道。"性，本性、规律。不同的人的本性均由天生，应该没有多大的差别。不管同意"人之初，性本善"，还是同意"人之初，性本恶"，都承认天性没有大的差别。

但人生下来之后，家庭环境有异，地域环境有异，民风民俗有异，教育的价值取向和方式方法有异，人参与的生活实践、体验感悟有异，致使一个人的生活习惯、道德情操等也不断产生了差异，甚至是走向了完全不同的人生，也均有可能。虽然我们强调"学而时习之"，但我们一定要清楚的是所学是什么，所习是什么，千万不能走上习恶的邪路，要始终按照仁德之道不断加强修养，"克己复礼"，方成正果。

千百年的历史长河中，有很多人所犯下的错误，可能就是因为"习相远也"，从小事上开始产生差距，以致最终酿成悲剧。

17.3 子曰："唯上知与下愚不移。"

上知，具有上等智慧的人，天资天赋好，后天学习也好，对事看得清楚，把握得也准确，能够坚守大道。对这种人，一般很难撼动他，因为你的许多思想见解，他能够一眼看透，如果你还不如他看得清楚明白，怎么能够改变他呢！

下愚，不学习、不悟道、冥顽不化的人，认死理，不懂得变通。对这种人，一般也很难撼动他，因为你无论讲什么道理，都是"擀面杖吹火———窍不通"，无从去改变他。

汉代孔安国认为："上知不可使为恶，下愚不可使强贤。"对这两种人，既然很难改变，就先不去改变他们，他们毕竟是社会上的少数。但除了"上知"与"下愚"，芸芸众生中的大多数人往往居于其二者之间，既做不到"上知"之绝顶聪明，也不会如"下愚"般愚笨。因此，大多数人还是可以改变的。能够通过学习、教育去提升自己，在人生经历中不断得到磨砺与锻炼，一定会有所改变甚至是超越自己。

或许，夫子在此说这句话的目的不是强调"上知"与"下愚"的改变之难，话外之意正在于大多数人是可以改变的，这就等于告诉世人，"礼崩乐坏"的社会乱象一定是可以通过收拾人心得到改变，有改变，希望就永远在，追求就永远在。正是看到了这一点，夫子在周游列国时，即使遇到再多的艰难和险阻，也没有熄灭其内心对"仁德之政""克己复礼"的"大同社会"的理想之火。

17.4 子之武城，闻弦歌之声。夫子莞尔而笑曰："割鸡焉用牛刀？"子游对曰："昔者偃也闻诸夫子曰：'君子学道则爱人，小人学道则易使也。'"子曰："二三子！偃之言是也。前言戏之耳。"

夫子也是人，夫子虽然倡导"讷于言"，但有时兴起，也会随性而言。

夫子来到武城，老远就听到了弹奏音乐和唱歌的声音。学生子游为武城宰，夫子对他笑了笑，说："你这大才治理武城这个小地方，还搞这么大动静，杀鸡何必用牛刀呢？"子游未曾想到老师会这么说，有些不知所措，拘谨地解释："以前曾听老师您说，君子学仁德之道就会爱人，老百姓学仁德之道那么也更会乐于接受管理吧，因为百姓也学了仁德之道，也懂得了不少礼节，知道什么该做、什么不该做。这不是更好吗？"夫子一听，脸上有些挂不住，但学生又做得对，也没法表露不满意，只好自嘲："同学们哪，子游的话说得对啊，我前面说的只不过是开玩笑而已。"夫子也是人，也有非常人性的一面，也是一个很有趣、可爱的人。

圣人就是圣人，错了就承认，即使自嘲化解尴尬，更显其可贵之处。

17.5 公山弗扰以费畔，召，子欲往。子路不说，曰："末之也已，何必公山氏之之也？"子曰："夫召我者，而岂徒哉？如有用我者，吾其为东周乎！"

说夫子怀才不遇，有点儿不准确，他也曾做鲁国司寇。说他怀才而遇呢，也不准确，没有人认为他是大才，往往因他的学说和观点不能快速带来实实在在的利益而弃之不用。鲁国三桓也知道他的才能，但害怕他一家独大而影响其利益，就不断诋毁他、打击他、谗言他；那个与夫人南子一起疯癫的卫灵公也是始"尊"终弃，让他郁郁离卫而去；到了宋、陈等国，连农夫都蔑视他、嗤笑他……他多么想有人主动召唤他、认同他的思想理论、重用他治理一个邦国。

机会终于来了。拥费地而叛乱的公山弗扰就主动召唤他。他非常想去。尴尬的是公山弗扰是个反叛者，虽然有些名声，却是恶名，与夫子所倡导的"克己复礼"格格不入，若去，可能会被重视，但也会因此而影响自己的美誉。子路率直，不管夫子内心高兴与否，直截了当表达了自己的不满："这是最末等的主意，如果没有地方可去，就在这里安静地待着，也没有必要去蹚公山弗扰这个浑水啊！"夫子内心里觉得这是一个机会，明知去了会背上一个恶名，但他率性地自我安慰："公山弗扰叫我去，我难道就不能去吗？我去也不是助纣为虐，而是我要去改变他，把这个叛臣改造好，让费地成为像周文王、周武王时代的有道社会啊。"

夫子内心还是有一丝希望存在，希望谋求改变。但他还是一时兴起，未深思，不够审慎，存在一些天真的成分。不过，子路的埋怨和忠告也不是没有起作用，最终还是让夫子放弃了这个有违"仁义"的行动。

17.6 子张问仁于孔子。孔子曰："能行五者于天下，为仁矣。""请问之？"曰："恭、宽、信、敏、惠。恭则不侮，宽则得众，信则人任焉，敏则有功，惠则足以使人。"

恭、宽、信、敏、惠，是夫子极力倡导的五种优秀品行。

恭，恭敬、庄重，待人接物谦虚谨慎，不哗众，不显摆，不惹人烦；宽，宽恕、包容，虚怀若谷，襟怀坦荡，让人有一种天生的亲近感，觉得与其交往没有负担；信，诚信，有一说一不妄言，说到做到不打折扣，能托付事，能得人信任；敏，敏锐、敏捷，能迅速把握人、事的根本，能很好地把握做人、做事的尺度，并能根据实际情况灵活而及时地调整思路、对策、方法，能够成功，善于成功；惠，不贪婪、不吝啬，乐于把利益惠及众人，众人也愿意听他指挥，愿意跟他一起干事。

子张向夫子请教什么是"仁"这个问题，夫子就跟他说："能够时时、处处很好地践行以上五种品行，就可以说达到'仁'的境界了。"

17.7佛肸召，子欲往。子路曰："昔者由也闻诸夫子曰：'亲于其身为不善者，君子不入也。'佛肸以中牟畔，子之往也，如之何？"子曰："然。有是言也。不曰坚乎，磨而不磷；不曰白乎，涅而不缁。吾岂匏瓜也哉？焉能系而不食？"

这一句话涉及三个人物，更让我们体悟了人品、人性以及志向与行为规则的关系。

佛肸，何许人也？春秋时期晋国大夫赵简子的家臣，是中牟县宰。后来，佛肸背叛了赵简子，归附了卫国。佛肸作为中牟主官，想把这个地方治理好，听说孔老夫子有治理良策，就派人去联系夫子，想让夫子来为其出谋划策。但在传统文化的价值体系中，即使佛肸有再强的能力，其叛乱行为就将其置于耻辱柱上，其人品存在巨大问题。谁与此种叛乱之人交往，也会被人诟病为人品不端，多为君子所不齿。

孔老夫子，主张"克己复礼"，致力于在各诸侯国中推行"仁政"，以"收拾人心"，建立"大同社会"为己任，他在个人修养上，主张近君子、远小人，但他的理论在鲁国未能行通，周游卫、陈、宋、楚等诸侯国，也均未有半点成效。现在突然收到中牟叛臣佛肸的邀请，有些心动。

子路，好勇直爽，对老师赤胆忠心，是值得夫子信赖的学生。但他说话做事容易冲动不过脑子，缺少"三思而后行"的定力，也常为夫子所嗤笑之、批评之。子路对老师欲去中牟颇有微词，直言相劝，怕夫子此行污了其君子之名声。最让夫子生气的是他拿夫子曾说过的话来诘问："以前您也跟我们说过，'亲身做过坏事的人那里，君子是不去的'，佛肸在中牟这个地方叛乱，您又要去他那里，不应该去吧？为什么要去呢？"子路的话，就差没有直接批评夫子说一套做一套了。

夫子对子路直来直去的性格是既欣赏又恼火。面对子路的质疑，这次夫子就很生气："是啊，我是说过这话。不是还有一种说法是最坚固的东西，再怎么磨也磨不薄；最洁白的东西，再怎么染也是染不黑的。我就是那种磨不薄、染不黑的人，怕什么呢？我难道是那种带苦味的匏瓜？难道只能用绳拴起来放在那儿不可食用，又没有任何用途吗？！"好不容易有人邀请，子路出来搅局，实属那种"未见颜色而言"的人，不懂得去理解夫子的内心，不明白夫子急切去实践"仁政"的心情，让夫子很不耐烦：我是那种人吗？我是那种出淤泥而不染的人！即使是叛乱之人邀请我，他也影响不了我的人品！他们需要我，我为什么不去？去了我也不会变质！

每个人都有实现自己理想的欲望，孔老夫子也是。特别是在他一路碰壁郁郁不得志的时候，能有人想到他，想请教他，怎么会不动心呢？这是正常的反应。但是，圣人就是圣人，其内心之强大的自我约束能力，最终还是听从了子路的规劝，君子终不近小人，君子终不与现实妥协。

17.8 子曰："由也，女闻六言六蔽矣乎？"对曰："未也。""居！吾语女。好仁不好学，其蔽也愚；好知不好学，其蔽也荡；好信不好学，其蔽也贼；好直不好学，其蔽也绞；好勇不好学，其蔽也乱；好刚不好学，其蔽也狂。"

这句话是讲品德修养与学习的关系的。

中国人自古重视品德修养，如《大学》所云："格物致知，诚意正心，修身齐家，治国平天下。""壹是皆以修身为本。"这是最高的学习境界，品德修养与学习是密不可分的。一天不学习，就有可能落后于别人，品德修养也会止步不前。

中国人是讲究学习的，而且在学习上是鼓励刻苦努力的，古有好学案例如"头悬梁锥刺股""凿壁偷光"，足以证明。同时，我们还主张学习是要思考、反省的，如夫子所言"学而不思则罔，思而不学则殆"（见2.15），如曾子"吾日三省吾身"（见1.4），都是讲怎么学习的。《荀子·劝学》："学不可以已矣。青，取之于蓝，而青于蓝；冰，水为之，而寒于水。"学习是不可以停止的，所谓"活到老，学到老"。

夫子对这个问题也是早有研究的，而且还比较透彻。特别是看到子路同学好勇好刚、有仁有信，但在学养上还有些差池，就专门给子路讲了一下。他说，仁、智、信、直、勇、刚这些都是美好的德行，但是如果不经常地去学习，就有可能出问题。会出什么问题呢？赞同仁义之德行，如果不喜爱学习的话，带来的问题就是愚蠢、愚昧；内心善良，不懂得细思之、明辨之，就很有可能"好心被当成驴肝肺"，被人愚弄还不知道；拥有智慧是人之所愿，但如果不学习明理，就变成了要小聪明，久而久之，不知收敛这种行为，就会让人觉得智慧肤浅，没有根基，不谙世事，受人嗤笑；懂得讲诚信，但如果不学习，明辨是非的能力就不足，很有可能被人利用，不但不能弘扬这种美德，反受其害；心地无私、性格直爽也是一种美德，但若不注意学习、不注意加强修养，可能就会让人感觉到你言语尖酸刻薄，"质胜文则野"，终难成君子之美；具有勇敢的品德，却不注意学习和研究时势，就很容易鲁莽行事，不但不能弘扬仁德正义，极有可能是去添乱、闯祸，这一点子路确是犯了大忌的，在一次混战中丢了性命；内心刚毅而不知学习，就可能会变成一种偏执而狂妄的脾性，听不进别人的意见，固执己见，偏执行事，而终酿祸端。司马迁评项羽"自矜功伐，奋其私智而不师古"，终败其事却自认为"天亡我，非用兵之罪也"，至死也没有认识到其败亡之因在不学。

老祖宗的智慧是多么深奥！只知其一，不知其二，终害人害己，与孙子研究兵法而言"知己知彼，百战不殆"的智慧，都是相通的。

17.9 子曰："小子何莫学夫《诗》？《诗》，可以兴，可以观，可以群，可以怨。迩之事父，远之事君，多识于鸟兽草木之名。"

"《诗》三百，一言以蔽之，曰：'思无邪。'"（见2.2）

夫子潜心选编《诗经》，从三千余首民间歌赋中仅找出了三百零五篇，可谓选了又选，思想观念偏颇的、三观不正的、无病呻吟的、骄奢淫逸的均被剔除出去，剩下来的都是"思无邪"的精品。夫子是希望弟子们去学习《诗经》的，因为学这些诗大有好处，归纳起来，主要有四点：一是可以启发生活、启迪智慧，产生由此及彼的丰富联想，增加生活乐趣和人生感悟；二是可以从诗中所反映的各地不同的风俗、事件中提高自己的洞察能力，可以帮助自己提高对纷繁芜杂的世事的分析、梳理能力，能够更好地抓住"牛鼻子"来解决问题；三是可以与众人一起吟唱、起舞，帮助自己与大家打成一片，融为一体，对那些不善言辞的人来说更是一种品位高雅的交际辅助手段；四是当遇到麻烦和问题、生活不顺、工作不如意时，可以学习诗的表现手法去发一发牢骚，疏解一下郁闷的心情，也可以写诗自嘲以解尴尬或与朋友相视一笑泯恩仇……

编选《诗经》，夫子是用心精选的，所选之诗，皆充满正能量。但在"礼崩乐坏"的春秋时期，人们为利而来，为利而往，有多少人能停下脚步去学习

《诗经》？就连夫子的儿子孔鲤在被问道"学《诗》乎"时也未曾学习，而在夫子的一再催促下才开始读《诗经》。

当今中华盛世之时，上下五千年文脉源远流长，而《诗经》历久弥新，唯愿有识之士能在歇息之时捧《诗经》而读，让我们拥有与众不同的文化人生。

17.10 子谓伯鱼曰："女为《周南》《召南》矣乎？人而不为《周南》《召南》，其犹正墙面而立也与？"

夫子非常推崇自己选编的《诗经》三百首，可是很少有学生去读，就连他的儿子孔鲤（字伯鱼），也是在他的督促下才知道去学《诗经》。夫子问伯鱼学没学《诗经》，伯鱼支支吾吾说马上就去学习，夫子知道他是没有上心，没有学，因此很生气，教训了伯鱼一通：《诗》之三百，思无邪。就说里面的《周南》《召南》这两首诗吧，如果你没有去学，你就等于面对墙壁站着，什么也看不见，更看不远，找不到出路，看不到风景！

"不学《诗》，无以言。"夫子这句批评的话，很是严厉，不仅是对自己的儿子说的，也是说给其他弟子听的，对自己的儿子尚且如此，何况众弟子乎？你们不学《诗》，我不批评你们，但你们听到我批评伯鱼，你们也应该知道怎么办了吧？！

《诗经》，在夫子心目中的地位很高，只有学《诗经》才能心灵开窍，目及大千世界，才能增长智慧，才能有所成长。让我们一起学《诗经》吧！

17.11 子曰："礼云礼云，玉帛云乎哉？乐云乐云，钟鼓云乎哉？"

中国传统文化是很重视礼、乐的，而且礼和乐相互并行，特别是在一些重大的典礼上，相辅相成，浑然一体。礼绝不仅是礼物，特别是在祭祀之时，礼绝不仅是指那些用来供奉的礼物如玉、帛、肉等，礼是一种形式、一种行为、一种程序，甚或是一种制度，带有法制的内涵。乐的内涵也不仅在于声音，不仅在于乐器，音乐更重要的是影响人的心灵，提升典礼或重大事项举行之时的严肃、神圣的状态，营造一种庄重肃穆的氛围。

"知和而和，不以礼节之，亦不可行也"（见1.12），"知及之，仁能守之；庄以莅之，动之不以礼，未善也。"（见15.33）在获取智慧、施行仁德等重大行动和事项上，遵礼是特别重要的一件事，礼是一种节制，能帮助你把握好一个度，能让你把事做得恰如其分。

有很多人往往在礼、乐之事上，看得肤浅，一说到礼，就看到了具体的物品、礼品；一说到乐，就看到的是使用了什么样的乐器，音乐好不好听。只能说如此之人，没有体会到礼、乐的内涵。夫子曾拿举行丧礼作为案例，发表过自己的看法。他说，举办丧礼最重要的不在于把物品弄得多么丰盛，耗费多少的钱财，其关键是在于内心是不是有真正的悲伤，是不是对死者有真正的敬重。

礼、乐在心，而不在物、表。

17.12 子曰："色厉而内荏，譬诸小人，其犹穿窬之盗也与？"

我们经常讲做人要表里如一、言行一致，只有这样，方能立于永久，不被嗤笑。但在生活中，总是有一种人，明明没有什么能力，却要装腔作势，营造出一种自己很厉害的样子，而实际上内心软弱，连最起码的底气、勇气也没有，纯粹是唬人。

这让我们想起了一则寓言故事："黔之驴。""驴一鸣，虎大骇"，驴大叫的样子连老虎都被唬住了。但经不住老虎一次又一次的试探，驴的本事就是"蹄之"而已，最终没有吓住老虎，反而让老虎"断其喉，尽其肉，乃去"。让体形大于老虎的驴徒留笑柄于人世间。

对于那些装腔作势，内心又不坚定的人，夫子也是下了一个结论的：就像那些凿墙而出的盗贼一样，小人之形象，猥琐、可怜。

17.13 子曰："乡原，德之贼也。"

"乡原"是什么意思？《孟子·尽心下》："阉然媚于世也者，是乡原也。"孟子说的是"媚于世"，而不是媚于权贵。这清楚地说明了"乡原"之人，一定是一个八面玲珑，四面通吃，概不得罪人的人，全乡之人都视为好人的人，也就是我们说的"好好先生"。

但夫子为什么又说这种全乡都夸奖的"好好先生"是道德的祸害呢？这就

需要我们既要深入了解中国乡村社会的实际，又要看清"乡原"的实质。

一方面，在现实生活中需要"乡原"。以乡村为主要构成单位的古代社会，乡野邻里，或者方圆十里八里，人们共同生活相处日久，难免会产生一些矛盾，而这些矛盾的解决往往不是需要上升到法律的高度，实际上，一旦上升到法律层面反而不会得到圆满解决。如果当地能有一个"好好先生"，能够通晓俗务，且巧舌如簧，利用一点个人威望，往往能够较好地化解邻里甚至一方的社会矛盾，是一个很重要的角色，是一种社会刚需。

夫子为什么又说这是"德之贼也"？《孟子·尽心下》："非之无举也，刺之无刺也。同乎流俗，合乎污世。居之似忠信，行之似廉洁。众皆悦之，自以为是，而不可与之入尧舜之道。故曰'德之贼'也。"孟子所言，乡原确是社会所需，也是解决乡里纠纷和矛盾的现实需要，但这种解决办法，往往糅合了道德的和非道德的、法制的和非法制的办法，除了调和甚至还有一些是恐吓、威胁等见不得光的手段，因此，虽然是现实需要，但绝不符合夫子的仁德之道，他并不赞同这些人的处事方式，但也没办法。

夫子此话，承认了"乡原"有其存在的理由和土壤，但他们的那些见不得光的办法或者无原则的一味调和，与"明明德"的大道是相悖的。

其实，"乡原"在今天也是一种社会存在，有时也非常需要，但随着法治建设的深入和社会文明的发展，社会需求肯定会降低，但要在短时间里让其彻底消失，也几乎不可能。我们唯一能做的，就是在处理一些纠纷和矛盾时，要更多地考虑公平正义。

17.14 子曰："道听而涂说，德之弃也。"

"没有调查就没有发言权"就是在告诫我们一定要脚踏实地，基于事实才能发表言论，如果道听途说，不加验证，很容易以讹传讹，成为"小道消息"甚至是"谣言"的传播者。无数事实也证明，未经认真筛选辨别真伪，就人云亦云再二次加工去传播消息，消息的变异越来越大，即使真有此事，也早已变异为"谣言"。

这就是夫子所讲的"道听而涂说"，虽用异字"涂"而非"途"，余以为更具神韵，不但道听，不去查照，而且还任意"涂抹"，让"谣言"之言更加任性，更多掺杂了传言者的臆测，与事实相去更加遥远。夫子是理论家，也是实践家，他讲究要核实、考证，认为不加查照就"道听涂说"，实在是一种不负责任的行为，是一种故意混淆是非的恶行，不符合道德仁义，是绝对应该革除的行为。

现在自媒体时代，对于一件事，各有各的说辞，而且有时还相互矛盾，实在让人难以把握真伪，也是有"道听而涂说"之嫌的。

17.15 子曰："鄙夫可与事君也与哉？其未得之也，患得之；既得之，患失之。苟患失之，无所不至矣。"

查阅"鄙"的含义，有两种理解：一是言语或行动粗俗，品质不高；二是边远之地。有时候还作为一种谦辞，自己谦虚地称自己为"鄙夫"，其实意义仍在于其"粗俗"或"偏远"。

夫子此语"鄙夫"不是谦虚的自称，而是明指他人，是意指格局不大、未见过世面，而且人品粗俗的人。这样的人，能不能跟他一起为国谋事？那是不可能的啊。为什么？夫子给出了理由：这种人天天不安分，静不下心来，心不在焉，焉能与之谋？其心在何处？总在担忧什么？这种人最大的特点就是思虑太多。在我没有得到的时候，总在想我得不到该怎么办？一切以个人利益为中心，难成大事。一旦得到了想要的东西，该满足了吧？可是他却又天天担心失去既得的利益，又开始绞尽脑汁想办法保全自己的利益。这样的人，做起事来会为了自己的利益不顾一切，无所不用其极，飞蛾扑火也在所不惜。与之共事，你也只能成为他攫取利益的帮手，如若不是，你就是绊脚石，其欲除之而后快。因此，与此种人谋事，不仅不会成事，而且会置自身于危险之中而不自觉。

故《中庸》之"博学之，审问之，慎思之，明辨之，笃行之"的教诲，须臾不可离也。

17.16 子曰："古者民有三疾，今也或是之亡也。古之狂也肆，今之狂也荡；古之矜也廉，今之矜也忿戾；古之愚也直，今之愚也诈而已矣。"

自古人无完人。夫子生前三千年尧、舜之美德广为流传，但作为那个时代的普通百姓，其道德行为方面也是有缺点的。随着时代的发展，这些缺点和问题有变化吗？当然。夫子就深入地做了比较，他说："古代的人有三种缺点，现在的人却连这三种缺点都没有了，但却产生了新的三大问题：古代狂妄的人只不过是不拘小节，表现得很随性，直接而不加修饰，今人更是有过之而无不及，自高自大，好显摆，有什么好事，有什么能力，有什么背景，总是拿来当资本唬人，简直是到了极点，放荡不羁，难以驾驭；古代人那种矜持主要表现在只是棱角太锋利使人不能触犯，但现代人的矜持却是表现得非常愤怒，蛮横无理，不注意形象；古代人的那种愚笨表现得比较单纯、纯粹，现在的人就表现得有些狡诈了，让人感觉在是装疯卖傻，心怀叵测。"

历史从三皇五帝演绎到春秋战国时期，人类的这三大缺点仍然存在，但外在的表现形式和其实际的内涵都发生了变化。夫子就敏锐地看到了这一点，并认为时人之弊病远大于过去，大有世风日下之感慨。

时间离夫子时代又过去了两千五百余年，当今之人与之相比，这三种缺点问题难道不存在了吗？如果存在，又有些什么新的表现呢？这值得我们去思考。

17.17 子曰："巧言令色，鲜矣仁。"（见 1.3）

17.18 子曰："恶紫之夺朱也，恶郑声之乱雅乐也，恶利口之覆邦家者。"

要想弄清楚夫子此处所讲"三恶"，很有必要先弄清楚一些问题。

第一，夫子为何讨厌紫色会夺去红色的光彩？

从色谱学上来看，红、绿、蓝是三原色，其他颜色均可以用此三色按不同的比例调和而成。在中国传统文化中，红色又是正色中的正色，俗称朱红、大红。若是蓝色加进红色便可调成紫色，比之红色更有一种娇艳之感，更夺人眼球。实际上，夫子在此并非仅仅指责"紫之夺朱"的颜色之争，更是以此做比喻来指责那些不在其位却妄议是非、喧宾夺主之人，正如夫子所云"言未及之而言，谓之躁"（见16.6）之人。

第二，夫子为何说郑声之乱雅乐？

何为雅乐？古代盛世时期产生的音乐，充满正能量，宣扬仁义道德，如让夫子听后"三月不知肉味"的《韶》乐，就是传颂了舜之美德，尧让天下于舜，被夫子称赞"尽美矣，又尽善也"，故为雅乐。郑声，春秋时期郑地的音乐。郑地的音乐有何不好？相传郑地的音乐更多地传承了商朝末年纣王时期的音乐风格，而商纣王纵情声色，其时奸臣当道，商朝没落。从而，更多的人认为"郑声"多有不祥之兆，更是被那些位居大统、价值观念正统的人所厌恶。夫子倡导"克己复礼"，主张"非礼勿听"，郑声自然也是他所厌恶的音乐。实际上，夫子在此之言，也并非仅是指音乐而言，更是以此批评以邪恶之言淆乱是非破坏正统的那些人。

第三，夫子讨厌"利口之覆邦家者"是其一贯作风。

利口之人，即为其所谓"佞者"，即口才极好，会花言巧语之人。在"言""行"问题上，夫子一贯主张"君子欲讷于言而敏于行"（见4.24），而且极其肯定地认为"巧言令色，鲜矣仁。"（见1.3）当有人以口才较差来否定冉雍的能力时，夫子也是理直气壮、义正词严："焉用佞？御人以口给，屡憎于人。不知其仁，焉用佞？"（5.5）可见，在夫子心目中，用人一定是用其德行而不是口才，德为根本，口才不在考虑范围内。因此，夫子从来不喜欢那些能说会道之人，而且特别厌恶那些因为胡说八道而致使家庭和邦国遭受祸乱之人。

夫子所言"三恶"，实是告诫人们要时刻警惕，不但要明辨是非，更要扶正祛邪！

17.19 子曰："予欲无言。"子贡曰："子如不言，则小子何述焉？"子曰："天何言哉？四时行焉，百物生焉，天何言哉？"

夫子一生致力于推行仁德之道，在鲁不堪三桓擅权，无法施展抱负，带领众弟子出走卫、陈、宋等国，期待有所建树。但这些诸侯国也基本上目光短浅，逐利而为，没有长远的治国理念。夫子周游列国，其施政思想，曲高和寡，得不到认同，其失望之情常常溢于言表。

有一天，他跟弟子们说："我不想说什么话了，没有人能够听得进去啊。"子贡虽然明白老师的心思，但还是上前去表达自己的想法："老师，这怎么可以啊，您要是不说，我们这些小辈学识疏浅，就更不知道怎么办了。"夫子理解子贡的好意，但还是尽量不让自己的失望情绪影响弟子们，于是郑重地对子贡说："你想想，这大自然跟你说过什么吗？春夏秋冬四个季节还不是照常变换？！各种动物、植物也不都在正常生长？！这大自然又说了什么呢！"

其实，夫子不是不想再说，他是觉得说了那么多，有多少国君能听得进去？就是这些跟随自己的弟子，又有多少能真正理解和体悟自己的思想？他既是在反思，更是在引导弟子们自己去观察、体悟。

17.20 孺悲欲见孔子，孔子辞以疾。将命者出户，取瑟而歌，使之闻之。

求人办事，要有礼道。没有礼道，惹烦了人家，不但事办不成，还让你很尴尬。

夫子行事讲究礼，对不懂礼、不遵守礼制的人是不屑于来往的。孺悲这个人是受了鲁哀公的差遣来夫子这里求教"士丧礼"的，可能是方式、方法不合乎礼节，夫子不想见他，称说自己病了。但夫子又不想简单地如此处理，还想让孺悲知道他是故意不见的，让他回去反思为什么不被夫子接见。于是乎，夫子让人出去传话的同时，拿出古琴，弹奏起来，故意让孺悲听到，体会到夫子并非病了或者病得就没有说的那么厉害，就是不愿意见他而已。

夫子这样做，其用意很深啊！就是不知道这个孺悲能不能体会到。若是没有任何反应，就空负夫子一番苦心了！

17.21 宰我问："三年之丧，期已久矣。君子三年不为礼，礼必坏；三年不为乐，乐必崩。旧谷既没，新谷既升，钻燧改火，期可已矣。"子曰："食夫稻，衣夫锦，于女安乎？"曰："安。""女安则为之。夫君子之居丧，食旨不甘，闻乐不乐，居处不安，故不为也。今女安，则为之！"宰我出。子曰：

"予之不仁也！子生三年，然后免于父母之怀。夫三年之丧，天下之通丧也。予也有三年之爱于其父母乎？"

夫子的学生宰予，好学善思，但是上课喜欢睡觉，面对老师的观点喜欢质疑，因此不太受夫子待见，但夫子坚持"有教无类"，对他也是批评更严厉一些，甚至说他"朽木不可雕也"。

一天，针对父母亡故三年守丧的制度，宰予就向老师提出了异议。他问老师："三年为期的守丧制度，是不是有点儿长了？"他振振有词，还拿出老师曾经的教诲作为理由，说什么"君子三年不学礼礼必坏，三年不弹奏音乐乐必崩"，这岂不是"以子之矛，攻子之盾"嘛，还借用"谷物一年一熟，钻燧的木头也是按照季节一年轮回一次"的自然规律和科学道理加以佐证，更让老师生气。先生教训道："父母亡故，守孝三年，这三年中难道你吃稻米觉得香吗？你穿着花衣服觉得美吗？你这样做，觉得心安理得吗？"夫子生气至此，宰予还说"安"，真是比子路还不会看脸色的一个人！夫子非常生气："你觉得心安，那就做吧！我听说君子居丧期间，吃什么好的都不觉得好吃，听到再好听的音乐内心也不愉快，在家里待着也会因思念亲人而不得心安，所以不去做那些违背丧礼的事。现在，你觉得心安，那就去做吧！"

夫子最大的好处就是即使生气到了极点，批评最严厉时也只是直言错误，不强行改变学生的观点和行为。宰予走了之后，夫子又对其他学生说："宰予这个同学不仁义啊！你们出生后三年之内都是父母一把屎一把尿地养护着才得以长大。现在父母去世后服孝三年是天下统一的制度。宰予什么时候也像父母对待他一样拿出三年的时间来回报父母之爱呢？！"

17.22 子曰："饱食终日，无所用心，难矣哉！不有博弈者乎？为之，犹贤乎已。"

世上什么人让人最感无奈？

贫穷的人不可怕，看到吃的，第一时间会想办法把它填到肚子里去，即使不太符合道义，在生命存与不存的情况下，有些事也是可以谅解的；富足的人也不可怕，只要他不想家道中落，只要他还有未完成的追求，只要他有办法，也一定会去努力；就怕那种不缺吃穿，住的也凑合，很满足，天天能吃饱就行，什么也不想，即使你告诉他发财的门路他也不感兴趣，对什么事情也不用心，这就没有办法了。

夫子也曾想教育一下这样的人，让他们不仅仅满足于吃饱，哪怕有点儿其他的生活乐趣也行，但人家就是不听，更不领情，甚至还恼怒。夫子遗憾地说："一天天吃饱了什么也不想，什么也不干，对什么事也不上心，这样的人怎么办呢？实在没有办法！哎，哪怕是吃饱了饭出去跟人下下围棋，不愿意参与，就站在旁边看看热闹也算是有点儿乐子，如果能亲自参与博弈，岂不越来越好！"

可是，人各有志，人各有性，且禀性难移。撼山易，撼人禀性难矣！诚哉。

17.23 子路曰："君子尚勇乎？"子曰："君子义以为上。君子有勇而无义为乱，小人有勇而无义为盗。"

子路应该说是一个好人，他的"好"主要表现在：一是说话直，直来直去，是憨厚，不属故意；二是勇敢讲义气，喜欢打抱不平，策略有差池，常常不为夫子放心；三是在先生面前常挨批评，但又对先生忠贞不贰。

一天，子路问老师："君子崇尚勇敢吗？"子路往往看到的是问题的一面，而老师往往看得更全面，夫子告诉他："君子以道义为第一位。如果一个君子非常勇敢但不讲义气的话，就可能被指责为犯上作乱了；如果一个普通人非常勇敢又不讲道义的话，就完全可能沦落为盗贼了。"勇敢而讲道义，才是真正的勇敢，对社会有用的勇敢，为全社会所赞叹的勇敢。这使我们联想到，古代武术大师收徒弟，必须首先考察徒弟的德行，只有德行好的人，才可以授之以武功，才能确保习武之后不祸乱社会。这就是为什么有的大师收徒后不教其武功而先让其干几年杂活，其实就是在考察这个人是否沉得住气，是否是德行高洁之人。

17.24 子贡曰："君子亦有恶乎？"子曰："有恶：恶称人之恶者，恶居下流而讪上者，恶勇而无礼者，恶果敢而窒者。"曰："赐也亦有恶乎？""恶徼以为知者，恶不孙以为勇者，恶讦以为直者。"

人有七情六欲，君子也是人，也应有七情六欲。君子之高于一般人，往往在于君子的自我控制能力比较强大。

《论语》首句"人不知而不愠"，也是控制能力的问题。谁不喜欢有火就发出来，有怨就说出来，但说出的话覆水难收，须"三思而后行"，能做到的确实就是高人了。子贡是孔子学生中比较优秀的一个，七十二贤者之中就有子贡。

有一天，子贡问老师："您这样的君子也有讨厌的事吗？"夫子其实也是爽快之人："有啊，当然有！讨厌那些随便说别人坏话的，讨厌那些自己随波逐流不上进却给那些积极上进的制造流言蜚语的，讨厌那些勇敢却不懂礼的，讨厌那些果决能断却做事拖拉做不成事的。子贡，你也有讨厌的事吗？"子贡问老师的目的其实就是想表达自己讨厌的那些事，是不是会与老师讨厌的一致，是不是会得到老师的认可，听老师说完了，也想表达自己所讨厌的那些事和人："我讨厌那些学别人样子的小聪明却还以为自己有智慧，讨厌那些不知道谦逊却以为自己勇敢的人，讨厌那些揭露别人、攻讦别人却以为自己直爽的人。"师生之间各有厌恶之人之事，有相同之处，也有不同之处，一经交流，达成共识——这才是真正的教育。

17.25 子曰："唯女子与小人为难养也，近之则不孙，远之则怨。"

"唯女子与小人为难养也"这句话，恐怕是夫子所有言论中最受攻击的一句话。

为此，笔者也是多方查看不同专家学者的解读。杨伯峻先生对此没有多余的解释，完全按照字面意思给出解释。李泽厚先生除了按字面意思解释，还认为"相当准确地描述了妇女性格的某些特征"，以"对妇女不公具有世界普遍性"的观点为夫子和儒家辩解，认为比起西方来中国传统上对待女性的态度还算是比较好的。然而末代皇帝溥仪的老师爱新觉罗·毓鋆先生却大胆质疑，夫子作为至圣先师，作为"孝"德的弘扬者，他是不可能对与同为女子的母亲说出此类话的，所谓的"女子"应是一种错误的记录，至于应该是什么，他没有给出答案。

女子不好解释，我们暂且可以放下。可以先只说小人。小人与君子相对应，是一种"喻于利"而不顾义的人，是心中怀惠而不怀法治的人，是事有不遂"求诸人"而不"求诸己"的人，也就是说见利可能忘义之人，是善施小恩小惠而不讲公平公正的人，是有事喜欢埋怨别人而不审视自己错误的人，这样的小人，就像不懂世事的小孩子一样，你亲近他，他会矫情闹人；你远离他，他又埋怨你看不起他、瞧不上他。好，孺子也？孺子一般不可教，若可教，则人常喜而叹曰：孺子可教也！

反过来，复过去，反正有些难伺候。

17.26 子曰："年四十而见恶焉，其终也已。"

孔子说："一个人如果四十岁时还一事无成，而且还让人感到厌恶，一生也就大致如此而已了。"

我们现在盛行讲人生规划。其实夫子曾讲过自己的人生经历，虽然是一种人生终点前的总结，但对我们后人来讲，可算作是一种人生规划。他说："吾十有五而志于学，三十而立，四十而不惑，五十而知天命，六十而耳顺，七十而从心所欲，不逾矩。"（见2.4）一个人，从十五岁开始学习，到三十岁能够事业初成在社会上站稳脚跟，经历过人生冷暖后到四十岁能够通透世事而无惑，到五十岁时能够学会顺应规律做事，到了六十岁时也就听不到能够引起自己不适的话了，到七十岁则不用过多思考也绝不会做出什么出格的事了，达到了人生的自由王国之境界。

夫子所讲的不同年龄段的人生状态具有一定的普遍性，即使有其他个例，上下相差也不会太大。此处孔子所讲的四十岁是一个大致的时间节点，意在告诫人们什么时间段需完成什么事，要有思考和规划，要不断反思所存在的问题，并及时改过，方能不留遗憾。然而，当一个人到了四十岁还是未达"不惑"还令人厌恶怎么办？我们也有"活到老，学到老"的古谚，激励大家什么时候开始学习也不会晚。《史记》载姜子牙直钩而钓文王时已是耄耋之年，尚能成就辅佐武王伐纣建周之大业，就是一个很好的励志故事。

当然，姜子牙的成功有其德才和谋略做强大后盾。对于一般人来讲，如果不及早规划、及早行动，到四十岁时仍未有成就而被厌恶的话，想拥有不凡的人生确实已经很难，难于上青天了。"一年之计在于春"，必须趁早行动不懈怠，否则时光易老，后悔晚矣。

微子篇第十八

18.1 微子去之，箕子为之奴，比干谏而死。孔子曰："殷有三仁焉。"

商纣王无道，但商朝也有正直忠良，微子、箕子、比干即是。

微子，商王帝乙之庶长子，纣王同母之长兄，因其母生其之时尚未成为商王正妻，因此，未得立太子，而商纣王（受德）出生之时其母已为正妻，因此，得立太子，终继商朝大统为纣王。纣王荒淫，其兄微子多次进谏，纣王不听劝告，置之不理。微子与其叔父箕子商议，皆认为，如果我们相谏纣王并被接受，即使死了也值得；但如果死了，也没有被接受，就不如离开。微子在周武王伐纣灭商之后，曾自缚到军门请罪。后武王封其于商故城商丘，为宋之开国国君，承祀殷商。

箕子，商王文丁之子，帝乙之弟，纣王之叔父。面对商纣王的骄奢放纵，多次进谏，同样不得回应。他看到成汤所创六百年江山即将毁于一旦，而其志不得成，便装疯卖傻，纣王以为其真疯，囚其为奴。周武王伐纣商亡，箕子趁乱逃到箕山隐居。周武王找寻箕子，请教商亡原因，箕子不言故国坏话，武王欲招其为官，箕子不就，相传带人悄悄东走过海而至朝鲜。周武王派人到朝鲜邀请箕子回国访问，路过殷商故都，见断壁残垣，荒草萋萋，或有麦苗稀疏，感慨万端，作《麦秀歌》："麦秀渐渐兮，禾黍油油。彼狡童兮，不与我好兮"，其心之悲伤可见一斑。

比干，同为商王文丁之子，帝乙之弟，纣王之叔父。帝乙授之为少师，为纣王师，后立为相，辅佐纣王治理天下。对纣王之不道之政，敢于直言相谏，甚至以死相谏，终为纣王所杀，成为千古之忠臣的代表。

这三个人，均为商纣王时期重臣、仁臣，但纣王终不听其谏，落得国破家亡。三人者，一留一死一远走，世事沧桑已越几千年，其命运之异，仍令人唏嘘。

18.2 柳下惠为士师，三黜。人曰："子未可以去乎？"曰："直道而事人，焉往而不三黜？枉道而事人，何必去父母之邦？"

柳下惠是一个名人。人们常拿柳下惠来形容一个人洁身自好。如果一个人洁身自好，还能被撤职的话，那就说明不是他有问题，而是社会有问题，政府有问题。

柳下惠是鲁国掌管讼狱的官员，由于他秉公执法，得罪了许多达官贵人，因此被诋毁、污蔑，还被撤了官职，反复多次。这时，就有人劝告柳下惠让他离开鲁国，到其他的诸侯国一定会有其用武之地。柳下惠也是跟夫子一样世事洞明，知道"天下乌鸦一般黑"的道理，他说："我是因为秉公正直而被裁撤，不是因为我徇私犯错，天下皆是如此，我到哪里去不会被罢官呢？如果说我能执法而枉法的话，我在这里也可以做，又为什么离开呢。"是啊，要想同流合污，或者洁者自好，都没有必要离开自己的祖国。

柳下惠，以直而务政执法，不堕其志，可敬；不忍离开祖国，始终如一，可赞。

18.3 齐景公待孔子，曰："若季氏则吾不能，以季、孟之间待之。"曰："吾老矣，不能用也。"孔子行。

齐景公虚情假意许夫子以高官，夫子天真地信以为真，终落寞以归。

夫子曾作为鲁国的外交官员出使齐国，其学说还受到了时任齐国国君齐景公的认可和重视，不管齐景公的目的如何，是试探还是真心邀请也无从考证，但他热情款待，说的话也很中肯："您若能来齐国做事，我可能给不了你鲁国季氏那样的位置，但也一定是在季氏与孟氏之间。"待遇不算低，比起他在鲁国的级别，到了齐国就可以直接升一大级了。但夫子作为主张孝忠的仁德之人，是不会背叛鲁国到齐国去的，而且这个齐国还品质一般，经常恃强凌弱，欺负鲁国，他是万万不会去助纣为虐的。但是，在夫子的内心中，还是希望齐景公能够采用他的学说，能够在齐国推行仁政。这对自己也是一份肯定，证明自己的思想是行得通的，对鲁国来说，实行了仁政的齐国也会收敛一下欺负鲁国的行为，一举两得。但是齐国的人又怕夫子在齐得势，游说齐景公说夫子的坏话，齐景公只好找借口对夫子说："我老啦，不能真正很好地任用你啦。"

齐景公的想法或许一半真一半假，或许是真正佩服夫子，也或许是见人说人话奉承一下夫子而已。夫子的想法很简单，也是很认真的，并不认为齐景公是敷衍他，一场欢喜还是打了水漂，只好郁郁寡欢地回去了。

18.4 齐人归女乐，季桓子受之，三日不朝，孔子行。

这一句话虽简单，背后却有一个跌宕起伏、令人唏嘘的故事。

齐国以其强大，在齐鲁关系中占尽先机。鲁定公之时，夫子的官职和地位像乘火箭一样上升很快，做了一年中都宰，即升为司空、大司寇。这让既爱慕夫子之才又恐夫子为政对齐国不利的齐景公有些坐立不安。齐匡的大夫黎鉏对景公说：“鲁用孔丘，其势危矣。”建议齐景公邀约鲁定公于齐鲁之界“夹谷”相会，在这个会上，齐国想尽一切办法和手段打压鲁国，先是以夷狄之乐向鲁展示军威，又以侏儒戏侮辱鲁国。此时，夫子的身份是大司寇摄行相事，进而与景公以君子之道声色俱厉相争，迫使齐景公喝退武士、斩首戏子以平息夫子之怒。

夹谷之会，齐国不但没有达到恐吓鲁国的目的，反而被夫子反击。齐景公埋怨群臣：“你们这些没有用的东西，平时尽出些对付夷狄小人的馊主意，让我在坚持君子之道的鲁君面前丢了面子！”齐国的大臣也觉得夫子这人不好对付，如果鲁国持续重用夫子的话，鲁国之强大指日可待。有人感慨说：“以前都是我们欺负鲁国，占鲁国的地，如果像现在这样，鲁国迟早会拿回去，甚至还要占我们的地。”还是大夫黎鉏又出了个馊主意：选了美女八十人，穿着华美的衣服，跳着迷人的舞蹈，到达鲁国城南，说要送给鲁定公。季氏微服私访先去看了看，觉得不错，就又去怂恿鲁定公收下。鲁定公去城头看了看，也觉得不错，若不收实在可惜，就默许季氏去接收了。然后，鲁定公躲在宫中欣赏了三天三夜，不上朝，不处理政事……这让夫子颇为失望，失望于鲁定公竟然如此好色而荒废政事，失望于自己刚刚在夹谷为鲁国争得的颜面被一样美女轻而易举攻破……夫子内心极度悲哀：大司寇有何用？摄行相事又如何？不如季氏三两句谗言和怂恿，不如齐之八十个美女。

于是，夫子黯然离开了鲁国，开始了长达十四年的“列国周游”，体验了什么叫作“流离失所”，感悟了什么叫作“累累如丧家之犬”。

18.5 楚狂接舆歌而过孔子，曰："凤兮！凤兮！何德之衰？往者不可谏，来者犹可追。已而！已而！今之从政者殆而！"孔子下，欲与之言。趋而辟之，不得与之言。

春秋以降，诸侯争霸，各色人等，熙熙攘攘，往来逐利。就是那些诸侯国君，也总是在梦想如何才能一夜强大，可以侵略他国，将他人之地之人之财据为己有。夫子有志匡扶乱世，企盼能有明德之诸侯施行仁德之道，救天下于水火之中。可是本来还有点儿梦想的鲁定公被齐景公的几十个美女迷住，夫子失望至极，大司寇的官职和摄行相事的权力也不要了。他到卫、陈、宋、蔡、楚，幻想哪怕有一个国君能够认可他，也可聊以慰藉其志，可是，他们都属逐利之徒，皆无长远之眼光。十四年的周游，他永远在路上，"累累如丧家之犬"的狼狈之状是常态，但他坚持不懈……

有一天，走在楚国的地界上，楚国有一个狂人唱着歌从夫子的车子旁走过："凤凰啊，凤凰啊，本为天之祥鸟，为何如此落魄？过去的事已经过去了，那些教训难道不能在未来有所改变吗？算了吧，算了吧，现在那些从政之人其仁德之道已经崩溃了！"夫子闻听，好像是在说自己，急忙下车，想和这个人交流一下，然而，这个狂人却快步跑离躲开了，夫子没有能够跟他交流。

这个楚国的狂人也许并不狂，而是看透了现实，对夫子的所作所为也是有所了解的，应该还有一些敬意，所唱之言不过是提醒夫子，而且带有怜惜的意味。夫子历经波折，人生已近末路，狂人所言也触动了他。可惜的是，人生和历史就是如此，难免留有遗憾，如果两位思想家能够交流，会留给后世的我们更多的思想财富。

夫子坚持根本，不变，方为千古圣人。

18.6 长沮、桀溺耦而耕，孔子过之，使子路问津焉。长沮曰："夫执舆者为谁？"子路曰："为孔丘。"曰："是鲁孔丘与？"曰："是也。"曰："是知津矣。"问于桀溺。桀溺曰："子为谁？"曰："为仲由。"曰："是鲁孔丘之徒与？"对曰："然。"曰："滔滔者，天下皆是也，而谁以易之？且而与其从辟人之士也，岂若从辟世之士哉？"耰而不辍。子路行以告，夫

子怃然曰："鸟兽不可与同群，吾非斯人之徒与而谁与？天下有道，丘不与易也。"

　　本段对话在《史记·孔子世家》中也有完整记载。

　　夫子到楚国，楚王本来是要重用夫子的，可是子西总在楚王面前说夫子的坏话，动摇了楚王的决心，选择了不见夫子。夫子来到了楚国，却不知何去何从。在茫然的前行中，夫子看到两个人在田里耕地，便让子路去问路。

　　这两个人一个叫长沮，一个叫桀溺。他们看到子路来问路，长沮先开口反问子路："那位驾车的人是谁？"子路说："那是孔丘。"长沮就又问，是不是鲁国的孔丘，子路也很痛快地说，当然是啊。长沮说："他是知道渡口在哪里的。"子路又问另一个人桀溺，桀溺也不回答，反问子路是谁。子路说："我叫仲由啊。"对方又问是不是鲁国孔丘的门徒子路啊。子路回答，没错。于是桀溺就开口说起来了："现在天下就这个样子，不讲道德的坏人多的是，你看到有谁能够改变他们？你们这些人不信邪，还到处说教这些坏人，宣传自己的仁德之道，有什么意思呢？你们与其刻意改变那些人，倒不如像我们一样种地耕田，自得其乐，不与世争，多好啊。"他们说话之间，也没有停下手里的活儿。子路回来向夫子报告，夫子怅然若失："唉，我们是不可能与这些像鸟兽一样逃避社会的人一起谋事的啊，我们有自己的主张和社会理想，我们不与那些人打交道，不去引领他们怎么能行？正是因为天下无道，我们才有责任来弘扬大道，如果天下太平都讲究仁德，那我们就不来搞什么变革了。"

　　正因为无道，才需要布道。若有道，则吾辈又有何用？天下兴亡，匹夫有责。越是乱世，越需要圣人站出来匡扶社会，蹚出人间沧桑正道。

18.7 子路从而后，遇丈人，以杖荷蓧。子路问曰："子见夫子乎？"丈人曰："四体不勤，五谷不分，孰为夫子？"植其杖而芸，子路拱而立。止子路宿，杀鸡为黍而食之，见其二子焉。明日，子路行以告。子曰："隐者也。"使子路反见之。至则行矣。子路曰："不仕无义。长幼之节不可废也；君臣之义，如之何其废之？欲洁其身，而乱大伦。君子之仕也，行其义也。道之不行，已知之矣。"

古有如陶渊明官场失意辞职归园田居，悠然见南山，从此与世无争。从个人角度来看，远离尘世，悠然自得，也是人生一大境界。但在儒家看来，避世以求清闲，实乃放弃了对国家的责任，是臣对君的不义。

在《论语》中有这样一个故事，可以印证这个说法。子路跟夫子周游列国，有一天没有跟上落在后边，找不到老师和同学了，半路上遇到一位扛着锄头，挎着筐子下地干活儿的长者，子路就上前问询："遇见我老师了吗？还有几个同学陪伴着。"长者谦虚地说："你看我这人，自己种地都不够勤劳，种地的技术都不熟练，我哪里会认识你的老师呢？"长者说着话，就下地干活儿去了。子路就站在旁边看着。时间不早了，长者对子路说："我看天色已晚，你也别去找老师和同学了，就在我家住下吧。"回家后，杀了一只鸡款待子路，还介绍了两个儿子来与子路认识。第二天，子路找到老师后，把这个事告诉了老师，夫子说："这是个隐者啊，应该不是个一般人，我想见见他。"夫子叫子路回去找长者，结果长者出门了，没找到。子路就对他两个儿子说："我老师说，你父亲在这里不去做官为社会尽责，是不讲道义啊。年长和年幼之间的层次都不应该乱了，君臣之间的道义就更不能放弃。自己隐居下来想洁身自好，却是乱了君臣之间的伦理。有德行之人出仕为官，是去尽责任啊。即使我们的治世理想和治世策略不被采纳，我们也应知道，避世不为不是君子应该做的。"子路得了老师的指点去传话，讲得是头头是道。所谓"近朱者赤"，子路在老师身边多年虽然直率，也是得了夫子真传的。

按照儒家的思想，出仕艰难不是辞职的理由，正因其难而更要留下来尽其责，即使当前不受待见，不如意，也要坚守这份责任。

18.8 逸民：伯夷、叔齐、虞仲、夷逸、朱张、柳下惠、少连。子曰："不降其志，不辱其身，伯夷、叔齐与！"谓"柳下惠、少连，降志辱身矣，言中伦，行中虑，其斯而已矣"。谓"虞仲、夷逸，隐居放言，身中清，废中权。我则异于是，无可无不可"。

古代称节行超逸、避世隐居的人，叫逸民。也指亡国后的遗老遗少。

伯夷、叔齐，就是典型的逸民，兄弟二人谁也不肯就位孤竹国的国君，为了表达决心，都选择离开孤竹国。先是去投奔西岐，半路上遇到周武王伐纣，觉得武王离经叛道，不屑为伍，坚决逃离，立志终生不食"周粟"，最后饿死首阳山中。在夫子看来，这兄弟二人无论生活如何艰难，坚决不与现实同流合污，不使自身蒙受屈辱。这是最高境界的"逸民"。

柳下惠在鲁国做事，性格耿直，不愿取悦权臣，因而多次遭到罢官，但他还是坚持在鲁国做事，官职升上降下，如此反复，始终不离父母之国，还自己说这耿直的脾气不改，去了别的地方又有何用？不是不思进取，而是不会曲意逢迎，不计较官位高低，抱着一种用就干、不用就算的态度。少连，以孝著称，父母去世后三天中，不吃不喝，一味哭泣，不思茶饭；三月内哭泣祭奠从不间断；满一年了还时常悲伤落泪，三年后愁容满面。少连实际上是因悲伤而耽误了前程，在情与志上没有取舍好，没有得到应有的重用。他们两个在说话、做事方面还算符合乎中庸之道，但把握、应对世事的火候还未达炉火纯青的程度，属于二类"逸民"。

还有第三类如虞仲、夷逸隐忧避世，与伯夷、叔齐相比，不彻底，对世事还不时发表评论，虽然那时候信息技术不够发达，还是有些不适宜的话传了出来，那就不是彻底的隐居，在境界上不达伯夷、叔齐。他们与柳下惠相比，又没有柳下惠的韧劲儿。

夫子离鲁周游，其学也不得用，但夫子既不隐居避世，也不执着功名，而是执着其道，认为自己不应该与这些"逸民"趋同，内心火急如焚，外表不争不抢，只说正确的话，只做正确的事，坚守仁德之道，虽委屈半生，终成圣人。

18.9 太师挚适齐，亚饭干适楚，三饭缭适蔡，四饭缺适秦，鼓方叔入于河，播鼗武入于汉，少师阳、击磬襄入于海。

我们常常用"礼崩乐坏"来形容春秋时期周天子大权旁落、诸侯相互争战的社会乱象。

春秋时期，周王室衰微，诸侯并起纷争，早已不把王室放在眼里。在这种情况下，就连王室宴会上那些乐师也已经看不下去，纷纷离开自谋出路去了。第一乐章的乐师挚到了成为春秋第一霸的齐国，第二乐章的乐师干到了后来称霸的楚国，第三乐章的乐师缭到了蔡国，第四乐章的乐师缺到了秦国，负责打鼓的方叔到黄河边上隐居去了，播小鼓的乐师武到汉水边隐居去了，连负责伴奏的阳和击磬的襄也隐居到海边去了。

周王室已经连一场像样儿的宴会活动都组织不起来了，可见"礼崩乐坏"到什么程度了，社会动乱已经在所难免了。

18.10 周公谓鲁公曰："君子不施其亲，不使大臣怨乎不以。故旧无大故，则不弃也。无求备于一人。"

周公，周公旦，周文王之子，周武王之弟。周武王灭商建周之后，分封弟弟于鲁国，但需要德才兼备的周公旦留在镐京为相辅佐武王及武王之子成王，不能到鲁地就封，只能让自己的儿子伯禽到鲁地就封，谓鲁公。

伯禽就封鲁国，独当一面，需要人才辅佐。如何用人呢？周公跟儿子鲁公做了一番长谈，核心和重点就是关于用人的问题。

如何用人？周公讲了三层意思：一是关于任用亲人的问题。周公告诫鲁公，任人可以不避亲，即使任人不唯亲，但至少不用有意疏远亲人。血缘关系不仅仅是生物学意义上的亲近，在社会学中也是值得信任的一项重要指标。但是，这里还是要特别注意一点，任用亲人，一定不要让其他大臣觉得不受重视，一定要发挥其长处，用好其长处，让大家都没有怨言，就和谐圆满。二是对于老臣的问题。不要因为他们年长而跟不上时代，一定不要让他们有被遗弃之感，只要没有重大失误或错误，还是要发挥其经验丰富的长处，给他们一定的存在感。三是，对待所有人，不要求全责备。每一个人都有其所长，更有其所短，不要因其短而一棍子打死，这样将无人可用，陷于被动。正确的做法是用其所长，避其所短，让每个人都能够发挥自己的才能，让每一个人都能确定自己的位置。特别是这最后一点很重要，如果求全责备，不仅仅有可能陷于无人可用的境地，如果真有那么一个无可挑剔的人，若无周公之美德，岂不是另一种形式的威胁？！

历史上的打打杀杀，冷酷无情，但恰恰在对待前朝故旧问题上却显露出了一种温情，极其难能可贵。周公旦、帝师姜子牙都是这种"温情"的缔造者。周武王灭商后，如何对待商朝故旧就成了一个直接面对的现实问题。周武王的伟大就在于能够兼听周公、姜子牙等人的建言：惩治商之奸佞小人，不杀无大错之商臣，对商之忠臣予以厚待，甚至对商纣王的儿子还给了封地。这一举动的历史意义在于开启了后朝不杀前臣的范例，对中华文明能够一脉相传、不断前行是一大贡献。

周公对鲁公的教诲和嘱托，其实就是传承这种历史文化的"温情"之举，实为中华文明之幸事。

18.11 周有八士：伯达、伯适、仲突、仲忽、叔夜、叔夏、季随、季骑。

《孟子》云："得道者多助，失道者寡助。"这句话告诉我们，要想成就一番事业，一是必须符合道义，二是必须有贤人相助，而且越多越好。

商朝末年，周因施行仁德之道而兴盛于西岐，重用姜尚，广聚贤人，逐渐走向强大，最终取代殷商而立国。周立国之后，更是以德识人、重用贤人，让国家强盛，达到历史新高。夫子说，周有八士：伯达、伯适、仲突、仲忽、叔夜、叔夏、季随、季骑。《逸周书》传此八士为一母所生的四对孪生子，伯达通达义理，伯适胸怀宽广，仲突有御难之才，仲忽有综理之才，叔夜柔顺不迫，叔夏刚明不屈，季随有应顺之才能，季骑德同良马。除此之外，几乎无历史记载。

后世学人，对周之能用贤人极度赞誉。清末国学大师唐文治认为："周家初造，忠厚开基，人才鳞萃，菁莪造士，四方为纲。呜呼！何其盛也！"钱穆先生说："盖维持世道者在人，世衰而思人益切也。本章特记八士集于一家，产于一母，祥和所钟，玮才蔚起，编者附诸此，思其盛，亦所以感其衰。"

子张篇第十九

19.1 子张曰："士见危致命，见得思义，祭思敬，丧思哀，其可已矣。"

孟子说："富贵不能淫，贫贱不能移，威武不能屈。"这是孟子对天下人知识分子提出的要求，是做人的风骨，应成为接受孔孟之道教育的文人之风骨。人们很难做到，文弱书生很难做到，在生离死别的事上也很难做到，只有像被贴上"鲁莽"标签的子路，以勇著称，但他也确实是夫子的弟子，也属知识分子范畴。事实也证明，子路做到了舍生而取义，只是夫子觉得子路还是有些鲁莽，如果智慧更多一些的话，不至于此，表达出了惋惜之情。

实际上，中华文化所倡导的家国情怀、人格风骨通过教育和生活洗礼而深深根植于中华民族的灵魂和血液之中。中国文人的家国情怀、人格风骨，同时又在五千年的时间长河中积淀成为中华文化的优秀基因。

夫子学生子张生性勇武，性格跟子路一样有些偏激，但师从夫子后改变很大，成就很高。他与同学们谈论起为人的事，发表了自己的见解："读书人看见危险，要豁出生命而不是逃避；读书人看见有利可图的事，要思考是不是符合道义而不是见利便得；读书人参与祭祀活动，要思考的是怎么才能做到恭敬；参加丧礼，要想到的是哀伤；这样做，应该就可以了。"心在与心不在，是做好与做不好一件事情的关键。心在意诚，心在思多思正，事情会做得精益求精。心不在焉，也是一种状态，在这种状态下做任何事情都有可能出现纰漏，发生问题。一次两次，可能会让表面现象掩盖真相；久而久之，狐狸的尾巴就极可能暴露出来。

19.2 子张曰："执德不弘，信道不笃，焉能为有？焉能为亡？"

北宋张载《语录拾遗》："为天地立心，为生民立命，为往圣继绝学，为万世开太平。"

古代读书学习，成为知识分子，须承担起知识分子的社会责任。不然，不但无用，反而可能有害。张载之言之大意即为，知识分子与芸芸众生不同，众生可以不懂世事，但知识分子不行；天地本无心，但人立于天地之间，处天地之心位置，那就应该担负起天地之心的责任，就要在顺应自然的同时关心社会民生，让人民生活安康；作为知识分子，还要传承文化精神，让文化、文明之薪火永续相传，让后世的人都有一个正确的价值观，使社会有秩序、有道德，万事万物和谐共生。

如果不是这样，知识分子就失去了其社会价值和历史价值。子张深受夫子影响，曾说过："一个人如果自己履行道德责任却不去弘扬，坚持诚信之道却又不够坚定的话，这样的人多一个、少一个都对社会产生不了什么影响。"子张的言外之意，就是一个人不但要自己品德好，还要示范带动大家都去积德行善，那就真正尽到责任了，"大同社会"的理想就会越来越近了。

19.3 子夏之门人问交于子张。子张曰："子夏云何？"对曰："子夏曰：'可者与之，其不可者拒之。'"子张曰："异乎吾所闻：君子尊贤而容众，嘉善而矜不能。我之大贤与，于人何所不容？我之不贤与，人将拒我，如之何其拒人也？"

交朋友是人生中的一件大事，也是一件乐事。如果交到好的朋友，无论是生活、学习，还是工作，对自己都有帮助。如果交到品行很坏的损友，或许会让你陷于万劫不复的境地。

在交友的过程中，如何事先知晓是益友还是损友？有人就提出了"先淡后浓，先疏后密，先远后近"的方法，不无道理。夫子的学生们问老师如何交友，夫子对不同学生的解答不尽一致。夫子的学生子夏是先生的得意门生，子夏的门人有一天问子张交友之道。子张没有急于回答，而是先问子夏如何看待的。这个门人就说："子夏先生告诉我，可以交的就交，不可以交的就拒绝跟他交往。"子张听后，不以为然，正色道："这跟我所听到的夫子的教诲不一样，先生告诉我说，君子尊敬有贤德之人但也包容大众，奖励善良的人也要帮助能力差的人。我如果有大的贤德，对别人来说，我有什么不能包容他们的？如果我没有贤德，别人会拒绝跟我交朋友，我又有何德何能拒绝别人呢？"

按照子张的说法，君子包容一切，要广交天下朋友，不管他们有什么样的缺点，如果尽量包容他们，就能做到左右逢源。当然，子张说的从理论上来说没有什么大问题，但从子夏的观点看，那些不可结交的恶人，无论如何也不要去结交，否则，可能会给你带来无穷无尽的烦恼，也极有可能把你带入歧途。

广交朋友与慎交朋友，二者各有其理，但广交应指广交天下贤良，而不是无原则地乱交损友。慎交朋友也不是说不交朋友，是告诫我们要好好学会察人以交到更多的益友啊。

19.4 子夏曰："虽小道，必有可观者焉；致远恐泥，是以君子不为也。"

子曰："君子不器。"君子要做的是学道、弘道，而不是像器具那样只能做那么一点儿所能做的事。

道也有大小之分，即使是小道，小技艺，也一定有它可以值得传承的地方。为什么不主张君子务小道呢？因为，君子心中考虑的是大事、大道，要让大道行天下，自然就不能被小技艺遮挡视线而被困住，也不能陷进小技艺的乐趣之中不能自拔。致远恐泥，这话说得多么直白啊，你想到远方去，就要向着目标大踏步前进，要躲开泥泞，不然陷入泥泞便不得前行了啊。这一说，也可以拿战略与战术来说明，元帅在后方谋划布局，从全局出发，而不是像身陷战场的大将一样，计较一城一地之得失，一兵一卒之多寡。那样，势必丧失战略判断，即使获小胜也有可能终致大败啊。

19.5 子夏曰："日知其所亡，月无忘其所能，可谓好学也已矣。"

什么样的学习才算是好的学习？

我们往往只看重学习的结果，甚至只看学生试卷上的分数。姑且说这个也是正确的，因为自古以来科举取士也是看试卷的。但我们不妨换个角度来思考这个问题，一个人每天能够学到过去不曾了解的新知识、接触新事物、参与新实践、产生新感悟，同时又没有忘记过去所学到的，也没有失去由过去所学而产生的实践能力、道德体悟，是不是算是更加理想的学习呢？这样的学生，最后的学习效果自然不会差到哪里去。

这里有一个核心问题：看一个人的学习，最重要的是要看什么？看其考分还是看其全面？对于这个问题，相信每个人都有正确的选择。而在实践中，很多人采用的往往又是另外一个方面，唯分数论者大行其道。

教育是立德树人的大事，自然是看人，看人博学、看人品质、看人能力，综合来看，就是能否做到知行合一，即学识、能力与品德是否真正统一。只有三者真正统一了，所学才算不虚学，所做才算合乎大道之行。

19.6 子夏曰："博学而笃志，切问而近思，仁在其中矣。"

学有何用？夫子曾说过："弟子，入则孝，出则悌，谨而信，泛爱众，而亲仁。行有余力，则以学文。"（见1.6）应该在践行好孝悌、谨信、仁爱等基本品德的基础上去学知识。也就是说，博学的前提是有德有道。有德有道了，学习的目的是什么呢？必须要有志向。

对于"志向"，又有什么要求？志，是符合仁德之道的志向，符合"大同社会"理想的志向，用今天的话说，也即符合构建人类命运共同体的志向。

怎么"博学"，怎么"笃志"呢？这就在于学习的方法之道是否正确了。《诗》云"如切如磋，如琢如磨"是其一；夫子说过"学而不思则罔，思而不学则殆"（见2.15）是其二。学习一是要经常切磋交流，才会熟能生巧，谙熟于心；二是学会思考与实践，二者缺一不可。如果一个人在学习上达到了这些基本的要求，还担心仁德之道学不到家吗？那就是杞人忧天了。

19.7 子夏曰："百工居肆以成其事，君子学以致其道。"

子曰："朝闻道，夕死可矣。"道义对于君子来说至关重要，以至于早上听说了"道"，傍晚死去也不觉得遗憾了。

闻道听道如此重要，成道则必是君子一生的追求了，但成道要比闻道难多了，需要日复一日不辍学习并践行（学而时习之）。践行，也不是实践一次两次即可，需要毅力、志向，坚持不懈。如何来形容这种坚持呢？如石雕师傅，要想雕成一件精美的工艺品，需要在雕石场一锤一钎一錾，小心翼翼，细心刻琢，精心打磨，方能成器。君子学道践道，也不是读几天书就可以，需要不断学习、揣摩，认真实践、反思、再实践，才能真正把道义的精髓掌握并运用自如。

正如夫子弟子子夏所说："百工居肆以成其事，君子学以致其道。"

19.8 子夏曰："小人之过也必文。"

君子与小人在本质上是不同的，君子重义，小人重利；君子重公平正义，小人重小恩小惠……这些都是夫子下过结论的。

在处理问题的方法上，夫子还说过："君子求诸己，小人求诸人。"（见15.21）遇到问题，君子首先反思的是自己的问题，从自身找原因，小人呢，他首先所想的是把自己从问题中解脱出来，把麻烦和责任推给别人。从这个意义上来说，小人如果犯了错误，不能推给别人的情况下，也必定是想尽办法文过饰非，把自己的过错看成是客观原因所致，绝不会承认是自己主观出了问题，目标偏离了方向，行动策略不科学，把自己的问题摆脱掉，能降低到什么程度就降低到什么程度，反正"我"没问题，不要找"我"的麻烦就行。

子夏体会到了，也说了："小人之过也必文。"

19.9 子夏曰："君子有三变：望之俨然，即之也温，听其言也厉。"

一个人怎么才能得到别人的尊敬？要从外表庄重、内心有爱、言谈有物三个方面来考量，表里皆是。

有时候，外表可以打扮，可以乔装，可以端起架子来唬人，这个其实是最容易办到的。容易办到的事，也容易被人识破真假，为什么呢？因为外观是装出来的，可以装一时，装不了一世；架子是端起来的，端得了一时，也端不了一世，指不定何时就露出马脚，现了原形。那么这个外观形象，必须得经过修炼，经过不断的学习来充实，使之外在与内涵相统一，就会达到和谐的自然庄重。内心有没有爱，也不是装出来的，而是别人亲身感受到的。别人的亲身感受，我们是左右不了的，我们所能左右的，只能是看自己是不是发自内心地对别人好。只有发自内心地对别人好，别人才能感受到，也绝不是出点钱、出点力、做点表面工作就能证明的。言谈有物，这是装不了的，也不是金钱能买来的，只能是由学习而来，由实践体悟而来，没有真才实学，说一句两句可以，三句四句必然下道，甚至背道而驰。

由此观之，君子要真正得到别人的尊重，还真如夫子学生子夏所言："远望庄重，靠近温暖，听其所嘱咐和鼓励而受益匪浅。"

19.10 子夏曰："君子信而后劳其民；未信，则以为厉己也。信而后谏；未信，则以为谤己也。"

一个人讲不讲诚信，能不能做到诚信，是能不能得到别人信任最重要的前提。一个人能否得到别人的信任，是自己做人做事能不能成功的重要保证。

子曰："其身正，不令而行；其身不正，虽令不从。"讲诚信，施仁德，是一个人立身的基础，但社会上总有些人把财富、职位看得很重，认为只有自己拥有了那些东西，说话才有分量，做事才会成功。但是，如果没有自身之正，不讲诚信，就不会得到别人的信任，久而久之，人就会远离他，到那时候，他就会体会到说什么没有人信、做什么也没有人拥护的感觉了。

子夏对于老师的教诲是体会比较深的，因此，他跟大家交流说，君子总是先正自身取得大家的信任，然后去指挥别人就顺利了，大家也就愿意听从；如果没有获得信任，你说得再好大家也觉得对自己有害无益。同样，一个为人臣者只有自正其身获得皇帝信任，然后再进谏才会得到重视并被接纳；如果没有获得信任，你进谏的建议即使非常合理，恐怕不但不会得到采纳，甚至还会因此而获罪致祸。

细细品来，历史上那些犯言直谏而获罪者并不是少数啊。

19.11 子夏曰："大德不逾闲，小德出入可也。"

司马迁在《史记》中记述了这样一句话："大行不顾细谨，大礼不辞小让。"

这句话所说的是做大事，成大事，可以不在小事上计较、纠缠，可以说是一种抓大放小、抓关键节点的典范。

但子夏此言之意，也并非仅仅为犯小错之人辩护，也不是给不拘小节之人心理安慰，而是强调在大事上绝不可逾越底线，是崇尚大德之人必须做到的。对于小的方面，真正的君子也是必须认真对待的，如果是在不是故意为之的前提下，犯些小错也是可以接受的，然而，如果能够做到谨言慎行而让小节小礼也合乎要求和规矩，那是最好的，也就离"大德"的境界越来越近了。

小德出入之"可"，不是自己原谅自己的"可"，而是别人对自己的包容，自己绝不可视人之包容为"可以"，而是须参照曾子所言"吾日三省吾身"，尽可能做到完美。"小德"上能够做到没有出入的话，即达到"大德"境界了。

做到"完美"可能有些难，但追求"完美"之志必须有，还要努力追求。

19.12 子游曰："子夏之门人小子，当洒扫、应对、进退，则可矣，抑末也，本之则无，如之何？"子夏闻之，曰："噫！言游过矣！君子之道，孰先传焉？孰后倦焉？譬诸草木，区以别矣。君子之道焉可诬也？有始有卒者，其惟圣人乎！"

我们常讲要立鸿鹄之志。立下鸿鹄之志之后应该从哪里做起呢？我们又常教育人从小事做起，而且常告诫别人勿好高骛远。

高远志向与做好每一件小事之间，有一个学与思的问题，即"学而不思则罔，思而不学则殆"。学，可以理解为努力学习扎实做事；思，可以理解为做小事不忘远大志向，在扎实地做之中要时常抬头看路，不要走偏。子游和子夏均为夫子的弟子，见识上有些不同。子游看到子夏让他的学生就是做些洒扫、应对、进退的小事，未见教育他们大道，认为是本末倒置，不合教育之道。子夏听说后，心里不悦："嗳，子游说得也不对啊。君子学道，先学什么再学什么，谁先谁后，有什么规定吗？就像野草和树木，各有各的形态，各有各的不同。君子学道的方法不同，怎么能够随便曲解呢？有始有终，按照一定的规律来教育的，只有夫子能做到啊！"《朱子家训》开篇即言"黎明即起，洒扫庭除……"，接地气的教育往往是从小事、生活琐事做起，逐步做到修身养性，以使其能齐家，能治国，能平天下。

子游所担心的，主要是做小事时不要忘了小中见大，但他没有深入了解子夏的做法，随便就在人后嘀咕，也非君子之议也。

19.13 子夏曰："仕而优则学，学而优则仕。"

"行有余力，则以学文。"能够做到践行仁德之道了，就可以进一步学习了。进一步学习的目的是什么？就是更好地去践行仁德之道。这也是王阳明"知行合一"思想的主要来源。

入仕为官，为民服务，为国操劳，就是自古以来践行仁德大道的一种方式。没有最好，只有更好。追求没有止境，做了一个好官员，还需要追求更好，那就需要不断学习，不断借鉴，不断完善。"仕而优"的途径是持之以恒地学习，是终身学习。学习的目的和意义是什么？不是追求个人的财富和生活的优裕，而是提高为民服务和为国做事的能力。

过去，我们对子夏之言的理解多有不到位之处，甚至有所误解。子夏等弟子们的言论能够被记入《论语》的，肯定是夫子之学的真传，而非随便选入。子夏之所以成为孔门"十哲"之一、"七十二贤人"之一，是有其夫子之学的基本传承和弘扬的。

19.14 子游曰："丧致乎哀而止。"

子曰："丧，与其易也，宁戚。"（见3.4）

林放向夫子请教"礼"的根本，夫子告诉他与其在仪式上搞些没用的花样，不如真正做到内心有悲伤，这才是礼的根本。如果对逝者毫无情感，没有任何哀悼之情，你来参加人家的丧礼究竟是为了什么呢？就是装样子而已，不如不去。

夫子与学生所谈皆为生活之事，但是其教育的目的是让学生从生活层面上升到价值认同的层面，子游同学的领会就非常到位："丧事，最高境界就是达致真正的悲哀。"

反观有些人，父母生时不养不孝，殁时大操大办，形式之意义究竟是因悲伤而重视还是因不孝而行遮掩之事？明眼人自然明白。

《礼记·中庸》："敬其所尊，爱其所亲。事死如事生，事亡如事存，孝之至也。"居丧之哀，是"敬其所尊，爱其所亲"随人之亡而去的那种不舍、留恋而生出的悲哀，是对长者真正的情感源泉。居丧而致哀戚，才是真正的"丧礼"之核心。

19.15 子游曰："吾友张也，为难能也！然而未仁。"

对"仁"的追求，并不是因为做了很多就可以了，仁的践行之路没有终点。

子张，即颛孙师，陈国人，因陈国内乱，与公子陈完一起离开陈国，陈完去了齐国，子张辗转到了鲁国。夫子曾说过"师也辟"，即说子张性格乖僻，有点古怪。子张年轻气盛，曾犯有过错，来到鲁国后，求教于夫子。夫子有教无类，不因其错而排斥他，遂收他为徒。在夫子教育之下，子张对过去所犯之错也由衷地悔改，随夫子周游列国，成为饱学之士，而且坚持夫子的思想理念，志于招徒授学而不屑从政，最终继承夫子衣钵，成为儒学八派之一。

从一个"乖僻"青年到儒学之师，是一个极大的人生转变，不是一般人能做到的，但子张做到了。子游认为子张所作所为难能可贵，可以成为众人学习的榜样，但离"仁"的境界还有些差距。这一点，子张自己也是这么认为的。

个人认为，此处子游所言其"然而未仁"，并非讥笑子张，而是感叹自己与子张都属于在奔向"仁"的路途上，因为"仁"之境界，不是可以一蹴而就的，是需要终身践行，终身修行，才能达到的，可以说是一个人的毕生所求，不到盖棺之时，难说达到。

子游所言，既为子张谦，又为自谦。

19.16 曾子曰："堂堂乎张也，难与并为仁矣。"

做过武城宰的子游敬佩子张，但认为子张"然而未仁"。与子游不同的是，奉行"吾日三省吾身"的曾子，却认为子张同学的品行高尚，毅力坚韧不拔，自己高不可攀，很难与他一并达到"仁"的境界。

曾子也是办学之人，致力于宣扬夫子之学，被后世誉称为"宗圣"，意指他是最忠于夫子之学的，不敢有半点不同。子张与之不同的是，在夫子学说的指引下，开辟了一方新天地，创立了"子张儒学"，宗于夫子，而又独具特色。

曾子所言"难与并为仁矣"，既有赞美子张之辞，认同子张的教育路径和方法，又坚持自己"宗"于夫子之学，与子张赴仁达仁之路不同，很难做到与其一模一样。以曾子谦谦君子之形象，赞叹子张，敬佩子张，而又不苛求子张的教学方法，兼容并包，乐见百花齐放。

19.17 曾子曰："吾闻诸夫子：人未有自致者也，必也亲丧乎？"

《中庸》有一个描述："喜怒哀乐之未发，谓之中；发而皆中节，谓之和；中也者，天下之大本也；和也者，天下之达道也。致中和，天地位焉，万物育焉。"人人都有喜怒哀乐等情绪，修养好的人，不会轻易发泄出情绪，即使要发出来，他也一定会搞清楚发出来是不是合适，发出来会不会带来一个好的效果；如果不合适，情绪却发出来了，可能会导致不和谐，甚至会引发战争，冲冠一怒，血流成河的历史教训不是个例。我们的文化追求和谐，讲究人人各就其位，各安其心，各乐其业，只有这样，人们才会建设美好的生活。这个道理是浅显易懂的。

中国人的性格是相对内敛的，无论好事坏事，一般不会随意对外说，修身养性的基本表现也是"讷于言而敏于行"，但也有不顾一切地表现自己的情绪的时候，那一定是大喜大悲的时候，更多的时候是在大悲的时候，人会流泪、哭泣，甚至哭出声音来，那可能就是亲人有难或去世的时候了。

曾子转述夫子的话："我听夫子说过，人是很内敛的，一般不会随意表露自己的情绪，如果有的话，那一定是自己亲临亲人的丧礼现场的时候。"

19.18 曾子曰："吾闻诸夫子：孟庄子之孝也，其他可能也；其不改父之臣与父之政，是难能也。"

传统文化倡导孝德，"三年无改于父之道，可谓孝矣。"（见1.11）但自古亦有"一朝天子一朝臣"的说法，说的是继任者往往年轻没有经验，而前朝旧臣又往往以其丰富经验而常有胁迫新君之嫌，双方就难以处理好关系，致使新君更愿意起用新人。

有没有例外？有。

曾子说，他曾听到夫子称赞过孟庄子的孝，就是既做到了不改"父之道"，也无改父所用之人。不改于父之道，坚持父之道的精神，能够做到的人可能不少，不这样做，极有可能的后果就是被人诟病年少轻狂，不知天高地厚，随意改弦更张，可能招致别人的不理解和社会的不满而出现不可收拾的乱局。因此，无改于"父之道"是首选，也是普遍选择。但孟庄子能做到的另一点，就是他不但无改于"父之道"，而且还任用了其父所用之人，虚心向他们请教，尊重他们的主张，帮助自己推行政治理想，这还真不是一般人能做到的。

曾子之谦虚，就是即使发表自己的感悟，也冠以"吾闻诸夫子"之语，是其内心对夫子尊敬的表现，也是其忠于夫子之学的表现，无愧于"宗圣"之名。

19.19 孟氏使阳肤为士师，问于曾子。曾子曰："上失其道，民散久矣！如得其情，则哀矜而勿喜。"

如果你是一名警察或者法官，当你查明了犯罪嫌疑人所犯的错误之后，你该持有什么样的态度？你是不是怒其恶行、恨其恶果，然后以法律为准绳，从快从重判以刑罚而后快？在一个政治清明、推行仁政的美好时代，这是没有问题的。但若是在一个"礼崩乐坏"的时代或者民不聊生的社会，可能需要有不同的态度来对待那些行为失范的民众。

鲁国三桓之一的孟孙氏让阳肤任法官，阳肤来请教曾子怎么做好这个法官。曾子告诉他说，现在社会诸侯争霸，社会动荡，权臣当道，民不聊生，主要是处于社会上层的官员和贵族，不按规矩办事，不讲社会道德，老百姓对他们没有了信心，也不听他们的，这种社会状况持续时间久了，老百姓的某些不轨做法也实属无奈。因此，如果你弄清楚了实际情况，按照法律该怎么办就怎么办，但是对他们的犯罪因素要充分考虑，要有怜悯之心，切不可因成功破案和判案而沾沾自喜。

夫子推行仁德之道，难乎其难，他和弟子们能够抓住每个机会，给官员们讲道理，讲仁道，也算是为推广仁德之道，尽了一己之力了。

19.20 子贡曰："纣之不善，不如是之甚也。是以君子恶居下流，天下之恶皆归焉。"

我们读历史，知道夏桀、商纣是暴君，听不得贤人的建议，专门听小人之计，祸害忠良，最终身败名裂，不得善终，而且他们什么坏事都做得出来，只有你想不到的，没有他们做不到的。果真如此吗？

孔子的学生子贡曾说过："商纣王的名节不好，并不像人们传说的那样。是因为他作为国君，一旦做了坏事，获得了不好的名声，那么天下所有的坏事，都有可能说成是他做的。"子贡所言，不是在为商纣王辩解，而是在阐述一种道理，那就是一个人如果坏了名声，很可能就会承担更多的责任和后果，有些本来不是你做的坏事，也有可能被传说成是你做的。自古以来，有"饿死事小，失节事大"的说法，确实在某些特殊环境和语境下，会清晰地呈现这样的道理。你做一千件好事人们习以为常，但做了一件坏事就会被人诟病，并且你休想以今天的改进弥补过去的错误造成的影响。

子贡之言，并非危言耸听，是再次告诫我们要认真对待"慎独"的理念，不可违背，他是用这样一个案例来告诫人们要洁身自好，好自为之。

19.21 子贡曰："君子之过也，如日月之食焉；过也，人皆见之；更也，人皆仰之。"

颜回不幸早逝，夫子甚是惋惜，评价颜回"不迁怒，不贰过"。夫子也鼓励学生"过则勿惮改"，树立真正的君子风范。

夫子面对学生的质疑，面对卫国南子夫人的接见，说话做事有时也率性而为，有失谨慎，但总而言之，算小过，不必上纲上线依法依规去处置，完全可以按照曾子"吾日三省吾身"的反思办法去解决，做到过则自改即可。对此，夫子的学生子贡也为之辩解说："谦谦君子诸如先生孔子，也有犯错的时候，但他们所犯的错误就像日食、月食一样，一点小错遮挡不了光明灿烂的本质。他们犯了过错，人们也都会看见，更会关注；他们主动改了，人们也都认可他们并仰望他们不惧改过的高洁风格。"

是的，我们也常说，允许人犯错误，更要允许人改正错误，给他们改正的机会。范仲淹先生的《岳阳楼记》中所提到的滕子京也是因为犯了大错从京城被贬到岳阳的，但他兢兢业业，"越明年，政通人和，百废俱兴"，也算是改过的典型，给后人树立了一个"不贰过"的榜样，加上范仲淹的一番解说，成就了中国君子"居庙堂之高则忧其民，处江湖之远则忧其君"的"先天下之忧而忧"的人格、政治风范。

人无完人，岂能无过？但愿天下君子要不惮于改进"日月之食"之过，更勿犯天地难容之大错！

19.22 卫公孙朝问于子贡曰："仲尼焉学？"子贡曰："文武之道，未坠于地，在人。贤者识其大者，不贤者识其小者，莫不有文武之道焉。夫子焉不学？而亦何常师之有？"

认真读完《论语》，仔细推想一下，就会发现，夫子之学其实不高深，不莫测，其所言皆日常生活之事，虽历经两千五百余年，却仿佛仍在我们身边。所以，当时就有人怀疑，夫子是怎么学习的？真的学问高深吗？

如卫国大夫公孙朝就曾问过子贡："夫子的学问是从哪里学来的？"子贡对夫子万分钦佩，见公孙朝有所怀疑，便正告公孙朝，虽然现在世道很乱，礼崩乐坏，但是周文王、周武王时期治理天下的仁德之道并没有失传，已经深入人心，就在我们身边的日常生活中。只不过，贤能的人往往能把握住关键和根本，贤德不足的人往往看到的却只是细枝末节。什么地方没有文、武之道？到处都是啊。夫子是大德大贤，在哪里他也能看到学到，不一定非得有一个固定的教师来教他啊。

小时候，在农村，邻里之间有很多处理事情的方式、方法，如两个小孩子打了架，两边父母分别训斥自己的孩子，安抚别人的孩子，父母经常叮嘱孩子要走正道、对人有礼貌……这不就是夫子之道吗？我们的父母望子成龙，希望孩子好好学习入仕，为国家民族作贡献……这不也是夫子之道吗？夫子之道从哪里来？夫子编纂六经，《诗》《书》《礼》《易》《乐》《春秋》，皆尧、舜之圣德，皆周文王、武王之仁道，皆天下之和声。

宋代儒学大师朱熹感叹："天不生仲尼，万古如长夜。"诚哉斯言！中华传统文化让中华民族历经五千年而依然屹立，我们有理由相信，中华民族的伟大复兴既需要我们改革创新，也需要中华文化丰厚的底蕴来支撑和衬托。

19.23 叔孙武叔语大夫于朝，曰："子贡贤于仲尼。"子服景伯以告子贡。子贡曰："譬之宫墙，赐之墙也及肩，窥见室家之好。夫子之墙数仞，不得其门而入，不见宗庙之美，百官之富。得其门者或寡矣。夫子之云，不亦宜乎！"

夫子弟子子贡，在夫子心目中不是学得最好的，比颜回差一些，但论维护夫子之名、能够为夫子守墓六年的好学生，却非子贡莫属。

鲁国三桓叔孙氏八世叔孙武叔有一天在朝堂上与大夫们议论："仲尼的学生子贡比仲尼厉害啊，德行也贤于仲尼。"这句奉承子贡的话，有拉拢子贡为其所用的嫌疑。子服景伯把叔孙武叔的话传给了子贡，子贡不但不领情，还笑其不知高低："就拿宫墙来做比喻吧。我端木赐的墙也就像我的肩膀一样高，从墙外就可以看到我家里的一切。夫子之墙则高达数仞，是不可能从墙外看到其内的，你不认真学习也不可能找到其思想之门，看不见其思想庙堂的宏美和其内涵的丰富。真正能入得其思想之门的是极少数人，从这个意义上来说，武叔之所以这样说，也就很自然了。"

子贡对夫子之学仰慕和对夫子本人的维护可见一斑！子贡拿宫墙来比喻夫子之学比自己高出不是一倍两倍，简直就是不可比拟，而且即使你攀上宫墙，也未必明白其真正的高度和深度。言外之意，叔孙武叔只知其一不知其二，只见其表未见其实，是拿浅薄当厚实。

周之一仞为八尺，数仞已是几丈之高。无怪乎司马迁也借用《诗经》之言"高山仰止，景行景止"来颂扬其德行不是一般人能达到的。

19.24 叔孙武叔毁仲尼。子贡曰："无以为也！仲尼不可毁也。他人之贤者，丘陵也，犹可逾也；仲尼，日月也，无得而逾焉。人虽欲自绝，其何伤于日月乎？多见其不知量也。"

夫子有多贤德？后世有誉"大成至圣文宣王""至圣先师"之称，那在当时呢？

王公贵族多有不屑，盖因其说对王公贵族之行相异，对其利多有损害，批评之言、毁损之言较多。但夫子毕其一生践行仁德，在他的学生心目之中是至高无上的。若有人试图污损夫子之名，定会受到学生们的严厉驳斥。

鲁国三桓叔孙氏的第八代为叔孙武叔，就是对夫子极不待见的一位，经常毁伤、污名化夫子。有一天让子贡听到了，子贡严厉驳斥叔孙武叔："请您不要这么说，也不要这么做！仲尼先生是不可毁伤，也是你毁伤不了的。若是说别的人贤达智慧，也就是像那丘陵一样，你可以翻越；但是仲尼先生之德如日月，你们是没有办法逾越的。有些人即使自己不想践行仁德自绝于世，这与日月之光芒又有什么关系呢？为什么要去说些伤害日月的话呢？是你能伤害得了的吗？只是不自量力罢了。"

子贡善于交流，头脑也灵活，能让子贡愤怒的事，那也一定是真的不靠谱的人做的。叔孙武叔就是这样一个人。夫子也曾说过："禄之去公室五世矣，政逮于大夫四世矣，故夫三桓之子孙微矣。"（见16.3）叔孙武叔已经是第八世了，已经是"微矣"之外又几代的人了。

19.25 陈子禽谓子贡曰："子为恭也，仲尼岂贤于子乎？"子贡曰："君子一言以为知，一言以为不知，言不可不慎也。夫子之不可及也，犹天之不可阶而升也。夫子之得邦家者，所谓立之斯立，道之斯行，绥之斯来，动之斯和，其生也荣，其死也哀。如之何其可及也？"

在我们的内心里，有没有一个值得我们永远尊敬永远信任的人？我们的父母算吗？我们的老师算吗？还是历史上哪个人是这样的？如果有，那么我们就有一盏指路明灯，如果没有，我们岂不在黑暗中摸索爬行？

子贡是夫子弟子，孔门十哲之一，他做过卫国和鲁国的相，也极有经商头脑，被誉为儒商的始祖。从政治地位上看，他所做高于老师；从经济地位上看，处境也远比"君子固穷"的老师好。但在他的心目中，夫子是永远不可逾越的高人、能人，不枉为夫子学生。

有一天，陈子禽与地位显赫的子贡谈论老师，还直呼夫子的名字，对夫子极为不敬，有失君子风范。子禽对子贡说："我看你对夫子总是毕恭毕敬的，难道孔仲尼比你更高明吗？"子贡小心翼翼地说："我们的老师，只说一句话就可以让你知道他水平有多高，就可以指出你的愚蠢之处，所以说，说话要慎重。我们与老师的差距何其大，大到什么程度呢？就像登天没有阶梯一样困难，是没有办法达到的。老师如果治理一个国家的话，他会让所有百姓各尽其能，凭借自己的本事立足于社会；他会以仁德之道来引领大家的行为，从而符合礼乐文明的要求；他会通过安抚百姓让百姓过上美好的生活，远方的人自然会远道而来投奔他；他要想动员大家一起行动，大家一定会团结起来跟着他，齐心协力完成重大的任务。他的一生奉行君子之道，生得光荣；他也死得其所，令后人永远哀悼。他是这样的一个人，我们想达到都不可能，更不用说超过他了。"

子贡，真乃夫子之忠徒也！司马迁在《史记·孔子世家》中借用《诗》所言评价夫子一生："高山仰止，景行景止"，虽不能至，然心向往之，对先师之崇拜溢于言表。他还说，那么多帝王将相，"当时则荣，没则已焉"（活着时荣光，死后一切都没了），而唯独孔子，以布衣身份入世，后世学者以他为宗师，天子王侯以下研读六经道艺者皆以其语作为评判的标准，实乃"至圣"。耿直之史官司马迁，对"至圣先师"评价之高也算达到顶点了。

尧曰篇第二十

20.1 尧曰:"咨！尔舜！天之历数在尔躬,允执其中。四海困穷,天禄永终。"舜亦以命禹。曰:"予小子履,敢用玄牡,敢昭告于皇皇后帝:有罪不敢赦。帝臣不蔽,简在帝心。朕躬有罪,无以万方;万方有罪,罪在朕躬。"周有大赉,善人是富。"虽有周亲,不如仁人。百姓有过,在予一人。"谨权量,审法度,修废官,四方之政行焉。兴灭国,继绝世,举逸民,天下之民归心焉。所重:民、食、丧、祭。宽则得众,信则民任焉,敏则有功,公则说。

尧、舜、禹时期,天下清明,政通人和,三人被誉为三圣,特别是尧、舜以天下为公,禅让天下,更是传为美谈,成为后世建设清明政治的理想范式,备受夫子推崇。

尧帝将天下传位于舜时,是这样说的:"哎呀,你这个舜啊！上天已经把治理天下的使命降落到你的身上了,你就永远保持着你那美好的品德和正确的行为去担当起天下大任吧。如果天下的黎民百姓都陷于困苦之中的话,说明你没有尽职尽责,那么授予你的这个位子也就永远失去了,你个人的命运也就到此结束了。"舜把天下禅让给大禹的时候也是说了这番话。可惜,大禹晚年没有把天下让给别人,而是让给了同样优秀的儿子启,从此,禅让天下的政治传统终结了。

商汤在建国的时候发誓:"我履约誓言,我不畏于用黑色的牝牛作为供品供奉上天,并明明白白地告诉天帝:绝不擅自赦免天下有罪的人,任何一个官员的善恶我也不敢隐瞒或掩盖,这一点务请上天明了于心;我若有罪,千万不要牵连天下的百姓;若天下的百姓有不足,罪不在百姓,而在于我个人,请惩罚我一个人！"商汤之初心在天下,而不在私利！然到纣王,不念其祖上之初心而忘使命,只顾贪图个人享受而失天下,初心不传,其教训之深刻,自不必多言。

至周武王时,伐纣克殷,一统天下,实行分封制度,分封天下王公近臣,所有有功于周的人都得到了富而贵的社会地位。周武王也说:"我虽然有很多亲戚,但更希望得到仁人志士;如果百姓有过错,那全在于我一人没有做好,责任由我一人来承担。"尧、舜、商汤、周武,敢于担当天下兴亡,敢于承担所有罪责,确实是一国之幸,一个时代之幸。后有汉武帝《轮台罪己诏》,是其精神之延续，体现了一代英武帝王应有的作为，事实也证明汉武帝作为一代大帝不虚此名。

从三皇五帝到夏商周各朝，他们都重视并谨慎制定度量衡，审核规范各种法规制度，修复被废掉且仍有必要的官职，使之更加适应社会的发展，使全国各地的社会治理走向政通人和。认真考虑被灭之国的复兴问题，使他们的社会生活、宗族繁衍、民风民俗得以继续，让那些有能力的、品性正直的官员得到重新任用，这才是民心所向，天下归一。需要重点考虑的事项包括百姓的安置、粮食、丧葬、祭祀等方面的需求，并尊重原有的风俗。因为宽厚，就会得民心，百姓才会跟从，团结一致；守信用，百姓才相信政府和官员；勤奋工作、勤俭节约就会把社会治理得很好，让百姓的日子越来越好；公平处理天下的事情，大家都会非常高兴，自然就会拥护。诚如斯矣！据《史记·齐太公世家》记载，当年齐太公姜尚被武王分封至齐国后，"因其俗，简其礼，通商工之业，便鱼盐之利"，使齐国迅速走向平稳并逐渐强大起来，至齐桓公始为春秋霸主。

因其俗，顺其性，是重视民生、治理一域的经典案例。

20.2 子张问于孔子曰："何如斯可以从政矣？"子曰："尊五美，屏四恶，斯可以从政矣。"子张曰："何谓五美？"子曰："君子惠而不费，劳而不怨，欲而不贪，泰而不骄，威而不猛。"子张曰："何谓惠而不费？"子曰："因民之所利而利之，斯不亦惠而不费乎？择可劳而劳之，又谁怨？欲仁而得仁，又焉贪？君子无众寡，无小大，无敢慢，斯不亦泰而不骄乎？君子正其衣冠，尊其瞻视，俨然人望而畏之，斯不亦威而不猛乎？"子张曰："何谓四恶？"子曰："不教而杀谓之虐；不戒视成谓之暴；慢令致期谓之贼；犹之与人也，出纳之吝，谓之有司。"

在五千年的中华历史长河中，从政为民、效力社会是一件极其光荣的事情，更是一种历史使命。从政，有什么条件？或者说有什么标准？

子张曾经向老师请教过，夫子告诉他："尊五美，屏四恶。""五美"即惠而不费、劳而不怨、欲而不贪、泰而不骄、威而不猛。具体来说，惠是既让人民得实惠，而又不致浪费，浪费即是犯罪；劳而不怨，不是要求百姓任劳任怨，而是择其可劳者而劳之，适度动用民力，让老百姓去做那些可以做到的、能够做好的事，百姓就不会有怨言；对人民心存仁慈，对事业心存敬畏，又怎么会发生因贪婪而致天怒人怨的事情呢？因自信而持重，不骄横，让人民感到可以倚重，自然也就容易得到人民的信任；官员的威严来自庄重和能力，而能力来自仁道的力量，而不是靠高压政策和极端手段去取得。此五美者，实乃无坚不摧之中庸之道，饱含仁义而又使民以顺。

除"尊五美"之外，从政还有"四恶"需要时刻注意，不然造成恶政而遭天下人所唾弃。"四恶"，一是对于犯错甚至犯大错之人不经过教育就随便杀戮，可称之为虐，虐待百姓不得人心；二是不审慎努力做工作就盲目要结果要成绩，蛮横不讲理，可称之为暴政；三是起始懈怠不抓工作，而后又突然限期完成，让大家措手不及，乱作一团，可称之为贼；四是出手帮助百姓时表现得非常吝啬，欲做还休，特别小家子气，难以团结百姓共同奋斗。

从政不易，唯五美可也！从政审慎，去四恶政也。

20.3 孔子曰："不知命，无以为君子也；不知礼，无以立也；不知言，无以知人也。"

"知己知彼，百战不殆。"如何知己？又如何知彼？这是一个大问题。

尼采有诗："人生是一面镜子，在镜子里认识自己，我要称之为头等大事，哪怕随后就离开人世。"认识自己的过去容易，因为过去已成历史，或记录在案或记录在心，有据可查，如夫子所云"吾十有五而志于学……七十从心所欲不逾矩"，是对自己一生的总结。认识自己本是一件难事，认识当下的自己就更难，认清当下的自己再去分析如何走向未来最难，就仿佛一个又一个十字路口，往往让人徘徊犹豫，不知所措。

尼采所讲的照镜子是一种方法，照镜子认识外表容易，认识内心往往很难。《中庸》云："天命之谓性，率性之谓道，修道之谓教。"其实真正认识自己，就是要认识自己的这个"天命"，谁能认识自己的天命？很多人都认识不清，让别人去给自己卜卦，这是走歪了路子。前面三句话说得已经很清楚了，要"知命"，就是要认识自己的"天性"，认识自我提升和发展的最基本的规律和路径。俗语所说"禀性难移"，是因为我们不知自己的禀性，所以"难移"；如果了解了，就有可能"能移"；"能移"即能改变自己，即所说的改变命运。

要想知"性"也不容易，前提是要"学道""修道"，然后方能"知性"，因此，从某种意义上来说，命运还真是掌握在自己手里，掌握在你是不是能够真学真习（实践），不怨天尤人，方为"君子"也。

"人不知而不愠，不亦君子乎？"这是所达到的一种修为的境界，也是能够"包容别人"的一种修养。如何让别人包容你，也很重要，这就涉及你如何立世、如何在别人面前展现自己而为别人所接纳的问题。解决这个问题，按夫子所讲是要"学礼"，以礼克己，克制自己的毛病，防止犯大错，克制自己的欲望，考虑别人的感受，唯"利他"方能被"他"接纳，社会上更多的他人接纳你，你就立起来了。"不知礼，无以立也"，信矣！此礼，礼仪也，谦逊的态度，儒雅的行为；此礼，礼法也，按制度、规矩办事，无规矩不成方圆；此礼，人伦也，在无法制可依的情况下，须按道德行事。

知己，然后须知彼。"不知言，无以知人也"，要想知人，就要察其言，观其行。历史上有很多因言获罪的人，足以说明"言"之厉害，但我们又经常批之为"文字狱"，指责"察其言"，是仅察其言，不足以真正看清楚其人，须与"观其行"结合起来，还要结合好。"文质彬彬，然后君子"，有些粗人，如先生弟子子路，说话率性，但子路不是坏人啊，而且是为朋友两肋插刀的好汉，也是一名君子，虽然有些毛刺。

所学《论语》此句，为终句也，我们的感受也是更为深刻的，但离先生的"修道""知命"要求，仍相差十万八千里啊。

后　记

在本书即将付梓之际，有太多的感动和感谢。

感谢已退休的同事赵秀云老师，是她以一颗真诚与执着的心来到校长办公室与我促膝细谈，夯实了学校推进传统文化教育的师资基础。

感谢潍坊市信息化教育研究院杜晓敏博士，是她推荐我们参加传统文化校长培训班，从而获得推进中华文化习养的系统策略。

感谢教育部基础教育课程教材发展中心张广斌博士、感谢云南亘元教师心灵成长研究院的章艺龄院长、感谢云南玉溪传统文化促进会傅柏青会长，是他们对中华文化习养的孜孜以求和倾心奉献，鼓舞了我，激励了我。

感谢时任潍坊市教育局井光进副局长、徐媛媛科长，是他们在全市大力推动校长读书行动，让我下定了决心读《论语》，汲取其中的教育智慧，服务今天的教育。

感谢时任香港中文大学国学中心主任邓立光博士，是他给予了我《论语》学习的方法指导，推荐了参考书籍，亲临学校拍摄传统文化教育专题片，鼓励我不断前进。他曾应允为本书写序，可惜不幸染病离世，若先生九泉之下得知此书面世，定感欣慰。

感谢全国政协第十二、十三届台籍委员，第十四届全国人大台籍港区代表，香港中文大学当代中国文化研究中心荣誉研究员凌友诗博士，是她的拳拳爱国之心和对传统文化的热心，荡涤了我曾有的犹豫和徘徊。凌博士欣然答应为本书作序，并诚邀澳门大学国学专家邓国光教授为本书作序，在此对邓国光先生一并表示衷心的感谢！

感谢西安碑林博物馆馆员、台湾师范大学张克晋教授，多年来共同推进传统文化教育，并欣然为本书题写书名。

学习《论语》读到"望之俨然，即之也温，听其言也厉"一句时，浮现在脑海的便是山东教育社原总编辑陶继新先生，与其相识二十余年，一直对我关怀备至。陶老师知我读《论语》写感悟，当面要我读一段，并欣然应允为本书作序，感佩之心，难以言表。

　　感谢志同道合的全国家庭教育专家、畅销书作家鲁鹏程先生，他一路支持鼓励，并不遗余力地致力于促成本书的出版工作。

　　感谢中国文史出版社编辑徐玉霞老师，精心以待，只争朝夕，此书方得以及时而优雅面世。

　　最后，感恩这个伟大的时代，让中国人站在民族复兴的关键历史节点，重拾优秀文化传承的历史重任，让我们的文化自信再次爆棚。

　　我们之所以是炎黄子孙，不仅仅因为我们拥有黄色皮肤，更重要的是我们的血液里汩汩流淌着中华民族生生不息的文化因子；中华民族的生命繁衍中，其中传递的不仅仅是炎黄子孙的自然生命基因，更重要的是还有上下五千年依旧枝繁叶茂的文化基因。

2023 年 11 月